W. F. H. Whitmarsh, M. A., L. ès L.
C. D. Jukes, M. A.

D0198898

New Advanced French Course

 Longman

LONGMAN GROUP LIMITED
London
*Associated companies, branches and
representatives throughout the world*

First published 1971
ISBN 0582 36101 X

*Filmset by Photoprint Plates Ltd., Rayleigh, Essex
Printed in England by J. W. Arrowsmith Ltd., Bristol*

Preface

The existing *Advanced French Course* has been in widespread use for a very long period. Of more recent times teachers have commented that some of the material has grown stale from long use and needs renewing and bringing up to date. Accordingly the authors have put together an entirely new book, using the basic formula of the old one, while at the same time they have tried to attune themselves to the changing standards and interests of the present generation.

The authors feel it would be fitting to make a few observations on the several parts of the work.

Part I (French Prose Passages)

Nearly all the seventy-five passages have been selected from twentieth-century writers, many from living authors. They are graded according to difficulty, from fairly simple pieces to passages of greater complexity.

The commentaries usually fall into three parts; first, questions arising from the subject matter of the text; second, those dealing with points of language, and, third, a general question suitable for oral discussion. The aim is to provide leads for oral work, to rouse the student's desire to express himself in French.

Part II (French Poetry)

To students whose acquaintance with French poetry is limited, it is scarcely possible to offer a selection consisting entirely of contemporary poems, since in France, as in England, the modern tendency has been on the whole towards subtle, complex and often obscure verse. Our selection therefore includes a proportion of nineteenth-century poems, though later writers are well represented.

The questions following the poems are designed to elicit intelligent appreciation of the form, inner meaning and special qualities of the piece concerned.

Part III (Practice Sentences)

This section is briefer than the corresponding part of the *Advanced French Course*. Instead of setting examples which follow the Grammar right through, we have been more selective and have limited our examples to the more important points that may arise in the practice of composition. Also, to facilitate reference, we indicate the pages and divisions of the Grammar where points are dealt with.

Part IV (English Prose Passages)

As all teachers and students know, *thème* can be a very difficult exercise. From the early stages of rendering into French easy, contrived passages to the searching business of tackling literary English, there is quite a hard road. For this reason we lead off this section with ten specially composed pieces which, though varied in style and grammatical range, do not present those problems of rendering that arise in translating original texts. Thereafter the passages are taken mostly from contemporary works, beginning with fairly simple pieces and working up to more exacting material.

Of the footnotes to the proses, some give grammatical hints or references, while others provide assistance with difficult renderings, without which many students would be unable to find their way.

Part V (Free Composition)

A large selection of essay subjects is provided. These are ranged in groups, beginning with simple narratives and leading up to more difficult and specialised topics.

In the *Advanced French Course* a short vocabulary of key words was given with a number of subjects, but in practice this was found to be ineffective, since students tended to fix their attention on these few words and their general expression was thereby impaired; we have therefore eliminated these word-lists.

Part VI (Grammar)

This is not of course a complete grammar of the French language; it is a selection made with a view to practical use and especially to the requirements of composition.

In this new summary the verb is dealt with first, since it is the backbone of the language. In our efforts to keep strictly to essentials, we have omitted several divisions which we felt were rarely consulted, while other parts have been remodelled and, we hope, improved.

A new feature is the classified Index to the Grammar.

French-English and English-French vocabularies on a generous scale have again been provided.

We should like to offer our grateful thanks to our friend, M. René Ouvrieu, Agrégé de l'Université, for the interest he has taken in our new book and for many helpful suggestions. We thank, too, his wife, Madame Renée Ouvrieu for permission to use a passage (Part I, Number 58) from her novel *Causses*.

A Key of suggested translations of the English prose passages (Part IV) is available for teachers, and may be obtained from the publishers.

W.F.H.W.

C.D.J.

Acknowledgements

Éditions Albin Michel for an extract from *Mémoires d'un Naïf* by Paul Guth and 'Jardins' by Francis Carco from *La Bohème et Mon Cœur*; Louis Aragon for 'Les Lilas et les Roses' by Louis Aragon from *Le Crève-cœur*; The Bodley Head for an extract from *My Autobiography* by Charles Chaplin; C. E. Boillot for an extract from *Tu viens en France* by Félix de Grand' Combe; Miss Sonia Brownell, Secker and Warburg and author's agents on behalf of the estate of George Orwell for extracts from *Shooting an Elephant* and *Nineteen Eighty Four* by George Orwell; J. E. Buschmann for 'La Toupie' by Marie Gevers from *Almanach Perpétuel des jeux d'enfants*; Calmann-Lévy for 'Septembre' by Louis Mercier from *Voix de la terre et du temps* and 'Jeunesse' by A. de Noailles from *L'Ombre des jours*; author's agents and Jonathan Cape Limited for extracts from *The Fallow Land* by H. E. Bates; author's agents, Chapman and Hall and Harold Matson Company, Inc. for an extract from *A Handful of Dust* by Evelyn Waugh; author's agents and Cassell and Company Ltd. for an extract from *In Pluto's Kingdom* by Michael Fisher; Jean-Pierre Chenin for an extract from *Terres Lorraines* by Emile Moselly; Éditions Gallimard. The Tweedsmuir Trustees, Hodder and Stoughton, and Houghton Mifflin Co. for an extract from *Greenmantle* by John Buchan; Éditions Gallimard for extracts from the following collections: *Paroles* by Jacques Prévert, *Choix de Poèmes* by Paul Eluard, *Derniers Poèmes* by Max Jacob, *État de Veille* by Robert Desnos, *Sous la Lampe* by Léon-Paul Fargue, *Gravitations* by Jules Supervielle and *La Quête de Joie* by Patrice de la Tour du Pin; Éditions Gallimard for extracts from *La Photo du colonel* by Eugène Ionesco, *L'homme fidèle* by André Thérive, *La Condition Humaine* by André Malraux, *Le Grand Jamais* by Elsa Triolet, *Le demi-solde* by Jean Dutourd, *Les Caves du Vatican* by André Gide, *Julietta* by Louise de Vilmorin, *L'Épervier* by Henri Bosco, *Gloire à nos illustres pionniers* by Romain Gary, *Le rendez-vous des espérances* by André Chamson, *Huis Clos* by Jean-Paul Sartre, 'Le Pénitencier' from *Les Thibault* by Roger Martin du Gard, *Le Palais d'Hiver* by Roger Grenier, *Les mystères de Charlieu-sur-Bar* by André Dhôtel, *Maison Basse* and *Travelingue* by Marcel Aymé, *Chroniques* by Marcel Proust, *Mémoires d'une jeune fille rangée,* by Simone de Beauvoir, *Les Mots* by Jean-Paul Sartre, *Les Conquérants* by André Malraux, *Pilote de Guerre* by Antoine de Saint-Exupéry and *L'Été* by Albert Camus; Éditions Gallimard Jonathan Cape Limited and Little, Brown and Company for extracts from *Eastern Approaches* or *Escape to Adventure* by Fitzroy Maclean; Éditions Bernard Grasse for an extract from *Regain* by Jean Giono; Éditions du Seuil for an extract from *La Remontée du Fleuve* by Emmanual Robles. Éditions Gallimard and Charles Scribner's Sons for extracts from *A Moveable Feast* by Ernest Hemingway. Copyright © 1964 Ernest Hemingway, Ltd., and *A Farewell To Arms* by

Contents

Part VI

Part One

French
Prose Passages
for Translation
and for Commentary

1 Une belle soirée d'été

Il allait être neuf heures. Les grenouilles coassaient bruyamment dans l'eau dormante de la mare et, dans le ciel profond, toutes les étoiles étaient nées. Les gens ne tarderaient pas à s'aller coucher, mais la soirée était belle et chacun se plaisait à la prolonger. La plupart s'étaient étendus sur l'herbe sèche des pelouses qui, de chaque côté, séparaient les maisons de la petite route blanche. Les chauves-souris passaient très bas devant les portes ouvertes, puis se perdaient dans les jardins, glissaient dans les branches, frôlaient les meules, les murs des granges, laissant derrière elles un long sillage nocturne, présage sûr de beau temps.

Marie et sa grand'mère achevaient leur dîner en silence. Elles aussi s'étaient installées dehors, car, si la journée avait été chaude et belle, la nuit s'annonçait splendide. Pas un souffle d'air ne dérangeait les branches lourdes des arbres; dans les jardins, le long des murs chauds, pas une rose, même la plus mûre, la plus lasse, ne devait s'alléger d'un pétale. Toutes deux étaient assises sur des chaises très basses, à longs dossiers de bois jaune. La vieille femme tenait sur ses genoux un saladier où l'une et l'autre piquaient lentement leurs fourchettes. Marie devait, bien plus tard, se rappeler souvent cette soirée de fin de juillet.

RAYMONDE VINCENT *Campagne*
Stock

À quelle heure Marie et sa grand'mère achèvent-elles leur dîner? Où sont-elles installées?
Décrivez les chaises où elles sont assises.
Quel bruit entend-on? D'où vient ce bruit?
Quelles bêtes volent alentour? Décrivez leur vol.
Pourquoi les gens sont-ils tentés de prolonger la soirée? Comment passent-ils cette fin de soirée?
Qu'est-ce qui fait penser que le beau temps va continuer?

Exprimez en d'autres termes: il allait être neuf heures; elles achevaient leur dîner; toutes les étoiles étaient nées; on ne tarderait pas à s'aller coucher.

Expliquez les mots suivants: coasser, saladier, chauve-souris, meule, grange, dossier, sillage.

Nommez les principaux repas des Français. En quoi diffèrent-ils des repas anglais?

2 Un accident d'automobile

Le téléphone sonna. Il était dix heures. Nous échangeâmes un regard étonné, puis plein d'espoir: c'était Anne, elle téléphonait qu'elle nous pardonnait, qu'elle revenait. Mon père bondit vers l'appareil, cria «Allô» d'une voix joyeuse.

Puis il ne dit plus que «oui, oui! où ça, oui», d'une voix imperceptible. Je me levai à mon tour: la peur s'ébranlait en moi. Je regardais mon père et cette main qu'il passait sur son visage, d'un geste machinal. Enfin il raccrocha doucement et se tourna vers moi.

— Elle a eu un accident, dit-il. Sur la route de l'Estérel. Il leur a fallu du temps pour retrouver son adresse! Ils ont téléphoné à Paris et là on leur a donné notre numéro d'ici . . .

Il parlait machinalement, sur le même ton et je n'osais pas l'interrompre:

— L'accident a eu lieu à l'endroit le plus dangereux. Il y en a eu beaucoup à cet endroit, paraît-il. La voiture est tombée de cinquante mètres. Il eût été miraculeux qu'elle s'en tire . . .

Du reste de cette nuit, je me souviens comme d'un cauchemar. La route surgissant sous les phares, le visage immobile de mon père, la porte de la clinique . . . Mon père ne voulut pas que je la revoie. J'étais assise dans la salle d'attente, sur une banquette, je regardais une lithographie représentant Venise. Je ne pensais à rien. Une infirmière me raconta que c'était le sixième accident à cet endroit depuis le début de l'été. Mon père ne revenait pas.

FRANÇOISE SAGAN *Bonjour Tristesse*
Julliard

Anne est partie. Comprenez-vous pourquoi?

Qui est-ce qui téléphone?

À quoi la jeune fille devine-t-elle qu'on annonce à son père une mauvaise nouvelle?

Qu'est-ce qui s'est passé en effet? Selon vous, comment cet accident s'est-il produit?

Pourquoi n'a-t-on pas téléphoné plus tôt?

Que font le père et la fille tout de suite?

Que se passe-t-il à la clinique?

Expliquez les mots: phare, cauchemar, clinique, banquette, infirmière.

Exprimez autrement: la peur s'ébranlait en moi; d'un geste machinal; il eût été miraculeux qu'elle s'en tire.

Que veut dire: La route surgit sous les phares?

Question générale: Les accidents de la route.

3 Le rhinocéros

Nous discutions tranquillement de choses et d'autres, à la terrasse du café, mon ami Jean et moi, lorsque nous aperçûmes, sur le trottoir d'en face, énorme, puissant, soufflant bruyamment, fonçant droit devant lui, frôlant les étalages, un rhinocéros. À son passage, les promeneurs s'écartèrent vivement pour lui laisser le chemin libre. Une ménagère poussa un cri d'effroi, son panier lui échappa des mains, le vin d'une bouteille brisée se répandit sur le pavé, quelques promeneurs, dont un vieillard, entrèrent précipitamment dans les boutiques. Cela ne dura pas le temps d'un éclair. Les promeneurs sortirent de leurs refuges, des groupes se formèrent qui suivirent du regard le rhinocéros déjà loin, commentèrent l'événement, puis se dispersèrent.

Mes réactions sont assez lentes. J'enregistrai distraitement l'image du fauve courant, sans y prêter une importance exagérée. Ce matin-là, en outre, je me sentais fatigué, la bouche amère, à la suite des libations de la veille: nous avions fêté l'anniversaire d'un camarade. Jean n'avait pas été de la partie; aussi, le premier moment de saisissement passé:

— Un rhinocéros en liberté dans la ville! s'exclama-t-il, cela ne vous surprend pas? On ne devrait pas le permettre.

— En effet, dis-je, je n'y avais pas pensé. C'est dangereux.

EUGÈNE IONESCO *La photo du colonel*
Gallimard

Pourquoi est-ce une chose extraordinaire que de voir un rhinocéros qui court en liberté dans une ville?

Pourquoi un rhinocéros est-il une bête dangereuse?

En voyant la bête, que font les gens qui se trouvent dans la rue?

Comment s'explique la réaction lente du narrateur?

Qu'y a-t-il d'absurde dans cette histoire?

Expliquez les expressions: frôlant les étalages; à son passage; le temps d'un éclair; les libations de la veille.

Donnez la définition des mots: terrasse, étalage, promeneur, refuge, fauve.

Sujet général: La faune de l'Afrique.

4 Montigny

Je m'appelle Claudine, j'habite Montigny; j'y suis née en 1884; probablement je n'y mourrai pas. Mon *Manuel de géographie départementale* s'exprime ainsi:

«Montigny-en-Fresnois, jolie petite ville de 1950 habitants, construite en amphithéâtre sur la Thaize; on y admire une tour sarrasine bien conservée ...» Moi, ça ne me dit rien du tout, ces descriptions-là! D'abord, il n'y a pas de Thaize; je sais bien qu'elle est censée traverser des prés au-dessous du passage à niveau; mais en aucune saison vous n'y trouveriez de quoi laver les pattes d'un moineau. Montigny construit «en amphithéâtre»? Non, je ne le vois pas ainsi; à ma manière, c'est des maisons qui dégringolent depuis le haut de la colline jusqu'en bas de la vallée; ça s'étage en escalier au-dessous d'un gros château, rebâti sous Louis XV et déjà plus délabré que la tour sarrasine, basse, toute gainée de lierre, qui s'effrite par en haut un petit peu chaque jour. C'est un village, et pas une ville: les rues, grâce au Ciel, ne sont pas pavées; les averses y roulent en petits torrents, secs au bout de deux heures; c'est un village, pas très joli même, et que pourtant j'adore.

COLETTE *Claudine à l'École*
Albin Michel

Le *Manuel* affirme que Montigny est situé sur la Thaize. Quelle description Claudine fait-elle de cette rivière?

Outre la tour sarrasine dont il est parlé dans le *Manuel*, il y a, selon Claudine, un autre monument. Quel est ce monument et où est-il situé?

Que veut dire *construit en amphithéâtre?*

Claudine nie que Montigny soit construit en amphithéâtre. Comment voit-elle son village?

Pourquoi Claudine aime-t-elle les rues non pavées de son village?

Expliquez le sens des expressions: elle est censée traverser . . . ; ça s'étage en escalier; la tour . . . toute gainée de lierre.

Qu'est-ce qu'un passage à niveau?

Quelle sorte de plante est le lierre? Où pousse cette plante?

Précisez le sens du verbe *s'effriter*.

Esquissez une petite description de la ville (du village) où vous êtes né.

5 Le maire n'est pas au courant

Depuis deux semaines, le maire de Clochemerle attendait cette visite. Et parce qu'il attendait, il avait eu le temps de se bien préparer à être grandement surpris.

— Tiens, dit-il, mademoiselle Putet! C'est au moins pour une bonne œuvre que vous venez? Je vais vous envoyer ma femme.

— C'est à vous, monsieur le maire, que je désire parler, répondit fermement la vieille fille.

— À moi, c'est bien sûr? . . . Alors, entrez.

Il la guida jusqu'à son bureau, où il la fit asseoir.

— Vous savez ce qui se passe, monsieur le maire? demanda Justine Putet.

— À propos de quoi donc?

— Dans l'impasse des Moines?

— Ma foi, non, mademoiselle Putet! il se passe des affaires extraordinaires? Première nouvelle.

Avant de s'asseoir lui-même, il proposa:

— Vous prendrez bien quelque chose? Un petit verre? On n'a pas si souvent l'occasion de vous offrir . . . Du doux, voyons! Ma femme fait un cassis, vous m'en direz des nouvelles.

Il revint avec la bouteille et les verres, qu'il emplit.

— À votre bonne santé, mademoiselle Putet! Qu'est-ce que vous en dites de ce cassis-là?

— C'est fin, monsieur le maire, c'est très fin.

— N'est-ce pas? C'est tout vieux marc. On ne fait pas meilleur. Alors, vous disiez, pour l'impasse des Moines?

— Vous n'êtes au courant de rien, monsieur le maire?

Barthélemy Piéchut leva les bras.

GABRIEL CHEVALLIER *Clochemerle*
Rieder

Depuis combien de temps le maire attend-il la visite de Mlle Putet?

Pourquoi le maire propose-t-il de faire venir sa femme?

Qu'est-ce qui indique que Mlle Putet fait une démarche officielle?

Où le maire aurait-il préféré que l'entretien eût lieu?

Pourquoi le maire offre-t-il à boire à la vieille fille? Que prennent-ils?

De quelle question Mlle Putet est-elle venue entretenir le maire?

À votre avis, le maire est-il au courant ou non?

Expliquez les expressions: une bonne œuvre, une vieille fille, un petit verre, vous m'en direz des nouvelles.

Qu'est-ce qu'une *impasse*? Quel est le sens figuratif de ce mot?

Sujet général: Les fonctions du maire.

6   Un porteur indépendant

Elle s'était mise à vivre comme les gens du pays, pratiquement de rien. C'est ainsi dans tout le Midi. Ce n'est pas paresse mais luxe, le plus grand, celui qui consiste à ne rien faire lorsqu'on n'en a pas envie. Un jour qu'elle était allée à la gare du petit train du Sud, qui reliait alors Saint-Raphaël à Toulon en longeant la côte, pour y prendre livraison d'une travailleuse, unique objet sauvé de la vente de Lille car elle y tenait, elle s'était adressée au porteur attitré de la station. Il était appuyé là, le dos au mur, en plein soleil, sa casquette—sur laquelle le mot «porteur», imprimé, étincelait—un peu penchée sur le côté de la tête. Il l'avait saluée bien civilement: on la connaissait à présent, dans le pays:

— Pinto, lui avait-elle demandé, voulez-vous porter ce paquet chez moi, rue Fontanette?

— Eh! non, mademoiselle Merienne, avait-il répondu simplement, avec son accent provençal.

— Vous ne voulez pas?

— Eh! non.

— Pourtant, vous êtes «porteur»!

— Eh! oui.

— Alors?

— Alors, avait-il dit, montrant la place baignée de lumière, évoquant, d'un geste, le temps charmant qui régnait, transparent et doux, annonçant déjà les premiers amandiers en fleur, les mimosas, c'est qu'aujourd'hui je ne me sens pas de travailler.

8

Il ne se sentait pas «de» travailler . . . alors il ne travaillait pas. C'était ainsi. Rien ne l'en aurait fait démordre, et pourtant il ne devait guère avoir d'argent dans sa poche. C'était là le vrai luxe, la vraie liberté, et Solange s'était inclinée, elle n'avait pas insisté, avait porté son paquet toute seule.

PAUL VIALAR *La Toile*
La Table Ronde

Quelle partie de la France appelle-t-on le Midi? Quel est le climat du Midi?
Selon l'auteur, quel train de vie les méridionaux mènent-ils?
Pourquoi Solange s'est-elle rendue à la gare? Quel temps fait-il?
À quoi reconnaissait-on le porteur?
Pourquoi celui-ci ne veut-il pas porter le paquet?
Comment s'explique son refus?
À l'avis de l'auteur, en quoi consiste le vrai luxe?

Exprimez en d'autre termes: les gens du pays; elle y tenait; un porteur attitré; Solange s'était inclinée.
Le porteur dit: «Je ne me sens pas de travailler aujourd'hui.» Exprimez sa pensée en un français plus correct.
Qu'est-ce qu'un amandier? Comment est la fleur du mimosa?

D'une façon générale, qu'entend-on par le luxe?

7   Le rendez-vous

C'est un jardinier qui répondit à son coup de sonnette, un homme assez âgé, en tablier bleu, avec des outils qui dépassaient de la poche ventrale. De gros sourcils se rabattaient sur ses yeux et lui donnaient un regard bourru de vieux chien. Sur ses mains des veines saillaient comme des cordes. Oui, on attendait Monsieur. Que Monsieur veuille bien contourner la villa, il trouverait sous la galerie Mme Arèle.

La galerie était encombrée de fauteuils de rotin recouverts en toile rouge. De là on voyait les allées du jardin s'éloigner vers des fonds de feuillages, entre les arbres, en donnant l'illusion qu'elles ne se terminaient jamais, sinon au bout de la terre.

— Vous êtes en avance, monsieur Gersaint.

— Je le sais. Excusez-moi.

Mme Arèle venait de surgir par une porte vitrée avant même qu'il n'eût appelé. Cinquante ans. Peut-être moins. Fraîche, le teint rose, des yeux gris, délavés, derrière d'épaisses lunettes d'écaille. Elle ne souriait pas et sans doute ne devait-elle jamais sourire, tant ses lèvres étaient sèches, pincées, définitivement serrées par la conviction que tous ceux qui l'approchaient ne méritaient pas qu'elle perdît son précieux temps avec eux.

— Il vous faudra attendre. M. Holberg se repose encore. Je ne le réveillerai que dans une vingtaine de minutes. Mais vous pouvez entrer.

— Je préférerais me promener un peu dans le jardin, si vous le permettez.

— A votre aise.

EMMANUEL ROBLÈS *La Remontée du Fleuve*
Éditions du Seuil

Avec qui M. Gersaint a-t-il rendez-vous? Arrive-t-il à l'heure convenue?

Quel est l'homme qui vient lui ouvrir? Qu'y a-t-il dans l'aspect de cet homme qui fait penser à un vieux chien?

Rapportez les paroles exactes qu'a prononcées le jardinier.

Pourquoi le jardin paraissait-il d'une grandeur démesurée?

Qu'y a-t-il de rébarbatif dans la physionomie de Mme Arèle et dans son attitude vis-à-vis des gens?

Pourquoi M. Holberg n'est-il pas visible pour le moment?

Expliquez les expressions: une poche ventrale; une porte vitrée; en avance; à votre aise.

Que signifient les mots: bourru; contourner; délavé?

Pourquoi faut-il être exact aux rendez-vous?

8 Fermiers

Ca pouvait être dans les onze heures du matin quand Panturle s'est arrêté pour raccommoder la longe qui venait de se casser. Et, juste au moment où il levait la tête, ayant fini, à travers le soleil, maintenant chaud, il a vu un homme debout sur le champ de Marius Aubergier.

Du coup, il en a laissé retomber la courroie.

Qu'est-ce que ça peut être celui-là? Arsule est seule à la maison. Il a pesé sur le pieu du frein et il a cloué comme ça l'araire bien profond dans la terre. Il a donc amarré la charrue bien solide là, au bout du champ, à telle force que le cheval pouvait faire la fantaisie sans rien risquer et il allait rentrer à la maison quand il a vu l'homme descendre vers lui. Alors, il l'a attendu. Mais il a laissé l'attelage à l'ancre parce qu'on peut avoir besoin de ses mains libres, on ne sait jamais.

L'homme est venu tout droit. Il avait une petite casquette; le velours de ses pantalons était presque neuf. On l'entendait crier de loin.

Arrivé près du sillon, il se penche et il prend un peu de terre dans les doigts. Il la regarde, il la sent, il la tripote dans ses doigts à la faire couler, puis il regarde la graisse rouge qui reste après sa peau. Puis il essuie ses doigts après son pantalon, puis il vient.

— Alors, qu'il dit, ça se fait bien?

— Pas mal, répond Panturle.

— C'est de la riche terre, ça, tu sais.

— Pas mauvaise, dit Panturle.

— Je te dis ça, continue l'homme, parce que je vais être ton voisin.

JEAN GIONO *Regain*
Bernard Grasset

Que faisait Panturle dans son champ?
Pourquoi a-t-il cessé son travail? Que va-t-il faire?
Que fait-il pour empêcher son cheval de s'éloigner?
Pourquoi Panturle est-il soupçonneux en voyant un homme dans le champ voisin?
Qu'est-ce qui montre que l'inconnu se connaissait en agriculture?

À votre avis, Panturle se comporte-t-il en paysan prudent et cauteleux?

Qu'est-ce qu'une *longe*? De quoi est-elle faite?

Que fait-on avec une charrue?

Définissez le mot *attelage*.

Sujet à traiter: La transformation de l'agriculture dans les temps modernes.

9   Le dernier service

Le garçon du wagon-restaurant enlevait les grosses tasses bleues dans lesquelles il avait servi le consommé. Avec son uniforme foncé, il ressemblait plutôt à un employé d'administration, à un chasseur d'hôtel, à un militaire sans écussons qu'à un garçon de restaurant. Il revenait maintenant avec un grand plat de rostbeef et jetait sur les assiettes bleues la pâture des voyageurs; derrière lui un autre garçon distribuait pommes rissolées et petits pois. Mais la demi-bouteille de Médoc qu'Henri avait commandée n'était toujours pas là:

— Garçon!

Henri était furieux: ce garçon prenait des airs de quelqu'un qu'on est venu déranger, et qui a mieux à faire que de vous servir.

— Garçon!

Le garçon posa sur la table la demi-bouteille de rouge, la déboucha avec des gestes précis et nets, et lui tourna le dos.

C'était le dernier service, le wagon-restaurant était presque vide. Deux hommes, sentant le cigare et la peau de porc, feuilletaient des papiers posés entre eux. Une jeune femme regardait par la fenêtre des arbres et des lumières qui fuyaient à reculons. Ses doigts aux ongles rouges caressaient le col du manteau de fourrure, jeté sur les épaules . . . Un couple âgé sirotait confortablement le café.

— Fine, Chartreuse, Cointreau? . . .

ELSA TRIOLET   *Mille Regrets*
Denoël

Qu'entendez-vous par le *dernier service*?

Pourquoi le wagon-restaurant est-il presque vide? Quels voyageurs s'y trouvent encore?

Comment est la jeune femme qui vient de dîner?

À quoi devine-t-on que les deux messieurs sont des hommes d'affaires?

Le garçon déplaît à Henri. Pourquoi?

Qu'est-ce qui montre que, malgré ses manières agaçantes, le garçon connaît son métier?

«Fine, Chartreuse, Cointreau.» Quel nom général donne-t-on aux boissons de ce genre? Quand les boit-on?

Expliquez les mots et expressions: le consommé, un chasseur d'hôtel, déboucher, siroter le café, feuilleter des papiers.

Qu'entend l'auteur par les expressions: les lumières fuyaient à reculons; la pâture des voyageurs; un militaire sans écussons?

Les plaisirs d'un long voyage dans un rapide, par exemple de Paris à la Côte d'Azur.

10   Retour dans le pays

Une bise tiède se levait. Dans les jardins les fleurs embaumaient. La chaleur était tombée. Durant notre séjour à l'épicerie il avait dû pleuvoir un peu, car les fleurs humides de perles transparentes se balançaient nonchalamment au vent d'est. La bonne odeur des étables et des cours de ferme me pénétrait; et au-dessus de ces senteurs villageoises, passait parfois un souffle pur venant des sapins de Chantecroix. En voilà assez pour briser la frêle jeune fille que j'étais à cette époque, avide d'affection. Comme mon chemin passe devant la boulangerie, j'entrerai saluer la femme de Cyprien et le boulanger lui-même qui me regarde avec plus d'indulgence que jadis. La cour n'a pas changé; instinctivement, je cherche, sous le hangar, la chaise roulante. Non, le grand-père n'est pas encore recouvert de sa bâche pour la nuit; il est sorti sans doute. Suzanne est devenue une épaisse femme de trente-cinq ans, encore très belle, au corsage gonflé de chair. Elle ne me reconnaît pas tout de suite, puis, comme je lui dis mon nom, elle m'embrasse sans explication devant l'appui de la fenêtre que je mordais de rage quand j'étais petite fille. Et, aussitôt, elle m'entraîne dans la chambre où elle recevait autrefois ses amies (au désespoir du grand-père) en traversant la boulangerie proprement dite où j'ai si souvent attendu Cyprien, les matins d'hiver, dont la poitrine nue m'intriguait. Suzanne ne cesse de parler en caressant trois têtes blondes, ses enfants, qu'elle me présente un à un en m'expliquant toutes leurs maladies et qui font des grimaces à la jeune «demoiselle en visite» que je suis devenue, c'est-à-dire à l'ennemie qui les distrait de leurs jeux.

ROBERT FRANCIS *La Grange aux trois Belles*
Alexis Rédier

Comment sait-on que la narratrice a été longtemps absente de son village natal?

En quelle saison cette visite a-t-elle lieu?

Quelles senteurs la promeneuse remarque-t-elle en parcourant le village?

Qu'apprend-on sur la santé et la manière de vivre du père de Suzanne?

Quel changement physique la visiteuse remarque-t-elle chez la boulangère?

Pourquoi les enfants considèrent-ils la visiteuse comme une ennemie?

À quoi servent: une étable; un hangar; une bâche?

Que signifient les mots: bise, tiède, embaumer, jadis?

Cela fait-il toujours plaisir de revoir des lieux qu'on a connus enfant?

11   Le bouquet oublié

Brusquement nous fûmes entourés par une brume qui sortait de derrière l'arête. Tout recula, les rochers aux formes bizarres, les voix, les gestes de nos compagnons; le vide fut rempli d'une aigre humidité. On ne songeait plus à casser la croûte sur ce sol incommode, à attendre un nouveau soleil. On redescendit en hâte. Les fers des cannes ou des souliers faisaient seuls quelque bruit. Le vent se mit à souffler en rafales, mais silencieux aussi et sournois.

J'étais en arrière avec mes amis et M. Aboulafia. A un moment Marguerite Fos s'arrêta et se laissa couler par terre. Elle souriait, toujours de façon divine. Elle disait:

— Je n'en puis plus. Halte, de grâce! Mais ne m'attendez pas.

En protestant, nous nous assîmes auprès d'elle. Le reste de la bande dévalait, disparaissait. Au bout d'un instant, Marguerite s'écria encore:

— Mais . . . Ah! mon Dieu, mon bouquet . . . Il est resté là-haut.

M. Aboulafia dit aussitôt:

— Je vais aller vous le chercher. C'est l'affaire d'un quart d'heure, et de cinq minutes pour redescendre ici.

— Vous êtes gentil, dit-elle. Mais je ne voudrais pas . . .

— Moi non plus, voyons, fit Antoine. C'est moi qui l'ai oublié, d'ailleurs.

— C'est nous tous, dit l'Égyptien.

Ils discutèrent un instant. Antoine se leva soudain, se dégagea du sac qu'il avait sur les épaules, et se remit à grimper entre les blocs. Il fut éclipsé aussitôt. On entendit encore ses clous, des pierres qui roulaient, et puis des *Hou! hou!* lointains auxquels nous répondîmes.

ANDRÉ THÉRIVE   *L'Homme fidèle*
Gallimard

Où sont ces gens? Que font-ils?
Qu'est-il arrivé pour qu'ils se décident à descendre en hâte?
Quelle opinion vous faites-vous de Marguerite Fos?
Où Marguerite a-t-elle laissé son bouquet?
Pourquoi M. Aboulafia ne remonte-t-il pas chercher le bouquet?
Pourquoi, en s'éloignant, Antoine criait-il «Hou! Hou»?

Expliquez les expressions: casser la croûte, souffler des rafales, il fut éclipsé.

Définissez les termes: une arête, le vide, la bande, le bloc.

Précisez le sens de l'adjectif *sournois*.

Quels dangers court-on en faisant des courses en montagne par mauvais temps, ou même par un temps nuageux?

12   Avant le lever du soleil

Un matin du printemps, très tôt, avant le lever du soleil, alors que sa mère s'habillait, il demanda d'une voix humble, couché sur sa paillasse:

— Je peux venir avec toi?

— Venir aux halles?

— Oui, il y a longtemps que j'en ai envie.

— Tu as besoin de dormir.

— Je ne me rendormirai quand même pas. Une fois, maman! Une seule petite fois!

Il ne trichait pas. Son intention était d'accompagner sa mère une seule fois.

— C'est oui? Je peux?

Il avait déjà enfilé son pantalon et il s'habilla plus vite que jamais. Sauf l'hiver, quand elle allumait le feu avant de partir, leur mère ne buvait pas son café à la maison.

— C'est toi qui pousseras la charrette? plaisanta-t-elle en descendant l'escalier obscur où il fallait tâter le mur de la main pour ne pas manquer une marche.

— J'essayerai.

L'expérience était exaltante. Dans la cour, il respirait déjà l'odeur de la nuit qui n'est pas la même que celle de la journée et il était surpris, en remontant la rue, de découvrir une lumière. Elle éclairait un bistrot étroit, peu profond, avec deux tables sombres près du zinc en fer à cheval. Le patron était chauve, portait une chemise très blanche, aux manches retroussées, et un tablier bleu.

Une femme était accoudée au comptoir, un châle sur les épaules, et trempait son croissant dans du café au lait. C'était une odeur neuve aussi, une image neuve, et Louis était heureux de penser qu'à cette heure presque tout le monde dormait encore.

GEORGES SIMENON *Le petit saint*
Presses de la Cité

Vers quelle heure la mère se lève-t-elle? Pourquoi se lève-t-elle si tôt?

Qu'est-ce qui fait croire que ces gens étaient pauvres?

Qu'est-ce qu'on achète aux halles?

Où la mère prenait-elle d'habitude son café?

À quoi servait la charrette?

Pourquoi fallait-il prendre garde en descendant l'escalier?

Pour l'enfant, cette sortie matinale réserve des surprises et des plaisirs. Lesquels?

Expliquez les mots: tricher; enfiler; accoudé; chauve; bistrot; zinc.

Le plaisir de sortir de très bonne heure, alors que la plupart des gens dorment encore.

13 Projet d'assassinat

L'auto de Chang-Kaï-Shek arriverait dans l'avenue par une étroite rue perpendiculaire. Elle ralentirait pour tourner. Il fallait la voir venir, et lancer la bombe lorsqu'elle ralentirait. Elle passait chaque jour entre une heure et une heure et quart: le général déjeunait à l'européenne. Il fallait donc que celui qui surveillerait la petite rue, dès qu'il verrait l'auto, fît signe aux deux autres. La présence d'un marchand d'antiquités, dont le magasin s'ouvrait juste en face de la rue, l'aiderait; à moins que l'homme n'appartînt à la police. Tchen voulait surveiller lui-même. Il plaça Peï dans l'avenue, tout près de l'endroit où l'auto terminerait sa courbe avant de reprendre de la vitesse; Souen, un peu plus loin. Lui, Tchen, préviendrait et lancerait la première bombe. Si l'auto ne s'arrêtait pas, atteinte ou non, les deux autres lanceraient leurs bombes à leur tour. Si elle s'arrêtait, ils viendraient vers elle: la rue était trop étroite pour qu'elle tournât. Là était l'échec possible: manqués, les gardes debout sur le marchepied ouvriraient le feu pour empêcher quiconque d'approcher.

ANDRÉ MALRAUX *La Condition Humaine*
Gallimard

Combien y a-t-il de conspirateurs? Nommez-les.
Comment savent-ils l'heure exacte à laquelle la voiture passera?
Pourquoi trouvent-ils commode la présence d'un magasin d'antiquités en face de l'endroit où les rues se rejoignent?
Fournissez les détails du plan des assassins.
Qu'arrivera-t-il si l'auto s'arrête après la première attaque?
Quel échec possible les conspirateurs prévoient-ils?

La petite rue était-elle vraiment perpendiculaire?
Expliquez: déjeuner à l'européenne; ralentir; un magasin d'antiquités; un échec.
Les autos modernes ont-elles des marchepieds?

Tchen donne ses dernières instructions à ses complices. Que leur dit-il?

14 L'intrus

À cette heure, il n'y avait personne sur la route. Madeleine arriva très vite chez elle. Juste pour la pluie, une juteuse pluie de mai avec le grand jeu des tonnerres et éclairs. Rien n'indiquait l'entrée de la propriété, simplement, avant la tour médiévale, la route tournait à angle aigu et, après, menait directement au garage avec ses portes jamais fermées. Maintenant, il s'agissait d'arriver à la porte de la maison:

Madeleine allait être trempée jusqu'à l'os! La nuit, secouée par ce tremblement de ciel, les arbres qui se démenaient, la pluie qui dégringolait en cascades . . . Madeleine enleva ses souliers à hauts talons, ses bas, sa robe . . . Comme ça, elle ne risquait rien d'autre que de se faire mal aux pieds sur les pierres et les aiguilles de pins. Elle courait . . . La mousse sur les rochers ronds qui sortaient de la terre comme d'énormes genoux, les amas spongieux des aiguilles et des mousses, les planches tièdes des marches . . . Elle était sous le toit de la terrasse et allait ouvrir la porte quand elle s'aperçut qu'il y avait de la lumière dans la cuisine . . . Il était plus de dix heures du soir . . . cette sotte de Denise, la femme de ménage, aura oublié d'éteindre. Alors c'est resté allumé depuis huit jours, parce que Denise a dû venir faire le ménage juste après leur départ . . . Madeleine pensait tout cela d'un seul coup, pendant qu'elle s'approchait nu-pieds, doucement, de la fenêtre de la cuisine: elle vit un vieux clochard moustachu, installé devant la grande table de bois blanc. Il était en train de déguster un verre de vin.

ELSA TRIOLET *Le Grand Jamais*
Gallimard

Combien de temps Madeleine a-t-elle été absente de la maison?
Vers quelle heure arrive-t-elle chez elle?
Qu'arrive-t-il lorsqu'elle se trouve non loin de la maison?
Décrivez la situation de la propriété.
Pourquoi Madeleine risque-t-elle d'être trempée jusqu'aux os? Quelles précautions prend-elle pour éviter d'abîmer ses vêtements?
Qu'est-ce qui la surprend lorsqu'elle arrive sur la terrasse? Quelle est sa première idée?
Qu'est-ce que cet homme est venu faire dans la maison?

Qu'est-ce qu'un intrus?
Expliquez les expressions: une juteuse pluie de mai; le grand jeu des tonnerres et éclairs; les arbres qui se démenaient.
Qu'est-ce qu'un clochard? En quoi consiste le travail d'une femme de ménage?

Imaginez la suite de cette histoire.

15 Le dimanche parisien

Beaucoup de Français s'interrogent toute la semaine sur ce qu'ils feront le dimanche. Très souvent le dimanche arrive sans qu'ils aient répondu à la question. Du moins en est-il ainsi avec les Taupin ou les Robillard, qui m'ont maintes fois avoué:

— Que voulez-vous, le dimanche on ne sait pas quoi faire . . .

C'est là un genre d'hésitation dont ils ne souffriraient certes pas en Angleterre, où il n'y a guère autre chose à faire le dimanche que de penser à ce que l'on fera dans la semaine.

À dire vrai, je ne connais peut-être rien de plus accablé, ni de plus accablant à voir, que la tête dominicale de M. Robillard s'amusant à pousser lui-même le dernier-né dans son landau le long des Champs-Élysées, distribuant une taloche à l'aîné parce qu'il a traversé tout seul, attrapant la petite parce qu'elle ne voulait pas traverser du tout, demandant à madame, alléchée par les devantures: «Tu avances, oui ou non?» enfin pénétrant dans le Bois au milieu d'un flot de promeneurs dont la tête ressemble curieusement —j'allais dire furieusement—à la sienne. Tout ce monde qui marche, marche jusqu'à un certain point où il s'arrête, s'assoit et commence à regarder le monde qui marche vers d'autres points, tandis que le monde qui roule regarde le monde assis le regarder passer.

Le dimanche, la moitié de la France regarde l'autre.

PIERRE DANINOS *Les Carnets du Major Thompson*
Hachette

D'après cet observateur, quelle est la question qui préoccupe beaucoup de Français pendant la semaine?

Quelle idée Daninos se fait-il du dimanche en Angleterre?

Que fait M. Robillard le dimanche?

Quelles sont les choses qui tracassent M. Robillard quand il promène sa famille?

De quel *Bois* s'agit-il?

Pour M. Robillard tous les promeneurs ont quelque chose en commun. Devinez-vous ce que c'est?

Quelle semble être la principale occupation des innombrables promeneurs du dimanche?

Exprimez en d'autres termes: maintes fois; la tête dominicale; alléché par les devantures; le flot des promeneurs; le monde qui roule.

Comment les gens passent-ils le dimanche dans votre pays?

16 La rentrée

Ceux qui rentrent de vacances, on les reconnaît moins à leurs valises, dans le métro, qu'à l'expression hagarde et conciliante de leur visage. Pareils à la très grosse dame qui vient de prendre la dernière place libre dans le compartiment, ils cherchent à se faire pardonner: heureux mais humbles. L'homme des villes les considère froidement sous son sourcil levé. François, à qui ces regards pesaient, s'éloigna insensiblement des cinq valises et du sac à dos dix fois comptés, perdus, retrouvés, recomptés depuis le départ. Robert s'essuyait le front, tirait de ses oreilles et de son nez de la crasse de charbon, contemplait son mouchoir en hochant la tête: se donnait en spectacle. Ou encore, tous ces gens plus pâles que leur journal et qui sortaient d'un bureau gris, il les regardait avec un air de dire: «Eh bien! moi, pas plus tard qu'hier, j'ai pêché sept tanches grandes comme la main!» À chaque station, François tombait en arrêt devant les affiches nouvelles et se sentait provincial. Mais quand, lents et lourds comme des scaphandriers, ils émergèrent du métro sur le terre-plein où tant de gens allaient et venaient sans leur prêter un seul regard, il se sentit, cette fois, un immigrant.

GILBERT CESBRON   *Notre Prison est un Royaume*
Robert Laffont

À quoi reconnaît-on ceux qui rentrent des vacances? Selon l'auteur, quels sont leurs sentiments?

Quelle différence y a-t-il entre l'attitude des deux garçons envers les autres voyageurs?

Quels bagages les garçons ont-ils?

Pourquoi François les surveille-t-il anxieusement?

Il y a lieu de croire que ces jeunes gens ont fait un long voyage en chemin de fer. Pourquoi?

Pourquoi trouvent-ils que ceux qui les entourent sont très pâles?

Quelles impressions ont-ils en sortant du métro?

Expliquez le sens des expressions: se donner en spectacle; tomber en arrêt.

Expliquez les termes: le terre-plein, un provincial, un immigrant.

Qu'est-ce qu'un scaphandrier? Décrivez l'appareil des scaphandriers.

À la rentrée des vacances, surtout quand on est jeune, tout paraît étrange. Tâchez d'expliquer pourquoi.

17   Un grand homme

L'arrivée du général de Gaulle s'est fixée dans mon esprit comme une photographie en couleurs. Il entra, suivi de quelques militaires, et resta sur le pas de la porte. Tout le monde s'était porté vers lui. Comme je voulais à tout prix voir ce héros, je m'étais arrangé pour être au premier rang. Je fus frappé par sa taille, par la hauteur de son képi, par sa maigreur, par la blancheur de son teint, par la sévérité de son expression. Il serra quatre mains en tout, dont la mienne, ce qui me remplit d'orgueil. M. Luizet lui adressa une harangue. Il répondit sans doute quelques mots—encore que je me rappelle surtout son mutisme et sa froideur. Cette froideur glaça l'assistance. Aujourd'hui, elle me semble bien légitime. Le Général devait avoir horreur de cette chienlit. Nous aurions aimé des attendrissements, des paroles chaleureuses, des larmes, bref de la rhétorique. Mais, Dieu merci, ce n'était pas son genre. Il nous donna quatre poignées de main, et deux mots prononcés du bout des lèvres. Attitude parfaite: attitude de grand homme, qui me remplit d'admiration, vingt ans après, mais qui sur le moment me découragea.

Après cette courte entrevue, le Général fit demi-tour et s'en alla.

JEAN DUTOURD *Le demi-solde*
Gallimard

Peut-on fixer approximativement le moment où cette rencontre a eu lieu?

Comment était le Général au physique?

Qu'est-ce qui témoigne de l'admiration du narrateur pour de Gaulle?

Quelle était l'attitude du Général envers ceux qui se pressaient autour de lui?

Qu'est-ce que de Gaulle devait mépriser chez la plupart des hommes politiques?

Qu'est-ce qui, chez le Général, a d'abord dérouté Dutourd? Quel changement s'est opéré dans son idée du chef, au bout d'un certain temps?

Exprimez autrement: le pas de la porte; prononcé du bout des lèvres; une harangue; le mutisme.

Sujet à discuter: Charles de Gaulle, un homme peu commode.

18   Un homme tourmenté

TOPAZE   *(morne)* À quoi bon! Je sais bien que ce sont des hallucinations, mais elles me tourmentent nuit et jour . . .

SUZY   Parce que vous demeurez ici, enfermé comme un prisonnier! Il faudrait profiter de votre situation, voir des gens, sortir!

TOPAZE   Sortir! Croyez-vous, madame, que je sois en état de soutenir le regard d'un honnête homme?

SUZY	En admettant que le regard d'un honnête homme ait quelque chose de particulier, on n'en rencontre pas tellement! *(Elle le regarde, surprise par les tics nerveux qui l'agitent.)* Mais c'est vrai, qu'il a l'air d'un fou! Topaze, écoutez-moi; en ce moment, vous êtes malade? Voulez-vous aller passer quelques semaines à la campagne? J'expliquerai la chose à Castel-Bénac.
TOPAZE	Non, non, madame. Non. Je reste ici. J'attends.
SUZY	Et qu'attendez-vous?
TOPAZE	*(solennel)* Ce qui doit arriver.
SUZY	*(inquiète)* Est-ce que vous nous auriez dénoncés?
TOPAZE	Hélas non . . . Je n'ai même plus ce courage . . . Révéler votre indignité, ce serait proclamer mon infamie . . . Et puis, vous dénoncer, vous?
SUZY	Pourquoi pas moi?
TOPAZE	*(rudement)* Allons, madame, ne feignez pas. Ce sentiment que je vous tais vous l'avez su même avant moi. Et vous vous en êtes servie avec une adresse diabolique, pour me jeter dans les tourments où je suis aujourd'hui. Et voyez jusqu'où va ma bêtise: je sais tout, et ce sentiment n'est pas mort. Oui, je vous hais et je vous aime à la fois . . . Et je sais pourquoi je vous hais, mais j'ignore pourquoi je vous aime . . . Mais dans tous ces malheurs et toute cette haine, la seule douceur qui me reste, c'est de vous aimer toujours.
SUZY	*(après un silence rêveur)* Vous êtes fou, mais vous dites parfois des mots gentils.
TOPAZE	*(amer)* Oui, gentils.
SUZY	Depuis longtemps, j'attendais cette scène . . . Car je savais bien que vous finiriez par apprendre la vérité, et je me demandais avec une certaine inquiétude ce que vous feriez.
TOPAZE	Vous le voyez, madame, j'ai maigri, et c'est tout ce que j'ai pu faire.

MARCEL PAGNOL *Topaze*
Fasquelle

Pourquoi Topaze est-il tourmenté?

Comment s'explique l'inquiétude de Suzy?

Quels sont les rapports entre Suzy et Topaze?

À quel point Suzy est-elle touchée par la déclaration d'amour de Topaze?

Quelle opinion vous faites-vous du caractère de Topaze et de celui de Suzy?

19 Le moustique

Oui! le moustique était là, posé, tout en haut de la moustiquaire. Un peu presbyte, Amédée le distinguait fort bien, fluet jusqu'à l'absurde, campé sur quatre pieds et portant rejetée en arrière la dernière paire de pattes, longue et comme bouclée; l'insolent! Amédée se dressa debout sur son lit. Mais comment écraser l'insecte contre un tissu fuyant, vaporeux?... N'importe! il donna du plat de la main, si fort, si vite, qu'il crut avoir crevé la moustiquaire. À coup sûr le moustique y était; il chercha des yeux le cadavre; ne vit rien; mais sentit une nouvelle piqûre au jarret.

Alors, pour protéger du moins le plus possible de sa personne, il rentra dans son lit; puis resta peut-être un quart d'heure, hébété, n'osant plus éteindre. Puis, tout de même rassuré, ne voyant ni n'entendant plus d'ennemi, éteignit. Et tout de suite la musique recommença.

Alors il ressortit un bras, gardant la main près du visage, et, par instants, quand il en croyait sentir un, bien posé, sur son front ou sa joue, appliquait une vaste claque. Mais, sitôt après, il entendait de nouveau l'insecte chanter.

Après quoi il eut l'idée de se couvrir la tête de son foulard, ce qui gêna considérablement sa volupté respiratoire, et ne l'empêcha pas d'être piqué au menton.

Alors le moustique, repu sans doute, se tint coi; du moins Amédée, vaincu par le sommeil, cessa-t-il de l'entendre; il avait enlevé le foulard et dormait d'un sommeil enfiévré; il se grattait tout en dormant.

ANDRÉ GIDE *Les Caves du Vatican*
Gallimard

Amédée qualifie l'insecte d'insolent. Pourquoi insolent?
Quel est le résultat de sa première tentative de tuer l'insecte?
Quelles mesures prend-il pour se protéger? Est-ce qu'il réussit?
«La musique recommença» (fin du 2e paragraphe). Quelle musique?
Pourquoi, à la fin, le narrateur n'entend-il plus le moustique?
Pourquoi Amédée se grattait-il tout en dormant?

Définissez les mots: moustiquaire; presbyte; repu.
Donnez des équivalents pour: fluet, se tenir coi, appliquer une claque.

Pourquoi le moustique est-il un insecte ennuyeux et même dangereux?
En quels endroits trouve-t-on beaucoup de moustiques?
Qu'a-t-on fait pour détruire les moustiques, là où ils constituent un véritable fléau?

20 Le malade

Louise était levée. Elle ne se trouvait pas dans la salle de bains. Il s'efforçait de la situer dans l'appartement quand, derrière la porte de la salle à manger, une tasse heurta une soucoupe. Ce bruit léger fut suivi d'un chuchotement qui lui apprit que sa femme prenait son petit déjeuner en donnant des instructions à la bonne.

La drogue de la veille lui laissait la bouche pâteuse et, dans tout le corps, une paresse voluptueuse. Il fut longtemps avant d'avoir le courage de tourner la tête et d'entr'ouvrir les paupières pour voir l'heure au réveil. Les aiguilles marquaient huit heures et demie.

Il n'avait pas l'intention de se lever maintenant et il s'efforça de reprendre sa pose aussi exactement que possible, s'ingéniant à placer ses membres dans le même creux. La pluie tombait d'abondance, en gouttes serrées qui devaient former des poches dans les bâches des baraques.

Une chaise bougea. La porte s'ouvrit sans qu'il eût entendu tourner le pêne et c'est par un léger mouvement de l'air qu'il en eut connaissance. Sa femme devait le regarder par l'entrebâillement, et il restait plus immobile que jamais, surveillant sa respiration pour avoir l'air de dormir.

Alors, elle s'avança sur la pointe des pieds, s'arrêtant à chaque pas, et, à certain moment, il perçut une ombre entre lui et la fenêtre. Elle l'observait en silence. Un nerf tiraillait sa paupière droite et il avait besoin de toute sa volonté pour ne pas se trahir par un tressaillement.

GEORGES SIMENON *L'Escalier de Fer*
Presses de la Cité

Où et à quelle heure se passe cette scène? Quel temps fait-il?
Le malade est aux écoutes. Quels bruits entend-il, et qu'est-ce qu'il en déduit?
Comment s'explique la grande lassitude qui pèse sur cet homme?
Pourquoi veut-il faire croire qu'il dort encore et qu'il n'a pas bougé?
À quels indices sait-il que sa femme vient l'épier?
Qu'y a-t-il de furtif dans les mouvements de Louise?
Comment le malade a-t-il failli se trahir?
Selon vous, qu'est-ce qui se passe dans ce ménage?

Exprimez en d'autres termes: il s'efforçait de la situer dans l'appartement; elle le regardait par l'entrebâillement.
À quoi sert un réveil?

Vous devez garder le lit, mais vous n'êtes pas trop malade. Comment passez-vous la journée? Que faites-vous pour tuer le temps?

21 Vers mon univers

Je partais seul; ma mère ne pouvait m'accompagner. Elle me faisait conduire à la gare par une voiture des Messageries qui venait me chercher à la maison. Nous habitions seuls, ma mère et moi. Notre train était des plus modestes depuis la mort de mon père, et ma mère, par nécessité et par goût, le réduisait peut-être exagérément. Je traversais la ville dans cette grosse boîte dont les vitrages faisaient un bruit étourdissant. De tous côtés le soleil entrait, mais non pas l'air. Nous traversions au petit trot des quartiers immenses et fort mal pavés. Parfois on faisait un crochet pour prendre d'autres voyageurs, car l'énorme carriole ne pouvait décemment se déplacer pour un seul petit garçon maigre. Mais il arrivait que je fusse l'unique voyageur, alors le cocher s'arrêtait devant un bar, et me criait: «Ayez pas peur, vous êtes en avance pour votre train.»

J'attendais dans la voiture qu'il eût bu son verre, en prenant son temps. Le cheval que les mouches harcelaient donnait du collier, et toutes les vitres vibraient. Les rues étaient mornes et désertes. Seuls les tramways rouges, comme des chars infernaux, les parcouraient en hurlant et brûlaient les arrêts facultatifs.

Puis on touchait les quais où le trafic était plus grand. J'apercevais les carènes noires des cargos; quelques morutiers immobiles au milieu du fleuve étiraient leur mince mâture dans les fumées qui flottaient sur les eaux sans pouvoir s'élever, tant l'air était épais . . . Moi, j'allais à Fontagre. J'allais aux sources. Peu m'importaient alors les voyages des cargos et longs-courriers. Seul, le mien était un voyage. J'allais vers mon univers.

JEAN ORIEUX *Fontagre*
Flammarion

Qu'apprenons-nous sur la famille de ce jeune homme? Que sait-on du caractère de sa mère?
Décrivez la ville qu'habitent ces gens.

Le jeune homme part en voyage. Où va-t-il? Quels sont ses
sentiments à l'égard de ce voyage?

Décrivez la voiture qui l'emmène à la gare. Le cocher prend-il le
chemin direct de la gare?

Pourquoi, en stationnant devant le bar, le cheval est-il plutôt
agité?

À quoi reconnaît-on que cette scène ne se passe pas de nos jours?

Expliquez le sens des phrases suivantes: notre train était des plus
modestes; le cheval donnait du collier; les tramways brûlaient
les arrêts facultatifs.

Expliquez les termes nautiques: un cargo; un morutier (la morue,
cod); la mâture; un long-courrier.

Quelles sont les pensées et les émotions de celui qui part pour un
long voyage?

22   Le bricolage

Lorsque j'arrivai pour la première fois à Saumur chez mes
amis Turlot, un jour d'été, leur maison de la rue Dacier
paraissait morte derrière ses volets clos. La bonne qui m'avait
ouvert la porte me fit d'abord chausser d'étranges patins de
feutre peut-être destinés à préserver le parquet mais plus
encore à vous faire perdre l'équilibre, puis elle me conduisit
dans un salon assez vaste imprégné d'une odeur de moisissure
et de cretonne. Quoique le soleil filtrât par les lames des persiennes, mes yeux durent s'habituer à la semi-obscurité avant
de percer le mystère qui m'entourait: partout des formes
blanches. On devinait, plus que l'on ne voyait, plusieurs
fauteuils, un sofa, un piano à queue, un bahut et quelque
chose comme une harpe, mais tous ces supposés objets étaient
recouverts de housses. Aux murs étaient accrochés de
nombreux tableaux, mais il était difficile de savoir ce qu'ils
représentaient—non que leur école fût particulièrement
surréaliste, mais parce qu'ils étaient recouverts de papier
journal. La seule chose qui paraissait animée de mouvement

était une pendule. Encore son tic-tac vous venait-il de sous une enveloppe blanche qu'un Amour de bronze avait percée de sa flèche. Dans un angle, au-dessus d'une console, deux sabres de cavalerie étaient entrecroisés, tous deux à l'abri dans leurs gaines de toile jaune. J'arrivais mal, sans doute: les Turlot déménageaient. Ou bien ils avaient eu des revers de fortune: ils vendaient; on allait emmener le mobilier.

L'apparition d'une housse grise d'où émergeait la tête du colonel mit fin à mes suppositions pessimistes . . .

«Excusez-moi, mon cher Major, je bricolais.»

PIERRE DANINOS *Les Carnets du Major Thompson*
Hachette

Que veut dire *bricoler*?
Où est située la maison des Turlot? Que sait-on du propriétaire?
À quoi servent les patins et les housses dont on parle ici?
Qu'est-ce qui explique l'obscurité du salon?
De quels meubles fait-on mention dans ce récit?
Pourquoi était-il difficile de savoir ce que représentaient les tableaux?
Que pense le visiteur en voyant tant de désordre?
Relevez le comique de la situation présentée dans cet extrait.

Par quel mot désigne-t-on l'ensemble des meubles dans une maison?
Expliquez exactement ce que sont: des volets, des contrevents, des persiennes.
L'auteur fait allusion à *l'école surréaliste*. Que savez-vous de celle-ci?

Racontez une visite faite à un ami qui aime bricoler.

23   Ces messieurs

Des allées et venues de gens étrangers—des hommes à chapeaux vissés sur la tête, à faux cols douteux, à cigarette.

Des gens vêtus comme de petits employés et parlant sur un ton de maître, dans un langage trivial sentant le bistrot et la rue louche. Des autos! Fontagre n'en avait jamais autant reçues. On rencontrait «ces Messieurs», comme disait Marinette, un peu partout dans la maison. Un après-midi, j'en trouvai un dans ma chambre de la tour. Il venait de fouiller mes tiroirs, et paraissait prodigieusement intéressé par leur contenu. Je les avais bourrés de boîtes d'allumettes— plusieurs centaines. Chacune contenait un échantillon de roche, ou un insecte, ou une plante. C'étaient mes collections.

J'appris que ces Messieurs recherchaient le poison qui avait servi à tuer Élie. Mon visiteur pensait avoir découvert la cachette. Dès que je l'eus aperçu chez moi, je voulus me retirer, mais il me rappela, et en adoucissant sa voix qu'il fit seulement plus sourde, il me demanda à qui appartenait «cette pharmacie».

— Mais ce n'est pas une pharmacie, dis-je, c'est mon musée.

— Ah! c'est à toi? Ta tante n'y range pas ses affaires quelquefois, dans ton musée?

Son tutoiement me déplut et je lui dis:

— Vous saurez que personne jusqu'aujourd'hui ne s'est occupé de mon musée. C'est moi qui ai tout fait: il y a trois ans que je collectionne. Et je sortis rendre compte à Élia.

Elle haussa les épaules et dit:

— Laisse faire; le monde est fou. Tout cela n'a plus d'importance pour nous.

JEAN ORIEUX *Fontagre*
Flammarion

Quels sont ces gens qui ont envahi la maison? Comment s'explique leur présence? Que s'est-il passé?

Qu'est-ce qui, chez ces hommes, déplaît au narrateur?

Où le jeune homme couchait-il?

Pourquoi le policier, qui pénètre dans cette chambre, croit-il avoir trouvé quelque chose d'important?

Que collectionne le jeune homme? Depuis quand collectionne-t-il ces objets? Pourquoi le policier appelle-t-il les collections «cette pharmacie»?

Pourquoi Élia ne veut-elle plus se mêler de cette histoire?

Que signifie *douteux* dans l'expression *faux cols douteux*?
Qu'entendez-vous par *un langage trivial*?
Qu'est-ce qu'une rue *louche*?
Qu'est-ce qu'une *cachette*?
«Son tutoiement me déplut.» Pourquoi?

Les détectives dans la vie réelle et dans les romans policiers.

24 Premières impressions de Churchill

M. Churchill me reçut à Downing Street. C'était la première fois que je prenais contact avec lui. L'impression que j'en ressentais m'affermit dans ma conviction que la Grande-Bretagne, conduite par un pareil lutteur, ne fléchirait certainement pas. M. Churchill me parut être de plain-pied avec la tâche la plus rude, pourvu qu'elle fût aussi grandiose. L'assurance de son jugement, sa grande culture, la connaissance qu'il avait de la plupart des sujets, des pays, des hommes, qui se trouvaient en cause, enfin sa passion pour les problèmes propres à la guerre, s'y déployaient à leur aise. Par-dessus tout, il était, de par son caractère, fait pour agir, risquer, jouer le rôle, très carrément et sans scrupule. Bref, je le trouvai bien assis à sa place de guide et de chef. Telles furent mes premières impressions.

La suite ne fit que les confirmer en me révélant, en outre, l'éloquence propre à M. Churchill et l'usage qu'il savait en faire. Quel que fût son auditoire: foule, assemblée, conseil, voire interlocuteur unique, qu'il se trouvât devant un micro, à la tribune, à table ou derrière un bureau, le flot original, poétique, émouvant, de ses idées, arguments, sentiments lui procurait un ascendant presque infaillible dans l'ambiance dramatique où haletait le pauvre monde. En politique éprouvé, il jouait de ce don angélique et diabolique pour remuer la lourde pâte anglaise aussi bien que pour frapper l'esprit des étrangers. Il n'était pas jusqu'à l'humour dont il assaisonnait ses gestes et ses propos et à la manière dont il utilisait tantôt la bonne grâce et tantôt la colère qui ne fissent sentir à quel point il maîtrisait le jeu terrible où il etait engagé.

CHARLES DE GAULLE *Mémoires de Guerre : L'appel*
Plon

En quelle année cette rencontre a-t-elle lieu? Dans quelles circonstances?

Selon de Gaulle, de quelles qualités Churchill fait-il preuve?

Quels traits du caractère du chef britannique ont le plus impressionné le général?

L'auteur fait allusion aux différents auditoires qui écoutent les paroles d'un chef politique. Quels sont ces auditoires?

Quelles qualités de Gaulle admire-t-il chez Churchill en tant qu'orateur?

Quel jugement de Gaulle porte-t-il sur la masse du peuple britannique?

Qu'entendez-vous par l'expression: *un politique éprouvé*?

Exprimez autrement: de plain-pied avec la tâche la plus rude; l'ambiance dramatique où haletait le pauvre monde.

Que savez-vous des rapports qui ont existé entre Churchill et de Gaulle?

25   Un père choisit pour son fils

Le Principal était un spécialiste d'espagnol. Il aimait les splendeurs. Sa barbiche était pareille à celles que Le Greco pose sur les fraises de dentelles dans *L'enterrement du Comte d'Orgaz*.

— Bien entendu, mon fils fera du latin! dit mon père.

Ces deux puissances disposaient de mon sort et je trouvais cela excellent. Comment aurais-je pu m'orienter? J'ignorais tout et je dormais.

Une question délicate. Quelle langue vivante allais-je apprendre?

—L'allemand, nous en avons soupé dans la famille! dit mon père.

Il expliqua au Principal que mon grand-père était Alsacien, qu'il avait opté pour la France après la guerre de 70, et qu'il avait dû abandonner sa situation et s'exiler.

— L'allemand, je le sais moi-même. Je pourrai le lui enseigner.

Jamais, plus tard, il n'en manifesta la moindre velléité, ni moi la moindre envie.

— L'espagnol, c'est du patois, continuait mon père.

Le Principal sursauta.

— Mais non, monsieur, l'espagnol n'est pas du patois. C'est une langue merveilleuse!...

Mon père prit l'air niais qu'il adoptait quand il était de mauvaise foi.

— Quelle est la langue qu'on choisit le plus au collège? dit-il.

— L'anglais!

— Bon! Il fera de l'anglais.

PAUL GUTH *Mémoires d'un Naïf*
Éditions de Flore

Qui va décider du sort du collégien? De quel sort s'agit-il?

Quel est le comportement du collégien pendant cet entretien?

«Bien entendu mon fils fera du latin.» Pourquoi le père dit-il cela?

Expliquez ce que le père veut dire par la phrase: «L'allemand, nous en avons soupé dans la famille.»

Pourquoi le fils n'a-t-il jamais appris l'allemand?

Quelle idée le père a-t-il de l'espagnol? Pourquoi le Principal n'est-il pas de son avis?

Pour quelle raison décide-t-on à la fin que le garçon apprendra l'anglais?

Expliquez les expressions: les fraises de dentelles; ces deux puissances; de mauvaise foi.

Précisez le sens des mots: s'orienter, velléité, niais.

Pourquoi apprend-on les langues vivantes?

Quelles méthodes emploie-t-on pour les enseigner?

26   Un pays étrange

À dix minutes de vol des côtes de France se trouve un pays étrange : là-bas le système métrique est inconnu, les juges portent perruque, le chauffage central est réputé malsain, on mange des sardines au dessert, et la loi interdit l'ouverture des théâtres le dimanche. Cependant le premier avion à réaction y a été fabriqué, l'agriculture y est la plus mécanisée, et l'Angleterre sera sans doute le premier pays à utiliser industriellement l'énergie atomique.

Un respect presque religieux pour la tradition n'empêche pas le peuple anglais d'être à l'avant du progrès. C'est cette combinaison de survivances et de réalisations modernes, de préjugés et d'idées nouvelles, d'immobilisme et de dynamisme, qui donne à la vie anglaise son caractère particulier et souvent déroutant.

Après un long séjour, un étranger peut s'y habituer. Rare est celui qui s'y intégrera. D'ailleurs, malgré un effort récent pour attirer le touriste, l'Angleterre demeure chauvin. Pour lui l'étranger reste «the alien»—alius—l'autre. «Puis-je me permettre de vous demander la raison pour laquelle vous désirez venir dans ce pays?» Avec son mélange de correction exagérée, de condescendance, de brutalité et de suspicion, la question posée aux non-Britanniques à leur arrivée en Angleterre, constitue une formule de bienvenue curieuse. Mais elle peut s'expliquer. Depuis bientôt neuf cents ans à l'abri de toute invasion, surpeuplée, se défendant de l'immigration et des idées étrangères comme de poisons, protégeant son mode d'existence avec une férocité qui, du dehors, paraît parfois aveugle, l'Angleterre s'identifie encore à l'île-forteresse que Churchill, dans la dernière guerre, a gardée inviolée jusqu'à la victoire.

TONY MAYER *La Vie Anglaise*
Presses Universitaires de France

Relevez dans le premier paragraphe, des affirmations qu'un Anglais trouverait inexactes ou ridicules.

Selon l'auteur, qu'est-ce qui donne à la vie anglaise son caractère particulier?

D'après cet observateur, les étrangers ont beaucoup de difficulté à s'intégrer à la société britannique. Dans quelle mesure cela est-il vrai?

«L'Angleterre demeure chauvin.» Que veut dire cela?

Selon l'auteur, quelle est l'attitude des employés de l'immigration envers les étrangers?

Comment s'explique cette prétendue xénophobie des Anglais?

Précisez le sens des mots: immobilisme, dynamisme, déroutant, surpeuplé.

À croire cet observateur, quelles seraient les premières impressions d'un étranger qui arrive en Angleterre?

27   Un objet de prix

C'est alors que Julietta, qui regagnait le couloir, vit briller, entre le coussin et le dossier de la banquette, la boîte à cigarettes de son voisin de tout à l'heure. Poussée par un sentiment bien naturel, elle s'en saisit pour la rendre à son propriétaire et, sans réfléchir, sortit du compartiment, heurta sur les marches du wagon une vieille dame qui montait et sauta sur le quai. Cette boîte oubliée était ornée de pierres multicolores: c'était un objet féminin, un objet de prix, un bijou. Julietta chercha des yeux le voyageur et ne le voyant pas se mit à courir vers la sortie qui était fort éloignée. «Monsieur! eh! Monsieur!» criait-elle. A cet appel toutes les femmes se retournèrent, mais aucun homme ne parut entendre. «Monsieur! eh! Monsieur!» répétait Julietta, tandis que de tous côtés les femmes s'arrêtaient sur son passage et la regardaient sans qu'un seul homme bronchât. Essoufflée, assourdie par les battements de son cœur, elle atteignait la sortie lorsqu'elle aperçut enfin le voyageur qui, debout devant la porte, faisait passer sa serviette d'une main dans l'autre et fouillait ses poches comme font les gens qui ont égaré un objet. Julietta lui toucha le bras. Stupéfait il se tourna face à elle et face au train. «C'est à vous, lui dit-elle, votre boîte, la voici, vous l'avez oubliée.»

LOUISE DE VILMORIN *Julietta*
Gallimard

Décrivez l'objet que Julietta retrouve dans le compartiment. Où, exactement, se trouvait cet objet? Qui l'avait oublié?
Que faisait Julietta au moment où elle a aperçu l'objet en question?
Que fait-elle pour essayer de retrouver le propriétaire?
Pourquoi, sur le quai, crie-t-elle: «Monsieur! eh! Monsieur!» sans pourtant reconnaître son voyageur?
Où finit-elle par l'apercevoir? Qu'est-ce qui fait croire que ce monsieur vient de se rendre compte qu'il a perdu sa boîte?

Expliquez les mots et expressions: multicolore; essoufflé; sur son passage; sans broncher.
L'homme portait une serviette. De quelle sorte de serviette s'agit-il? Quels gens portent généralement une serviette?

Julietta raconte cet incident à une amie.

28   Les auto-stoppeurs

«En vérité, disait Nietzsche des mendiants, on se fâche de leur donner, et on se fâche de ne pas leur donner.»

Je dirais la même chose des auto-stoppeurs: je me fâche de les prendre, et je me fâche de ne pas les prendre. Jamais je ne suis parvenu à me fixer une ligne de conduite nette à leur égard. Opté-je pour le refus systématique? C'est le plus facile. Ou plutôt serait le plus facile si je pouvais, refusant, les ignorer. Las! Cette file de regards navrés le long de la route . . . J'ai beau me cuirasser, un remords obscur s'insinue en moi; bientôt je suis devenu un monstre d'égoïsme et d'incompréhension. Pour corser le tableau et ajouter le regret au remords, voici surgir du fond de ces nuées romanesques où il arrive à tout être de se réfugier en secret, des images enivrantes d'aventure avec la belle fille hardie qui court les routes . . . Ne souriez pas d'un air supérieur, Monsieur, ne niez pas que vous aussi (ou vous, Madame, en remplaçant fille par garçon) vous vous abandonnez parfois à ces imaginations puériles, contes de fées ou films de chevalerie . . . Bon, c'est dit, je me ravise, je prends désormais les auto-stoppeurs, même garçons. Et aussitôt, c'est le drame, un autre drame, mais moins affreux. Ces candidats, je ne peux, bien sûr, tous les admettre: ma voiture n'est pas extensible. Accepterai-je alors simplement les premiers qui se présentent, et quand c'est complet, c'est complet, dring, comme dans l'autobus? Cela revient à s'en remettre au hasard bête. N'est-il pas plus digne de choisir? Oui, mais suivant quels critères? À la tête du client, cheveux courts pour les garçons, cheveux longs pour les filles? Ou d'après sa nationalité? j'accepte l'Anglais, je rejette l'Italien! Ce n'est pas sérieux.

ROGER IKOR   *Le Figaro,* 23 octobre 1969

Qu'est-ce qu'un mendiant? Dans quel sens peut-on dire que les auto-stoppeurs sont des mendiants?

Dans quel embarras l'auteur se trouve-t-il vis-à-vis des auto-stoppeurs?

Quels sont ses sentiments pour les jeunes gens qui attendent au bord des routes?

D'après l'auteur, quel rêve romanesque flotte dans l'imagination de l'automobiliste solitaire?

Quelles difficultés se présentent si l'on décide de prendre des auto-stoppeurs?

Exprimez en d'autres termes: j'opte pour le refus; cette file de regards navrés; je me ravise; ma voiture n'est pas extensible.

Expliquez le sens des expressions: j'ai beau me cuirasser; corser le tableau; ces nuées romanesques.

Pourquoi, de nos jours, tant de jeunes font-ils de l'auto-stop?
Quels risques courent-ils?

29 Une tempête

Dans le chenal les eaux devenaient noires et la nuit s'avançait rapidement chassant devant elle deux barques qui, à la rame et à la voile, se hâtaient vers la côte. Mais bientôt l'ombre et un grain violent effacèrent les îles, le chenal, le rivage.

C'est alors que soudain le vent arriva, heurta la fenêtre, fit gémir la porte. La pinède d'un bout à l'autre tressaillit et un long murmure s'éleva des arbres qui se prolongea, plus loin que le cap dans les terres, et l'on entendit s'éveiller les bois.

Là-haut, solidement plantées aux premières collines, se dressent les forêts de chênes. Leur voix est plus imposante que celle des pins. Les chênes tiennent tête aux vents, les pins ont des cimes flexibles. Les uns parlent, les autres murmurent, et si les chênes semblent dans leur voix mettre des paroles humaines, les pins, qui sifflent et se plaignent, ne savent que bruire comme fait la mer. Cependant leurs deux voix me sont chères dans les tempêtes. Qui nous dirait, sans elles, ce que souffre la terre quand les souffles sauvages venus de la mer la tourmentent surtout la nuit, où l'ombre cache les coups douloureux de la lame contre les falaises. Les rocs semblent s'écrouler sous le choc de ces masses liquides. On dirait que tout le rivage menace de glisser en nous emportant sous les eaux monstrueusement hautes. Mais le murmure immense des forêts répond que la terre est encore ferme et que les arbres serrent leurs racines pour sauver le rivage.

HENRI BOSCO *L'Épervier*
Gallimard

À quel moment de la journée le narrateur contemple-t-il cette scène?

Décrivez le paysage qui s'étale devant les yeux du narrateur.

Quelles embarcations regagnaient la côte?

Pourquoi, à certains moments, ne voyait-on plus ni la mer ni la terre?

«Leurs voix me sont chères.» De quelles voix s'agit-il? Selon l'auteur, quelle différence y a-t-il entre ces «voix»?

Qu'y a-t-il de rassurant dans le bruit des forêts tourmentées par le vent?

Qu'est-ce qu'une *pinède*? Connaissez-vous d'autres substantifs semblables?

Un orage, une tempête, un grain. Précisez le sens de ces termes.

Expliquez les termes: chenal, cap, cime, falaise.

Parlez un peu des dégâts provoqués par les grandes tempêtes et par les mers houleuses.

30 Trempés!

Nous arrivâmes, comme toujours, sur le derrière de la maison.

Une faible lumière tremblait au premier étage, et faisait luire des poussières d'eau à travers la brume légère: ma mère dressait dans le crépuscule le phare dérisoire d'une lampe à pétrole, dont la dernière goutte de pluie avait fêlé le verre brûlant.

Un grand feu ronflait dans l'âtre: mon père et mon oncle, en pantoufles et peignoirs, bavardaient avec François tandis que leurs costumes de chasse, sur les épaules de plusieurs chaises, séchaient devant les flammes.

—Tu vois bien qu'ils ne sont pas perdus! s'écria joyeusement mon père.

— Oh! Ça ne risquait rien, dit François.

Ma mère toucha mon blouson, puis celui de Lili, et poussa des cris d'inquiétude.

— Ils sont trempés! Trempés comme s'ils étaient tombés à la mer!

— Ça leur fait du bien, dit François avec un calme parfait . . . Les enfants, ça ne craint pas l'eau, surtout que c'est de l'eau du ciel!

La tante Rose descendit l'escalier en courant, comme pour un incendie. Elle était chargée de hardes et de serviettes. En un tournemain, nous fûmes nus devant le feu, à la grande joie de Paul, et à la grande confusion de Lili: avec la pudeur des petits paysans, il se cachait de son mieux derrière les vestes de chasse. Mais la tante s'en empara sans la moindre hésitation, et le frictionna avec une serviette éponge, en le tournant et le retournant comme s'il se fût agi d'un objet.

MARCEL PAGNOL *Le Château de ma Mère*
Éditions de Provence

À quel moment de la journée cette scène se passe-t-elle?
Qu'est-il arrivé aux enfants pendant qu'ils se promenaient?
Que voient les enfants en s'approchant de la maison?
Pourquoi le verre de la lampe était-il fêlé?
L'oncle et le père étaient sortis, eux aussi. Pour quoi faire?
    Qu'avaient-ils fait de leurs vêtements mouillés?
Quel est l'avis de l'oncle sur ces sortes de mésaventures?
Qu'est-ce que la tante est allée chercher? Comment s'y prend-elle pour faire sécher Lili?

Expliquez les mots: crépuscule, âtre, peignoir, blouson, hardes, frictionner.

Exprimez en d'autres termes: le phare dérisoire d'une lampe à pétrole; en un tournemain.

Comment peut-on se protéger contre la pluie? Quels risques court-on en se laissant tremper jusqu'aux os?

31   La veille de Noël, 1942

Le 24 décembre 1942, la nuit était tombée depuis longtemps, lorsque le misérable petit train, qui faisait sa dernière navette de la journée entre Perpignan et Port-Vendres, arriva à Collioure. Les voyageurs descendirent des wagons obscurs, piétinèrent dans la boue et l'ombre jusqu'au portillon de sortie, indiqué seulement par le rouge sourd d'un fanal voilé et se dispersèrent rapidement à travers les rues sans lueur du village.

Une pluie, glacée comme du grésil, fouettait les figures. Chacun courait vers sa maison, sa chaleur, sa famille, qui avec un morceau de beurre, de lard ou de volaille, qui avec une poignée d'œufs, de farine ou de sucre, qui avec un pot de confiture ou de miel. Toutes ces denrées avaient été obtenues après une longue quête, des marchés difficiles, au prix de risques sérieux et, en ces temps faméliques, elles prenaient une valeur indicible pour une veillée de Noël.

Quoi qu'il en fût, ces gens touchaient au terme de leur route, arrivaient à leur foyer. Pour moi le chemin—et quel chemin!—commençait à peine.

J'attendis, selon mes instructions, que le petit train froid et noir eût repris sa marche, que l'employé fût rentré dans le bâtiment aveuglé de tous côtés et me dirigeai vers la gauche de la gare, ainsi que, la veille, à Perpignan, l'avait prescrit le guide. Je m'aperçus alors que des ombres me suivaient. Ma valise, pourtant mince et légère, me sembla soudain d'un poids terrible.

JOSEPH KESSEL *Tous n'étaient pas des anges*
Plon

Où est situé Perpignan?
Pourquoi n'y avait-il presque pas de lumière dans le train, la gare et dans les rues du village?
Quel temps faisait-il ce soir-là?
Pourquoi les gens avaient-ils trouvé difficilement des provisions pour fêter la Noël?
Le narrateur ne rentrait pas à son foyer. Selon vous, où allait-il? Quel était le but de son voyage?
Quelles instructions a-t-il reçues?
Qu'est-ce qui l'effraie tout d'un coup?

Mots et expressions à expliquer: fanal, grésil, lard, denrées; famélique, piétiner, faire la navette, le rouge sourd, le bâtiment aveuglé de tous côtés.

Que savez-vour du rôle joué par la résistance française pendant l'occupation allemande de 1940–1944?

32   Au-dessus de l'Atlantique

La nuit venait, avec une vitesse inaccoutumée, au-dessus de l'Atlantique. Après le repas du soir, tout sombra dans la confusion des espaces sans lumière. Nicole sentit qu'elle s'endormait. Elle dormait sans faire de rêves et le temps passait dans un univers si vaste, qu'il semblait sans bords, ni limites. L'escale de Dakar appartenait encore à ce vide du sommeil. Le temps de faire le plein et de vérifier les moteurs, et les passagers bouclaient à nouveau leurs ceintures, en mâchant les chewing-gums distribués par l'hôtesse. La piste se dérobait sous les roues du quadrimoteur qui s'élevait dans le ciel en décrivant un grand cercle. Un nouveau jour s'étendait sur des vagues and sur des sables.

Nicole dévorait les hebdomadaires illustrés que lui apportait l'hôtesse et regardait longuement, avec un sourire complice, les photos des starlettes, des vedettes et des stars. L'hôtesse se demandait si cette belle inconnue n'était pas une actrice célèbre qui voyageait sous un nom d'emprunt. Elle allait le dire au capitaine du bord. «Nous saurons peut-être son nom à l'atterrissage . . . On doit l'attendre à Orly.» Nicole sentait la curiosité de l'équipage. Elle somnolait en souriant à la gloire.

Aux dernières lueurs du jour, l'avion tomba comme une pierre vers un Paris aussi misérable que les plus misérables quartiers de Rio. Au lieu du soleil étincelant de la veille, une petite pluie noyait l'horizon et les gens semblaient grelotter derrière les murs de verre de l'immense gare aérienne.

ANDRÉ CHAMSON   *Le rendez-vous des espérances*
Gallimard

Que sait-on de Nicole? Quelle impression fait-elle sur l'équipage de l'avion?

Quand, dans un avion, les passagers doivent-ils boucler leurs ceintures?

Pourquoi, à l'atterrissage et à l'envol, offre-t-on aux passagers des chewing-gums à mâcher?

Où l'avion fait-il sa première escale? Quelle est sa destination
finale?

Justifiez l'image employée par l'auteur dans la phrase: «l'avion
est tombé comme une pierre» vers Paris.

Quelle impression Nicole a-t-elle de Paris à l'arrivée? Pourquoi
la capitale présente-t-elle un aspect déprimant?

Que signifient les mots: hebdomadaire, starlette, vedette, nom
d'emprunt, grelotter?

Quelles personnes constituent l'équipage d'un avion?

Expliquez les termes aéronautiques: faire escale, faire le plein,
vérifier les moteurs, la piste, le quadrimoteur.

Pourquoi, de nos jours, tant de gens voyagent-ils en avion?

33   La vie domestique

La vie domestique a du bon. Couper du bois, faire du feu,
s'occuper du ménage . . . Penser à l'eau, au repas, à la lampe,
remonter le poids de l'horloge, ouvrir, refermer les volets, et,
sur le feu, surveiller le plat qui mijote, le café qui passe, l'eau
qui va bouillir . . .

Travaux très sains, qui exigent d'être accomplis chaque
jour, à telle heure, et dont chacun demande un temps
déterminé.

Ils ramènent l'esprit des pensées et des songes aux mouvements des mains qui, à leur façon aussi, pensent, songent,
mais sur le bois, le pain, l'eau et le feu. Or, le bois pèse, le
pain s'émiette, l'eau s'use et le feu s'éteint . . . Les mains
infatigablement soulèvent la bûche, pétrissent le pain,
puisent de l'eau, rallument du feu. Elles sont toujours
obligées de refaire ce qu'elles ont fait.

Je prends plaisir à les regarder quand elles travaillent.
Entre elles et l'outil qu'elles tiennent existe une alliance. Ne
l'ont-elles pas fabriqué?—Mais il y a plus . . . À le tenir, à
le manier, à l'user contre la matière, les mains savent s'il leur
est fidèle, s'il les comprend, s'il est d'une usure efficace, et
comme elles se font jour après jour à lui, il se fait à elles, il

répond, il obéit, il crée . . . Le plus humble de tous s'associe aux besoins, aux désirs, aux projets qui nous sont nécessaires.

HENRI BOSCO *L'Épervier*
Gallimard

L'auteur énumère un certain nombre des tâches qui doivent se faire chaque jour dans le ménage. Pourriez-vous ajouter à cette liste?

Pourquoi la ménagère est-elle occupée pendant une grande partie de la journée?

L'auteur affirme que les travaux du ménage sont sains. Expliquez pourquoi.

Quelles réflexions l'auteur fait-il sur les outils que nous employons à la maison? Énumérez quelques-uns de ces outils.

«La vie domestique a du bon.» Que veut dire cela?

On parle de remonter *le poids de l'horloge*. À quoi sert ce poids?

Pourquoi dans certains pays les maisons ont-elles des volets?

Précisez le sens du verbe *mijoter*.

Les travaux du ménage sont-ils ennuyeux? Qu'en pensez-vous? Qu'en pense votre mère?

34   Le chauffeur malgracieux

Il sauta sur la chaussée, posa sa valise et tendit les bras pour aider la jeune fille à descendre. Mais le chauffeur se pencha, lui claqua la portière au nez et démarra. Le bonhomme demeura seul sur la route, les bras encore tendus, la bouche ouverte. Il regarda le feu rouge du camion s'éloigner rapidement dans la nuit, puis poussa un cri, saisit la valise et se mit à courir. Il neigeait maintenant pour de bon et sa silhouette gesticulait et s'agitait lamentablement parmi les flocons blancs. Il courut un bon moment, puis ralentit, essoufflé, s'arrêta, s'assit sur la route et se mit à pleurer. La neige valsait gentiment autour de lui, venait se poser dans ses cheveux, glissait dans son cou. Il cessa de sangloter mais eut le hoquet et dut se frapper la poitrine pour essayer de le maîtriser. Il soupira enfin profondément, s'essuya les yeux du bout de son écharpe, saisit la petite valise et se remit en route. Il marcha une bonne demi-heure et soudain aperçut devant lui une silhouette familière. Il poussa un cri de joie et courut vers elle. La jeune fille se tenait immobile au milieu de la chaussée et paraissait l'attendre. Elle souriait, la main tendue: les flocons épais fondaient doucement entre ses doigts. Le bonhomme lui entoura les épaules de son bras.

— Excuse-moi, bredouilla-t-il. J'ai perdu un instant confiance . . . J'ai eu tellement peur! J'imaginais les pires choses . . . Je pensais que je ne te reverrais plus.

ROMAIN GARY *Gloire à nos illustres pionniers*
Gallimard

À quel moment de la journée cette scène se passe-t-elle? En quelle saison était-on?

Au début, il y a trois personnes dans le camion. Quelles sont ces personnes? À votre idée, qu'est-il arrivé?

Lorsqu'enfin le camion s'arrête, qui doit descendre?

Quel geste inattendu fait le chauffeur dès que le bonhomme est descendu?

Qu'est-ce que ce pauvre homme devait penser? Qu'est-ce qui montre qu'il était en proie à de vives émotions?

Qu'est-ce qui l'a surpris et soulagé une demi-heure plus tard?

À quoi servent une valise, une écharpe?

Expliquez les expressions: il neigeait pour de bon; un bon moment; une bonne demi-heure.

Expliquez les termes: la chaussée, le feu rouge.

Les dangers qu'on peut courir en montant dans une voiture avec un conducteur inconnu.

35 Égarées dans les bois

Il faisait de plus en plus froid, le vent se levait comme chaque soir et je regrettais déjà de n'avoir pas emporté mon cache-nez

quand nous atteignîmes le bois. «Ah! nous serons à l'abri.»
Nous nous enfonçâmes dans le bois comme dans la maison.
Angèle était tout essoufflée. «Et voilà du houx,» dit-elle
soudain comme si elle continuait une conversation inter-
rompue. Elle éleva un moment le feuillage sombre et les
boules rouges sur le fond rose du ciel; puis elle battit des
mains. «Écoute, Catherine, nous en rapporterons plusieurs
brassées et nous décorerons la maison.» Nous nous mîmes
en hâte à la cueillette. «Allons, c'est assez, Angèle» dis-je,
«Vois, la nuit tombe déjà.» «Encore un peu!» implorait la
petite fille. Il faisait de plus en plus sombre et derrière nous
je vis paraître la lune encore plus blanche que les plus blancs
nuages. «Partons, maintenant,» dis-je sévèrement, «dans vingt
minutes il fera nuit noire . . . et les loups . . .» «Ne parlons pas
des loups, veux-tu?» dit sérieusement la petite fille. «Je n'en
veux pas même voir la queue,» et nous partîmes. «Je crois que
le chemin est par ici,» dis-je. Nous marchâmes quelque temps
dans les bois sans trouver la lisière. Il faisait presque noir et
nous butions parfois contre les souches. De temps en temps
un buisson d'épines nous frappait au visage ou sur la poitrine,
et l'on n'en finissait pas de se détacher en déchirant les robes
le moins possible. Il pouvait être environ quatre heures quand
la nuit tomba. D'un seul coup, ce fut le ciel qui devint sombre
et la forêt lumineuse et transparente. «Vraiment, c'est
beaucoup mieux ainsi,» dit gaîment Angèle, «on s'y reconnaît
plus facilement, vous savez. Ne trouvez-vous pas?» «Naturellement,» dis-je, pour ne pas l'effrayer, mais je savais que nous
étions perdues.

ROBERT FRANCIS *La Grange aux trois Belles*
Alexis Rédier

À quelle époque de l'année se passe cette scène?
Comment s'explique la présence des fillettes dans le bois?
Décrivez la plante qu'on appelle le houx.
Pourquoi l'aînée des enfants est-elle pressée de partir?
Que raconte Catherine pour décider sa petite sœur à partir?
Pourquoi les fillettes trouvent-elles difficile de se frayer un
    chemin au travers du bois?

Quel effet de lumière se produit lorsqu'enfin la nuit tombe?

À quoi sert un cache-nez?

Qu'est-ce qu'une brassée? Citez d'autres substantifs semblables.

Définissez les mots: lisière, souche.

Pourquoi perd-on facilement son chemin dans un bois ou une forêt? Que peut-on faire pour s'orienter?

36   Aux courses de taureaux

Après l'examen écrit, dans un dimanche torride, José m'entraîna à des courses de taureaux. D'abord il se lamenta de voir une foule morne et noire où n'éclataient pas, comme dans son pays, de neigeuses mantilles, des fleurs de grenades, et qui ne palpitait pas avec des milliers d'éventails; mais dès que le *paseo* eut déroulé ses pompes barbares, il n'entendit plus les jugements imbéciles du peuple. La furieuse joie de son cœur s'exprimait en un espagnol sauvage et guttural. Il trépignait, il tendait les mains vers Bombita debout, à côté de la bête foudroyée. Le cirque découpait dans le ciel une sphère d'azur sombre où les hirondelles avaient peur et volaient plus haut. J'y baignais mes regards blessés par le sable ardent, taché de sang noir. Je m'appliquais à imaginer le repas du soir, où je serais bientôt, la fenêtre de la salle à manger ouverte sur la place Pey-Berland, le ronronnement des conversations familières. José criait près de moi. Il jeta dans l'arène les bleuets de sa boutonnière, un mouchoir de soie ardoise dont l'odeur de cyclamen et de géranium traîna un instant autour de nous, me fit oublier la foule hurlante, ce cheval aplati sur le sable, et dont le vieux cuir, par endroit, frémissait encore.

FRANÇOIS MAURIAC   *La Robe Prétexte*
Grasset

Décrivez la mise-en-scène de ces courses.

Qu'est-ce qui, dans le récit, indique que le narrateur trouve ce spectacle écœurant?

Quelle est la nationalité de José?

Pourquoi, au début, José est-il plutôt déçu?

Quel changement se produit dans l'attitude de José, une fois les courses commencées?

Comment José se comporte-t-il quand le matador achève le taureau?

Comment le narrateur cherche-t-il à oublier ce spectacle répugnant?

À quoi sert un éventail?

Décrivez la fleur qu'on appelle le bleuet. Où voit-on souvent des bleuets?

Expliquez les mots: torride, guttural, trépigner.

Qu'est-ce qui se passe aux courses de taureaux?

37 Après le bombardement

Le navigateur ne se releva pas tout de suite. Il demeura quelques instants, une minute peut-être ou davantage, à reprendre son souffle, étendu dans un sillon, le visage sur de longues feuilles mouillées, tandis que son cœur cognait dans sa poitrine. Puis il ouvrit les yeux, se redressa et regarda autour de lui. C'était la nuit, mais une énorme lueur embrasait l'horizon et de hautes flammes s'élevaient par moments au milieu de fumées épaisses et rougeoyantes. Dans le silence, le navigateur éprouva l'insolite sensation d'être seul, libre et sans responsabilité. Il secoua la terre dont ses paumes étaient engluées et les essuya sur son pantalon, puis il passa ses doigts sur son front et fut étonné de le trouver baigné de sueur; il enleva son serre-tête et le fourra dans sa ceinture, sous son blouson.

Le navigateur tourna le dos à l'incendie. Il remarqua alors qu'il se trouvait dans un champ de betteraves. Il fit jouer le mécanisme de sécurité de son harnais qui glissa à ses pieds. Aussitôt il se sentit léger. La corolle du parachute était devenue un gros paquet de linge blanc qui sentait le talc et qu'il fallait, avant tout autre chose, faire disparaître, afin d'échapper aux poursuites. Le navigateur se servit des suspentes de soie pour ficeler la voilure comme dans un sac.

Pour l'enfouir, il n'avait pas d'outil. C'est alors qu'il se demanda sur quelle partie de l'Europe il était tombé. Il avait quitté son avion en perdition, mais à quel moment? Il était incapable de s'en souvenir. Après le bombardement. Mais combien de temps après? La mémoire lui manquait. L'incendie qu'il voyait à l'horizon, c'était sans doute Duisbourg en train de flamber, et l'équipage avait dû être descendu par un chasseur ou par un coup de canon.

JULES ROY *Le Navigateur*
Julliard

Dans un avion, quelles sont les fonctions du navigateur?
Cet aviateur a dû sauter en parachute. Où descend-il?
Quelle était cette énorme lueur qu'il voyait à l'horizon?
Que fait le navigateur quand il se remet des effets de sa chute?
Que doit-il faire de son parachute?
Pourquoi a-t-il des souvenirs tellement vagues de ce qui lui est
    arrivé?
Quelles suppositions fait-il?

Que veut dire: «son avion en perdition»?
Quel est, ici, le sens du mot *chasseur*?
Que sont les suspentes d'un parachute?

Le rôle des bombardements aériens dans la seconde guerre
    mondiale.

38   Il faut sauver les barques

Abrutis par le vent et le froid, les hommes se montraient avec des gestes ce qu'il fallait faire . . . Sauver les barques . . . La mer était montée plus haut dans le port et avec plus de violence que l'on ne s'y attendait; les bateaux, malmenés, menaçaient de s'enfuir. On les apercevait sauter, ballotter sur les vagues . . . A une cadence rapide, les lames sèches s'abattaient contre les galets. Si elles ne montraient pas la brutalité de la mer contre les récifs, leur cadence obsédait le corps non moins que l'envergure de leur course. Abattues, elles s'agrippaient contre les galets, elles s'appuyaient sur les galets, elles glissaient, elles montaient toujours, toujours, une autre les poussait qu'elles en étaient à lécher la dune d'une langue avide; et, tandis qu'elles renonçaient là-haut à une partie d'elles-mêmes, elles reculaient vers la mer, creuses, longues, entraînant ces mêmes galets qui les appuyaient tout à l'heure, se noyant dans la vague suivante qui reprenait l'assaut. Ce sont les enfants qui regardent les vagues mais, cette nuit-là, les hommes étaient contraints de regarder les vagues, de prêter toute leur attention à l'élan des vagues. Entrés dans l'eau, les uns essayaient de descendre la pente et, en marchant contre les vagues, de parvenir jusqu'à leur barque et de sauter dedans pour la désancrer. Après quoi ils se remettaient à l'eau et, avec tous leurs compagnons, ils haleraient la barque sur les galets, puis sur la dune.

HENRI QUEFFÉLEC   *Un Recteur de l'Île de Sein*
Stock

Comment vous représentez-vous le port où se passe cette scène? En quelle saison est-on?
Pourquoi les hommes sont-ils descendus au port? Pourquoi sont-ils inquiets?
Pourquoi se contentent-ils de faire des gestes, au lieu de parler?
Que font certains hommes pour sauver leur barque?
Où les barques seront-elles en sûreté?

Expliquez les mots: abrutis, ballotter, galets, récif, envergure, élan, désancrer, haler.
Les lames sèches s'abattaient contre les galets. Qu'entendez-vous par les *lames sèches*?

Sujet à développer: La vie dure et hasardeuse des gens de mer.

39   Première mésentente

C'est pourtant dès le lendemain de cette soirée que je dois noter le premier choc qui raya d'un trait léger le cristal transparent de mon amour. Épisode minuscule, mais préfiguration de tout ce qui allait suivre. C'était chez le tapissier; nous commandions nos meubles. Odile avait choisi des rideaux que je trouvais chers. Nous discutâmes un peu, très amicalement, puis elle céda. Le vendeur était un joli garçon, qui avait pris avec énergie le parti de ma femme et m'avait agacé. Au moment où nous sortîmes, dans une glace, je saisis un regard d'intelligence et de regret entre ce vendeur et Odile. Je ne puis vous décrire ce que j'éprouvai. J'avais acquis depuis mes fiançailles la certitude inconsciente, absurde, que l'esprit de ma femme était désormais lié au mien et que, par une permanente transfusion, mes pensées seraient toujours les siennes. L'idée de l'indépendance d'un être vivant à côté de moi m'était, je crois, incompréhensible. Bien plus encore l'idée de cet être conspirant avec un étranger contre moi. Rien de plus fugitif, rien de plus innocent que ce regard; je ne pouvais rien dire, je n'étais même pas certain d'avoir bien vu et pourtant je sens que, de cette minute, date pour moi la révélation de la jalousie.

ANDRÉ MAUROIS *Climats*
Grasset

Où cette scène a-t-elle lieu, et quelles sont les trois personnes qui y participent?
Qu'est-ce que le jeune couple est venu faire dans cet établissement?
Entre Odile et son mari il s'élève un différend. Lequel?
Quel rôle le vendeur joue-t-il dans cette histoire?
Qu'est-ce qui a froissé le jeune mari?
Quelle importance cet incident semble-t-il avoir eue dans la vie sentimentale du narrateur?

Exprimez d'une façon plus banale: «le premier choc . . . de mon amour.»
Qu'entendez-vous par un *regard d'intelligence*?
Que veut dire: prendre le parti de quelqu'un?
Citez trois emplois du mot *glace*.

Le jeune vendeur raconte cet incident à un (une) camarade.

40   La portière non-verrouillée

Je suis arrivé sur le quai de la gare comme le dernier train de nuit s'ébranlait et j'ai sauté, au hasard, dans un wagon de seconde classe, d'ailleurs comble. J'étais horriblement fatigué. Le wagon dans lequel j'avais sauté se trouvait être une vieille voiture, avec des portières tout le long, face à chaque compartiment. Je me tenais, faute de place, dans le couloir, et debout. Soudain, passe un employé qui traversait la voiture de bout en bout. Pour lui livrer passage, je me laisse aller, du dos, contre la paroi du wagon. Et je sens la paroi qui cède et s'efface, sous mon poids: c'était une des portières et qui n'était pas verrouillée. Le train roulait alors à toute allure, sous le tunnel de l'Estaque. Il y avait non loin de moi, dans le couloir, quatre ou cinq personnes qui ont vu la chose et qui ont poussé un hurlement. Que s'est-il passé? Je crois que j'ai, d'instinct, étendu les bras, comme un homme qui va se noyer, et je me suis trouvé presque suspendu dans le vide, crispant mes ongles sur le chambranle de la portière. Dix mains m'ont agrippé par la peau du ventre. Tout cela n'a duré qu'une seconde. Et, de nouveau, j'étais debout, dans le couloir, debout et vivant. Un monsieur verrouillait la portière. Un autre insistait pour me faire boire un verre de rhum, que j'ai bu.

GEORGES DUHAMEL   *La Nuit d'Orage*
Mercure de France

Décrivez le vieux wagon où ce voyageur est monté. Comment sont les wagons modernes?
Pourquoi le narrateur est-il obligé de rester debout dans le couloir?
Racontez ce qui se passe quand l'employé passe dans le couloir.
Qu'est-ce qui rendait la situation encore plus effrayante?
Qu'ont fait les voyageurs qui se trouvaient tout près?
Qu'a-t-on fait pour calmer le malchanceux?

Exprimez autrement: un wagon comble; faute de place; de bout en bout; pour lui livrer passage; à toute allure.

Par la suite, l'employé qui traversait le wagon raconte cet incident au chef de train.

GARCIN   Je dirigeais un journal pacifiste. La guerre éclate. Que faire? Ils avaient tous les yeux fixés sur moi. «Osera-t-il?» Eh bien, j'ai osé. Je me suis croisé les bras et ils m'ont fusillé. Où est la faute? Où est la faute?

ESTELLE   *(lui pose la main sur le bras)* Il n'y a pas de faute. Vous êtes . . .

INÈS   *(achève ironiquement)* Un Héros. Et votre femme, Garcin?

GARCIN   Eh bien, quoi? Je l'ai tirée du ruisseau.

ESTELLE   *(à Inès)* Vous voyez! Vous voyez!

INÈS   Je vois. *(Un temps)* Pour qui jouez-vous la comédie? Nous sommes entre nous.

ESTELLE   *(avec insolence)* Entre nous?

INÈS   Entre assassins. Nous sommes en enfer, ma petite, il n'y a jamais d'erreur et on ne damne jamais les gens pour rien.

ESTELLE   Taisez-vous.

INÈS   En enfer! Damnés! Damnés!

ESTELLE   Taisez-vous. Voulez-vous vous taire? Je vous défends d'employer des mots grossiers.

INÈS   Damnée, la petite sainte. Damné, le héros sans reproche. Nous avons eu notre heure de plaisir, n'est-ce pas? Il y a des gens qui ont souffert pour nous jusqu'à la mort et cela nous amusait beaucoup. A présent, il faut payer.

GARCIN   *(la main levée)* Est-ce que vous vous tairez?

INÈS   *(le regarde sans peur, mais avec une immense surprise)* Ha! *(Un temps)* Attendez! J'ai compris, je sais pourquoi ils nous ont mis ensemble.

GARCIN   Prenez garde à ce que vous allez dire.

INÈS   Vous allez voir comme c'est bête. Bête comme chou! Il n'y a pas de torture physique, n'est-ce pas? Et cependant, nous sommes en enfer. Et personne ne doit venir. Personne. Nous resterons jusqu'au bout seuls ensemble. C'est bien ça? En somme, il y a quelqu'un qui manque ici: c'est le bourreau.

GARCIN *(à mi-voix)* Je le sais bien.

INÈS Eh bien, ils ont réalisé une économie de personnel. Voilà tout. Ce sont les clients qui font le service eux-mêmes, comme dans les restaurants coopératifs.

ESTELLE Qu'est-ce que vous voulez dire?

INÈS Le bourreau, c'est chacun de nous pour les deux autres.

JEAN-PAUL SARTRE *Huis Clos*
Gallimard

Quelles sont les trois personnes qui figurent dans cette scène? Où sont-elles?

Comment Garcin est-il mort? Qu'est-ce qui a été la cause de sa mort?

Qu'est-ce que ces malheureux doivent expier après la mort?

Qu'est-ce qu'un bourreau?

Ces gens sont condamnés à souffrir éternellement. Quelle sera leur souffrance?

42 Les femmes savantes

Je me trouvais l'autre jour dans une maison où la mère et la fille avaient toutes deux épousé des hommes de quelque éminence dans leurs professions respectives, la peinture et la médecine. Ayant mis la conversation sur l'école flamande, je fus stupéfait de voir de quel air autoritaire la plus âgée, sans avoir donné à son mari le temps d'entr'ouvrir la bouche, m'asséna sur le crâne son opinion que je ne lui demandais point. Accablé de la sottise de ses propos, je me tournai vers le médecin. «On raconte, docteur, qu'il y a lieu de craindre dans nos ports quelque épidémie.» Mais, à peine ce mot avait-il franchi mes lèvres, que la fille me fit abondamment part de ses vues personnelles et définitives sur le sujet. Comme sa mère, avec la même volupté évidente, elle entrelardait ses assertions arbitraires de termes techniques mal digérés, sans avoir conscience, un seul instant, du ridicule dont elle se couvrait. Tous les convives paraissaient gênés. La prenant en pitié et voulant leur épargner de s'enliser davantage, j'infléchis la conversation vers la guerre de tranchées que les deux maris avait faite l'un et l'autre et non sans distinction. Peine perdue, cette fois elles rivalisèrent simultanément d'érudition et de compétence militaires. Les deux vieux guerriers n'eurent plus qu'à continuer à se taire. Cependant le plus jeune, entendant sa femme donner un renseignement tout à fait faux, ne put s'empêcher d'intervenir. «Ne croyez-vous pas, chère amie, que lorsqu'il s'agit de choses au sujet desquelles je suis spécialement compétent, il serait plus prudent de me laisser l'initiative de la réponse?»

FÉLIX DE GRAND'COMBE *Tu viens en France*
Presses Universitaires de France

Quelle est la profession du père? Et celle du gendre?
Qu'est-ce qui a surpris le visiteur lorsqu'il a commencé à parler de la peinture?
Qu'arrive-t-il lorsqu'on parle des épidémies?
En quoi les deux femmes sont-elles semblables?
Le père et le gendre ont fait la guerre, tous deux. De quelle guerre s'agit-il?
Lequel des deux hommes a fini par perdre patience? Qu'a-t-il dit, en somme?

Exprimez en d'autres termes: elle m'asséna sur le crâne son opinion . . . ; à peine ce mot avait-il franchi mes lèvres . . . ; elle me fit abondamment part de ses vues.
Précisez le sens des mots: autoritaire, définitif, arbitraire.
Donnez la définition des mots: sottise, épidémie, guerrier.

Question générale: Les bévues sociales.

43 Le curé arrive à l'aube

Toute crainte s'était maintenant évanouie du cœur de la vieille femme, car elle croyait réellement l'aube prochaine.

— Qui va là? dit-elle d'une voix mal assurée.

La réponse lui vint aussitôt, et de beaucoup plus près qu'elle ne l'eût supposé, du pied même de la maison ténébreuse.

— C'est moi.

— Qui, vous?

— Moi, le nouveau curé de Mégère.

À cause de sa petite taille, elle dut se hausser sur la pointe des pieds pour apercevoir le long du mur, et pour la première fois, son maître.

— Attendez une seconde, monsieur le curé, fit-elle. Je m'en vas descendre.

Mais elle saisit d'abord la lampe et, se penchant de nouveau, l'éleva au-dessus de sa tête. Ce qu'elle aperçut la rassura sur-le-champ.

Le visage apparaissait très nettement juste au centre du halo lumineux et elle faillit éclater de rire. C'était bien celui d'un écolier pris en faute et qui s'efforce de donner à ses traits une expression presque comique de réflexion et de dignité. La flamme fumeuse de la lampe n'en éclairait qu'une partie, mais il était facile de voir que ses joues étaient très rouges, plus, sans doute, de confusion que de froid.

— Vous êtes venu, répétait-elle machinalement, vous êtes venu . . .

Elle ne trouvait rien d'autre. Le vent fit charbonner la lampe. Un coq au loin chanta.

— Veuillez d'abord descendre, fit le jeune prêtre en rassemblant visiblement son courage pour donner à sa voix un accent d'autorité.

— J'arrive, dit Mlle Céleste.

GEORGES BERNANOS *Un Crime*
Plon

Quel nom donne-t-on à la maison d'un curé? Comment appelle-t-on la femme de charge du curé?

Qu'est-ce qui a effrayé Mlle Céleste?

Selon vous, pourquoi le curé arrive-t-il à cette heure insolite?

Que fait la vieille pour mieux voir celui qui l'appelle?

Pourquoi ne prend-elle pas au sérieux le nouveau venu?

Relevez dans le texte un détail qui montre que l'aube est proche.

Donnez des équivalents pour: l'aube, ténébreux, se hausser, un écolier pris en faute.

Expliquez les expressions: le halo lumineux; le vent fit charbonner la lampe.

Quelle remarque vous suggère le propos de Mlle Céleste: «Je m'en vas descendre»?

Sujet général: Quelle vie un curé de campagne mène-t-il?

44   Jour de marché

Le 25 février était jour de marché à la Chapelle-au-Bois. Jérôme ouvrit la forge aux premières lueurs de l'aube pour accueillir les paysans venus des environs et pressés de donner leurs bêtes à ferrer avant le début des négociations sur le champ de foire. Il n'y avait plus trace de neige sur les toits. Dans la courette, devant le travail, quatre vaches, deux chevaux et trois petits ânes gris attendaient patiemment leur tour. Vêtus de blouses bleues, délavées, leurs maîtres parlaient entre eux en patois et suivaient les gestes du forgeron avec méfiance. Malgré leur habitude, Jérôme et Justin avaient fort à faire pour contenter tout le monde. Le soufflet grinçait, les marteaux frappaient, l'air s'imprégnait d'une odeur de corne roussie. De son côté, Amélie retirait les volets de la boutique et servait les premières clientes. Le bourg s'emplissait d'une multitude lente et bavarde. Des voitures arrivaient par les deux bouts de la rue principale. Les fermiers déchargeaient leurs animaux engourdis par un long voyage. Des marchands forains dressaient leurs baraques de toile, déballaient des pièces de tissu, des casseroles, des galoches, et disposaient des étiquettes sur les tas. Au-dessus du bourdonnement des voix humaines passait, de temps en temps, un meuglement rauque et désespéré.

HENRI TROYAT   *Les Semailles et les Moissons*
Plon

Quel est le métier de Jérôme? À quelle heure commence-t-il son
  travail les jours de marché?
Où avait lieu le marché?
Pourquoi, dans certains pays, ferre-t-on les vaches?
Les paysans regardaient faire le forgeron *avec méfiance*. Pourquoi?
Pourquoi cette *odeur de corne roussie*?
Qu'est-ce qu'un marchand forain? Que vendent les marchands
  forains et où le vendent-ils?

Que fait-on dans une forge? Que veut dire: *ferrer une bête*?
Expliquez les mots: courette, patois, soufflet, bourg, étiquette.
Que veut dire: Jérôme et Justin *avaient fort à faire* pour contenter
  tout le monde?

Que font les paysans les jours de marché?

45   Chez soi

La veille, le samedi soir, Antoine quitta l'hôpital à sept
heures, se fit servir à dîner dans un restaurant voisin pour
n'avoir pas à prendre son repas en famille, et, dès huit heures,
il pénétrait, seul et joyeux, dans son nouveau chez lui. Il
devait y coucher, ce soir-là, pour la première fois. Il eut
plaisir à faire jouer sa clef dans sa serrure, à claquer sa porte
derrière lui; il alluma l'électricité partout et commença, à
petits pas, une promenade à travers son royaume. Il s'était
réservé le côté donnant sur la rue: deux grandes pièces et un
cabinet. La première était peu meublée: quelques fauteuils
disparates autour d'un guéridon; ce devait être un salon
d'attente, lorsqu'il aurait à recevoir quelque client. Dans la
seconde, la plus grande, il avait fait descendre les meubles
qu'il possédait dans l'appartement de son père, sa large table
de travail, sa bibliothèque, ses deux fauteuils de cuir, et tous
les objets témoins de sa vie laborieuse. Dans le cabinet, qui
contenait une toilette et une penderie, il avait fait mettre son
lit.

  Ses livres étaient empilés par terre, dans l'antichambre,
près de ses malles non ouvertes. Le calorifère de l'immeuble
donnait une douce chaleur, les ampoules neuves jetaient sur

tout leur lumière crue. Antoine avait devant lui une longue soirée pour prendre possession; il fallait qu'en quelques heures tout fût déballé, rangé et prêt à encadrer dorénavant sa vie.

ROGER MARTIN DU GARD   *Le Pénitencier*
Gallimard

Quelle est la profession d'Antoine?
Pourquoi dîne-t-il au restaurant?
De quelles pièces son appartement se compose-t-il?
Qu'est-ce qui montre qu'il prend plaisir à son installation?
D'où venaient les meubles qui se trouvaient dans la grande pièce?
À quoi Antoine va-t-il passer la soirée?

Expliquez les mots: guéridon, salon d'attente, bibliothèque, penderie, calorifère, disparates, empilés.
Exprimez autrement: son nouveau chez lui; les objets témoins de sa vie laborieuse.

Les avantages et les plaisirs que procure le fait d'avoir son petit chez soi.

46   À bord le *Claude-Bernard*

Vingt jours plus tard, ils s'embarquaient au Havre pour Rio de Janeiro. Quand le *Claude-Bernard* appareilla, Nicole eut enfin l'illusion d'être heureuse. Cette illusion dura pendant toute la traversée et finit par devenir un véritable bonheur. Chaque jour, l'Océan se faisait plus bleu, le ciel plus limpide. Lisbonne se découvrit comme un fantastique décor, avec ses palais en étages, dans une étrange harmonie de couleurs violentes et tendres, de vert amande, de briques pilées et de pierres blanches, gorgées de soleil.

Le lendemain, des poissons volants fusèrent sur les eaux calmes et des marsouins firent escorte au navire. La planète semblait grandir et chaque matin reculait encore ses limites, en poussant plus loin le cercle de l'horizon. Sur ces confins, glissait quelquefois le dos d'un souffleur solitaire. Le *Claude-Bernard* s'enfonçait dans un univers de merveilles.

La vie du bord s'accordait à ces fastes de la nature. Les officiers s'empressaient autour de Nicole et le commandant l'invitait à sa table avec son mari. Sa jeunesse et sa beauté lui faisaient donner le rang d'une ambassadrice et, seule, une Brésilienne aux poignets minces, aux joues de fruit tropical, lui disputait l'empire de ce petit monde frivole, isolé du monde, entre le ciel et les eaux.

ANDRÉ CHAMSON   *Le rendez-vous des espérances*
Gallimard

Décrivez la situation du Havre, de Lisbonne et de Rio de Janeiro. Quelle est l'importance de ces villes?

Quels changements dans le spectacle extérieur et dans la vie de bord Nicole remarque-t-elle à mesure que le navire avance vers le sud?

À quel port européen le navire fait-il escale?

Décrivez un poisson volant. Pourquoi ces poissons s'élancent-ils hors de l'eau?

Décrivez un marsouin. Les marsouins sont-ils des bêtes solitaires? Qu'est-ce qui prouve que ce sont des animaux intelligents?

Nicole n'est pas seule à attirer les prévenances des hommes du bord. Quelle est sa rivale, et quel est le genre de celle-ci?

Expliquez les mots et expressions: appareiller; faire escorte; des palais en étages; ces fastes de la nature.

Qu'est-ce qu'une ambassadrice? Citez d'autres substantifs féminins de ce genre.

La vie des passagers à bord d'un navire pendant une longue traversée.

47   La biche

Une semaine encore, et je pars . . .

Partirai-je vraiment? Il y a des heures, il y a des heures

où j'en doute. Des jours, surtout, de printemps précoce, où mon ami m'emmène hors de Paris, dans ces parcs battus, sillonnés d'automobiles et de bicyclettes, mais que l'aigre et fraîche saison fait mystérieux quand même. Un brouillard mauve, à la fin de l'après-midi, approfondit les avenues, et la trouvaille inespérée d'une jacinthe sauvage, qui balance au vent trois cloches effilées en porcelaine d'un bleu naïf, y prend le prix d'un larcin . . .

La semaine passée, nous avons marché longtemps, sous un soleil matinal, dans le Bois, où galopent les palefreniers. Nous étions, l'un contre l'autre, actifs, contents, peu bavards, et je chantonnais une petite chanson qui fait marcher vite . . . Au détour d'une allée cavalière déserte, nous nous arrêtâmes, nez à museau, devant une biche toute jeune, dorée, qui perdit contenance à notre vue et s'arrêta au lieu de s'enfuir.

Elle haletait d'émotion et ses genoux fins tremblaient, mais ses longs yeux, allongés encore d'un trait brun—comme les miens—exprimaient plus d'embarras que de peur. J'aurais voulu toucher ses oreilles, orientées vers nous, pelucheuses comme les feuilles des bouillons-blancs, et ce doux museau de velours cotonneux. Quand j'étendis la main, elle tourna le front d'un mouvement sauvage et disparut.

COLETTE *La Vagabonde*
Albin Michel

À quelle époque de l'année cette scène se passe-t-elle?
Pourquoi Colette ne peut-elle pas se décider à quitter Paris?
Malgré la circulation, quels charmes Colette trouve-t-elle dans les parcs de Paris?
De quel Bois s'agit-il? Où est situé ce Bois?
Précisez le lieu où Colette et son ami rencontrent la biche.
Que fait la bête? Qu'est-ce qui trahit son agitation?
Qu'arrive-t-il quand Colette veut toucher la biche?

«Un brouillard mauve . . . approfondit les avenues.» Expliquez.
Qu'est-ce qu'une *allée cavalière*?
Expliquez les mots: trouvaille, palefrenier; pelucheux; chantonner, haleter.

Les agréments des grands parcs dans l'enceinte des capitales.

48   Entr'acte avant le grand film

La lumière revint. Un rideau jaune se ferma. Un homme en smoking parut dans ses plis et annonça le programme de music-hall qui précédait le grand film. Le rideau s'ouvrit. L'écran avait disparu, aspiré dans les cintres. À la place il y avait une scène sans décors, seulement une toile de fond représentant un paysage, avec au premier plan une balustrade de pierre. Un piano à queue était installé à gauche.

Un jeune chanteur fit son entrée. Lydia le suivit et vint discrètement s'asseoir au piano. Le chanteur avait un chapeau rond qu'il rejetait sur la nuque et imitait Charles Trenet. Il commença par *Y a d'la joie.* Lydia l'accompagnait, et ce ne fut pas un petit étonnement pour Jacques que de la voir marteler cette musique sautillante, presque du jazz, lui qui l'imaginait toujours dans son vieux répertoire de lieder romantiques et de mélodies délicates, Debussy, Fauré . . .

Trois chansons, un bis, le chanteur disparut, et des chiens équilibristes lui succédèrent. Lydia jouait la musique qui accompagnait leur numéro. Puis il y eut un chansonnier montmartrois, et elle ponctua d'accords les couplets qu'il disait plus qu'il ne les chantait, sur un air conventionnel. Enfin parut la vedette, un baryton corpulent, petite célébrité locale. Il fut applaudi avant d'avoir commencé.

ROGER GRENIER   Le Palais d'Hiver
Gallimard

Quels préparatifs avait-on faits pour le programme de music-hall ?
Décrivez la scène où allait se dérouler ce programme.
En quoi consistait le premier numéro ?
Pourquoi Jacques éprouve-t-il de l'étonnement à voir Lydia jouer
     cette sorte de musique ?
Que font les chiens *équilibristes* ?
Quel était le style du chansonnier ? En quoi consistait l'accom-
     pagnement de Lydia ?
Pourquoi le baryton est-il applaudi dès son apparition ?

Décrivez le costume d'homme qu'on appelle le smoking.

Expliquez les termes de théâtre: scène, rideau, décor, toile de
fond, premier plan, vedette.
Quand, au théâtre, l'assistance crie «Bis!», que réclame-t-elle?

Sujet général: L'avenir du cinéma.

49 Vol nuptial

Nos fourmis familières, les fourmis de notre maison, celles
qui mangent notre sucre, se noient dans notre vin et, parfois,
d'un pas rapide, traversent toute la nappe, telle un aveuglant
Sahara, nos fourmis ont fait leur nid dans l'épaisseur des
fondations, sous le réservoir d'eau douce. Nous savons, à
maints petits signes, qu'elles ont là leur citadelle, leur réduit
inexpugnable. Elles savent, de leur côté, que, pour les en
déloger, force nous serait de démolir la maison pierre à pierre,
ce que nous ne ferons certes pas. En fait, la maison leur
appartient. Elles ont, à l'extérieur, au pied des murailles,
construit une route nationale sur laquelle, tout le jour, elles
se hâtent et se croisent. Elles tolèrent notre présence durant
la saison claire. Nous les tolérons moins bien, parce que nous
avons, sans doute, le caractère moins bien fait et des idées
saugrenues sur la nature de notre empire.

Au plus vif de l'été, par un beau soir orageux, notre
fourmilière domestique lâche son grand vol nuptial. Le rite est
toujours le même, depuis bien des années déjà. Je sens, à la
qualité de la chaleur, que l'instant doit être venu. Je monte
dans la chambre close où les bestioles vont paraître. Elles ont
cheminé longuement dans les failles du mur et c'est près de
la cheminée, entre le parquet et la plinthe, que la troupe
surgit à l'air libre. Les fiancés aux grandes ailes ont l'air fort
embarrassé. De très petites ouvrières les escortent, les
soignent, les guident et, dirait-on, les encouragent. Alors
j'ouvre la fenêtre et l'espoir de la fourmilière s'envole pénible-
ment, dans la nuit brûlante et redoutable.

GEORGES DUHAMEL *Fables de mon jardin*
Mercure de France

Les fourmis *familières*. Pourquoi familières?
Les gens qui habitent la maison trouvent les fourmis plutôt
ennuyeuses. Pourquoi?
Où exactement les fourmis ont-elles fait leur nid?
Pourquoi serait-il impossible de déloger les fourmis?
À l'extérieur de la maison, à quels signes reconnaît-on qu'il existe
une fourmilière dans les fondations?
Quelles sont les conditions météorologiques qui semblent
favorables au vol nuptial des fourmis?
Par quel chemin les insectes gagnent-ils la chambre close?
Quel rôle les ouvrières jouent-elles dans l'envol des fiancés ailés?

Exprimez en d'autres termes: au plus vif de l'été; force nous
serait de démolir la maison.
Pourquoi, pour les fourmis, la nappe apparaît-elle comme un
aveuglant Sahara?
Expliquez les expressions: l'eau douce, un réduit inexpugnable,
le vol nuptial.
Précisez le sens des mots: citadelle, rite, bestiole, faille.

Parlez un peu de la vie des abeilles et des guêpes.

50   Le printemps à Grenoble

L'hiver avait traîné, long à s'éclaircir. À sa suite, mars et
avril furent pluvieux, enfoncés dans une brume épaisse qui ne
laissait transparaître que par éclaircies les sommets des
montagnes. Ceux-ci étaient couronnés de nuages bas qui
comblaient les vallées d'une ouate humide et triste. Un vent
aigre balayait les avenues de Grenoble, jetant au visage des
passants le ruissellement des averses serrées et toujours
glaciales. Dans les appartements, que l'on chauffait encore à
grand feu, les gens se désolaient, transis, maussades, privés
d'horizons gais, d'excursions et des plaisirs du dehors. Les
hôteliers consultaient chaque matin le ciel ennemi, dont les
vagues menaçantes ne laissaient pas leurs établissements se
remplir. Les cafetiers renonçaient à installer des tables sur les
trottoirs. La neige était toujours là-haut, sur les cimes, une
neige sale et piquée d'érosions, qui ne voulait pas découvrir

les prairies hautes. Le Sapey et le col de Porte demeuraient cachés par le brouillard, les automobiles y dérapaient sur des restes de verglas. On annonçait déjà une saison ratée pour l'alpinisme, le tourisme et le cyclisme, une saison coupée d'orages, de grondements et de cataractes dans la montagne.

Et brusquement, le vendredi 2 mai, il y eut un petit coup de printemps. Ce n'était pas un printemps bien affermi, mais on sentait pourtant son haleine de lilas, et le ciel, au-dessus des pics reparus, avait tendu un beau bleu d'étendard neuf.

GABRIEL CHEVALLIER *Les Héritiers Euffe*
Presses Universitaires de France

Qu'est-ce que cette lecture vous apprend sur la ville de Grenoble — sa situation, son climat, son importance comme centre de tourisme?

Quel aspect présentaient les montagnes et les vallées par ce sale temps de fin d'hiver?

Pourquoi les habitants de la ville étaient-ils maussades?

Qu'est-ce qui décourageait les hôteliers et les cafetiers?

Que craignait-on dans la ville et dans la région? Quels étaient les gens les plus inquiets?

Quelle amélioration se produit au début du mois de mai? Comment se manifeste-t-elle?

Définissez les termes météorologiques: pluvieux, une éclaircie, un vent aigre, une averse serrée, le verglas.

Expliquez: les nuages comblaient les vallées d'une ouate humide; une saison ratée pour l'alpinisme; un petit coup de printemps; un beau bleu d'étendard neuf.

Sujet général: Les sports d'hiver et le tourisme dans les Alpes.

51 Un apprenti paresseux

La campagne de Charlieu avec ses bois presque sans feuilles était immobile comme jamais, les rues, la place plus désertes que les toits d'ardoises, où les pigeons roucoulaient. Alain s'était allongé le long de la gouttière, contre l'échelle, et profitait d'un rayon de soleil pour somnoler dans la chaleur toute neuve.

La paresse c'est la vie la plus haute qui soit. Cela va beaucoup plus loin que n'importe quel sommeil. Et comment subsister dans un bourg abandonné comme Charlieu si on ne se laisse pas quelquefois voguer au niveau des buses qui se promènent sans penser à rien? Alors on s'intéresse à des choses minimes, à la vie des mouches par exemple. Les buses voient les oiseaux comme des mouches. Elles ne cherchent pas tellement à les attraper. Elles les regardent pour s'amuser d'abord, en se berçant sur les airs. Alain se sentit glisser du côté de la gouttière. Mais il y avait l'échelle.

Cent fois le patron avait dit à Alain que cela lui jouerait un mauvais tour. Alain ne laissait jamais échapper l'occasion offerte d'une bordure de zinc, ou d'un toit de hangar ou de remise pas trop en pente, pour se livrer à la supérieure récréation d'une sieste, soit au cours d'un entracte du travail, soit qu'il ait terminé sa besogne. Ce jour-là il avait achevé d'installer l'antenne de télévision pour Mlle Barolaix. Les aiguilles à l'horloge de l'église marquaient midi moins le quart. Avec un quart d'heure on peut essayer de se fabriquer une petite éternité.

ANDRÉ DHÔTEL   *Les mystères de Charlieu-sur-Bar*
Gallimard

Comment vous représentez-vous le bourg de Charlieu et ses environs?
Quel était le métier d'Alain? Quel âge lui donnez-vous?
Quelle avait été sa consigne ce matin-là?
À quelle heure termine-t-il son travail? Que va-t-il faire en attendant l'heure du déjeuner?
Quelles sont les idées d'Alain sur le travail et la vie?
Quel danger Alain court-il en s'offrant une petite sieste?

Qu'est-ce qu'un apprenti?
Décrivez l'oiseau qu'on appelle la buse. De quoi les buses vivent-elles?

À quoi servent: une échelle, une gouttière, une remise?

Quand peut-on se livrer aux délices de la paresse?

52   Un incendie

Au milieu de la nuit, la cloche se mit à tinter. Éveillée en sursaut, Amélie se demanda d'abord si cet appel saccadé n'était pas un prolongement de son rêve. Inquiète, elle s'assit au bord du lit et chercha ses pantoufles à tâtons. Derrière la porte, la voix de Jérôme cria:

— Tu entends, Amélie?

— Oui, qu'est-ce que c'est?

— Le tocsin. Il doit y avoir le feu, quelque part!

— Mon Dieu!

— Je vais y aller.

— Je t'accompagne, dit Amélie.

Les incendies étaient rares dans la région et la commune n'avait pas de compagnie de pompiers régulièrement constituée. C'étaient les habitants eux-mêmes qui se chargeaient de maîtriser les flammes, en s'aidant de tous les récipients qui leur tombaient sous la main et d'une vieille pompe à bras, manœuvrée par les gendarmes, sous la direction de M. Calamisse.

— Dépêche-toi, reprit Jérôme. Je vais chercher des seaux . . .

Elle se vêtit rapidement, enfila un manteau, jeta un fichu sur la tête et sortit dans le corridor où son père l'attendait déjà. Il s'était habillé par-dessus sa chemise de nuit et avait noué un foulard autour de son cou. Son pantalon était mal boutonné. Ses cheveux se hérissaient en touffes autour de ses grosses oreilles. Il piétinait d'impatience.

— Vite, vite! . . .

Denis se joignit à eux au dernier moment. Amélie voulut le renvoyer, mais Jérôme s'y opposa:

— Il ne sera pas de trop. Puisqu'il est levé, autant qu'il nous donne un coup de main . . .

Ensemble, ils se précipitèrent dans la rue noire. On entendait le choc des seaux qui râclaient la pierre des façades. Des lampes s'allumaient aux fenêtres. L'une après l'autre, toutes les maisons sortaient du sommeil. Tirés de leurs draps chauds, des retardataires poussaient les volets et demandaient :

— C'est chez qui ?

HENRI TROYAT   *Les Semailles et les Moissons*
Plon

À quel moment de la journée cette scène se passe-t-elle ?
En cas d'incendie, comment donnait-on l'alerte dans ce village ?
Qui, dans la commune, se chargeait de combattre les incendies ?
De quels moyens disposait-on pour maîtriser les flammes ?
Qu'est-ce qui a réveillé Amélie ?
Décrivez la tenue débraillée du père.
Amélie, son père et ses frères sortent dans la rue. Que voient-ils et qu'entendent-ils ?

Expliquez les mots : tocsin, récipient, foulard, retardataire.
Que veut dire : chercher à tâtons ?
Que savez-vous de la Gendarmerie Nationale ?

Pourquoi les gens affluent-ils lorsqu'un incendie se déclare ?

53   Au musée du Louvre

Il arriva au Louvre sans trop de détours et rapidement. C'était trop tôt. Il s'assit pour attendre. Des pigeons gras et roucoulants vinrent chercher des miettes autour de lui. Il les regardait, regardait alentour. À ses yeux qui avaient découvert les hardies couleurs dont aiment se couvrir les lieux du monde les plus écartés, ce ciel de Paris, ses édifices, sa pierre, parurent ternes d'abord. La réputation de son ciel n'était-elle pas surfaite ? Ou est-ce qu'il avait été vu par des regards plus clairvoyants? À la longue, il s'aperçut qu'il y avait entre les pigeons, la ville, son ciel et ses maisons, une très douce parenté de couleurs, presque un lien de tendresse. Mais c'était subtil.

Le musée s'ouvrit enfin. Pierre traversa sans s'attarder des salles de statues, Babylone, l'Égypte, la Grèce antique. Cela ne l'intéressait guère. Il cherchait les peintures, entrevit, au loin, au fond d'un dédale de galeries, un petit portrait au visage éblouissant, prit cette direction, en cours de route déboucha dans une grande salle. Il tomba en arrêt, le cœur stupéfait. Le tableau qu'il voyait était d'une telle richesse de tons, si harmonieusement équilibrés, que le sujet de prime abord n'y apparaissait pour ainsi dire pas. Pierre voyait un vieillard au visage affligé d'un nez monstrueux, triste de se savoir laid devant le regard du petit enfant adoré qu'il tenait dans ses bras. Mais, à cause de ce tendre amour dans les yeux du vieillard, l'enfant le trouvait beau et lui souriait de ravissement. Et le vieillard devenait beau, en effet, par les yeux de l'enfant. Voilà du moins ce que comprenait Pierre.

GABRIELLE ROY La Montagne Secrète
Flammarion

Pierre semble avoir fait des voyages. Où est-il allé?
Dans quel but se rend-il au Louvre?
Quelle est sa première impression visuelle de Paris?
Qu'a-t-il entendu dire du ciel de Paris?
Au bout d'un temps, Pierre se ravise. Quelle nouvelle impression reçoit-il?
Dans le musée, que représente le tableau qui attire son attention?
Pour Pierre, qu'expriment les deux visages du tableau?

Où se trouve le Palais du Louvre? Qu'était ce palais autrefois, avant de devenir un musée?
Définissez les mots: miette, terne, surfait, clairvoyant.
Expliquez le sens des expressions: une parenté de couleurs, un dédale de galeries, tomber en arrêt, de prime abord.

Pourquoi, de nos jours, les tableaux des grands peintres se revendent-ils à des prix énormes?

54   Lyautey*

Il était le seul homme de notre temps qui eût fondé un empire. Il avait dessiné des villes, tracé des routes, planté des forêts. Il avait fait régner l'ordre, la paix et la beauté en des provinces immenses qui, avant lui, étaient livrées au brigandage, à la peur et à la poudre. Il avait été, pendant plus de dix ans, le protecteur tout-puissant d'un royaume africain. Il avait galopé vers le palais d'un Sultan, suivi de cavaliers en manteau rouge, reçu la soumission de grands caïds jusqu'alors indomptés, vécu dans les chambres aux précieux plafonds de cèdre et dans les jardins d'orangers de souverains orientaux. Quand il avait été malade, on avait prié pour lui à la fois dans les mosquées et dans les églises. Enfin il avait connu tout ce que la gloire militaire et la puissance civile peuvent donner à un humain.

Et pourtant il demeurait inquiet, insatisfait, et lui, ce noble orgueilleux, sincèrement humble. Incroyablement jeune d'esprit et de caractère, il ne pensait, en sa vieillesse chargée d'honneurs, qu'aux rêves et aux scrupules de son adolescence. Ce destin prodigieux qui, aux autres, semblait comme un conte tiré des *Mille et une Nuits,* à lui seul paraissait presque médiocre. Né pour créer et pour commander, digne d'être le premier en tous lieux, il souffrait de n'avoir pu employer en son propre pays les forces encore intactes dont it était conscient. Altéré de travail, il ne pouvait supporter les loisirs, ni la retraite et il y avait dans le contraste entre tant de grandeur et tant de regrets quelque chose de touchant qui, à l'admiration qu'on lui portait, mêlait une affection presque filiale.

ANDRÉ MAUROIS   *Lyautey*
Hachette

*Note: Lyautey (Louis Hubert Gonzalve), né en 1854, mort en 1934; maréchal de France. Il organisa le protectorat français au Maroc.

Qu'apprenons-nous ici sur la manière dont Lyautey a établi sa puissance au Maroc?

Quelle œuvre civilisatrice a-t-il accomplie, une fois le territoire soumis ?

Quels sentiments a-t-il éveillés chez ceux qu'il gouvernait ?

Exprimez les principaux traits du caractère de Lyautey. Quelle idée se faisait-il de lui-même ?

Que regrettait-il dans sa vieillesse ?

Qu'est-ce qui prouve que c'était un homme d'une intelligence et d'une énergie remarquables ?

Définissez les mots : sultan, caïd, mosquée ; brigandage ; indompté.

Quel est le sens des expressions : livré à la poudre ; altéré de travail ; un destin prodigieux ?

Que sont devenus les grands empires coloniaux ?

55   Vingt-septième en calcul

Il y a des parents qui se croient maudits quand leurs enfants ne sont pas premiers en classe. Par exemple, Jeanne connaissait une élève dont le père se désolait si fort de la voir sans orthographe, qu'il la privait presque tous les soirs de dîner ; une fois même, il était venu trouver la maîtresse et on l'avait entendu crier que dans sa famille, tout le monde était intelligent et avait de l'orthographe. Jeanne était forte en orthographe, mais en calcul, il s'en fallait qu'elle fût aussi avancée. Elle avait toujours eu de mauvaises notes et, sur le carnet qu'elle avait montré la veille à ses parents, la maîtresse avait souligné à l'encre rouge sa place de vingt-septième sur trente-deux. Sur le moment, le père n'avait pas fait d'observation, mais bien sûr que dans la nuit, et le lendemain toute la journée, il avait repensé à cette place de vingt-septième.

Elle entendit ouvrir la porte de la salle à manger. La peur d'entendre un grand pas marcher vers la porte d'entrée lui fit avaler sa salive. Essuyant ses larmes, elle quitta la cuisine et gagna le couloir. La grande silhouette du père se découpait à contre-jour dans le cadre de la porte ouverte, et Jeanne se sentit si petite, à cause de cette place de vingt-septième en calcul, si coupable aussi, qu'elle eut d'abord un mouvement de retraite. Il se dirigea vers elle et s'arrêta au milieu du couloir, entre le porte-manteau et la porte de la salle de bains. Jeanne fit un pas en avant et voulut lui parler, lui dire qu'une autre fois, elle aurait une meilleure place, mais le père avait un regard lointain qui ne voulait plus rien connaître d'une petite fille aussi mal notée en calcul.

MARCEL AYMÉ *Maison Basse*
Gallimard

Pourquoi la camarade de Jeanne a-t-elle été grondée par ses parents? Quelle a été sa punition? Pourquoi le père était-il allé voir la maîtresse?
En quelle matière Jeanne est-elle bien notée? En quelle matière est-elle moins forte?
Qu'a fait la maîtresse pour attirer l'attention des parents sur la place médiocre en calcul?
Qu'a dit le père de Jeanne à ce sujet?
Que signifie pour Jeanne l'attitude de son père envers sa fille si mal notée en calcul?
Quels sont les sentiments de Jeanne envers ses parents?

Expliquez le sens des expressions: sans orthographe; fort en orthographe.
Exprimez plus simplement: En calcul il s'en fallait qu'elle fût aussi avancée.
De quel *carnet* s'agit-il ici?
Expliquez le sens de la phrase: La grande silhouette du père se découpait à contre-jour . . .

Les enfants ne souffrent-ils pas quelquefois de l'ambition de leurs parents? Développez.

56   La province en automne

Pour qui aime à parcourir la France, ce n'est pas un temps mal choisi, malgré les risques de pluie, que le mois d'octobre.

C'en est fini de la banalité de l'été. L'automne montre tour à tour son visage de clarté et son visage de brume. En roulant sur les routes, on n'y rencontre plus ces automobilistes éperdus qui traversent les paysages comme les chiens qui passent dans des cerceaux de papier. L'aigreur du froid perce à travers la douceur de l'air. Au loin, dans les étendues de l'horizon, si vastes qu'elles paraissent presque marines, une cathédrale appelle les yeux, comme une géante qui lève la main. Par endroits, les arbres plantés des deux côtés de la route sont d'une splendeur si exaltée et si folle qu'aucun arc de triomphe ne vaudra jamais la voûte enflammée et légère, à la fois vaine et merveilleuse, qu'ils suspendent au-dessus du voyageur solitaire.

Alors, aussi, on voit mieux les villes. Des étrangers trop nombreux n'en voilent plus le visage. Une vigne vierge griffe de ses ongles de feu le mur d'une cour tranquille. C'est la province où l'on rencontre à chaque pas de vieilles dames en noir, où les passants sont plus frileux qu'à Paris, où l'heure tombe des clochers comme un avertissement solennel. Dès l'approche de la nuit, les rues deviennent désertes. On aperçoit, en passant, des lampes dans leur nid doré. Qu'éclairent-elles, l'étude, le rêve, ou seulement une médiocrité paresseuse? Il est d'autant plus malaisé de s'en rendre compte que c'est précisément le même train de vie qui favorise l'engourdissement de l'esprit, aussi bien que son activité la plus profonde.

ABEL BONNARD *La Province*

Pourquoi le mois d'octobre est-il un temps favorable pour faire un voyage de plaisir en province?

Quel risque court-on en partant en promenade à ce moment de l'année?

Que pense l'auteur des automobilistes qui circulent sur les routes en été?

«Les étendues de l'horizon . . . paraissent presque marines.» Expliquez.

Quelles réflexions fait l'auteur en passant sous la voûte multicolore des arbres?

L'auteur fait la description d'une petite ville par un soir d'automne. Relevez-en quelques traits.

Expliquez les mots et expressions: la banalité de l'été; son visage de clarté et de brume; arc de triomphe; voûte; frileux; les lampes dans leur nid doré.

Par certains côtés, la province plaît aux Parisiens; par d'autres, elle leur répugne. Développez.

57 Rencontre sur le bateau

Nous vîmes passer le phare, flotter le drapeau vert, la houle se creuser, puis nous eûmes envie de gâteaux à la crème et de thé. Nous descendîmes. Elle retira son capuchon, secoua ses cheveux, se nomma, me laissa lui trouver une place—un énorme fauteuil de cuir sombre—et lui apporter une tasse. Nous achetâmes des Players—comme si c'était la chose la plus naturelle du monde que d'acheter des Players—et regardâmes la mer et le ciel se succéder dans le hublot, fièrement, car nos estomacs étaient robustes. Elle n'était pas étudiante, mais faisait partie du même «Voyage d'Étudiants» que moi, grâce à je ne sais quelle protection: j'avais donc devant moi trois semaines à la regarder ôter son bonnet et secouer ses cheveux. Trois semaines! la vie changea de goût.

Newhaven, ses maisons de brique, l'herbe jaune sur la craie des falaises, les mouettes. Dans le tumulte du débarquement un plus grand tumulte m'occupait. Me faire aimer de Danièle: qu'avais-je d'autre à entreprendre au monde? La rive étrangère et le visage de Danièle, les voix courtoises qui m'interrogeaient—but de votre voyage? Durée de votre séjour?—et la voix de Danièle, le monde enfin ouvert à ma faim et ce petit monde—le langage, les gestes d'une fille nouvelle—à investir, à piller, tout cela composait le matin de Newhaven, avec son ciel blanc que le soleil ne percerait pas, la folie des mouettes et leurs cris rauques, l'attente au guichet des passeports, l'énorme valise à traîner, et cette angoisse, toujours, qui allait devenir ma compagne de voyage : ne pas la perdre de vue, elle . . .

FRANÇOIS NOURISSIER   *Un petit bourgeois*
Grasset

Dans quelles circonstances ces jeunes gens ont-ils lié connaissance ?

Dans quel but le jeune homme se rend-il en Angleterre ? Quelle sera la durée de son séjour ?

De quel groupe fait-il partie ? Et la jeune fille, fait-elle partie de ce groupe ?

Quel temps a-t-il fait pendant la traversée ? Qu'ont fait ces deux jeunes passagers pour se distraire ?

Imaginez leurs réponses aux questions qu'on leur pose au débarquement.

Quelles sont les premières impressions du jeune homme sur le port de débarquement et sur le paysage anglais ?

Qu'est-ce qui porte à croire que cet étudiant avait des idées à la fois entreprenantes et romanesques ?

Mots à expliquer : le capuchon, le phare, la houle, le hublot, les mouettes.

Les avantages des voyages organisés.

58 La première truffe

La truffière, aux arbres parfaitement alignés mais rabougris, était jonchée de feuilles mortes d'un jaune sale et terne, toutes humides de dégel. Les petits chênes n'étaient pas complètement dépouillés, mais les feuilles qui leur restaient encore, brunes ou jaunes, tombaient au moindre heurt, au moindre souffle et ruisselaient de gel fondu. La truie s'arrêtait par endroits, le corps tendu, les jarrets saillants, la queue redressée en un comique tire-bouchon rose. Son groin puissant s'enfonçait dans la terre, fouillait avec une ardeur de plus en plus vive ; un frisson de désir parcourait sa peau rose ; Sylvain se tenait debout, près d'elle, une poignée de maïs dans la main gauche, le bâton dans la droite: il attendait le moment d'agir, ne quittant pas la tête du regard. Une seule pensée l'habitait: ne pas laisser la bête dérober un seul de ces fruits précieux, si recherchés, si appréciés, et qui font la fortune du pays. La truie, lentement, relevait la tête, son groin réapparaissait peu à peu; bientôt l'odeur caractéristique monta aux narines de Sylvain et de Nicole et le groin émergea tout à fait, terminé cette fois par une sorte de boule brune, terreuse, que Sylvain fit tomber d'un coup de bâton léger mais rapide, puis, se courbant brusquement, il mit sous le nez de la bête une poignée de maïs doré qui fut gloutonnement avalé; alors il ramassa la truffe, la caressa de la main, gratta amoureusement la couche mince de terre qui l'entourait et la plaça avec précaution dans le grand panier noir et renflé que tenait Nicole. «C'est la première de la matinée, mais elle est belle,» dit-il.

RENÉE FRANCHET *Causses*
Éditions Salingardes

Qu'est-ce qu'une truffe? Quel est son aspect?
Où les truffes poussent-elles?
Pour la culture des truffes, on plante des arbres. Quels arbres? Sont-ce des arbres sains, florissants?
À quel moment de l'année ces gens cherchent-ils des truffes?
Pourquoi emmènent-ils une truie? Que fait la bête?
À quels signes reconnaît-on que la truie a trouvé?
Que fait Sylvain pour empêcher la bête de manger la truffe?
Ayant dérobé la truffe à la truie, quelle récompense Sylvain offre-t-il à celle-ci?

Mots à expliquer: la truffière, le gel, le dégel, le groin; rabougri.

De quelle région de la France viennent la plupart des truffes?
Les truffes sont très chères. Pouvez-vous deviner pourquoi?

59 Un amour enfantin

Quand j'avais douze ans je jouais aux Champs-Élysées avec une fillette que j'aimais, que je n'ai jamais revue, qui s'est mariée, qui est aujourd'hui mère de famille et dont j'ai lu le nom l'autre jour parmi les abonnés du *Figaro*. Mais comme je ne connaissais pas ses parents, je ne pouvais la voir que là et elle n'y venait pas tous les jours, à cause de cours, de catéchismes, de goûters, de matinées enfantines, de courses avec sa mère, toute une vie inconnue, pleine d'un charme douloureux, parce que c'était la sienne, et qu'elle la séparait de moi. Quand je savais qu'elle ne viendrait pas, j'entraînais mon institutrice en pèlerinage jusque devant la maison où ma petite amie habitait avec ses parents. Et j'étais si amoureux d'elle, que si je voyais sortir leur maître d'hôtel promenant un chien, je pâlissais, j'essayais en vain de comprimer les battements de mon cœur. Ses parents produisaient sur moi une impression plus grande encore. Leur existence mettait du surnaturel dans le monde et quand j'appris qu'il y avait une rue de Paris où on pouvait parfois voir passer le père de mon amie, se rendant chez le dentiste, cette rue me parut aussi merveilleuse qu'à un paysan un chemin qu'on lui a dit être visité par les fées, et j'allai m'y poster pendant de longues heures.

MARCEL PROUST *Chroniques*
Gallimard

Qu'est devenue cette fillette que Proust a aimée dans son enfance?
Avec qui le petit Proust sortait-il?
Où retrouvait-il sa petite amie? Que savait-il de la famille de cette enfant?
Pourquoi ne voyait-il pas la fillette tous les jours?
Expliquez pourquoi la vie inconnue de cette petite avait pour lui un *charme douloureux*.
Quels étaient ses sentiments quand il s'attardait devant la maison de sa bien-aimée?

Qu'entendez-vous par *matinées enfantines*? Expliquez ce que c'est que le goûter.
Que veut dire aller *en pèlerinage*?
Dans une maison particulière, quelles étaient les fonctions du maître d'hôtel? Existe-il encore de ces domestiques?

Sujet à développer: La vivacité de l'imagination et des sentiments chez les enfants.

60   Une manifestation aux Champs-Élysées

Excité, il se dirigea vers les Champs-Élysées avec une allégresse qui le fit sourire. Le haut de l'avenue était plus animé qu'aux jours ordinaires, mais sans nul désordre. De loin en loin, des essaims de gardes mobiles se tenaient sous les arbres, au bord de la chaussée. D'autres, plus importants, étaient massés sur les trottoirs des rues adjacentes. On pouvait entendre à travers les conversations des passants et le bruit des voitures, une haute rumeur intermittente. La foule semblait avoir son maximum de densité vers le milieu de l'avenue et Chauvieux distingua, à la hauteur de la rue de la Boétie un certain bouillonnement qui se propageait à sa rencontre en remous de moindre importance. À côté de lui, une bande de jeunes gens prit soudain le pas de course et la foule se pressa derrière eux. Il y eut un engorgement et, par-dessus les têtes immobiles, il vit se lever une vingtaine de poings fermés. Des voix dispersées portaient des injures confuses. Devant lui, une vieille petite dame à voilette, tenant son pékinois sur le bras, criait avec une voix de souris: «À mort le Blum! à mort le Blum!» Il se fit une seconde de silence relatif et, en même temps, éclatèrent *La Marseillaise* et *l'Internationale*. Puis une poussée d'agents brassa la foule, y ouvrit plusieurs brèches aussitôt refermées et Chauvieux se trouva porté contre une colonne de manifestants Front Populaire, coupée de son gros dont il apercevait plus bas les tronçons qui s'efforçaient de se rejoindre. Il songea qu'il était peut-être sur le point d'avoir des opinions politiques.

MARCEL AYMÉ   *Travelingue*
Gallimard

De quel groupement politique les manifestants font-ils partie?
Quelles mesures les autorités avaient-elles prises pour maintenir l'ordre?
Qu'est-ce que la garde mobile? Quelles sont ses fonctions?
Chauvieux voit et entend des choses inquiétantes. Précisez.
Qu'y a-t-il de comique dans la conduite de la petite vieille dame?
    Partage-t-elle les opinions des manifestants?

Qu'est-ce que l'auteur laisse entendre dans la dernière phrase du
morceau ?

Expliquez les mots et expressions : essaim, chaussée, pas de course,
engorgement, tronçon ;
une poussée d'agents brassa la foule; une colonne . . . coupée
de son gros.

Le rôle de la police dans les manifestations populaires.

61 Les chalands

Ils étaient là, les chalands de toute grandeur et de toute
taille, venus de tous les coins de la France, des plaines du
Nord et des bords du Rhin, formant dans ce coin de rivière
lente, comme un petit village d'où montaient des cris d'enfants
et des voix de femmes.

On voyait le bateau, fait de plaques de tôle jointes avec des
rivets dont l'avant se relevait comme un bout de sabot,
disgracieux et lourd, dont la coque joufflue, peinte de minium
vif, tirait l'œil. Tout près, la péniche charpentée avec des
planches de sapins, à peine équarries par la hache du ségard
montrait le squelette de sa membrure enduite de goudron,
laissait traîner au fil de l'eau des irisations changeantes. Et
aussi les lourds chalands bien construits portant une petite
maison blanche avec des fenêtres à volets verts, fleuries de
géraniums et de fuchsias, et une écurie dont la porte
entr'ouverte laissait voir la croupe d'un cheval bien nourri.
Et sur tout cela flottaient des mouchoirs, des camisoles rouges,
du linge blanc qui séchait dans le vent pendu à des ficelles,
et qui étaient comme les pavois de cette flottille arrêtée là,
au tournant de la rivière.

Deux enfants couraient pieds nus sur les ponts vernis,
heureux de sentir sous leurs pieds la tiédeur des planches
chaudes de soleil. Des oiseaux sifflaient dans les cages et, vers
le soir, des fumées bleues montaient des petits fourneaux

installés près du gouvernail, mêlant à la senteur pénétrante des colzas en fleur l'odeur des oignons frits et des sauces.

ÉMILE MOSELLY   *Terres Lorraines*
Albin Michel

D'où viennent tous ces bateaux? À quoi fait penser cette foule de chalands?
Quel genre de bateau est une péniche?
Pourquoi y avait-il une écurie à bord de certains chalands?
Quelle vie les femmes et les enfants mènent-ils à bord d'un grand chaland?
Qu'est-ce qui prête un air d'intimité à la flottille?
À quoi l'auteur compare-t-il le linge qui sèche au vent?

Précisez le sens des mots: disgracieux, joufflu, flottille, membrure.
«Comme un bout de *sabot*.» De quel sabot s'agit-il?
Expliquez le sens des expressions: enduits de goudron; au fil de l'eau.
Remarquez l'expression: des irisations changeantes.
  Expliquez le mot *irisation*. Quelle en est l'origine?

De nos jours, est-ce qu'on utilise encore les canaux pour le transport des marchandises?
Que deviennent les canaux qui tombent en désuétude?

62   Les mirages

Le Djebel, devant nous, se transformait à vue d'œil; il grandissait, puis diminuait, changeait de silhouette à chaque tour de roue, et c'était plus étonnant encore que l'autre mirage, cette montagne enchantée qui ondoyait dans le soleil. Quand mentait-elle? À quel moment dessinait-elle sa crête exacte? Je n'aurais pas su le dire. On voyait d'abord un long massif couché sur le désert, puis une brèche se creusant au milieu et l'on apercevait le ciel entre les deux éperons. Était-ce par ce col qu'allait passer la route? A peine l'idée m'avait-elle effleuré que la falaise s'ouvrait ailleurs, puis elle craquait, en dix endroits, et il ne restait bientôt plus de la montagne évanouie que quelques pitons isolés qui fondaient à leur tour, comme du sucre dans la tasse . . . Plus de Djebel Dabek . . . Était-ce cela le mirage? Non. Sitôt disparu, voilà qu'il renaissait. On voyait les gorges se combler, les pics amollir leurs pentes pour se ressouder entre eux, et c'était tout à coup une montagne inconnue qui s'étalait à l'horizon. Une montagne ou bien un monticule, une dune, un plateau, on ne savait plus.

Sur notre droite, où l'infini se cousait au ciel, de nouveaux lacs apparaissaient. Si précis, dans leur ceinture de hauts herbages, qu'on s'y serait à nouveau trompé. Quoi, je pouvais cligner des paupières et fixer de mon mieux, il y avait pourtant bien là une île! . . . Non . . . L'île, peu à peu, devenait îlot, le lac s'en allait en buée, et, quand on s'était approché, on ne trouvait plus rien, que la butte de terre d'une tombe bédouine, avec sa couronne de cailloux.

ROLAND DORGELÈS   *La Caravane sans Chameaux*
Albin Michel

Où se trouvent ces voyageurs? Voyagent-ils à pied ou en voiture? Ils voient un mirage. Quelles formes ce mirage prend-il?
Quelles transformations s'opèrent dans cette vision à mesure que les voyageurs s'avancent?
Quels détails faisaient croire que les lacs qu'on voyait étaient bien réels?
Quel était, en réalité, l'îlot qu'on croyait voir au milieu du mirage?

Exprimez autrement: se transforme à vue d'œil; l'infini se cousait au ciel; le lac s'en allait en buée.
Définissez les mots suivants: arête, massif, éperon, col, piton, gorge, pic. Nommez des chaînes de hautes montagnes qui possèdent toutes ces particularités.

Avez-vous jamais vu des mirages, par exemple en roulant en auto? Si oui, décrivez-en plusieurs.

63   Il n'y a plus de classes

En parlant ainsi je ne crois pas trahir la classe à laquelle j'appartiens, car je n'appartiens à aucune classe, je me moque des classes et d'ailleurs il n'y a plus de classes. À quoi reconnaît-on un Français de première classe? À son compte en banque? À son diplôme de bachelier? À sa patente? À la Légion d'honneur? Oh! je ne suis pas anarchiste! Je trouve parfaitement convenable que l'État recrute ses fonctionnaires parmi les braves potaches du collège ou du lycée. Où les prendrait-il? La situation de ces Messieurs ne me paraît d'ailleurs pas enviable. Croyez que, si j'en avais le moyen, je ne penserais pas faire une grande faveur à un maréchal de village qui chante au feu de sa forge, en le transformant par un coup de baguette magique en percepteur. Néanmoins, j'admets volontiers que ces gens-là soient traités avec plus d'égards que le maréchal ou moi-même parce que la discipline facilite le travail, épargne le temps de celui qui commande et de celui qui obéit. Lorsque vous vous trouvez devant un guichet, au bureau de poste, j'espère que vous ne discutez jamais avec le préposé, vous attendez modestement qu'il se souvienne de vous, à moins que vous ne vous permettiez d'attirer son attention par une petite toux discrète. Si le préposé interprète cette attitude ainsi qu'un hommage rendu à son intelligence et à ses vertus, que voulez-vous, il a tort. Notre classe moyenne commet un peu la même erreur. Parce qu'elle fournit la plupart des agents de surveillance ou de contrôle, elle se prend volontiers pour une aristocratie nationale, croit compter dans ses rangs plus de chefs. Non pas plus de chefs—plus de fonctionnaires, ce n'est pas la même chose.

GEORGES BERNANOS   *Les grands cimetières sous la lune*
Plon

Pourquoi un écrivain peut-il prétendre qu'il n'appartient à aucune classe?
D'une façon générale, à quoi reconnaît-on la classe des gens?

Pourquoi l'État recrute-t-il ses fonctionnaires parmi ceux qui sortent des lycées et des collèges?

Quelle opinion Bernanos a-t-il des fonctionnaires?

Selon l'auteur, quelle est l'utilité de la discipline?

Tâchez d'expliquer pourquoi les gens abordent les fonctionnaires avec un certain respect.

L'auteur affirme que la classe moyenne fournit la plupart des fonctionnaires, mais pas nécessairement les chefs. Développez cette idée.

Expliquez les mots: anarchiste, patente, potache, préposé, aristocratie.

En quoi consiste le travail d'un maréchal ferrant?

Pourquoi les maréchaux deviennent-ils moins nombreux?

Qu'est-ce qu'un percepteur?

Parlez un peu des différentes classes sociales. Peut-on imaginer une société où il n'y aurait plus de classes?

64   Paris à six heures du soir

Une partie du centre commençait à se détendre. Un vif courant de voitures se portait dans la direction de l'Ouest, et un grouillement continu de piétons gorgeait toutes les voies qui vont de la Concorde à la Bastille. C'était l'heure où dans les rues la proportion des riches est la plus forte; où les grands magasins, âcrement illuminés, sont remplis de femmes; où les femmes semblent partout plus nombreuses et plus heureuses que les hommes; où il se fait dans les églises un léger bruit de prières à la seule lueur des cierges; et où les enfants des quartiers populaires se poursuivent en criant sur les trottoirs.

Dans les stations du métro, des voyageurs, sans cesser de guetter le prochain grondement d'un train, examinaient le plan, cherchaient une rue. D'autres, qui les voyaient faire, avisaient le plan, regardaient aussi; pour la première fois peut-être se rendaient compte de la forme de la ville, y réfléchissaient, s'étonnaient de l'orientation d'un boulevard, de la dimension d'un arrondissement. Des cochers, des chauffeurs chargeaient un client, écoutaient un nom de rue insolite. Alors Paris se déployait dans leur tête, dans leur corps, un Paris tangible, fait de lignes vivantes, de distances ressenties, imbibé de mouvements comme une éponge, et déformé par le flux perpétuel des choses qui s'approchent et s'éloignent. Soudain, dans ce Paris qu'ils s'étaient identifié, la rue les piquait à un point précis, et ils allaient le trouver comme une démangeaison. Dans les bureaux de la Préfecture, à l'extrémité de couloirs crasseux, des hommes à manches de lustrine additionnaient des naissances, des cas de diphtérie, des accidents par véhicules hippomobiles et véhicules à moteur, des mètres carrés de chaussée asphaltée, des quintaux de viande sur pied, des billets de métro par station et par ligne, des prix de revient de kilomètre-voyageur. Penchés comme des anatomistes sur un Paris exsangue, ils en détachaient de longues lanières de chiffres.

JULES ROMAINS   *Les Hommes de Bonne Volonté : le 6 octobre*
Flammarion

De quels éléments est constituée la foule à cette heure?
Dans quelle direction roulent les voitures?
Dans quelles rues la foule est-elle particulièrement dense?
Comment sait-on qu'il ne s'agit pas ici du Paris de nos jours?
Des gens examinent le plan du métro. Quelles réflexions cet
  examen provoque-t-il?
Qu'est-ce qui se présente à l'esprit des conducteurs de voitures
  lorsqu'ils entendent un nom de rue insolite?
À quoi s'occupent les employés des bureaux de la Préfecture?

Expliquez le sens des expressions: la rue les piquait . . . comme
  une démangeaison; un grouillement de piétons gorgeait les
  voies; un véhicule hippomobile; les quartiers populaires.

Quelle impression avez-vous de Paris, après avoir lu ce morceau?

65   Le bonheur

Le premier de mes bonheurs, c'était, au petit matin, de surprendre le réveil des prairies; un livre à la main, je quittais la maison endormie, je poussais la barrière; impossible de m'asseoir dans l'herbe embuée de gelée blanche; je marchais sur l'avenue, le long du pré planté d'arbres choisis que grand-père appelait «le parc paysagé»; je lisais, à petits pas, et je sentais contre ma peau la fraîcheur de l'air s'attendrir; le mince glacis qui voilait la terre fondait doucement; le hêtre pourpre, les cèdres bleus, les peupliers argentés brillaient d'un éclat aussi neuf qu'au premier matin du paradis: et moi j'étais seule à porter la beauté du monde, et la gloire de Dieu, avec au creux de l'estomac un rêve de chocolat et de pain grillé. Quand les abeilles bourdonnaient, quand les volets verts s'ouvraient dans l'odeur ensoleillée des glycines, déjà je partageais avec cette journée, qui pour les autres commençait à peine, un long passé secret. Après les effusions familiales et le petit déjeuner, je m'asseyais sous le catalpa, devant une table de fer, et je faisais mes «devoirs de vacances»; j'aimais ces instants, où, faussement occupée par une tâche facile, je m'abandonnais aux rumeurs de l'été: le frémissement des guêpes, le caquetage des pintades, l'appel angoissé des paons, le murmure des feuillages; le parfum des phlox se mêlait aux odeurs de caramel et de chocolat qui m'arrivaient par bouffées de la cuisine; sur mon cahier dansaient des ronds de soleil. Chaque chose et moi-même nous avions notre place juste ici, maintenant, à jamais.

SIMONE DE BEAUVOIR *Mémoires d'une Jeune Fille rangée*
Gallimard

Simone de Beauvoir parle d'un été de sa jeunesse. Quel âge avait-elle à peu près à ce moment-là?

Où passait-elle ses vacances?

Comment vous représentez-vous la propriété où elle séjournait?

À quelle heure cette jeune fille aimait-elle se lever? Que faisait-elle avant le petit déjeuner?

Quel charme particulier avaient ces promenades matinales?

À quoi la jeune fille s'occupait-elle pendant la matinée?

Quels souvenirs charmants lui reviennent à l'esprit quand elle pense aux jours d'été passés à la campagne?

Qu'entendait le grand-père par le *parc paysagé*?

Qu'est-ce qui produit la gelée blanche?
Décrivez la plante qu'on appelle la glycine.
Pourquoi, par temps chaud, est-on tracassé par les guêpes?

Les agréments d'un séjour à la campagne en été.

66   Saint-Tropez

Au loin, à trois kilomètres, rose dans la lumière du soir descendant, le village s'accroupissait. Grâce aérienne et solide, mesure, équilibre, celui des tons, des surfaces, des proportions, de la pente d'un toit, de la patine des façades, et tout cela, par la seule force du temps, du goût inconscient d'hommes de mer ou de maçons, d'êtres frustes, mais nés dans la beauté, nourris d'elle, si parfait, si définitivement hors de la commune mesure sans que cela eût été concerté, qu'elle restait là, gorge serrée, sans pouvoir prononcer une parole, comme devant une révélation. Il était là, ce village unique, ce village «aux pieds dans l'eau», avec ses maisons anciennes se reflétant dans la glace sans tain de sa rade, de son port, dominé par le campanile rose de son église, par le gracile clocher de sa «Miséricorde», par sa citadelle dentelée comme un château maure plantée sur une des collines qui le dominent.

Elle avait été si fortement saisie qu'elle en oubliait tout: le pneu crevé, Édouard et ses jurons. Elle ne voyait plus rien que ce spectacle qui la touchait d'une manière si inattendue, elle n'entendait plus rien que les cigales, elle ne respirait plus l'odeur de l'essence et de l'huile qui l'avait accompagnée à travers toute la France mais seulement le doux parfum conjugué des arbres et de la mer. Pour la première fois depuis deux jours elle ne regretta pas d'être venue.

PAUL VIALAR   *La Toile*
La Table Ronde

La narratrice roule en auto. A-t-elle fait un long voyage? Jusqu'ici a-t-elle trouvé ce voyage agréable?

Par quoi ce voyage a-t-il été interrompu? Dans quel état d'esprit se trouve-t-elle maintenant?

Où, et à quel moment de la journée ce contretemps se produit-il?

Qu'a vu la voyageuse en promenant les yeux sur le paysage qui s'étalait devant elle?

D'après ce que vous avez lu dans le texte, décrivez la situation de Saint-Tropez.

Qu'est-ce qui, dans l'aspect de Saint-Tropez, émeut cette femme?

Comment s'explique-t-elle la beauté des maisons et des édifices de ce village?

Définissez les mots: patine, campanile, citadelle.

Donnez le sens des adjectifs: fruste, dentelé.

Qu'est-ce qu'une cigale?

Expliquez l'expression: la glace sans tain de sa rade.

Pourquoi la Côte d'Azur attire-t-elle des milliers de visiteurs?

67   Une auto s'enfonce dans la boue

La Voisin s'engage dans les coteaux, à travers de petits chemins détrempés. Gilles s'amuse à foncer dans les ornières pour faire jaillir des gerbes d'eau. La voiture saute et dérape.

— Assez, assez, crie Lydia en riant.

Au bas d'une côte, dans un virage, la route disparaît sous une nappe d'eau. Quand Gilles s'en aperçoit, il est trop tard pour freiner.

— On va essayer de passer, dit-il.

Il accélère légèrement et essaie de tenir la direction, tandis que l'eau gicle de tous côtés, aveuglant le pare-brise, et que les roues patinent. La voiture perd son élan et arrive en tanguant de l'autre côté de la nappe d'eau. Mais la route remonte. Les roues s'emballent sans réussir à accrocher dans la boue. La voiture fait du sur place, puis commence à glisser doucement en arrière, tout en chassant. Elle a tendance à se mettre en travers. Quand il voit qu'il n'y a rien à faire,

Gilles coupe le contact et descend. Il remonte, essaie de nouveau, emballe le moteur. Peu à peu, l'arrière droit de la voiture s'enfonce. Gilles redescend. Maintenant il arrache des branches aux haies et essaie de les placer sous les roues.

— Aide-moi, crie-t-il à Lydia.

Les faisceaux de bois mouillé sont aussi glissants que la boue et les roues ne veulent pas mordre. Gilles prend une couverture dans le coffre et tente de la faire passer sous un pneu. Au premier coup d'accélérateur, la couverture est happée, roulée dans la boue. Cela ne sert à rien. En jurant, Gilles monte, descend, essaie encore, revient constater que l'arrière droit s'enfonce de plus en plus. Le pont arrière touche.

— Nom de Dieu de nom de Dieu de nom de Dieu!

ROGER GRENIER *Le Palais d'Hiver*
Gallimard

Comment sait-on que le temps a été pluvieux?
En quel endroit précisément Gilles essuie-t-il des difficultés sérieuses?
Qu'arrive-t-il quand Gilles essaie de traverser la nappe d'eau?
Qu'est-ce qui l'empêche de repartir?
Quelles tentatives Gilles fait-il pour empêcher les roues de patiner?
Que résulte-t-il de ces efforts?
Quel âge donnez-vous à ces deux personnes? Quelle opinion vous faites-vous de Gilles?

Que veut dire *détrempé*? Qu'est-ce qu'une ornière?
Que signifient les mots: le virage, le pare-brise, le pont arrière?
Donnez le sens des expressions: les roues patinent; les roues s'emballent; la voiture fait du sur place; emballer le moteur.

Imaginez ce que Gilles a pu faire pour se tirer d'embarras.

68   Au milieu des livres

J'ai commencé ma vie comme je la finirai sans doute: au milieu des livres. Dans le bureau de mon grand-père, il y en avait partout; défense était faite de les épousseter sauf une fois l'an, avant la rentrée d'octobre. Je ne savais pas encore lire que, déjà, je les révérais, ces pierres levées: droites ou penchées, serrées comme des briques sur les rayons de la bibliothèque ou noblement espacées en allées de menhirs, je sentais que la prospérité de notre famille en dépendait. Elles se ressemblaient toutes, je m'ébattais dans un minuscule sanctuaire, entouré de monuments trapus, antiques, qui m'avaient vu naître, qui me verraient mourir et dont la permanence me garantissait un avenir aussi calme que le passé. Je les touchais en cachette pour honorer mes mains de leur poussière mais je ne savais trop qu'en faire et j'assistais chaque jour à des cérémonies dont le sens m'échappait: mon grand-père—si maladroit, d'habitude, que ma mère lui boutonnait ses gants—maniait ces objets culturels avec une dextérité d'officiant. Je l'ai vu mille fois se lever d'un air absent, faire le tour de sa table, traverser la pièce en deux enjambées, prendre un volume sans hésiter, sans se donner le temps de choisir, le feuilleter en regagnant son fauteuil, par un mouvement combiné du pouce et de l'index puis, à peine assis, l'ouvrir d'un coup sec «à la bonne page» en le faisant craquer comme un soulier.

JEAN-PAUL SARTRE *Les Mots*
Gallimard

Pourquoi Sartre compte-t-il finir sa vie au milieu des livres?

Quelle était la profession de son grand-père?

Pourquoi le cabinet de travail du grand-père était-il rarement épousseté?

Pour l'enfant, qui ne savait pas encore lire, les livres apparaissaient comme des pierres levées, des briques, des alignements de menhirs. Expliquez.

Tout jeune, Sartre aimait et respectait les livres. Pourquoi?

Qu'est-ce qui étonnait le jeune Sartre quand il regardait travailler son grand-père?

Où y a-t-il des pierres levées et des menhirs? Quelle est l'origine de ces monuments?

Expliquez les expressions: en cachette; une dextérité d'officiant;
en deux enjambées.
Qu'est-ce qu'un sanctuaire? Que signifie *minuscule*?

La vie du savant vous plairait-elle?

69 Du cinéma

L'après-midi du lendemain, trois autos et une camionnette
débouchèrent dans la cour. D'un seul coup, leur chargement
se répandit sur la terre sèche. Les Toupin reconnurent leurs
deux visiteurs de la veille, puis descendirent des hommes en
bleu qui halèrent bas une sorte d'énorme appareil à portraits,
un chariot à roues caoutchoutées, des rails enfin qu'ils
commencèrent aussitôt à ajuster.

Les deux Toupin les regardaient faire avec cet intérêt
goguenard que marquent les paysans pour les travaux
bizarres et inutiles des gens de la ville. Mais ce qui descendait
de la dernière voiture retint bientôt leur attention alarmée.

Ce fut d'abord un homme à tricorne, serré dans un habit
de l'ancien temps, dont les basques battaient ses bottes
souples. Deux pistolets étaient passés à sa ceinture d'où
pendait un long poignard. Le maquilleur lui avait creusé et
durci les traits, et il eut beau, sitôt descendu, allumer une
cigarette, la mère Toupin murmura:

— A-t-il l'air mauvais, l'homme-là!

C'était exactement l'effet cherché par le metteur en scène
et le chef maquilleur.

Après lui, mirent pied à terre deux autres, à mine aussi
patibulaire, vêtus de cuir, ceux-là, également armés et bottés.
Mais le quatrième, ah, le quatrième! . . .

Celui-là était en guenilles, boutons arrachés, habits
lacérés comme après une longue lutte. Il était pieds et jambes
nus. Mais le visage surtout affola le ménage. Tout sanglant
qu'il était, avec un énorme trou à la tempe, des rigoles de
sang qui découlaient des joues et ruisselaient jusque dans le

cou, sur la poitrine nue qu'on apercevait sous la chemise en lambeaux. La mère Toupin étouffa un cri. Mais comme le malheureux allumait à son tour une cigarette au briquet de l'homme au tricorne, Toupin la reprit.

— Tu sais bien que c'est du cinéma.

ROGER VERCEL   *Vent de Terre*
Albin Michel

Que se passe-t-il, dès que les voitures s'arrêtent dans la cour?
Décrivez la caméra des cinéastes.
Au début, quelle est l'attitude des villageois envers ces étrangers?
Décrivez celui des acteurs qui se montre le premier. Quel effet son aspect produit-il sur les paysans?
D'après vous, quel rôle jouent dans le film les deux acteurs qui descendent ensuite?
Pour les villageois, qu'y a-t-il d'effrayant dans l'aspect du quatrième acteur? Dans le film, qu'arrive-t-il à ce personnage?
À quoi les paysans comprennent-ils que tout cela n'a rien de sérieux?

Que signifient les adjectifs: goguenard, patibulaire?
Qu'est-ce qu'un tricorne?
Expliquez les termes: le maquilleur, le metteur en scène.
Que veut dire *en guenilles*?

Sujet général: Les films qu'on tourne dans les studios et ceux que l'on tourne en extérieurs.

70 Les dentellières

À Bruges, je suis passé par la rue, j'ai traversé la petite place où était la demeure de mon aïeule. J'ai vécu là dix ans. Les dix seules années heureuses de ma vie. Il y avait du soleil, quelques pousses, déjà, aux vieux platanes. Les petites maisons basses, blanchies à la chaux, soulignées d'un soubassement goudronné de noir, n'ont pas changé. Ni les toits de tuiles d'un beau rouge chaud, doux à l'œil comme un velours. Ni les petites fenêtres à rideaux blancs ouvertes sur des intérieurs frais et sombres comme des églises, avec, çà et là, l'éclat d'un cuivre bien fourbi. Il y avait là, comme au temps de mon enfance, adossées au mur, dans l'ensoleillement léger qui traversait d'une pluie d'or le jeune feuillage des platanes, tout un groupe de vieilles femmes assises sur des chaises basses, un gros coussin sur les genoux, en train de faire de la dentelle. Je suis passé tout près d'elles, pour écouter une minute, avec une sorte d'avidité, le cliquetis de leurs petits fuseaux de buis. Et avec quelle intensité délicieuse et déchirante renaissait le souvenir de mon enfance. Mon banc de bois, la place au coin du gros poêle, le rond joyeux de la lampe, ma poupée de carton, un carré d'étoffe blanche où je m'applique à broder d'informes initiales au coton rouge . . . Grand'mère achève auprès de moi un col de dentelle. Il fait nuit. Tout est silence. Le choc des petits bouts de buis, sur le coussin, prend dans cette atmosphère une étrange sonorité claire, qui emplit toute la maison. Je ne sais quel mélange de bien-être, de bonheur et de tristesse m'imprègne.

MAXENCE VAN DER MEERSCH *Masque de Chair*
Albin Michel

Décrivez le quartier de Bruges où le narrateur a passé une partie de son enfance.

Montrez que l'auteur compose de ces lieux un tableau saisissant, qui rappelle les toiles des grands peintres hollandais.

Le narrateur voit des dentellières. Où se tiennent-elles? Quelle est leur attitude et leur manière de travailler?

Quels souvenirs d'enfance la vue des dentellières évoque-t-elle pour le narrateur?

Qu'est-ce qu'une dentellière? Donnez un équivalent pour *aïeule*.

Où voit-on souvent des platanes?

Que veut dire *informe*?

Dans le texte on décrit un jeu de lumière: «l'ensoleillement léger qui traversait d'une pluie d'or le jeune feuillage des platanes.» Expliquez.

Sujet général: La lente disparition des métiers d'autrefois.

Nous venons de dépasser le phare. Les tentatives de sommeil ont été abandonnées; hommes et femmes sont sur le pont. Limonades, whisky-sodas. Au ras de l'eau, des lignes d'ampoules électriques dessinent en pointillé lumineux le contour des restaurants chinois. Au-dessus, la masse du rocher fameux, puissante, d'un noir compact à la base, monte en se dégradant dans le ciel et finit par arrondir, au milieu des étoiles, sa double bosse asiatique entourée d'une brume légère. Ce n'est pas une silhouette, une surface de papier découpé, mais une chose solide et profonde comme une matière vraie, comme une terre noire. Une ligne de globes (une route?) ceint la plus haute des deux bosses, le Pic, comme un collier. Des maisons, on ne voit qu'un semis de lumières incroyablement serrées, presque mêlées au-dessus du profil tremblant des restaurants chinois, et qui se désagrège, comme le noir du roc, à mesure qu'il s'élève, pour aller se perdre là-haut dans les étoiles éclatantes et lourdes. Dans la baie, très nombreux, des grands paquebots dorment, illuminés, avec leurs étages de hublots, dont les reflets en zigzag se mêlent dans l'eau encore chaude à ceux de la ville. Toutes ces lumières dans la mer et dans le ciel de Chine ne font pas songer à la force des Blancs qui les ont créées, mais à un spectacle polynésien, à l'une de ces fêtes dans lesquelles les dieux peints sont honorés par de grandes libérations de lucioles lancées dans la nuit des îles, comme des graines . . .

ANDRÉ MALRAUX   *Les Conquérants*
Gallimard

Où se tient celui qui décrit cette scène?
Le spectateur voit des milliers de lumières. Quelles sont toutes ces lumières?
En fin de compte, à quoi cette scène féerique fait-elle penser?
Décrivez un phare. À quoi servent les phares?
À quoi distingue-t-on la forme des paquebots qui sont dans le port?

Mots et expressions à expliquer: au ras de l'eau, en pointillé, hublot, se dégrader, luciole, se désagréger, un semis de lumières.

Décrivez la situation de Hong-Kong. Quels sont les différents éléments qui constituent la population de ce territoire? Quel en est le régime actuel?

Quelle est l'importance de Hong-Kong dans le monde moderne?

72   La côte des Pays-Bas

On filait entre deux lignes de terres jaunâtres, sablonneuses, ourlées de digues vertes et monotones, et par-dessus lesquelles pointaient les cimes de longues files d'arbres régulières, qui indiquaient des routes et des canaux. Un village, çà et là, groupé autour de son église, qu'on abordait de biais, qu'on voyait de face un moment, avec ses toits rouges couleur de coquelicots, et qui s'éloignait, comme emporté dans la giration lente et continue du paysage. Des petits ports de pêche, aux quais de pierre blanche, aux écluses étranglées et profondes, s'abritaient derrière de longues jetées en pilotis de chêne, au bout desquelles se dressaient les mâts des séma-phores, avec leurs gros signaux d'osier noir, pareils à d'énormes corbeilles enfilées dans une perche. Flessingue, au loin, dans un repli, érigeait des grues et des flèches, des poutrelles d'acier noir, toute une laideur d'industrie, parmi ces terres basses où la vie se cachait. Puis, émergeant à peine, la côte de l'île de Walcheren, que l'on contournait, plate, bordée d'un talus vert, et frangée d'une ligne de pieux serrés, plantés dans la vase, et que les vagues éclaboussaient d'écume. Un moulin, çà et là, dans les terres, montrait seulement le bout de ses ailes brunes, par-dessus les digues, ou bien, au bord de l'eau, trempait dans la mer la base de sa tour blanche. Sur tout cela, une lumière grise, sans soleil, mais éblouissante, d'un insoutenable gris d'argent. Des moutons, comme de gros flocons de laine sale, tachetaient le vert de l'herbe. Et sur le gris des flots, immobile et gonflée, une voile marron, un petit bateau de pêche, s'en allait. Et le *Zeemeeuw* filait, inclinait à bâbord, d'un vol glissé, au rythme doux et large, droit vers une ligne d'infini qui marquait la haute mer.

MAXENCE VAN DER MEERSCH *L'Empreinte du Dieu*
Albin Michel

Qu'est-ce qui, dans les terres, indique la présence des routes et des canaux?

Comment étaient les villages et les petits ports de pêche qu'on voyait de temps en temps?

À quoi servent les signaux qu'on voit sur les mâts des sémaphores?

Faites une petite description de la ville de Flessingue et de l'île de Walcheren.

À quoi servent les grues? Pourquoi y en a-t-il beaucoup dans les chantiers de construction navale?

L'auteur peint de ce pays un tableau éclatant et coloré. Comment s'y prend-il? (les formes, les détails, les couleurs, la lumière.)

Expliquez les expressions: ourlé de digues; on abordait de biais; la giration du paysage.

Qu'est-ce qu'un coquelicot?

Quel est le contraire de bâbord?

Discussion: L'importance des voies d'eau dans la vie économique de la Hollande.

73   Une civilisation

Il me semble désormais entrevoir mieux ce qu'est une civilisation. Une civilisation est un héritage de croyances, de coutumes et de connaissances, lentement acquises au cours des siècles, difficiles parfois à justifier par la logique, mais qui se justifient d'elles-mêmes, comme des chemins, s'ils conduisent quelque part, puisqu'elles ouvrent à l'homme son étendue intérieure.

Une mauvaise littérature nous a parlé du besoin d'évasion. Bien sûr, on s'enfuit en voyage à la recherche de l'étendue.

Mais l'étendue ne se trouve pas. Elle se fonde. Et l'évasion n'a jamais conduit nulle part.

Quand l'homme a besoin, pour se sentir homme, de courir des courses, de chanter en chœur, ou de faire la guerre, ce sont déjà des liens qu'il s'impose afin de se nouer à autrui et au monde. Mais combien pauvres! Si une civilisation est forte, elle comble l'homme, même si le voilà immobile.

Dans telle petite ville silencieuse, sous la grisaille d'un jour de pluie, j'aperçois une infirme cloîtrée qui médite contre sa fenêtre. Qui est-elle? Qu'en a-t-on fait? Je jugerai, moi la civilisation de la petite ville à la densité de cette présence. Que valons-nous, une fois immobiles?

Dans le Dominicain qui prie il est une présence dense. Cet homme n'est jamais plus homme que quand le voilà prosterné et immobile. Dans Pasteur qui retient son souffle au-dessus de son microscope, il est une présence dense. Pasteur n'est jamais plus homme que quand il observe. Alors il progresse. Alors il se hâte. Alors il avance à pas de géant, bien qu'immobile, et il découvre l'étendue. Ainsi Cézanne immobile et muet, en face de son ébauche, est d'une présence inestimable. Il n'est jamais plus homme que lorsqu'il se tait, éprouve et juge. Alors sa toile lui devient plus vaste que la mer.

ANTOINE DE SAINT-EXUPÉRY *Pilote de Guerre*
Gallimard

Selon Saint-Exupéry, comment une civilisation se développe-t-elle?

En parlant de l'homme, qu'entend Saint-Exupéry par *son étendue intérieure*?

L'auteur condamne l'évasion morale. Pourquoi?

Selon lui, pourquoi les hommes se livrent-ils à des activités physiques collectives?

Expliquez ce qu'entend Saint-Exupéry par *la densité d'une présence*.

L'auteur cite des exemples d'hommes méditatifs et silencieux. En quoi consiste la valeur de ces hommes très civilisés?

Que veut dire la *grisaille*?

Qu'est-ce qu'une infirme?

Expliquez le terme *cloîtré*.

Tâchez d'expliquer l'idée fondamentale de Saint-Exupéry sur la civilisation.

74 Sur la corniche oranaise

Accrochés à d'immenses pentes, des rails, des wagonnets, des grues, des trains minuscules . . . Au milieu d'un soleil dévorant, des locomotives pareilles à des jouets contournent d'énormes blocs parmi les sifflets, la poussière et la fumée. Jour et nuit, un peuple de fourmis s'activent sur la carcasse fumante de la montagne. Pendus le long d'une même corde contre le flanc de la falaise, des dizaines d'hommes, le ventre appuyé aux poignées des défonceuses automatiques, tressaillent dans le vide à longueur de journées, et détachent des pans entiers de rochers qui croulent dans la poussière et les grondements. Plus loin des wagonnets se renversent au-dessus des pentes, et les rochers, déversés brusquement vers la mer, s'élancent et roulent dans l'eau, chaque gros bloc suivi d'une volée de pierres plus légères. À intervalles réguliers, dans le cœur de la nuit, en plein jour, des détonations ébranlent toute la montagne et soulèvent la mer elle-même.

L'homme, au milieu de ce chantier, attaque la pierre de front. Et si l'on pouvait oublier, un instant au moins, le dur esclavage qui rend possible ce travail, il faudrait admirer. Ces pierres, arrachées à la montagne, servent l'homme dans ses desseins. Elles s'accumulent sous les premières vagues, émergent peu à peu·et s'ordonnent enfin suivant une jetée, bientôt couverte d'hommes et de machines, qui avancent, jour après jour, vers le large. Sans désemparer, d'énormes mâchoires d'acier fouillent le ventre de la falaise, tournent sur elles-mêmes, et viennent dégorger dans l'eau leur trop-plein de pierrailles. À mesure que le front de la corniche s'abaisse, la côte entière gagne irrésistiblement sur la mer.

ALBERT CAMUS *L'Été*
Gallimard

Quel était cet immense chantier que l'on décrit?

Dans quel sens emploie-t-on ici le mot *corniche*?

À quoi l'auteur compare-t-il la foule des ouvriers?

Quels moyens les ouvriers employaient-ils pour creuser le flanc de la montagne? Quel travail vous semble particulièrement dangereux?

De quel moyen de transport se servait-on?

Comment utilisait-on les blocs de rocher et les pierrailles qu'on arrachait à la montagne?

Que fait-on avec une grue? une défonceuse automatique?

Que signifient les expressions: à longueur de journées; attaquer de front; sans désemparer; vers le large?

Les difficultés que présente la construction d'une route dans un pays montagneux.

75   Un peuple singulier

Enfin, il y avait, vers le milieu du continent et un peu au nord, un peuple singulier. Il était doué d'un bon nombre des dons les plus importants de l'esprit. Au cours des siècles, peu d'excellences dans cet ordre lui avaient été refusées. Son génie ne le cédait qu'à celui de la France pour la diversité et la continuité de l'éclat. Et s'il n'avait jamais connu ni la grâce abondante de la Renaissance italienne, ni l'élégance majestueuse et la perfection adamantine qui étaient choses de France, s'il n'avait pas alimenté comme l'Angleterre deux fontaines perpétuelles de poésie et de sagesse fantaisiste, s'il n'avait jamais su mettre dans un chant la saveur prompte, la tension, la nudité qu'improvisait l'Espagne, il pouvait prétendre qu'il était allé un peu plus loin que tous du côté des régions obscures, qu'il avait écouté d'une oreille plus filiale les rumeurs du cosmos. Chez ce peuple, Apollon n'avait pas rompu toutes relations avec des divinités plus primitives, et se retournant vers son cortège de bêtes charmées engageait avec elles, dans le langage de la forêt, des conversations où il n'avait pas toujours le dernier mot. Tout compte fait, ce peuple avait produit copieusement de grands musiciens, de grands philosophes, de grands poètes. Quand le temps de scruter la nature matérielle était venu, il s'était engagé dans ce procès avec autant d'âpreté et d'habileté que personne. Il avait accueilli l'esprit prométhéen, lors de sa rentrée triomphante, comme un messie inattendu. Il avait fabriqué des machines avec enthousiasme; il avait fourni à la faune surnaturelle des laboratoires plus que sa part de gnomes, de démons à antennes, de monstres infaillibles et lucides.

JULES ROMAINS *Les Hommes de Bonne Volonté :*
le 7 octobre
Flammarion

Quel rang l'auteur accorde-t-il à l'Allemagne entre les pays les plus civilisés de l'Europe ?

D'après Jules Romains, quel est le premier pays du monde pour l'éclat et la diversité de son génie ?

Selon l'auteur, quels sont les dons de l'esprit qui manquent aux Allemands et qui ont fleuri dans d'autres pays européens ?

D'après Jules Romains, dans quelle mesure l'élément primitif et obscur dans l'âme allemande a-t-il fécondé la création artistique ?

Quels sont les hommes de génie qui font la gloire de l'Allemagne ?

Quel rôle l'auteur attribue-t-il à l'Allemagne dans le progrès scientifique qui caractérise cette époque ?

Expliquez les expressions: les dons de l'esprit; les rumeurs du cosmos; l'esprit prométhéen; la faune surnaturelle des laboratoires.

Qu'entend l'auteur par la *sagesse fantaisiste* qu'il considère comme un don spécial de l'Angleterre ?

Jules Romains nous représente Apollon qui s'entretient avec un cortège de bêtes charmées. Tâchez d'exprimer en des termes plus simples ce qu'il veut dire.

Les rapports entre la France et l'Allemagne depuis la seconde guerre mondiale.

Part Two

French Poetry
for Translation
and Study

NOTE ON FRENCH VERSIFICATION

Main difference between English and French verse

The rhythm of English verse depends on the recurrence of a fixed number of strongly stressed syllables between which occur unstressed ones that may vary in number:

> How swéet is the Shépherd's sweet lót!
> From the mórn to the évening he stráys.

In French pronunciation the syllable that receives the chief stress is normally the last of the word (e.g. *bientôt*) or the group (e.g. *il vient*), but this stress is much less strongly marked than in English (compare our 'important' with French *important*). Owing to this relatively weak tonic accent in French, rhythm cannot be constituted in the same way as in English. A line of French poetry contains, not a certain number of feet, but a certain number of syllables.

> Le | so|leil | se | cou|chait | ce | soir | dans | les | nu|ées.

If to this *syllabism* we add *rhyme*, and (to a less extent than in English) *accentuation*, caused by the use of caesural pauses which break up the line into rhythmical groups, we have the three fundamental principles of French verse, as practised by most poets until more recent times.

Counting of syllables

An *-e* mute (*-e, -es, -ent*) counts as a syllable if it occurs in the body of the line, but not if it occurs at the end.

> Je | vis | un | an|ge | blanc | qui | pas|sait | sur | ma | tête.
> (12 syllables)

When an *-e* mute occurs before a word beginning with a vowel or *h* mute it does not count as a syllable; it is *elided*.

Sans | que | rien | man|que̯ au | mon|de̯ im|men|se̯ et | ra|di|eux.

In reading aloud it depends upon the nature of the poem and the taste of the reader whether the *e* mutes in the body of the line are given full pronunciation or not. Often the vowel of the preceding syllable is slightly lengthened instead, by allowing the voice to linger on it. And many contemporary poets give the *e* mute no syllabic value at all, even in the body of a line and before a consonant.

The alexandrine

This is the name given to the twelve-syllable line, the metre most frequently used in French poetry.

After the sixth syllable of the 'classical' alexandrine, the standard metre of the seventeenth century dramatists, there is a pause called the caesura. The line is thus divided into equal sections, each called a *hemistich*. The last syllable of each 'hemistich' receives a natural stress.

C'est ainsi: plus on vaut, | plus fièrement on aime;
Et qui rêve pour soi | la pureté suprême
D'aucun terrestre amour | ne daigne emplir son cœur.

In addition to the pause after the sixth syllable and that at the end of the line, there are two subsidiary pauses whose position may vary, but which are always made to fall on the most important or the most sonorous words of the hemistich. It is to the numerous combinations that can be obtained by varying the position of these less strongly marked stresses that much of the beauty of the classical alexandrine is due. But in the hands of a mechanical versifier the stresses are liable to fall too regularly on the third, sixth, ninth and twelfth syllables (e.g. Le foyér des plaisírs est la source fécónde), and so produce a monotonous effect. Moreover, the need to effect a sufficiently strong caesural pause at every sixth syllable leads to the introduction of clumsy and unnatural inversions, as in the line just quoted.

The romantic alexandrine

There is a second type of alexandrine, popularised by Victor Hugo, and common since his day, called sometimes the 'romantic' alexandrine. Here the line falls into three rhythmical groups, owing to the introduction of *two* caesural pauses, which may be placed anywhere in the line. The main pause is no longer at the sixth syllable, though that syllable still usually bears a slight stress.

This 'dislocated' or 'ternary' alexandrine possesses greater flexibility than the classical line; the mingling of the two is capable of producing delightful musical effects. For example:

> La foule heureuse, | l'air doré, | le jour qui crie,
> La musique d'ardeur | qu'Yseult dit à Tristan.

Enjambement

In most cases a line of French poetry ends with a natural pause. On occasion, and often with a special effect in view, the poet may make his phrase overflow the line and break into the next, without however filling it.

> Une ondulation majestueuse et lente
> S'éveille, . . .

It is often used, as here, for some specific effect and may also serve to bring into prominence the overflowing words, which then assume unusual force, as in the four lines of Rimbaud quoted below. When introduced amongst lines of smooth and regular cadence it produces great rhythmical variety, but has the disadvantage of masking the rhyme word.

Rhyme

Because of the lack of strong tonic accent, blank verse is unnatural in French and rhyme is of the utmost importance (though some modern poets have eschewed it completely, relying solely on rhythmic units to mark the metre). The rhyme word should crown the line, and is usually a word of special significance.

> C'est un trou de verdure, où chante une *rivière*
> Accrochant follement aux herbes des *haillons*
> D'argent, où le soleil, de la montagne *fière*,
> Luit; c'est un petit val qui mousse de *rayons*.
>
> RIMBAUD

When the rhyme words end in *-e* mute the rhyme is said to be 'feminine'; in all other cases the rhyme is 'masculine'. It used to be considered a fundamental rule of French poetry that masculine and feminine rhymes should alternate regularly. Nowadays the rule is frequently ignored.

Modern poets have often made much use of assonance in which only the tonic vowels are identical (*crêpe, terre*).

Rhyming schemes commonly employed are *a a b b* (*rimes plates* or *suivies*), *a b a b* (*rimes croisées*), *a b b a* (*rimes embrassées*). If these systems are mingled together we have *rimes mêlées*, often found in poems made up of lines of varying length (*vers libres*), as in the fables of La Fontaine. The sonnet and various lyrical stanzas offer more elaborate rhyme schemes.

Rhymes are of two qualities, 'sufficient' and 'rich', sufficient if the final vowel sound of the rhyme words is the same (*mort, effort*), rich if the supporting consonant too is identical.

Du pôle il va tenter les merveilleux hi*vers*,
Il part, le grand navire! Une puissante en*flure*
Au souffle d'un bon vent lève et tend la voi*lure*
Sur trois beaux mâts portant neuf vergues en tra*vers*.

Frequent rich rhyme, like the use of the ternary alexandrine
and *enjambement*, became a common feature of nineteenth-
century poetry. It is more or less necessary with endings of
frequent occurrence (*-é, -er*, for example) if fullness of sound
is to be produced, and it helps to compensate for the irregu-
larity of rhythm caused by the broken up alexandrine. It
became a cult with the Parnassian poets of the mid-nineteenth
century, Leconte de Lisle, Sully Prudhomme, Heredia.
Though the sonority produced by the use of rich rhyme is
often a poetic beauty, and the hackneyed rhymes frequent in
the eighteenth century are avoided, it has two dangers: it
may lead to 'padding', the rich rhyme being chosen first and
the rest of the line subsequently built up, or, rich rhymes
being necessarily less common than 'sufficient' ones, it may
lead to the search for rare and unusual words which give the
appearance of being dragged in.

The sonnet

Popular in France in the fifteenth and sixteenth centuries,
and again in the nineteenth, the sonnet is a poem of fixed
form, comprising exactly fourteen lines.

Students will be familiar with the Shakespearian form of
the sonnet, where the rhymes are linked (*ababcdcdefefgg*) and
the usual division is into three quatrains and a concluding
couplet, summarising what has gone before, or bringing the
poem to a close with epigrammatic force.

The Petrarchian form, the basis of the earlier French and
English imitations, had consisted of an octave and a sestet;
and it is this form that French poets have usually followed,

subdivided into two quatrains and two tercets, with varying rhyme schemes. These subdivisions permit that formal and logical development of a theme that the French mind loves.

The fixed form of the sonnet made it a favourite with the Parnassian school. Its conciseness and limited length, the restrictions it imposed, suited the poets whose aim was perfection of form and objectivity of feeling; and the possibility of rounding off with a clinching *vers définitif* appealed to the devotion to craftsmanship of such practitioners of the sonnet as Heredia.

Correspondingly it has lost favour with modern poets seeking ever greater freedom rather than restraint.

Contemporary verse

While conventional forms are still used in the twentieth century, writers influenced by the prose poems of Verlaine and Rimbaud have freed themselves still further from the rigidities of traditional French verse. In particular they have made wide use of the so-called *vers libre* where syllabism and regular metres are discarded in favour of irregular rhythmical patterns, reinforced at times by the use of assonance, and not infrequently of rhyme as well.

Mention should also be made of the *verset*, as practised by such poets as Claudel and Péguy, lacking both rhyme and metre, and not unlike the verses we are familiar with in the Psalms.

1 La cousine

L'hiver a ses plaisirs: et souvent, le dimanche,
Quand un peu de soleil jaunit la terre blanche,
Avec une cousine on sort se promener . . .
«Et ne vous faites pas attendre pour dîner»,
Dit la mère.

        Et, quand on a bien, aux Tuileries,
Vu sous les arbres noirs les toilettes fleuries,
La jeune fille a froid . . . et vous fait observer
Que le brouillard du soir commence à se lever.

Et l'on revient, parlant du beau jour qu'on regrette,
Qui s'est passé si vite . . . et de flamme discrète:
Et l'on sent en rentrant, avec grand appétit,
Du bas de l'escalier,—le dindon qui rôtit.

GÉRARD DE NERVAL   *Odelettes rythmiques et lyriques*
                            1832–1835

It is winter, and Sunday. Show how the poem develops from this opening.

What mingling do you find of the commonplace and the reflective? Show that this extends to the diction.

What do you understand by the words 'flamme discrète'?

How do the words in the title of the collection, *Odelettes rythmiques et lyriques,* apply in particular to *La cousine*?

2 Oui, le jour luit encore . . .

Oui, le jour luit encore, et j'entends
Le murmure des eaux et des feuilles, le chant
Des gais oiseaux dans la lumière.
Le nuage s'est effacé: tout étincelle.
Comme à l'aube première,
Tout éclate en rayons,
Tout abonde en chansons,
Tout se replonge en l'ivresse éternelle.

Non, il n'est rien sur la terre,
Ni une fleur, ni un oiseau,
Ni un grain de poussière,
Ni une goutte d'eau,
Qui ne croie à la vie;
C'est le secret de leur bonheur,
Et de leur innocence ravie.
Et tout ignore encor qu'il faut mourir.

CHARLES VAN LERBERGHE *La Chanson d'Ève*
Mercure de France 1904

A picture of primal innocence. What is the secret of this happiness?
What will terminate it?

Show how the linked rhymes, the alliteration, the varied
rhythms, all combine to give effect to the poet's aim—to depict
the surge of life.

3   L'École des Beaux-Arts

Dans une boîte de paille tressée
Le père choisit une petite boule de papier
Et il la jette
Dans la cuvette
Devant ses enfants intrigués
Surgit alors
Multicolore
La grande fleur japonaise
Le nénuphar instantané
Et les enfants se taisent
Émerveillés
Jamais plus tard dans leur souvenir
Cette fleur ne pourra se faner
Cette fleur subite
Faite pour eux
À la minute
Devant eux.

JACQUES PRÉVERT *Paroles*
Gallimard 1945

Show how these three elements: lines of irregular length, complete absence of punctuation, the rhymes, contribute to the total effect.

Comment on the title of the poem.

What do you think the author had in mind in giving the title *Paroles* to the volume in which this poem appears?

4   Son de cloche

Tout s'est éteint
Le vent passe en chantant
Et les arbres frissonnent
Les animaux sont morts
Il n'y a plus personne
Regarde
Les étoiles ont cessé de briller
La terre ne tourne plus
Une tête s'est inclinée
Les cheveux balayant la nuit
Le dernier clocher resté debout
Sonne minuit.

PIERRE REVERDY   *Les Ardoises du Toit*
Mercure de France   1918

'Tis now the very witching time of night.' Enumerate the details chosen by the poet to render the atmosphere of midnight, and show what technical devices of rhyme, assonance and rhythm contribute to the total effect.

What image in the poem strikes you as being particularly bold?

5   La toupie

Juillet-aux-longs-soirs, la toupie,
Chaque fois que nous la lançons,
Nous lui donnons un temps de vie.

Le crépuscule tourne autour de l'horizon.

Elle frémit dans la poussière,
Mon chien l'examine et la craint,
Et si je la prends dans ma main,
Elle me mord de sa colère.

Et haut le bras, et corde au bout!
Si nous concourons au plus fort,
Je fendrai la tienne d'un coup.

Autour de l'horizon le crépuscule est d'or.

Elle vrombit, elle tressaille,
Heurte du flanc, saute, défaille,
Tourne encor deux fois et s'endort.

Autour de l'horizon, le crépuscule est mort.

MARIE GEVERS
Almanach perpétuel des jeux d'enfants
J. E. Buschmann, Anvers

A picture of children at play, whipping their tops in the evening dusk. What renders the scene so vivid?

Examine the pauses, the sudden quickening of rhythm, the subsequent dying away, the length of the lines.

The first stanza rhymes *a b a b*. What of the other three quatrains? Do 'masculine' and 'feminine' rhymes alternate throughout?

What part is played in the poem by the reiterated *autour de l'horizon* . . . ?

6 Il pleut

Il pleut,
Les vitres tintent.

Le vent de mai fait dans le parc un bruit d'automne.
Une porte, en battant sans fin, grince une plainte
Mineure et monotone.
Il pleut . . .

On dirait par moments qu'un million d'épingles
Se heurte aux vitres et les cingle.
Il pleut,
Les vitres tintent.

Le ciel cache un à un ses coins épars de bleu
Sous de rapides nuées grises.
Il pleut:
—La vie est triste!

N'importe!
Souffle le vent, batte la porte,
Tombe la pluie!
N'importe!

FERNAND GREGH *Les Clartés Humaines*
Fasquelle   1904

'La vie est triste!' What is the general mood of the poem? Is any sound mentioned that is not connected with the rain? What is the most striking image used?

How does the rhythm of the poem help in sustaining the light tone? Where are the metrical pauses in lines 3 and 4? How is the pitter-patter of the rain rendered?

Are there any rhymes that are not, technically speaking, feminine?

Comment on the sound of lines 4 and 5.

7   Jardins

Il a plu. Le jardin, dans l'ombre, se recueille.
Les chrysanthèmes vont mourir sans qu'on les cueille.
Dans les sentiers mouillés, effeuillaisons de fleurs
Trop pâles; sur le sable, où pas un bruit ne bouge,
Évanouissement des grands dahlias rouges.
Murmure indéfini de toutes ces douleurs
De choses écoutant agoniser les fleurs.
Et de blancs pigeonniers veillent le crépuscule . . .
Mon enfance, de moi, comme tu te recules,
Parmi ce soir qui tombe et ce jardin qui meurt!
Tu pars et tu ne reviendras jamais, peut-être;
Ton souvenir, déjà, n'est plus qu'une rumeur
Dans un halo et qui, bientôt, va disparaître.
Et je reste à rêver, tout seul, à la fenêtre.

FRANCIS CARCO   *Poètes d'Aujourd'hui* 13
Pierre Seghers   1946

What is the prevailing mood of this poem? Why do you think the author chose the title *Jardins* rather than *Le Jardin*?

What form has the poet chosen? Show how he uses it to mark a division of his theme; and how the rhyme scheme nevertheless links the parts together.

How does the poet use rhythm in these lines to suggest both movement and stillness?

8   Les colombes

Sur le coteau, là-bas où sont les tombes,
Un beau palmier, comme un panache vert,
Dresse sa tête, où le soir les colombes
Viennent nicher et se mettre à couvert.

Mais le matin elles quittent les branches:
Comme un collier qui s'égrène, on les voit

S'éparpiller dans l'air bleu, toutes blanches,
Et se poser plus loin sur quelque toit.

Mon âme est l'arbre où tous les soirs, comme elles
De blancs essaims de folles visions
Tombent des cieux, en palpitant des ailes,
Pour s'envoler dès les premiers rayons.

THÉOPHILE GAUTIER *Poésies Diverses*
1838

Gautier saw things with the eye of an artist. How is this visual
gift displayed here?

Does he confine himself to external description, or does he give
us also a landscape of the mind?

Consider each stanza separately, then show how all three are
interrelated.

9 Colloque sentimental

Dans le vieux parc solitaire et glacé,
Deux formes ont tout à l'heure passé.

Leurs yeux sont morts et leurs lèvres sont molles,
Et l'on entend à peine leurs paroles.

Dans le vieux parc solitaire et glacé,
Deux spectres ont évoqué le passé.

— Te souvient-il de notre extase ancienne?
— Pourquoi voulez-vous donc qu'il m'en souvienne?

— Ton cœur bat-il toujours à mon seul nom?
Toujours vois-tu mon âme en rêve?—Non.

— Ah! les beaux jours de bonheur indicible
Où nous joignions nos bouches!—C'est possible.

— Qu'il était bleu, le ciel, et grand l'espoir!
— L'espoir a fui, vaincu, vers le ciel noir.

Tels ils marchaient dans les avoines folles,
Et la nuit seule entendit leurs paroles.

PAUL VERLAINE   *Fêtes Galantes*
1869

What expectations are raised by the title of the collection from which this poem is taken, and how far is the title of the poem itself apt?

What is the setting? Do the two spectres hark back to the past with similar feelings? What mood characterises the response of the second shade?

Consider the suitability of the poet's choice of decasyllabic lines and couplet form.

10   Pour vivre ici

Je fis un feu, l'azur m'ayant abandonné,
Un feu pour être son ami,
Un feu pour m'introduire dans la nuit d'hiver,
Un feu pour vivre mieux.

Je lui donnai ce que le jour m'avait donné:
Les forêts, les buissons, les champs de blé, les vignes,
Les nids et leurs oiseaux, les maisons et leurs clés,
Les insectes, les fleurs, les fourrures, les fêtes.

Je vécus au seul bruit des flammes crépitantes,
Au seul parfum de leur chaleur;
J'étais comme un bateau coulant dans l'eau fermée,
Comme un mort je n'avais qu'un unique élément.

PAUL ELUARD   *Choix de Poèmes*
Gallimard   1946

In his earlier poetry Eluard was associated with the *surréaliste* movement, characterised by elements of shock, absence of realism, bizarre images, and much influenced by psychoanalytical theories.

What is the literal meaning of the first stanza? Which word do you find the most difficult to interpret?

Consider the import of contrasting pairs of words in the poem.

In stanza two the poet enumerates a dozen or so 'gifts'. Do they seem to constitute a random choice, or do you see any connection between them?

How in the third stanza is the image of 'fire' developed? What new image is introduced?

Attempt an explanation of the last line.

11   La roue du moulin

Le chant de ma rivière où est le pont du gué
comme voix de chapelle et voix de sansonnet
pour y conter ma peine j'y vais après souper
au fil de l'eau courante ma peine et mon regret.

Au chant de l'eau courante je me suis endormi
alors j'ai vu ma belle et la belle a souri:
— Pour qui sont donc, lui dis-je, ces pierres de rubis?
et ces fleurs de jardin inconnues au pays?
— Meunier, répondit-elle, c'est ton cœur que je tiens.
qu'il aille à la rivière sous la roue du moulin.
Que la roue le boulange comme on fait du pétrin.

À la roue donc, la belle, ces pierres et ces fleurs!
elle en fera des larmes, des larmes et des pleurs
quant au rubis, ma belle, il faudrait un fondeur
qu'ils sautent jusqu'au ciel: ce serait le meilleur.

MAX JACOB   *Derniers Poèmes*
Gallimard   1945

Does the poem gain anything from the punctuation the author
has used?

What echoes of ballad and folksong are apparent? What part
does fantasy play?

Do you think the poet has tried to give his work a 'timeless'
quality?

Examine the rhyming scheme.

12   Soleil couchant

Le soleil s'est couché ce soir dans les nuées.
Demain viendra l'orage, et le soir, et la nuit;
Puis l'aube, et ses clartés de vapeurs obstruées;
Puis les nuits, puis les jours, pas du temps qui s'enfuit!

Tous ces jours passeront; ils passeront en foule
Sur la face des mers, sur la face des monts,
Sur les fleuves d'argent, sur les forêts où roule
Comme un hymne confus des morts que nous aimons.

Et la face des eaux, et le front des montagnes,
Ridés et non vieillis, et les bois toujours verts
S'iront rajeunissant; le fleuve des campagnes
Prendra sans cesse aux monts le flot qu'il donne aux
     mers.

Mais moi, sous chaque jour courbant plus bas ma tête,
Je passe, et refroidi sous ce soleil joyeux,
Je m'en irai bientôt, au milieu de la fête,
Sans que rien manque au monde immense et radieux!

VICTOR HUGO   *Les Feuilles d'Automne*
1836

This is the last of a series of six poems by Victor Hugo with the general title *Soleils Couchants*. What constitutes its essentially 'romantic' basis?

In his technical virtuosity Hugo has no rival amongst French poets. Above all he was a master of rhythmical effects. Does this poem support his reputation? What is the effect produced by the accumulation of monosyllables at the end of the first stanza?

Antithesis is a constant feature of Hugo's poetry. What part does it play here?

What use does Hugo make of repetition in this poem?

13 Sur la grève

Couche-toi sur la grève et prends en tes deux mains,
Pour le laisser couler ensuite, grain par grain,
De ce beau sable blond que le soleil fait d'or;
Puis, avant de fermer les yeux, contemple encor
La mer harmonieuse et le ciel transparent,
Et, quand tu sentiras, peu à peu, doucement,
Que rien ne pèse plus à tes mains plus légères,
Avant que de nouveau tu rouvres tes paupières,
Songe que notre vie à nous emprunte et mêle
Son sable fugitif à la grève éternelle.

HENRI DE RÉGNIER   *Les Médailles d'Argile*
Lemerre   1900

Strand, sea and sky form the picture. What thoughts arise in the poet's mind from the contemplation of the scene?

Show the important part that alliteration plays in the beauty of this poem, and how the flexible rhythms are appropriate to the theme.

14 Les téméraires

Du pôle il va tenter les merveilleux hivers,
Il part, le grand navire! Une puissante enflure

Au souffle d'un bon vent lève et tend la voilure
Sur trois beaux mâts portant neuf vergues en travers.

Il est parti. Là-bas, au soleil, dans les airs
Traînant son pavillon comme une chevelure,
Il a pris sa superbe et gracieuse allure,
Et du côté du Nord gagne les hautes mers.

D'un œil triste je suis au loin son blanc sillage.
Il va sombrer peut-être au bout de son voyage,
Par des géants de glace étreint de toutes parts!

Et près de moi, debout, l'enfant du capitaine,
Dans la brise ravi vers la brume lointaine,
Agite dans son cœur d'aventureux départs.

SULLY PRUDHOMME   *Les Épreuves*
1866

Explain the title. How does the poet immediately awaken our interest? At what point does he introduce himself? What additional human element contributes to the total picture? What makes the scene particularly moving in the eyes of the poet?

Show how the development of the poem follows the usual four-part division of the French sonnet.

Comment on the inversions freely used by the poet (*Du pôle il va tenter . . .*). Do you think they are all successful?

Observe the quality of the rhymes.

15   Septembre

Septembre. La journée est transparente et pure.
L'automne semble un beau souvenir de l'été,
Et ne menace pas encor les feuilles mûres.

Le ciel est une coupe immense de clarté,
Le visage sacré de la terre respire
La paix, la plénitude et la fécondité.

Les vignobles heureux dans le fleuve se mirent.
Sous l'eau calme, chargés du don des pampres lourds,
Les coteaux inclinés se regardent sourire.

Autour de son clocher là-haut sommeille un bourg ;
La chaleur sur les toits vibre et se réverbère,
Et l'on entend chanter les poules dans les cours.

Pas une âme dehors. C'est la saison prospère
Où, sans qu'il soit aidé par le travail humain,
Seul dans les champs déserts, le grand soleil opère

Le miracle éternel qui nous donne le vin.

LOUIS MERCIER *Voix de la terre et du temps*
Calmann-Lévy 1903

It is early autumn. What details has the poet assembled in this evocation of a smiling countryside? What is the real theme of the poem?

Comment on the use of the epithets *sacré* (line 5) and *prospère* (stanza 5).

The three-line stanza, each line an alexandrine, is known as *terza rima*. Show how the rhyming scheme serves to link each stanza with the next.

Are these alexandrines regular? the rhymes anything but unremarkable? Is there any overflow of one line into the next?

How does the form adopted by the poet help to reinforce the general atmosphere of tranquillity?

16 Nox

Sur la pente des monts les brises apaisées
Inclinent au sommeil les arbres onduleux ;
L'oiseau silencieux s'endort dans les rosées,
Et l'étoile a doré l'écume des flots bleus.

Au contour des ravins, sur les hauteurs sauvages,
Une molle vapeur efface les chemins;
La lune tristement baigne les noirs feuillages;
L'oreille n'entend plus les murmures humains.

Mais sur le sable au loin chante la mer divine,
Et des hautes forêts gémit la grande voix,
Et l'air sonore, aux cieux que la nuit illumine,
Porte le chant des mers et le soupir des bois.

Montez, saintes rumeurs, paroles surhumaines,
Entretien lent et doux de la terre et du ciel!
Montez, et demandez aux étoiles sereines
S'il est pour les atteindre un chemin éternel.

O mers, ô bois songeurs, voix pieuses du monde,
Vous m'avez répondu durant mes jours mauvais;
Vous avez apaisé ma tristesse inféconde,
Et dans mon cœur aussi vous chantez à jamais!

LECONTE DE LISLE   *Poèmes antiques*
1852

It is interesting to contrast this night-piece with the same author's
Midi (no. 21). How do the relations between man and nature vary
in the two poems?
    How are the two final stanzas related to the first three?
    What sound effects are noticeable in stanza one?
    Why is the word *apaisé* repeated (lines 1 and 24)?
    In twenty lines some twenty epithets are used. Examine these
closely, and the part they play in the development of the poem.

17   L'homme et la mer

Homme libre, toujours tu chériras la mer!
La mer est ton miroir; tu contemples ton âme

Dans le déroulement infini de sa lame,
Et ton esprit n'est pas un gouffre moins amer.

Tu te plais à plonger au sein de ton image;
Tu l'embrasses des yeux et des bras, et ton cœur
Se distrait quelquefois de sa propre rumeur
Au bruit de cette plainte indomptable et sauvage.

Vous êtes tous les deux ténébreux et discrets:
Homme, nul n'a sondé le fond de tes abîmes;
O mer, nul ne connaît tes richesses intimes,
Tant vous êtes jaloux de garder vos secrets!

Et cependant voilà des siècles innombrables
Que vous vous combattez sans pitié ni remord,
Tellement vous aimez le carnage et la mort,
O lutteurs éternels, ô frères implacables!

CHARLES BAUDELAIRE *Les Fleurs du Mal*
1857

What features does the poet emphasize in drawing this parallel
between man and the sea? What essentially is his view of man's
nature?

Study the varying rhythm of the poem, noting particularly the
placing of the metrical pauses, and the effect of occasional overflow of one line into the next.

What lines give particular satisfaction as you read the poem
aloud? Can you explain why?

Examine the way in which Baudelaire uses the pronouns
vous and *tu*.

18 O jeunes gens!

O jeunes gens! Élus! Fleurs du monde vivant,
Maîtres du mois d'avril et du soleil levant,
N'écoutez pas ces gens qui disent: soyez sages!

La sagesse est de fuir tous ces mornes visages.
Soyez jeunes, gais, vifs, amoureux, soyez fous!
O doux amis, vivez, aimez! Défiez-vous
De tous ces conseillers douceâtres et sinistres.
Vous avez l'air joyeux, ce qui déplaît aux cuistres.
Des cheveux en forêt, noirs, profonds, abondants,
Le teint frais, le pied sûr, l'œil clair, toutes vos dents;
Eux, ridés, épuisés, flétris, édentés, chauves,
Hideux; l'envie en deuil clignote en leurs yeux fauves.
Oh! comme je les hais, ces solennels grigous!
Ils composent, avec leur fiel et leurs dégoûts,
Une sagesse pleine et d'ennui et de jeûnes,
Et, faite pour les vieux, osent l'offrir aux jeunes!

VICTOR HUGO   posth. 1942

These lines are part of a collection of poems and fragments, bearing the general title *Océan*, first published in 1942.

As often with Hugo, a contrast forms the basis of his poem. What in the counsel given by the old to the young does he warn the latter to distrust? Is he fair to the old? How does he mingle physical and moral characteristics in his picture of youth and age?

The lines display to the full Hugo's technical gifts. Examine the rhythm, rhyme and language and show how all combine to reinforce the rhetorical style. The word *hideux* is given special emphasis. How?

Hugo had the poet's gift of using words with more than their dictionary connotation. Of which words is this particularly true here?

19 À une jeune Italienne

Février grelottait blanc de givre et de neige;
La pluie, à flots soudains, fouettait l'angle_des toits;
Et déjà tu disais: O mon Dieu! quand pourrai-je
Aller cueillir enfin la violette au bois?

Notre ciel est pleureur, et le printemps de France,
Frileux comme l'hiver, s'assied près des tisons;
Paris est dans la boue au beau mois où Florence
Égrène ses trésors sous l'émail des gazons.

Vois! Les arbres noircis contournent leurs squelettes;
Ton âme s'est trompée à sa douce chaleur:
Tes yeux bleus sont encor les seules violettes,
Et le printemps ne rit que sur ta joue en fleur.

THÉOPHILE GAUTIER   Poésies Diverses
1838

What signs are there in this poem of Gautier's early training as
an artist? What part for example is played by colour?

Show with what skill he conjures up a picture of Paris in winter.
What are those treasures of Florence to which the poet refers?

What examples of personification do you notice and what is
their effect?

Wherein lies the poem's essential charm? Compare the opening
and the ending.

20 Antoine et Cléopâtre

Tous deux ils regardaient, de la haute terrasse,
L'Égypte s'endormir sous un ciel étouffant
Et le Fleuve, à travers le Delta noir qu'il fend,
Vers Bubaste ou Saïs rouler son onde grasse.

Et le Romain sentait sous la lourde cuirasse,
Soldat captif berçant le sommeil d'un enfant,
Ployer et défaillir sur son cœur triomphant
Le corps voluptueux que son étreinte embrasse.

Tournant sa tête pâle entre ses cheveux bruns
Vers celui qu'enivraient d'invincibles parfums,
Elle tendit sa bouche et ses prunelles claires;

Et sur elle courbé, l'ardent Imperator
Vit dans ses larges yeux étoilés de points d'or
Toute une mer immense où fuyaient des galères.

J.-M. DE HEREDIA *Les Trophées*
1893

To bring to life in the fourteen lines of a sonnet one of the famous encounters of history requires great economy of style. Show how the soldier-lover, the 'serpent of old Nile', the river itself are presented in a few masterly strokes.

What in his destiny did Antony foresee?

Note how, in the organisation of the poem, all leads up to the characteristically powerful concluding line.

21 Midi

Midi, roi des étés, épandu sur la plaine,
Tombe en nappes d'argent des hauteurs du ciel bleu.
Tout se tait. L'air flamboie et brûle sans haleine;
La terre est assoupie en sa robe de feu.

L'étendue est immense, et les champs n'ont point
    d'ombre,
Et la source est tarie où buvaient les troupeaux;
La lointaine forêt, dont la lisière est sombre,
Dort là-bas, immobile, en un pesant repos.

Seuls, les grands blés mûris, tels qu'une mer dorée,
Se déroulent au loin, dédaigneux du sommeil;
Pacifiques enfants de la terre sacrée,
Ils épuisent sans peur la coupe du soleil.

Parfois, comme un soupir de leur âme brûlante,
Du sein des épis lourds qui murmurent entre eux,
Une ondulation majestueuse et lente
S'éveille, et va mourir à l'horizon poudreux.

Non loin, quelques bœufs blancs, couchés parmi les
    herbes,
Bavent avec lenteur sur leurs fanons épais,
Et suivent de leurs yeux languissants et superbes
Le songe intérieur qu'ils n'achèvent jamais.

Homme, si, le cœur plein de joie ou d'amertume,
Tu passais vers midi dans les champs radieux,
Fuis! la nature est vide et le soleil consume:
Rien n'est vivant ici, rien n'est triste ou joyeux.

Mais si, désabusé des larmes et du rire,
Altéré de l'oubli de ce monde agité,
Tu veux, ne sachant plus pardonner ou maudire,
Goûter une suprême et morne volupté,

Viens! Le soleil te parle en paroles sublimes;
Dans sa flamme implacable absorbe-toi sans fin;
Et retourne à pas lents vers les cités infimes,
Le cœur trempé sept fois dans le néant divin.

LECONTE DE LISLE   *Poèmes antiques*
1852

The unrelenting sun, the motionless plain, are the basic features in this picture of noontide heat. What additional elements offset the static scene?

Is the poem more than a rendering of intense heat? What is the poet's view of the relationship between man and nature? What is his attitude to city life?

What philosophic views does the poem reveal?

An accomplished technique is evident throughout. Note the alliteration in *pesant repos*, line 8, the enjambement in line 16.

Seek other examples of telling effect in sound and rhythm.

22 Adieux à la Meuse

Adieu, Meuse endormeuse et douce à mon enfance,
Qui demeures aux prés où tu coules tout bas,
Meuse, adieu: j'ai déjà commencé ma partance
En des pays nouveaux où tu ne coules pas.

Voici que je m'en vais vers des pays nouveaux:
Je ferai la bataille et passerai les fleuves;
Je m'en vais m'essayer à de nouveaux travaux;
Je m'en vais commencer là-bas les tâches neuves.

Et, pendant ce temps-là, Meuse ignorante et douce,
Tu couleras toujours, passante accoutumée,
Dans la vallée heureuse où l'herbe vive pousse,
O Meuse inépuisable et que j'avais aimée.

Tu couleras toujours dans l'heureuse vallée;
Où tu coulais hier, tu couleras demain.
Tu ne sauras jamais la bergère en allée
Qui s'amusait, enfant, à creuser de sa main
Des canaux dans la terre, à jamais écroulés.

La bergère s'en va, délaissant ses moutons;
La fileuse s'en va, délaissant ses fuseaux.
Voici que je m'en vais loin de tes bonnes eaux.
Voici que je m'en vais bien loin de nos maisons.

O Meuse inaltérable, O Meuse que j'aimais
Quand reviendrai-je ici, filer encor la laine?
Quand verrai-je tes flots qui passent par chez nous?
Quand nous reverrons-nous? Et nous reverrons-nous?
Meuse que j'aime encore, ô ma Meuse que j'aime.

CHARLES PÉGUY *Jeanne d'Arc*
Gallimard 1909–12

These lyrical stanzas are taken from a dramatic poem entitled
Jeanne d'Arc. Why should the river Meuse occur in this context?

In our day patriotism as a theme for poetry has lost its appeal. What did Joan mean to Péguy, who died fighting for his country in 1914? How far does he succeed in rendering the note of rustic simplicity that characterises his heroine?

Show how alliteration, assonance, rhythm, contribute to the expression of this lingering farewell. Examine the first stanza in detail from this point of view, and contrast the metre with that of the succeeding stanza.

What part is played in the poem by repetition? Do you detect here and there a certain oddity of diction and syntax? What is its purpose?

What adjectives does the poet apply to the Meuse? Examine the effect of each.

23 L'hiver a, cette nuit . . .

L'hiver a, cette nuit, une odeur de printemps.
J'ai pour rêver ouvert ma fenêtre. J'entends
Le vent qui semble fuir sur un voile de soie.
Les pins murmurent, l'air embaume, un chien aboie.
Le silence est une urne où tombe chaque bruit.
Et mon cœur sans amour se gonfle, ô tendre nuit!
Je les bénis, ceux-là qui, dans cette même heure,
Ont poussé les volets chantants de leur demeure,
Et respirent l'espace et regardent le ciel,
Et goûtent à s'aimer un moment éternel.
Leur âme en se mêlant aux étoiles s'enivre:
«Ah! disent-ils, qu'il est, cette nuit, bon de vivre! . . . »
Et le vent caressant traverse leurs cheveux.

CHARLES GUÉRIN   *Le Semeur de Cendres*
Mercure de France   1901

What is the prevailing mood of this poem? How is it induced and how does it develop?

What contrast does the poet see between himself and other more fortunate beings?

Comment on the imagery of lines 3 and 5. The poem contains several examples of 'classical' and 'romantic' alexandrines. Show what effect the poet obtains by these varied rhythms.

Tenderness and simplicity are the notes of Guérin's poetry. To what extent are these qualities evident in these lines?

24   Ville de France

Le matin, je me lève, et je sors de la ville;
Le trottoir de la rue est sonore à mon pas
Et le jeune soleil chauffe les vieilles tuiles,
Et les jardins étroits sont fleuris de lilas.

Le long du mur moussu que dépassent les branches
Un écho que l'on suit vous précède en marchant
Et le pavé pointu mène à la route blanche
Qui commence au faubourg et s'en va dans les champs.

Et me voici bientôt sur la côte gravie
D'où l'on voit, au soleil et couchée à ses pieds,
Calme, petite, pauvre, isolée, engourdie,
La ville maternelle aux doux toits familiers.

Elle est là, étendue et longue. Sa rivière
Par deux fois, en dormant, passe sous ses deux ponts;
Les arbres de son mail sont vieux comme les pierres
De son clocher qui pointe au-dessus des maisons.

Dans l'air limpide, gai, transparent et sans brume
Elle fait un long bruit qui monte jusqu'à nous,
Le battoir bat le linge et le marteau l'enclume,
Et l'on entend des cris d'enfants, aigres et doux . . .

Elle est sans souvenirs de sa vie immobile,
Elle n'a ni grandeur, ni gloire, ni beauté;
La mémoire en passant ne retient qu'avec peine,
Parmi tant d'autres noms, son humble nom français.

HENRI DE RÉGNIER   *La Sandale Ailée*
Mercure de France   1906

Why does the poet begin by a description of his walk away from the town? How does he evoke the freshness of a summer morning?

What suggests the antiquity of the place? Town or village, could it be either?

Régnier describes his birthplace as calm, small, etc. Why *engourdi*? What sights and sounds does the poet choose as especially characteristic of the little town?

How much of the poem is pure description? What part does emotion play?

Consider the suitability of the stanza form and the *rimes croisées* to the poet's theme.

25   Le paon

Il va sûrement se marier aujourd'hui.
Ce devait être pour hier.
En habits de gala, il était prêt;
Il n'attendait que sa fiancée.
Elle n'est pas venue. Elle ne peut tarder.
Glorieux, il se promène, avec une allure de prince
    indien,
Et porte sur lui les riches présents d'usage.
L'amour avive l'éclat de ses couleurs,
Et son aigrette tremble comme une lyre.
Sa fiancée n'arrive pas.
Il monte au haut du toit et regarde du côté du soleil.
Il jette un cri diabolique: «Léon! Léon!»
C'est ainsi qu'il appelle sa fiancée;
Il ne voit rien venir et personne ne répond.

Les volailles habituées ne lèvent même point la tête;
Elles sont lasses de l'admirer.
Il redescend de la tour, si sûr d'être beau,
Qu'il est incapable de rancune.
Son mariage sera pour demain.
Et, ne sachant que faire du reste de sa journée,
Il se dirige vers le perron.
Il gravit les marches, comme des marches de temple,
    d'un pas officiel;
Il relève sa robe à queue toute lourde des yeux qui n'ont
    pu se détacher d'elle.
Il répète encore une fois la cérémonie.

JULES RENARD   *Histoires naturelles*
1896

Renard gave the title *Histoires Naturelles* to these poems about animal life. How successful is he in rendering the gait and attitudes of the peacock? What special characteristics of the bird does he select? What human elements are introduced?

Are there any rhymes? Do you detect a rhythmic pattern, or have we here an example of 'chopped up' prose?

Only a light touch can succeed in this *genre*. In what does the humour essentially consist?

26 L'albatros

Souvent, pour s'amuser, les hommes d'équipage
Prennent des albatros, vastes oiseaux des mers,
Qui suivent, indolents compagnons de voyage,
Le navire glissant sur les gouffres amers.

À peine les ont-ils déposés sur les planches,
Que ces rois de l'azur, maladroits et honteux,
Laissent piteusement leurs grandes ailes blanches
Comme des avirons traîner à côté d'eux.

Ce voyageur ailé, comme il est gauche et veule!
Lui, naguère si beau, qu'il est comique et laid!
L'un agace son bec avec un brûle-gueule,
L'autre mime, en boitant, l'infirme qui volait!

Le Poète est semblable au prince des nuées
Qui hante la tempête et se rit de l'archer;
Exilé sur le sol au milieu des huées,
Ses ailes de géant l'empêchent de marcher.

CHARLES BAUDELAIRE   *Les Fleurs du Mal*
1857

What does the albatross symbolize? Give details of the parallel the
poet draws. What, according to Baudelaire, is the predicament of
the poet as a member of society?

What use is made of periphrasis in describing the bird? What
is the purpose of these circumlocutions, and what effect do they
have?

Study in detail the form of the poem, with special regard to the
amplitude of the rhythms—how many sentences does each of the
first two stanzas contain?—and the effect of such epithets as
indolent, such adverbs as *piteusement*.

27   L'église

Simone, je veux bien. Les bruits du soir
Sont doux comme un cantique chanté par des enfants;
L'église obscure ressemble à un vieux manoir;
Les roses ont une odeur grave d'amour et d'encens.

Je veux bien, nous irons lentement et bien sages,
Salués par des gens qui reviennent des foins;
J'ouvrirai la barrière d'avance à ton passage,
Et le chien nous suivra longtemps d'un œil chagrin.

Pendant que tu prieras, je songerai aux hommes
Qui ont bâti ces murailles, le clocher, la tour,
La lourde nef pareille à une bête de somme
Chargée du poids de nos péchés de tous les jours;

Aux hommes qui ont taillé les pierres du portail
Et qui ont mis sur le porche un grand bénitier;
Aux hommes qui ont peint des rois sur le vitrail
Et un petit enfant qui dort chez un fermier.

Je songerai à ceux qui ont fondu le bronze
Des cloches où l'on jetait un petit anneau d'or,
À ceux qui ont creusé, en l'an mil deux cent onze,
Le caveau où repose saint Roch, comme un trésor;

Je songerai aussi aux morts du cimetière,
À ceux qui ne sont plus que de l'herbe et des fleurs,
À ceux dont les noms se lisent encore sur les pierres,
À la croix qui les garde jusqu'à la dernière heure.

Quand nous reviendrons, Simone, il fera nuit close;
Nous aurons l'air de fantômes sous les sapins,
Nous penserons à Dieu, à nous, à bien des choses,
Au chien qui nous attend, aux roses du jardin.

                              RÉMY DE GOURMONT *Simone*
                                      1912

This poem, about going to church, is hardly devotional. What
gives it a note of intimacy? How is a familiar tone at once estab-
lished? Show how this tone changes to a more serious one. What
elements in the poem are specifically Christian?

How are the different moods finally resolved?

To what, in turn, are the evening sounds, the nave, the church
itself, compared?

The first stanza has *rimes croisées (abab)*. What of the others?

Do you notice any irregularities in line-length?

28 Apparition

Je vis un ange blanc qui passait sur ma tête;
Son vol éblouissant apaisait la tempête,
Et faisait taire au loin la mer pleine de bruit.
—Qu'est-ce que tu viens faire, ange, dans cette nuit?
Lui dis-je. Il répondit:— Je viens prendre ton âme.—
Et j'eus peur, car je vis que c'était une femme;
Et je lui dis, tremblant et lui tendant les bras:
— Que me restera-t-il? car tu t'envoleras.—
Il ne répondit pas; le ciel que l'ombre assiège
S'éteignait . . . Si tu prends mon âme, m'écriai-je,
Où l'emporteras-tu? montre-moi dans quel lieu.—
Il se taisait toujours.—Ô passant du ciel bleu,
Es-tu la mort? lui dis-je, ou bien es-tu la vie?—
Et la nuit augmentait sur mon âme ravie,
Et l'ange devint noir, et dit:— Je suis l'amour.
Mais son front sombre était plus charmant que le jour,
Et je voyais, dans l'ombre où brillaient ses prunelles,
Les astres à travers les plumes de ses ailes.

VICTOR HUGO *Les Contemplations*
1856

The visionary was strong in Victor Hugo but there was nothing
abstract about his visions. Show how he gives life to this con-
frontation with the angel.

Illustrate Hugo's use of antithesis in this poem.

He could sometimes lapse into bathos. Do you think he does
so here?

Which lines do you find particularly effective in sound and
rhythm?

29 L'heure du berger

La lune est rouge au brumeux horizon;
Dans un brouillard qui danse, la prairie

S'endort fumeuse, et la grenouille crie
Par les joncs verts où circule un frisson;

Les fleurs des eaux referment leurs corolles;
Des peupliers profilent aux lointains,
Droits et serrés, leurs spectres incertains;
Vers les buissons errent les lucioles;

Les chats-huants s'éveillent, et sans bruit
Rament l'air noir avec leurs ailes lourdes,
Et le zénith s'emplit de lueurs sourdes.
Blanche, Vénus émerge, et c'est la nuit.

PAUL VERLAINE *Poèmes Saturniens*
1866

Suggest other titles the poet might have chosen.
What details contribute to the construction of this picture of the gathering dusk? Show that in each stanza three impressions predominate.
How does the poet contrive to express the sudden onset of nightfall?
What makes the last line of the poem so effective?

30 La vie antérieure

J'ai longtemps habité sous de vastes portiques
Que les soleils marins teignaient de mille feux,
Et que leurs grands piliers, droits et majestueux,
Rendaient pareils, le soir, aux grottes basaltiques.

Les houles, en roulant les images des cieux,
Mêlaient d'une façon solennelle et mystique
Les tout-puissants accords de leur riche musique
Aux couleurs du couchant reflété par mes yeux.

C'est là que j'ai vécu dans les voluptés calmes,
Au milieu de l'azur, des vagues, des splendeurs
Et des esclaves nus, tout imprégnés d'odeurs,

Qui me rafraîchissaient le front avec des palmes,
Et dont l'unique soin était d'approfondir
Le secret douloureux qui me faisait languir.

CHARLES BAUDELAIRE   *Les Fleurs du Mal*
1857

In a key poem *(Correspondances)* Baudelaire enumerated a theory of the interrelation of the physical senses. Which of these senses are involved in *La vie antérieure?*

'Il a doté l'art d'un frisson nouveau', Victor Hugo said of the author of *Les Fleurs du Mal*. Wherein lies the originality of this sonnet? Examine the setting, the imagery, the prosody. Does the latter depart in any way from classical standards?

What is the point of the title? On what note does the poem end?

31   Jeunesse

Pourtant tu t'en iras un jour de moi, Jeunesse,
Tu t'en iras, tenant l'Amour entre tes bras.
Je souffrirai, je pleurerai, tu t'en iras,
Jusqu'à ce que plus rien de toi ne m'apparaisse.

Pauvre Amour, triste et beau, serait-ce bien possible
Que vous ayant aimé d'un si profond souci,
On pût encor marcher sur le chemin durci
Où l'ombre de vos pieds ne sera plus visible?

Revoir sans vous l'éveil douloureux du printemps,
Les dimanches de mars, l'orgue de Barbarie,
La foule heureuse, l'air doré, le jour qui crie,
La musique d'ardeur qu'Yseult dit à Tristan.

Sans vous, connaître encor le bruit sourd des voyages,
Le sifflement des trains, leur hâte et leur arrêt,
Comme au temps juvénile, abondant et secret,
Où dans vos yeux clignés riaient des paysages.

Amour, loin de vos yeux revoir le bord des eaux
Où trempent, azurés et blancs, des quais de pierre,
Pareils à ceux qu'un jour, dans l'Hellas printanière,
Parcoururent Léandre et la belle Héro.

Et quand l'automne roux effeuille les charmilles
Où s'asseyait le soir l'amante de Rousseau,
Être une vieille, avec sa laine et son fuseau,
Qui s'irrite et qui jette un sort aux jeunes filles . . .

— Ah! Jeunesse, qu'un jour vous ne soyez plus là,
Vous, vos rêves, vos pleurs, vos rires et vos roses,
Les Plaisirs et l'Amour vous tenant—quelle chose,
Pour ceux qui n'ont vraiment désiré que cela! . . .

COMTESSE DE NOAILLES   *L'Ombre des jours*
Calmann-Lévy   1902

What did the Countess associate above all with youth? She uses
the familiar form of address in stanza one. Later the more formal
vous is used. Can you account for this?

Illustrate the mingling of literary allusions and contemporary
life. What effect does this have?

Compare this poem with Hugo's *O Jeunes Gens*, no. 18. Which
do you prefer?

32   Soleil couchant

Les ajoncs éclatants, parure du granit,
Dorent l'âpre sommet que le couchant allume;
Au loin, brillante encore par sa barre d'écume,
La mer sans fin commence où la terre finit.

À mes pieds c'est la nuit, le silence. Le nid
Se tait, l'homme est rentré sous le chaume qui fume;
Seul, l'Angélus du soir, ébranlé dans la brume,
A la vaste rumeur de l'Océan s'unit.

Alors, comme du fond d'un abîme, des traînes,
Des landes, des ravins, montent des voix lointaines
De pâtres attardés ramenant le bétail.

L'horizon tout entier s'enveloppe dans l'ombre,
Et le soleil mourant, sur un ciel riche et sombre,
Ferme les branches d'or de son rouge éventail.

J.-M. DE HEREDIA *Les Trophées*
1893

The landscape of Brittany inspired the author in this sonnet.
What features of his picture are typically Breton?

The setting sun has frequently been the subject of poetic
treatment. How does Heredia strike an original note?

Examine the structure of the poem. Where does its most
striking image occur?

Study the second quatrain for its rhythmic effects.

33   Je porte parfois . . .

Je porte parfois toutes les douleurs humaines,
Celles des veuves, celles des malades, celles des
    orphelins,
De ceux qui pleurent et de ceux qui ne disent rien . . .
Je les sens silencieuses en moi; elles vont et viennent,
Comme les passants, et mon âme ne leur peut rien dire
Pas plus qu'aux passants dans les rues . . .
Cependant je les sens qui vivent, marchent, respirent,
Et je sais que tout à l'heure elles seront disparues.

Ces jours-là je comprends des choses que je ne com-
    prenais pas.
Je comprends pourquoi il y a des voiles de crêpe,
Et des yeux rouges derrière,
Des gens qui courent très pâles et très las . . .
Et d'autres qui regardent vaguement par terre . . .
Demain, je ne verrai plus rien de tout cela, je suppose,
Mais, je sais qu'aujourd'hui on a pleuré et qu'il fait noir.

HENRY BATAILLE   *La Chambre Blanche*
Mercure de France   1895

The writer was better known as playwright than poet. What
quality important in a dramatist is shown here?
    Which examples of human ills does he underline?
    Show how the impermanent nature of human sympathy and
understanding is part of the theme.
    Suspension marks are common in modern French prose, less
so in poetry. What is Bataille's purpose in using them here?
    How many lines are alexandrines? What effect has the irregular
beat?

34 Le dormeur du val

C'est un trou de verdure, où chante une rivière
Accrochant follement aux herbes des haillons
D'argent, où le soleil, de la montagne fière,
Luit: c'est un petit val qui mousse de rayons.

Un soldat jeune, bouche ouverte, tête nue,
Et la nuque baignant dans le frais cresson bleu,
Dort: il est étendu dans l'herbe, sous la nue,
Pâle dans son lit vert où la lumière pleut.

Les pieds dans les glaïeuls, il dort. Souriant comme
Sourirait un enfant malade, il fait un somme.
Nature, berce-le chaudement: il a froid!

Les parfums ne font pas frissonner sa narine;
Il dort dans le soleil, la main sur sa poitrine,
Tranquille. Il a deux trous rouges au côté droit.

ARTHUR RIMBAUD   *Poésies Complètes*
1895

This sonnet was inspired by the Franco-Prussian war of 1870.
Rimbaud (b. 1854) was a mere boy when it was written.

How do the elements of (1) contrast, (2) surprise enter into the
composition of the poem? Has anything prepared us for the
shock of the final line?

What use does Rimbaud make of colour in this poem?

35 Demain

Âgé de cent mille ans, j'aurais encor la force
De t'attendre, ô demain pressenti par l'espoir.
Le temps, vieillard souffrant de multiples entorses,
Peut gémir: Le matin est neuf, neuf est le soir.

Mais depuis trop de mois nous vivons à la veille,
Nous veillons, nous gardons la lumière et le feu,
Nous parlons à voix basse et nous tendons l'oreille
À maint bruit vite éteint et perdu comme au jeu.

Or, du fond de la nuit, nous témoignons encore
De la splendeur du jour et de tous ses présents.
Si nous ne dormons pas c'est pour guetter l'aurore
Qui prouvera qu'enfin nous vivons au présent.

ROBERT DESNOS   *État de Veille*
Gallimard 1943

The circumstances of the poet's death in a Czech medical camp
in 1945 point this poem with irony.

You may like to comment on this and ask yourself what makes
it so moving.

36   Nocturne

Un long bras timbré d'or glisse du haut des arbres
Et commence à descendre et tinte dans les branches.
Les feuilles et les fleurs se pressent et s'entendent.
J'ai vu l'orvet glisser dans la douceur du soir.
Diane sur l'étang se penche et met son masque.
Un soulier de satin court dans la clairière
Comme un rappel du ciel qui rejoint l'horizon.
Les barques de la nuit sont prêtes à partir.

D'autres viendront s'asseoir sur la chaise de fer.
D'autres verront cela quand je ne serai plus.
La lumière oubliera ceux qui l'ont tant aimée.
Nul appel ne viendra rallumer nos visages.
Nul sanglot ne fera retentir notre amour.
Nos fenêtres seront éteintes.
Un couple d'étrangers longera la rue grise.
Les voix
D'autres voix chanteront, d'autres yeux pleureront
Dans une maison neuve.
Tout sera consommé, tout sera pardonné,
La peine sera fraîche et la forêt nouvelle,
Et peut-être qu'un jour, pour de nouveaux amis,
Dieu tiendra ce bonheur qu'il nous avait promis.

LÉON-PAUL FARGUE   *Sous la Lampe*
Gallimard   1929

We have come a long way from earlier, more conventional treatments of this theme. What do you think the poet gains by his modernist approach? A study of the striking images of the opening lines, the echoes of older poets, will help your appraisal.

What familiar lyric theme develops from this opening? How is the poet's melancholy muted? What lies at the root of these emotions?

Compare the manner of the opening eight lines with the continuation.

It is sometimes asserted that rhyme is essential to French poetry. In this poem only the last two lines rhyme. Do you think this absence of rhyme lessens the poem's impact, or are there compensating factors?

37   Le soleil faisait luire . . .

Le soleil faisait luire l'eau du puits dans le verre.
Les pierres de la ferme étaient cassées et vieilles,
et les montagnes bleues avaient des lignes douces
comme l'humidité qui luisait dans la mousse.
La rivière était noire et les racines d'arbres
étaient noires et tordues sur les bords qu'elle râpe.
On fauchait au soleil où les herbes bougeaient,
et le chien, timide et pauvre, par devoir aboyait.
La vie existait. Un paysan disait de gros mots
à une mendiante volant des haricots.
Les morceaux de forêt étaient des pierres noires.
Il sortait des jardins l'odeur tiède des poires.
La terre était pareille aux faucheuses de foin.
La cloche de l'église toussait au loin.
Et le ciel était bleu et blanc, et, dans la paille,
on entendait se taire le vol lourd des cailles.

FRANCIS JAMMES
De l'Angélus de l'aube à l'Angélus du soir
Mercure de France   1898

What details give life to this picture? Which of the senses do they appeal to?

'La vie existait'. How is this statement developed?

How does the poet indicate the season of the year?

Is the description of country life idealized or is it after the manner of Crabbe, 'as Truth will paint it and as Bards will not'?

In how many lines is the sense complete in itself?

What repetition do you notice, and what is its effect? Discuss the scansion of the poem.

38   À un solitaire

La carafe, les fruits et les fleurs dans un verre,
Les souffles de la nuit, la lune sur le toit,
La fraîcheur de l'averse et l'odeur de la terre,
N'émeuvent point ainsi, mon pauvre solitaire,
Tous ceux qui dans le soir soupent autour de toi.

Ils parlent des moissons où roule un char antique,
Et pour eux, cette ondée est promesse et blé mûr ;
Vois cette femme, elle est grande et mélancolique,
Sa beauté, sa jeunesse au foyer domestique
Brûlent, pieuse offrande au devoir triste et pur !

Mais un parfum qui rôde embaume la croisée,
Et le rêve t'emporte, ô poète, et tu vois
Des jardins de jasmins sous des nuits de rosée,
Les filles d'Ispahan et la gaze rosée
De leurs voiles flottants aux grenadiers du bois.

Tu penses aux beaux vers, à la toile pâlie
Où Vinci fait sourire un visage d'amour,
À la cour d'un musée au fond de l'Italie,
Où sur des seringas, avec mélancolie,
Bercé par l'angélus s'endort un tiède jour.

Et tu n'écoutes pas le bruit de la fontaine,
Ce bruit d'argent, grave souvent, parfois rieur,
Ni la chanson qui sort de l'auberge prochaine,
Et chaque image vient comme une lune pleine,
Éblouir un moment ton ciel intérieur !

LÉO LARGUIER   *La Maison du Poète*
Albin Michel   1903

Show how this poem (its author died in 1950) has the agreeable qualities of minor verse, while its manner is untouched by the numerous innovations of contemporary poets.

Where is this lonely poet? Do you detect in his words a note of self-pity? Where do his thoughts take him? What scenes rise to his mind to efface his commonplace surroundings?

Explain the allusions of stanzas three and four.

39 Élégie

Je ne vous parlerai que lorsqu'en l'eau profonde
Votre visage pur se sera reflété
Et lorsque la fraîcheur fugitive de l'onde
Vous aura dit le peu que dure la beauté.

Il faudra que vos mains, pour en être odorantes,
Aient cueilli le bouquet des heures et, tout bas,
Qu'en ayant respiré les âmes différentes,
Vous soupiriez encore et ne souriiez pas;

Il faudra que le bruit des divines abeilles
Qui volent dans l'air tiède et pèsent sur les fleurs
Ait longuement vibré au fond de vos oreilles
Son rustique murmure et sa chaude rumeur;

Je ne vous parlerai que quand l'odeur des roses
Fera frémir un peu votre bras sur le mien
Et lorsque la douceur qu'épand le soir des choses
Sera entrée en vous avec l'ombre qui vient;

Et vous ne saurez plus, tant l'heure sera tendre
Des baumes de la nuit et des senteurs du jour,
Si c'est le vent qui rôde ou la feuille qui tremble,
Ma voix ou votre voix ou la voix de l'Amour.

HENRI DE RÉGNIER   *La Cité des Eaux*
Mercure de France   1902

Note the title. What are the usual characteristics of elegiac poetry? What does Régnier seem to understand by the term 'elegy'?

Beauty fades, love is uncertain. How does the poet give new delicacy and freshness to these commonplace themes?

Show with what skill the verses are constructed.

40 Automne

À pas lents et suivis du chien de la maison,
Nous refaisons la route à présent trop connue.
Un pâle automne saigne au fond de l'avenue
Et des femmes en deuil passent à l'horizon.

Comme dans un préau d'hospice ou de prison,
L'air est calme et d'une tristesse contenue:
Et chaque feuille d'or tombe, l'heure venue,
Ainsi qu'un souvenir, lente, sur le gazon.

Le Silence entre nous marche . . . Cœurs de mensonges,
Chacun, las du voyage et mû par d'autres songes,
Rêve égoïstement de retourner au port.

Mais les bois ont, ce soir, tant de mélancolic,
Que notre cœur s'émeut à son tour et s'oublie
A parler du passé, sous le ciel qui s'endort,

Doucement, à mi-voix, comme d'un enfant mort.

ALBERT SAMAIN *Au Jardin de l'Infante*
1893

What experience seems to underlie the melancholy of this poem? How clear are the details, how much is left to the reader's imagination?

What hint is there of deeper complexities than simple grief or 'tristesse contenue'?

Show how the title applies to the tone of the poem as well as to the setting.

41 Solitaire et pensif

Solitaire et pensif j'irai sur les chemins,
Sous le ciel sans chaleur que la joie abandonne,
Et, le cœur plein d'amour, je prendrai dans mes mains
Au pied des peupliers les feuilles de l'automne.

J'écouterai la brise et le cri des oiseaux
Qui volent par les champs où déjà la nuit tombe.
Dans la morne prairie, au bord des tristes eaux,
Longtemps je veux songer à la vie, à la tombe.

L'air glacé fixera les nuages transis
Et le couchant mourra doucement dans la brume.
Alors, las de marcher, sur quelque borne assis,
Tranquille je romprai le pain de l'amertume.

JEAN MORÉAS *Stances*
Livres 3–6 1901

In the hundred or so short poems Moréas entitled *Stances,* restraint, sensitivity, a limpid quality, are the keynotes. How are these qualities displayed here?

The opening words announce a theme constant in lyric poetry. What is this theme, and how is it developed? What is the setting?

Comment on the choice of stanza form, the rhymes and rhythms, the poet's diction, and try to relate them to the sentiments expressed.

42   La poésie de la basse-cour

La Lumière!

Mais ce géranium planté par la fermière
N'a pas deux fois le même rouge! Et ce sabot,
Ce vieux sabot crachant de la paille, est-ce beau!
Et le peigne de bois pendu parmi les blouses
Qui garde entre ses dents les cheveux des pelouses!
La vieille fourche en pénitence dans un coin,
Mais qui, dormant debout, fait des rêves de foin!
Des quilles au corset sanglé, ces belles filles
Dont Patou, mal reçu, dérange les quadrilles!
L'énorme boule en bois, vermoulue à demi,
Sur laquelle toujours voyage une fourmi
Qui fait, avec l'orgueil des parcoureurs de mondes,
Son petit tour de boule en quatre-vingt secondes!
Aucun de ces objets n'est pareil deux instants!
Et quant à moi, Madame, il y a bien longtemps
Qu'un râteau dans un coin, une fleur dans un vase
M'ont fait tomber dans une inguérissable extase,
Et que j'ai contracté devant un liseron
Cet émerveillement dont mon œil reste rond.

EDMOND ROSTAND   Chantecler
1910

Sparkle, *panache,* virtuosity are the hall-marks of Rostand's
style. Show how the glitter as well as the artifice is present in
this extract from his play *Chantecler* (1910).

Study the lines, with special attention to the rhythm and rhymes,
and to the declamatory style beloved of French actors and
audiences.

43   Nocturne parisien

— Toi, Seine, tu n'as rien. Deux quais, et voilà tout,
Deux quais crasseux, semés de l'un à l'autre bout

D'affreux bouquins moisis et d'une foule insigne
Qui fait dans l'eau des ronds et qui pêche à la ligne.
Oui, mais quand vient le soir, raréfiant enfin
Les passants alourdis de sommeil ou de faim,
Et que le couchant met au ciel des taches rouges,
Qu'il fait bon aux rêveurs descendre de leurs bouges
Et, s'accoudant au pont de la Cité, devant
Notre-Dame, songer, cœur et cheveux au vent!
Les nuages, chassés par la brise nocturne,
Courent, cuivreux et roux, dans l'azur taciturne.
Sur la tête d'un roi du portail, le soleil,
Au moment de mourir, pose un baiser vermeil.
L'hirondelle s'enfuit à l'approche de l'ombre,
Et l'on voit voleter la chauve-souris sombre.
Tout bruit s'apaise autour. A peine un vague son
Dit que la ville est là qui chante sa chanson,
Qui lèche ses tyrans et qui mord ses victimes;
Et c'est l'aube des vols, des amours et des crimes.

PAUL VERLAINE *Poèmes Saturniens*
1866

The complete poem with this title is more than 100 lines long.
Our extract follows an opening in which the merits of other rivers,
the Tiber, the Rhine, the Nile, are canvassed.

'Toi, Seine, tu n'as rien!' How is this view modified as the
poem develops, and what is it that transforms the scene?

The last line might refer to any modern city. What in the poem
makes it unmistakably Paris?

Verlaine derided the use of rhymes that were too facile.
Examine the rhymes in this extract, and note the alternation of
'masculine' and 'feminine' couplets.

44   Méditation grisâtre

Sous le ciel pluvieux noyé de brumes sales,
Devant l'Océan blême, assis sur un îlot,

Seul, loin de tout, je songe, au clapotis du flot,
Dans le concert hurlant des mourantes rafales.

Crinière échevelée, ainsi que des cavales,
Les vagues se tordant arrivent au galop
Et croulent à mes pieds avec de longs sanglots
Qu'emporte la tourmente aux haleines brutales.

Partout le grand ciel gris, le brouillard et la mer,
Rien que l'affolement des vents balayant l'air.
Plus d'heures, plus d'humains, et solitaire, morne,

Je reste là, perdu dans l'horizon lointain
Et songe que l'espace est sans borne, sans borne,
Et que le Temps n'aura jamais . . . jamais de fin.

JULES LAFORGUE   *Le Sanglot de la Terre*
posth.   1901

Other poems in this section have the sea for setting and pensive-
ness for theme. What individual note does Laforgue contribute?
Show that his choice of words give us something different from
the usual romantic treatment. What relationship is there between
what he sees and what he feels? How does the title sum up the
poem?
   Examine the rhythms, particularly those involving wind and
wave.

45   Le balcon sur la mer

Ma demeure est bâtie au bord de la mer grise;
Les grèbes, les pétrels et les blanches mouettes
Entrecoupent leurs vols parmi ses girouettes
Dont les flèches de fer criaillent dans la bise;

Du côté de la mer, le lichen la recouvre;
Un lierre la revêt du côté de la terre;
De ma porte je vois la lande âpre et sévère;
Mais c'est sur les grands flots que ma fenêtre s'ouvre.

Si j'écoute, un instant, le son faible des cloches
Arrive jusqu'à moi d'un village invisible,
Aux jours de brume douce où la mer plus paisible
A suspendu son bruit farouche entre les roches.

Je passe de longs jours et des nuits presque entières,
Appuyée au balcon d'où j'aperçois la houle,
Dont l'ondulation sans repos se déroule
Sous des nuages lourds ou des clartés légères.

Et surtout je regarde, à l'horizon, les voiles
Qui passent en rayant le ciel de leurs cordages;
O voiles, rentrez-vous de vos lointains voyages?
Cinglez-vous vers des cieux semés d'autres étoiles?

Et, toujours appuyée au balcon solitaire,
Mon cœur vit dans la brume où l'horizon expire,
Car celui que j'attends partit sur un navire
Et ne reviendra pas du côté de la terre.

AUGUSTE ANGELLIER   *Le Chemin des Saisons*
Hachette   1903

Show how the situation of the house determines the organisation of the poem. What is the significance of the balcony?

The tone throughout is muted. How is this feeling of subdued emotion conveyed? Is the watcher completely isolated? When do we first become aware that the occupant of the house is a woman?

Does the poet adhere in all respects to the traditional rules of French versification in these stanzas? Note particularly the rhymes.

46   Ville atroce

Ville atroce ô capitale de mes journées
Ô ville infortunée, livrée aux âmes basses!

En toi quand j'arrivais sur l'avenue de flamme
Parmi juin miroitante des millions d'objets
En marche et d'espérance verte et d'oriflammes
De la dure Arche de Triomphe qui coulait

Ô ville célébrée! je voyais ta carcasse
De pierre rose et rêve immense et étagée
Le Louvre couché sous la zone du grand ciel
Lilas, et l'infini des tours accumulées

La vaste mer bâtie de la paix et la guerre
Entassement gloire sur gloire! et mes douleurs
Surprises par le temps pleines de rire et songes
Quand l'Obélisque monte à la place d'honneur.

Navire humain sous le plus vaste des étés
Lourd de détresse auquel j'avais rangé ma rame
Où tue était la mer dans les calculs infâmes
Du typhon préparé par tous les mariniers;
Sage et mauvais navire et la poupe encore reine

Trop de clarté méchante allongeait tes bas flancs
Trop d'assurance avait ton entrepont de haine
Trop de mensonge aux mâts bleus blancs rouges
    flottants,
Tout le monde était mort, et sans voir j'allais ivre.

PIERRE-JEAN JOUVE   *Vers Majeurs*
Gallimard   1942

What is the significance of the title? What other epithets are applied in the poem to 'la ville'?

Show how the overall tone of the poem is made evident in the early lines. What events in the more recent history of Paris are recalled?

What monuments of the capital does the poet evoke? What is meant by 'l'avenue de la flamme'? Why is it mentioned?

Bearing in mind that the coat of arms of Paris is a ship, try to explain the extended metaphor of the last two stanzas.

What rhetorical devices are used in the poem?

You will find it interesting, starting with the titles, to compare *Ville Atroce* with Aragon's *Les Lilas et les Roses* (no. 50).

47 La révolte

La rue, en un remous de pas,
De corps et d'épaules d'où sont tendus des bras
Sauvagement ramifiés vers la folie,
Semble passer volante,
Et ses fureurs, au même instant, s'allient
A des haines, à des appels, à des espoirs;
La rue en or,
La rue en rouge, au fond des soirs.

Toute la mort
En des beffrois tonnants se lève;
Toute la mort, surgie en rêves,
Avec des feux et des épées
Et des têtes, à la tige des glaives
Comme des fleurs atrocement coupées.

Tout ce qui fut rêvé jadis;
Ce que les fronts les plus hardis
Vers l'avenir ont instauré;
Ce que les âmes ont brandi,
Ce que les yeux ont imploré,
Ce que toute la sève humaine
Silencieuse a renfermé,
S'épanouit, aux mille bras armés
De ces foules, brassant leur houle avec leurs haines.

C'est la fête du sang qui se déploie,
À travers la terreur, en étendards de joie:
Des gens passent rouges et ivres;
Des gens passent sur des gens morts;

Les soldats clairs, casqués de cuivre,
Ne sachant plus où sont les droits, où sont les torts,
Las d'obéir, chargent, mollassement,
Le peuple énorme et véhément
Qui veut enfin que sur sa tête
Luisent les ors sanglants et violents de la conquête.

ÉMILE VERHAEREN   *Les Villes Tentaculaires*
Mercure de France   1895

The complete poem is more than a hundred lines long but this extract will suffice to display its Whitmanesque qualities. Its Belgian author, conscious of the changes wrought in society by modern industrial life (note the title of the volume in which the poem appears), has taken for his subject a scene that has grown more and more familiar. Have the movements of violence and protest changed their face since Verhaeren wrote (1895)?

Consider the suitability of these *vers libres* in depicting the ugliness and the impersonality of mob rule. Show how the violence of the scene is matched by the violence of the imagery, and reinforced by such stylistic elements as mixed metaphors, internal rhymes and assonance.

Is the appeal as much to the ear as to the eye?

48   Prophétie

Un jour la Terre ne sera
Qu'un aveugle espace qui tourne
Confondant la nuit et le jour.
Sous le ciel immense des Andes
Elle n'aura plus de montagnes.
Même pas un petit ravin.

De toutes les maisons du monde
Ne durera plus qu'un balcon
Et de l'humaine mappemonde
Une tristesse sans plafond.

De feu l'océan Atlantique
Un petit goût salé dans l'air,
Un poisson volant et magique
Qui ne saura rien de la mer.

D'un coupé de mil-neuf-cent-cinq
(Les quatre roues et nul chemin!)
Trois jeunes filles de l'époque
Restées à l'état de vapeur
Regarderont par la portière
Pensant que Paris n'est pas loin
Et ne sentiront que l'odeur
Du ciel qui vous prend à la gorge.

À la place de la forêt
Un chant d'oiseau s'élèvera
Que nul ne pourra situer,
Ni préférer, ni même entendre,
Sauf Dieu qui, lui, l'écoutera
Disant: «C'est un chardonneret.»

JULES SUPERVIELLE *Gravitations*
Gallimard 1925

What element of fantasy is introduced by Supervielle into this picture of the end of the world? What part is played by humour? Where does this turn into what is currently called 'black' humour?

The poet was born in South America and spent several years of his life there. How does this experience influence the poem?

In what way does the choice of octosyllabic lines affect the tone? Is the rhyming as regular in form as the metre?

Examine the poet's diction. Would you say he has avoided the complexity and rhetoric not unusual in apocalyptic writings?

49 Les enfants de septembre

Les bois étaient tout recouverts de brumes basses,
Déserts, gonflés de pluie et silencieux;

Longtemps avait soufflé ce vent du Nord où passent
Les Enfants Sauvages, fuyant vers d'autres cieux,
Par grands voiliers, le soir, et très haut dans l'espace.

J'avais senti siffler leurs ailes dans la nuit,
Lorsqu'ils avaient baissé pour chercher les ravines
Où tout le jour, peut-être ils resteront enfouis;
Et cet appel inconsolé de sauvagine
Triste, sur les marais que les oiseaux ont fuis.

Après avoir surpris le dégel de ma chambre,
À l'aube, je gagnai la lisière des bois;
Par une bonne lune de brouillard et d'ambre,
Je relevai la trace incertaine parfois,
Sur le bord d'un layon, d'un enfant de Septembre.

Les pas étaient légers et tendres, mais brouillés,
Ils se croisaient d'abord au milieu des ornières
Où dans l'ombre, tranquille, il avait essayé
De boire, pour reprendre ses jeux solitaires
Très tard, après le long crépuscule mouillé.

Et puis, ils se perdaient plus loin parmi les hêtres
Où son pied ne marquait qu'à peine sur le sol;
Je me suis dit: il va s'en retourner peut-être
À l'aube, pour chercher ses compagnons de vol,
En tremblant de la peur qu'ils aient pu disparaître.

PATRICE DE LA TOUR DU PIN   *La Quête de Joie*
Gallimard   1933

The complete poem comprises 13 stanzas. It is not difficult to account for its immediate popularity on publication in 1931, at a time when to be unorthodox in poetry was to be fashionable. Here was a writer using a traditional style; the theme, the quiet and unhurried tone, as well as the intrinsic beauty of the poem, gave pleasure to a public bored with endless innovation.

The complete poem should be read, when the author's comparison of himself to the abandoned bird will be made clear.

50 Les lilas et les roses

O mois des floraisons mois des métamorphoses
Mai qui fut sans nuage et Juin poignardé
Je n'oublierai jamais les lilas ni les roses
Ni ceux que le printemps dans ses plis a gardés

Je n'oublierai jamais l'illusion tragique
Le cortège les cris la foule et le soleil
Les chars chargés d'amour les dons de la Belgique
L'air qui tremble et la route à ce bourdon d'abeilles
Le triomphe imprudent qui prime la querelle
Le sang que préfigure en carmin le baiser
Et ceux qui vont mourir debout dans les tourelles
Entourés de lilas par un peuple grisé

Je n'oublierai jamais les jardins de la France
Semblables aux missels des siècles disparus
Ni le trouble des soirs l'énigme du silence
Les roses tout le long du chemin parcouru
Le démenti des fleurs au vent de la panique
Aux soldats qui passaient sur l'aile de la peur
Aux vélos délirants aux canons ironiques
Au pitoyable accoutrement des faux campeurs

Mais je ne sais pourquoi ce tourbillon d'images
Me ramène toujours au même point d'arrêt
À Sainte-Marthe Un général De noirs ramages
Une ville normande au bord de la forêt
Tout se tait L'ennemi dans l'ombre se repose
On nous a dit ce soir que Paris s'est rendu
Je n'oublierai jamais les lilas ni les roses
Et ni les deux amours que nous avons perdus

Bouquets du premier jour lilas lilas des Flandres
Douceur de l'ombre dont la mort farde les joues

Et vous bouquets de la retraite roses tendres
Couleur de l'incendie au loin roses d'Anjou

LOUIS ARAGON   *Le Crève-Cœur*
Gallimard   1940

'On nous a dit ce soir que Paris s'est rendu'. This is what the French call *poésie de circonstance*. The poet writes of the terrible events of 1940, the defeat and occupation of his country. Show how he draws an ironical contrast between the beauty of the spring months, the lilacs and the roses, and the horrors of war. With what words does he recall the scenes of panic retreat?

The poem won instant popularity. To what extent is this due to its rhythmical appeal, its insistent repetitions, its deep feeling, to patriotic emotions?

What details would seem to the poet's countrymen especially poignant? What references does he make to other times?

Analyse in detail the stylistic qualities of the opening lines.

The poet uses no punctuation. Is this a defect, an asset, or irrelevant to the effect of the poem?

Part Three

Practice Sentences
for Translation
into French

1 Compound tenses with *avoir* and *être*

p. 277 §3

1 He had not spoken. We had already eaten. They had begun.
2 That will have disappeared. They will have understood.
3 I should not have believed it. You would have laughed.
4 It has been raining. We had been playing tennis.
5 Show me the photos you took.
6 How many French films have you seen?
7 Have you brought any newspapers?—Yes, I have brought some.

p. 278 §4

8 She had already arrived. We shall have departed. They would not have come.
9 I have brought up some coal.
10 Have you put the bicycles in?
11 The concierge had taken out the dustbins.

2 Reflexive verbs

p. 278 §5

1 They had gone to bed. .
2 I'll do that when I have rested a little.
3 If you had warned us we should have hurried.
4 Did you stop?
5 We did not get up early.
6 Haven't you bathed?

p. 279 §6

7 She had wondered if he was telling the truth.
8 We have sent each other postcards.
9 They had procured an old car.
10 She had powdered her face.

p. 279 §7

11 The car stopped, the door opened and a man got out.
12 The society meets every month.
13 It's a word that isn't used.

14   How is that said in French?
15   That is sold at the grocer's.

3   *S'asseoir, être assis,* etc.—The passive

p. 280 §8
1   He sat down by the lake. He was sitting by the lake.
2   I lay down on the grass. I was lying under a tree.
3   I woke up early. My brother was not yet awake.
4   When he got up he found that nobody else was up.
5   In the church several women were kneeling. Anna, too, knelt down.
6   For some seconds he stood silent.

p. 280 §9
7   His sleep was disturbed by a strange noise.
8   She was surprised to see Robert there.
9   When the gates were opened the lorry drove in.
10   I have been given nothing.
11   They won't be allowed to continue.
12   When he was asked what he wanted he made no reply.
13   She has been advised to rest.
14   You were seen at the dance last night.
15   He was in a big car driven by a chauffeur.

4   Present participle and gerund

p. 282 §11
1   Everything was covered with glistening snow.
2   There were children playing in the sun.
3   Hearing nothing, she closed the door again.
4   I could hear them talking in the office.
5   We saw them getting into their car.
6   'It is going to rain,' he said, looking at the sky.
7   She came up to me, smiling.
8   'Go in,' he said, pushing me into the room.

9 Her hand trembled in writing this.
10 What do you hope to earn by giving lessons?
11 On seeing him she blushed.
12 While smoking his cigarette he was observing us.
13 While talking, he took out his wallet.

5 Impersonal verbs—Inversion

p. 283 §12
1 It would be better to take the other road.
2 It is not a question of a gift.
3 It seems to me that you are right.
4 Extraordinary things are going on here.
5 There still exist a few of these old houses.
6 I have a few apples left.
7 We have only this room left.
8 They had nothing left.

p. 284 §13
9 'Did you write to him?' my father asked me.
10 Why did Alain come home so early?
11 How much money did your uncle give you?
12 How will the others know where we are?
13 When will your son be returning from Africa?
14 Perhaps you know the reason for this refusal.
15 Scarcely had they got home when the telephone bell rang.
16 They had gone on holiday, it appears.
17 That's what he ought to do, it seems to me.
18 Go and see what the children are doing.
19 I went into an office where several typists were working.

6 Use of tenses

p. 284 §14
1 I have come to ask you for a small service.
2 She was just picking a few flowers.

3 It was you who gave me this advice.
4 How long have you been living here?
5 This question has been worrying me for a fortnight.
6 How long had you known them?
7 I had been expecting this scene for a long time.

p. 285 §15
8 A stream flowed in the valley.
9 We often saw them in town.
10 He went to Paris every month.
11 There was the sound of a key in the lock.
12 He had the courage to go on to the end.
13 Suddenly I thought I saw a light.
14 As soon as it was known that he was there, a crowd collected.
15 This time he could not resist the temptation.
16 He was a bank clerk for ten years.

p. 286 §16
17 When the rain had stopped, the sun shone again.
18 As soon as he had come out of the station he looked for a restaurant.
19 When she had recovered from her surprise she held out her hand.
20 Scarcely had he arrived there, when he was recalled.

p. 287 §17
21 We had written to them. They had already gone. I had made a mistake.
22 You mentioned this to me some time ago.
23 Sorry, I didn't see you!
24 He hasn't returned the books I lent him.

7 Future—Tenses used with *si*

p. 287 §18
1 I should not have believed it.
2 If he had known he would have come at once.
3 If the weather had been warmer we should have bathed.
4 As long as I live I shall never forget that scene.

5   As soon as I arrive there I shall book a room.
6   He said he would do it when he had the time.
7   When you have read this letter, burn it.
8   She said she would do the rooms when she had washed up.
9   He says he won't pay.
10   I went to see her but she wouldn't receive me.
11   I was about to say the same thing.
12   Shall I sign here?

p. 288 §19

13   If I find it I will send it to you.
14   If you refuse they won't be pleased.
15   If he had wanted to understand he would have understood.
16   Should you miss this train, there is another at 4.30.
17   We don't know whether we shall be able to leave.
18   He was wondering if they would recognize him.

8 The infinitive

p. 288 §§20, 21

1   We've no more petrol. What are we to do?
2   Why wait any longer?
3   Do not speak to the driver.
4   Go and see who it is.
5   Come and sit by me.
6   I heard him go down the stairs and I saw him go out.
7   We thought we could count on you.
8   I'm sorry I can't help you.
9   He hopes he has succeeded.
10   I nearly struck him.
11   She nearly fell into the water.

p. 289 §22

12   It's hard to say.
13   They are easy to recognize.
14   You will have difficulty in booking a seat.
15   We haven't far to go.
16   He soon apologized.
17   Are there any flats to let?
18   He isn't a man to do stupid things.

9   The infinitive (contd.)

p. 292 §24

1   We shall be pleased to see you.
2   They will be obliged to dismiss him.
3   Are you certain of being able to come?
4   We have the right to protest!
5   You will have the opportunity of meeting him.
6   I haven't time to talk to them.
7   We are all ready to start.
8   Forestier was always the first to leave.
9   Have you anything to do?—Yes, I've plenty to do.

p. 292 §25

10   She was too ill to talk.
11   You are intelligent enough to understand these things.
12   In the end he will leave us.
13   Don't begin by insulting me!

p. 293 §26

14   They have decided to sell everything.
15   He made up his mind to go there.
16   They are determined to resist.
17   I am obliged to ask you for this information.
18   They forced me to get out of the car.
19   He asked me to go and see him.
20   The policeman asked to see my papers.
21   She has just come home.
22   You had just left.

10   The infinitive (contd.)

p. 293 §27

1   After drinking a cup of coffee he resumed his work.
2   After going there several times I ceased my visits.
3   After searching us they let us go.
4   She seemed to have lost all hope.
5   We thank you for bringing us back.
6   Are you sorry to have come here?
7   The work seems to have been done with care.

8 I don't remember seeing them in Paris.
9 We apologize for not writing to you sooner.

p. 294 §28
10 Don't keep them waiting.
11 Bring in this young man.
12 Show your papers.
13 You have made me lose a fine opportunity.
14 Don't make me laugh!
15 I try to make her forget her troubles.
16 We made him understand that he was no longer welcome.
17 I will get this letter copied.
18 They have had the trees cut down.
19 She manages to make herself understood.
20 He will get himself picked up by the police.
21 We hope he will make her happy.

p. 295 §29
22 We saw him carried into the house.
23 I won't let myself be influenced.

11 Modal auxiliaries: *vouloir, savoir, pouvoir*

p. 296 §30
1 I should like to ask you something.
2 She would like to have accompanied us.
3 We should have liked to invite them.
4 Will you lend me your pencil?
5 Kindly inform us if this arrangement suits you.

p. 296 §§31, 32
6 Can you drive a car?—Yes, but I can't drive at present, I haven't a licence.
7 He can see you in an hour's time.
8 She invited us but we couldn't accept.
9 Here is something that might suit you.
10 If I wanted to stay I could.
11 They could have sent us a card.
12 You might have warned us earlier.

13   The girl might have been nineteen or twenty.
14   I might have been fifty yards from the bridge.
15   He may have mistaken the day.
16   We thought they might have seen us.
17   Can you see them?—No, but I can hear them.

12 Modal auxiliaries: *devoir, falloir*

p. 297 §33
1   They must have heard us.
2   The door was locked. They must have gone out early.
3   We were to meet her in front of the station.
4   He was to have come here at five o'clock.
5   You ought to be more careful.
6   He ought to have asked permission.
7   She must have been very unhappy.
8   The town could not have been far away.
9   He couldn't have read the letter.

p. 298 §34
10   I must order a new suit.
11   It is getting late, we must go home.
12   You ought to tell the director.
13   To get there on the Tuesday we should have had to travel all night.

13 Government of verbs

p. 298 §35
1   Have you thought about the holiday?—Yes, I have thought about it.
2   Were you expecting this request?—No, I wasn't expecting it.
3   Your son is very much like his father.
4   My mother doesn't like her.
5   I must resist these claims.—Yes, you must resist them.

6   A hard winter followed this fine summer.
7   I shall never forgive them.

p. 299 §36

8   Ask the waiter for another bottle.
9   We bought this house from M. Lebrun.
10   He borrows money from his friends.
11   They hid the truth from her.
12   I took his suitcase from him.
13   A woman stole her ring from her.
14   One of the men snatched the bag from him.

p. 299 §37

15   We advise them to be patient.
16   They provided him with a false passport.
17   I envy him his happiness.
18   We allow them a certain liberty.

14   Government of verbs (contd.)

p. 300 §38

1   Tell Marcel to come at once.
2   I asked him to close the windows.
3   We don't allow them to pick the flowers.
4   I forbid the children to play in the street.
5   We advised him to say nothing.
6   The master ordered him to close the gates.
7   She is teaching him to dance.

p. 300 §39

8   She did not remember him.
9   Do you remember that house?—No, I don't remember it.
10   It's a day we shall always remember.
11   Are you using this spoon?—No, I'm not using it.
12   Don't make fun of me!
13   I thank you for this service. I thank you for it.
14   We noticed their anxiety. We noticed it.
15   Do you suspect his complicity?—Yes, we suspect it.
16   They are things I do without.

17 Did he apologize for his mistake?—Yes, he apologized for it.
18 We mistook the road.

15 Government of verbs (contd.)

p. 301 §40
1 She took her purse out of her handbag.
2 He picked up a paper from his desk.
3 They were drinking coffee out of large cups.
4 We pass that shop every morning.

p. 301 §41
5 We were expecting to see you at the concert.
6 I must change my jacket.
7 He asked to speak to the manager.
8 They escaped this danger.
9 The creature escaped from its cage.
10 While we were playing tennis, Marie was playing the piano.
11 They don't lack courage.
12 I shall not fail to bring it back.
13 His son has married a German girl.
14 What do you think of this photo?
15 This small room will serve as a study.
16 These boats serve to transport cars.

16 The subjunctive

p. 304 §§42–44
1 Give the first person singular and plural, and the third person plural of the present subjunctive of:
parler, choisir, entendre, écrire, lire, aller, avoir, être, faire, pouvoir, savoir, vouloir, boire, croire, venir, voir, apercevoir, devoir, employer, prendre, appeler, tenir
2 Give the third person singular and plural of the imperfect subjunctive of:
aller, faire, savoir, être, avoir, venir

3   Give the third person singular and plural of the perfect and pluperfect subjunctive of:
     prendre, sortir, se coucher

17   The subjunctive (contd.)

p. 306 §45
1   Let him take his share.
2   Let them tell us what they want.
3   Let me see what you have written.
4   May he come back safe and sound!

p. 306 §§46, 47
5   Although he has plenty of money he is mean.
6   Although she was pretty she wasn't liked.
7   I will bring the ring so that you can examine it.
8   Let us get out before he hears us.
9   They go on talking without my understanding a single word.
10   I shall question him until he tells the truth.
11   You can pass through this country provided you have a passport.
12   We will go on, unless you are too tired.
13   I will keep the key, for fear you lose it.
14   Wait until he comes down.
15   We shan't go until the car is repaired.
16   He thinks for a long time before he takes a decision.
17   Let us start now so that we can get home before dark.
18   We had prepared everything before they arrived.
19   I must tell you something.
20   Is it necessary that I should do that?

18   The subjunctive (contd.)

p. 307 §48
1   We want you to write your address here.
2   She wanted him to accompany her.

3 Do you prefer us to go out in the car?
4 I am sorry you are going.
5 We are surprised you didn't buy it.
6 I am glad you are better.
7 It's a pity he went away so soon.
8 It is better that we should go elsewhere.
9 It's time you did a little work.
10 We are afraid he may lose his money.
11 He was sorry he had said it.
12 She was afraid she might faint.

p. 308 §49
13 It is possible that they have already returned.
14 I don't think he is dishonest.
15 We doubt that this story is true.
16 It seems that they cheated.
17 It seems to me that the prices are exaggerated.

19 The subjunctive (contd.)

p. 309 §50
1 Tell somebody to bring down this gentleman's luggage.
2 I order this man to be brought in.
3 They demand that we pay at once.
4 We don't allow the dustbins to be put here.
5 See to it that all the windows are closed.

p. 309 §51
6 It is one of the finest beaches I have ever seen.
7 It's the most unpleasant thing that can happen.
8 You are the only one who can reassure me.
9 There is nobody else who can go there.
10 Only a miracle can save him.
11 I am looking for a man who knows his job well.
12 Is there a place where we can camp?

p. 309 §52
13 Whoever he is I don't like his manners.
14 Whatever one does, people always talk.

15 Whatever decision you take, I wish you luck.
16 Whatever his faults may be, I find him charming.
17 However ill he is he never complains.
18 The landscape, however magnificent, finally bores me.

20 Indefinite and definite article

p. 310 §54
1 He spoke with absolute conviction.
2 That hasn't great importance.
3 My father is a journalist.
4 Her mother is a widow.
5 Are you a Catholic?
6 Is he a Frenchman?—No, he is a Canadian.

p. 311 §55
7 She lowered her eyes.
8 I slipped my hand into the desk.
9 He hid his face.
10 The child rubbed his nose.
11 I touched his arm.
12 He kissed her hand.
13 Tears came to his eyes.
14 Simple pleasures play a big part in our lives.
15 The women opened their umbrellas.

p. 312 §56
16 He has a very long nose.
17 You have a fresh complexion.
18 She came back with tears in her eyes.
19 He came towards me with outstretched hands.
20 It's the young man with spectacles.
21 Do you see that lady with the green hat?
22 It's the house with blue shutters.

p. 312 §§57, 58
23 Old Durand has been to see Dr. Blanc.
24 M. Linard, the mayor of the city, made a speech.
25 He was born at Vigeois, a village in the Corrèze.

21   Geographical—Partitive article

p. 313 §59
1   We passed from France into Switzerland.
2   Louis XIV was King of France from 1643 to 1715.
3   De Gaulle believed in the greatness of France.
4   Is he in Canada?—No, in the United States.
5   She speaks French well and she is also learning Spanish.
6   In winter we detest the east wind and the north wind.

p. 314 §60
7   I've no more butter.
8   On this tree there is never any fruit.
9   We haven't a car.
10   I have good reasons to refuse.
11   There are some that are excellent, others that are bad.
12   These gloves are good, but we have dearer ones.
13   It's good cheese.

p. 315 §61
14   Most of the soldiers were young and strong.
15   My uncle went to America many years ago.
16   That alters many things.
17   They told me something very disturbing.
18   I am going to have lunch with somebody else.
19   There is nothing more irritating.
20   What interesting things did he tell you?

22   Adjectives

p. 316 §§64, 65
1   He is a very handsome man.
2   M. Nadaud is an old friend.
3   I'll write to them in the New Year.
4   We have half a dozen of them.
5   The match lasts an hour and a half.
6   He has light blue eyes.

p. 317 §66
7   Even poor people pay taxes.

8   Do you know his brother—a tall boy?

9   We don't like lazy people.

10 Which girl?—The dark one.

11 Which shoes are you going to wear?—The white ones.

12 You have another car?—No, it's the same one.

p. 318 §67

13 Music has the gentle power of consoling us.

14 He abandoned himself to wild fury.

15 For us it was a bitter disappointment.

16 Before them stretched the vast ocean.

17 Who is this charming person?

18 This happened on a gloomy November afternoon.

19 We passed through long deserted streets.

20 I entered a long low room.

21 She knelt in the dim, silent church.

23 Adjectives (contd.)

p. 319 §68

1   A certain consideration. Certain proofs.

2   This poor old woman. Poor relatives.

3   The next edition. Next month.

4   Dear Mother. Dear shoes.

5   He is an old sailor. Ancient buildings.

6   Who is asking for me?—It's a very tall young man.

7   Decent people. Honest business.

8   My own hands. Clean hands.

9   This sorry attempt. Sad words.

10 A high mountain. High tide.

p. 320 §69

11 At the sight of them he gave a start.

12 We have no news of them.

13 Strange reports have reached us about you.

14 He has written to me. What about?

15 The next moment I saw it again.

16 A moment later he came out.

17 She has gone to the grocer's opposite.

p. 321 §70

18 Your hands are all black.
19 These gloves are quite new.
20 We found her all pale and trembling.
21 Why is she all agitated?
22 These men were all-powerful.

24 Comparison—Superlative

p. 321 §71

1 He is as strong as an ox.
2 Life is harder and harder.
3 All this is becoming more and more serious.
4 These animals are getting less and less numerous.
5 The more I think of it the more indignant I am.
6 You are five centimetres taller than I.
7 More than ninety but less than a hundred.
8 I gave more than you.
9 You will tire yourself more.
10 The other problem was difficult; this one is more so.

p. 322 §72

11 We are looking for the most reasonable solution.
12 Look at these trout. It was Paul who caught the biggest ones.
13 He says the most surprising things.
14 It's at this age that children are the most interesting.
15 He is a most inoffensive man.
16 I haven't the slightest idea what you mean.
17 They are capable of the worst corruption.
18 The harbour is one of the best in the world.
19 For the first time in her life she was travelling alone.

25 Pronouns

p. 323 §74

1 I didn't put them there.

2   We can't give them to you.
3   You lent it to me yesterday.
4   I haven't spoken to him about it.
5   Here is the key. Hide it, but don't put it under the mat.
6   Send it to them, but don't send it to them yet.

p. 324 §75

7   Your wife will be coming back?—I hope so!
8   He told me so this morning.
9   They know but they won't tell me.
10   As you say, it will be difficult.
11   I find it necessary to keep these papers.
12   He thinks it wise to wait.
13   They must now be well-to-do.—They are!
14   This town is much larger than it was ten years ago.

26   Pronouns (contd.)

p. 325 §76

1   Are you going to Marseille?—Yes, I am going on
Thursday.
2   I see no objection to it.
3   Has he a right to reduced prices?—Yes, he has a right to
them.
4   Did they succeed in finding it?—Yes, they succeeded.
5   Are you resolved to resign?—Yes, I am resolved to.

p. 325 §77

6   Have they any good pictures?—Yes, they have a few.
7   I was about to enter the restaurant when two ladies came
out of it.
8   Does she remember it?—Yes, she does.
9   They don't make use of it any more.
10   There were five of us.
11   He had come to accept his fate.
12   It was a small shop, such as one finds in narrow streets.
13   He thinks we are going to stay, but we don't intend to.
14   If they want to go there I can't stop them.

27 Pronouns (contd.)

p. 325 §78

1 It is they who cheated.
2 One of them was examining the car.
3 Many of them know a little English.
4 We saw it too.
5 I alone have the right to choose.
6 They, who gave so much, will receive nothing.
7 Your father and I are going out with some friends.
8 Nobody seems to bother about him.
9 She doesn't remember me.
10 Come to me, my child.
11 You never think of me.
12 Now everybody must go home.

p. 326 §79

13 Do you know whom this handbag belongs to?
14 Who are you going out with this evening?
15 What are you thinking about?
16 What are they complaining about?
17 Whose dog are you afraid of?
18 Here are some tools you will need.
19 It was a man whose name I had forgotten.
20 I don't like the way you drive.

28 Pronouns (contd.)

p. 327 §80

1 Do you know what has happened?
2 Tell me what you have been doing.
3 They will give you what you need.
4 I don't tell them all I know.
5 We see all that goes on.
6 What is clear is that he will be elected.
7 What I am sure of is that he will fail.
8 He had forgotten his spectacles, which often happened.

p. 328 §81

9 There are things one can't get used to.

10 We found a well, at the bottom of which we could see water.

11 They didn't like the people among whom they had to live.

12 This is the room in which he worked.

13 Which of these umbrellas is yours?

14 Anna, bring me some plates!—Which ones?

p. 328 §82

15 What are those fish?—They are carp.

16 He is an intelligent lad.

17 They are very polite children.

18 It is true that we are disappointed.

19 It is easy to make promises.

20 Is it possible to visit this chateau?—Oh yes, it's possible.

21 Is it certain that they will arrive today?—Yes, it's certain.

29 Pronouns (contd.)

p. 329 §83

1 It would please me to go with you.

2 It surprises us that they have decided to go.

3 It bored me to listen to these stories.

p. 329 §84

4 My car doesn't go; I'll take my father's.

5 Whose shoes are those?—They are Martine's.

6 He who hesitates is lost.

7 I don't like those who are always complaining.

8 We recognized the one who was driving.

9 What lovely flowers!—Yes, they are the ones I bought in the market.

10 Which of these shirts do you prefer?—I prefer this one.

11 Sign this paper, please, and this one.

12 I like these chairs, but I don't like those.

13 Louise was talking to Eliane. The latter looked sad.

p. 329 §85

14 I say, what's going on here?

15   What's become of old Pache?
16   What will be left of all this?
17   He didn't know what to reply.
18   What is this story you are telling?

p. 330 §86
19   Put your coat with mine.
20   Your car is next to ours.
21   Our products are cheaper than theirs.
22   My parents are less strict than hers.
23   I'll go and see a lawyer friend of-mine.
24   This is *my* seat!

30   Indefinite adjectives and pronouns

p. 331 §87
1   Shall we go and see what is going on?
2   He gives one the impression of being sincere.
3   What bores one is the interminable wait.

p. 331 §87
4   Each must wait his turn.
5   On each of these cards there is a number.
6   They are expecting somebody important.
7   Some of these buildings are impressive.
8   Do you know any doctors?—Yes, I know a few.

p. 331 §89
9   He insists on explaining everything.
10   We heard everything.
11   They all know him.
12   He despised them all.
13   Both had disappeared.

p. 331 §90
14   Why say such things?
15   It's life such as it is.
16   She has such a pretty face, such fine eyes.
17   I have never heard such an extraordinary story.

p. 332 §91

18 There are only about twenty people left, the rest have gone.
19 He has drunk the rest of the wine.
20 We have had plenty of difficulties, we shall have others.
21 I shall buy something else.
22 Is there anybody else?—No, there is nobody else.
23 They have two sons. Both have gone abroad.
24 Which of these two seats can I take?—Either.
25 I went to two dentists; neither would see me.
26 Where are you lot going?

31 Indefinite pronouns (contd.)

p. 332 §92

1 He hasn't done much in life.
2 I haven't much to give you.
3 At the very moment I was going to telephone, they arrived.
4 It's the very spot where the other accident happened.

p. 333 §93

5 Whoever crossed that bridge was in danger of death.
6 Do you find any sort of interest in it?
7 There will certainly be some sort of hotel.

p. 333 §94

8 Anybody will tell you the same thing.
9 He would have done anything to prevent it.
10 You can buy that at any chemist's.
11 Choose a book, any one.
12 He would be happy anywhere.
13 Somebody or other brought it back.
14 They were singing something or other.
15 I bought them in some shop.
16 We had lost it somehow or other.

32 Negatives

p. 333 §95

1 Nobody will know; I shan't tell anyone.

2   They had eaten nothing.
3   They don't want to do anything; they stay there without saying anything.
4   There was no other customer in the shop.
5   You will not run any danger.
6   No sound broke the silence.
7   What reason did he give?—None at all.
8   You will find it without any difficulty.
9   Not a single one of his friends had been to see him.
10 You won't see that anywhere.
11 We are in no way responsible.

p. 334 §96
12 It was a story he had never told before.
13 Have you ever been to Bordeaux?
14 He has more energy than ever.
15 We don't go there now.
16 They don't want to play any more.
17 You have only to take the bus.
18 They do nothing but watch television.
19 The plane won't arrive until 6.30.
20 She merely shook her head sadly.
21 Neither Georges nor Jean want to go to the dance.
22 We have neither paper nor envelopes.
23 He has scarcely any leisure.

33   Negatives (contd.)

p. 335 §97
1   I shan't eat anything more.
2   He has never told me anything.
3   There is nobody in the yard now.
4   Tell them not to shout like that.
5   They have promised to reveal nothing.

p. 336 §98
6   But it isn't true!—Yes, it's true.
7   Has he gone out?—I don't think so.
8   Brigitte won't see them either.—Neither shall I.

9   Jacques wants to be a doctor, not a lawyer.
10 I don't even know him.
11 Ask them if they noticed anything unusual.
12 I should like to know if anybody has phoned.

p. 337 §100

13 It is three weeks since we saw them.
14 It's so long since they called on us.
15 It is more serious than they say.
16 The concert begins earlier than we thought.
17 I realized that he was braver than I was myself.

34 Adverbs

p. 338 §103

1 I had understood very well.
2 He has worked a great deal; he has perhaps worked too much.
3 We had run so much that we were quite out of breath.
4 To swim well one must know how to breathe.

p. 338 §104

5 It is hard to imagine how astonished I was.
6 Give him a cup of nice hot coffee.
7 On the other side the water is shallower.
8 It's pretty nearly the same thing.
9 Just listen to what they are singing.
10 She asked for her coat, it was so chilly on deck.
11 Those people have gone in, we'll do the same.
12 It's all the more difficult as his parents are away.
13 Their establishment is rather a modest one.
14 He has at least a hundred hectares, at least that is what I am told.
15 Why did you get up so early?
16 We ought to have come back sooner.
17 You spoke too soon.
18 Sometimes I work in my room, sometimes I go to the library.
19 He got up late, so he was late at the office.

20 She had gone to live with her daughter a few months
   before.
21 I have read this book before.
22 Where we work there are no machines.
23 Wherever he goes he is welcome.
24 I have already seen that somewhere.
25 On all sides there were high mountains.

35 Conjunctions

p. 341 §105
1 Either we find a room or else we sleep in the car.
2 You know it as well as I do.
3 We respect him, like all those who know him.
4 When autumn comes and it begins to get colder they
   return to Paris.
5 Since they insist, we will give up this plan.
6 Since I have been here it hasn't rained once.
7 You work a great deal, whereas Martin does nothing.
8 He kept us waiting, whereas he knew there were no more
   seats.
9 The shore became clearer as we approached it.

36 Prepositions

p. 342 §§106, 107
1 In our opinion it's false.
2 We recognised him by his feet.
3 From what you say, business is going well.
4 Take the road to Strasbourg.
5 She used to gather the flowers in the meadows.
6 They have gone back to their flat in the Boulevard Barbès.
7 He spoke in a threatening tone.
8 You do things in a clumsy way.
9 It's in the direction of the Town Hall.
10 The number increased from day to day.

11 One has to act like a gentleman.
12 Those papers are now in the hands of my lawyer.
13 We have our duties towards our customers.
14 The woods extend from the road to the hills.
15 From the first minute I had guessed what they wanted.
16 As early as three o'clock a large crowd had gathered.
17 But for him I should have fallen.
18 That will take you about an hour.
19 It's a big disappointment to them.
20 For a few hundred yards the river flows slowly.
21 We went there out of curiosity.
22 On a fine summer's day it's magnificent.
23 As for your proposition, I will think about it.
24 We could see the little plain along the lake.

37 Numbers—Price—Distance—Time

p. 345 §108
1 We could see hundreds of fish.
2 There are thousands of mosquitoes.
3 I have read only the first ten pages.
4 We have travelled only two thirds of the distance.

p. 346 §109
5 She earns 400 francs a month.
6 They charged him 60 francs for it.
7 That village is about five kilometres away.
8 I never exceed 90 kilometres an hour.
9 At this point the river is about 50 metres wide.

p. 347 §110
10 The evening before he had come home late.
11 You've had a tiring day.
12 We spent a pleasant evening there.
13 At exactly three o'clock the procession moved off.
14 I can get there in three hours; I'll start in an hour's time.
15 It is the time when all the workpeople are coming out of the factories.
16 One morning, when I was waiting for the bus, Jean Boyer came along in his car.

Part Four

English Prose Passages for Translation

1 A little influence

It was about one o'clock in the morning. The train had stopped at a junction, where several coaches which had come from another direction were to[1] be coupled on. While we were waiting, two policemen in plain clothes went through the train, examining the passengers' papers. Everybody was tired, dishevelled, puffy-eyed.[2]

When it was[3] my turn I held out my passport. The policeman took it, examined it closely, then he showed it to his colleague. They argued, looked at the passport, shook their heads[4] and appeared[3] to come to a decision. One of them[5] spoke to me in Spanish. I didn't understand all[6] he said, but it was[7] clear to me that I was being asked[8] to leave the train and see a security officer, because my passport was not valid. I tried to explain that it was quite in order and showed them the page where 'Spain' was written. It was no good; the policemen were courteous, but they insisted.

The other passengers in[9] the compartment had followed this scene with keen interest.[10] I was about to[11] get my case, when one of them, a grey-haired[2] man, turned to me and said in French, 'Sir, if you like, I will act as[12] your interpreter'.

I thanked him. He talked to the policemen in rapid Spanish. Obviously he was somebody important.[13] My passport was[14] returned to me and the policemen withdrew.

1 Tense of *devoir*? §33. 2 §56. 3 Tense? §15. 4 §55, Note 1. 5 §78. 6 §80. 7 *il était* or *c'était*? §82. 8 Use *on*; §9(b). 9 *de*, not *dans*. 10 Indefinite article required; §54(a). 11 §18(e). 12 Use *servir de*, 'to serve as'. 13 §61(b). 14 Tense? §9(a).

2 The he-goat

It was a clear, frosty night. As usual, we were all in the kitchen. My mother and sisters were huddled round the fire, gossiping about one thing and another. I was sitting at the table. Overcome with weariness, I had pushed aside my adventure book and, resting my[1] head on my arms, I was dozing off.

Suddenly I heard Mary say,[2] 'Hush!' She had heard something. I looked up and listened too.[3] But I could[4] hear nothing but the owls answering one another[5] in the woods, and the faint rustling of trees. Every now and then a draught set[6] the candle flames flickering.

Then Sarah turned her[1] head sharply and whispered, 'Listen!' This time we all heard it, a clink of metal on the frost-hardened ground, the noise of a chain being dragged[7] along.

We exchanged frightened glances. Mother got up, went and bolted[8] the door and blew out the candles. 'Be quiet,' she said; 'don't move.'

After a few moments, with the rattle of the chain growing louder and louder,[9] we heard something else; it was a patter of hooves. I jumped up, rushed to the window, pulled aside the curtain.

In the moonlight I saw the animal go by, the long head surmounted with curved horns, the beard, the shaggy body. It was old Croutard's he-goat, wandering[2] about after breaking[10] his chain.

1 Definite article; §55. 2 *qui* + imperfect. 3 Better to put in a pronoun, 'I, too'; §78(b). 4 Unnecessary to use *pouvoir*; §32, Note. 5 Reflexive; §7. 6 Use *faire*. 7 Express with *on* + an active verb. 8 §21(a). 9 §71. 10 §27.

3 An early morning stroll

That night Lassalle slept badly. He had gone to bed late, believing that he would soon[1] sink into a deep sleep, but this question still worried him. Lying on his[2] back with[3] his eyes closed, he tried to sleep, but his senses were alert and he could[4] hear the slightest noises in the hotel. Between his room and the one[5] next door there was only a thin partition, and the person who occupied the room couldn't sleep either.[6] Perhaps it was[7] because of the heat. At a certain moment Lassalle heard a creak of bed springs, then the sound of someone walking[8] across the floor, then a tinkle of glass. Evidently his neighbour was thirsty or was taking a tablet.

Suddenly Lassalle heard a series of sharp reports. He gave a start, opened his eyes and saw that it was broad daylight. What he had heard was[9] the engine of a fishing boat. He must have[10] slept four or five hours.

He decided to get up at once. He put on his shirt, his trousers, his jacket, slipped his feet into his slippers, went down the stairs and out[11] of the door. It was a lovely morning, already warm. A few people were walking down towards the little harbour, where the *Seagull* was waiting, about to make the first crossing of the day. Lassalle unconsciously followed the same path; it was the only thing to do.

1 You could use *ne pas tarder à (faire)*; §22. 2 §55. 3 §56. 4 Unnecessary to use *pouvoir*; §32, Note. 5 Pronoun? §84. 6 §98. 7 Inversion; §13(c). 8 *qui* + imperfect. 9 §80. 10 Tense of *devoir*? §33. 11 Use *sortir*.

4 Jacques

After lunch I had gone down to the beach, spread my towel on the sand and lain down to sunbathe. I must have[1] gone to sleep, for when I opened my[2] eyes again I saw in front of me in the creek a small sailing-boat. A young man was sitting in it,[3] wearing only bathing trunks. I had heard nothing, though he had[4] surely made some noise letting down his sails and dropping anchor.

I sat up. The young man was looking at me, smiling.[5] He gave a little wave, then called out, ' May I come ashore and join you?'

'If you like,' I answered.

He stepped over the gunwale of his boat and waded to the beach. He was tall and handsome. He came and sat beside me and began to chat.

His name was Jacques. He was a[6] law student, on holiday with his mother in a little resort two or three miles away.

Finally he suggested going for a little sea trip with him. We got into the boat, he hoisted the sails, raised the anchor, took the tiller, and we began to glide gently over the water. It was delightful.

We got back to the creek about six. I told Jacques I had to go home.

'Let me go a part of the way with you,' he said.

As we were walking under the trees, he stopped, took me in his arms and kissed me. At that very moment I heard my mother's voice: 'Anne!'.

1 Tense of *devoir*? §33. 2 §55(a). 3 §76. 4 Subjunctive; §46. 5 §11(b). 6 Article or not? §54.

5   An encounter in the dark

It was dark when Mence reached the deserted house. Every now and then the lightning of the retreating storm lit up its walls and broken windows. Somewhere in this house, he was sure,[1] his man was lurking.

After a brief hesitation, Mence took his gun out of his pocket and pushed open the door. Inside, everything was quiet. He took a couple of steps into the room, then paused and listened again. He looked around, trying to make out shapes in the darkness. On the other side of the room he could[2] see the lighter oblong of the window. He advanced two more steps. Then, suddenly, a man's voice spoke:

'That's right, Mr. Mence, keep on. Go over there by the window, so that I can[3] see your outline. Don't do anything[4] silly. I warn you, I'm armed too.[5]' At the same time the heavy door closed.

Reaching the window, Mence turned round. At that moment a flash of lightning lit up the room, and Mence saw Bardino standing with his back to the door. His fists were clenched but he was carrying no weapon.

'Listen,' said Mence quietly, 'let's keep calm; I just want to talk to you.'

[1] Introduce *en* ('of it'). [2] §32, Note. [3] Subjunctive; §46. [4] §61(b). [5] Pronoun required; §78(b).

6 Lunch time

Bouvier, who was driving, knew his Paris as well as any[1] taxi-driver. To avoid the main arteries of the city, he liked to take little streets going through[2] quiet districts. It was in one of these unfrequented streets in Neuilly that they spotted a little restaurant where there were half a dozen tables on the pavement behind green shrubs.

'Suppose[3] we had lunch here?' suggested Linard.

'That's a good idea,' said Bouvier. 'It[4] looks quite a decent little place.'

He stopped the car by the kerb, they got out and went into the café. The proprietor, standing behind the bar, greeted them cheerfully:

'Fine day, gentlemen. What shall I serve you?' Linard ordered two aperitives.

'Where shall we eat,' asked Bouvier, 'here or outside?'

'It's rather warm,' replied Linard. 'I prefer to eat outside, if it's all the same to you.'

Having finished their drinks they went and sat[5] at a table on the terrace. A girl in a black dress and white apron came to serve them.

It was very quiet. There were few passers-by. One might

have[6] been in any[1] little town a[7] hundred kilometres from Paris.

When the meal was[8] over, they ordered brandy and cigars and smiled at each other[9] like a couple of conspirators.

1 §94(a). 2 'which went through'. 3 Use *si*. 4 *Cela*. 5 §21(a). 6 §32. 7 §109. 8 §9(d). 9 Expressed by reflexive.

7 Twenty years after

'When did you see her?' Marden asked Roberts.

'About three weeks ago. I had to go up there on business, and I called on somebody in the village. I got to know that she still lives there, so I sent for her and we had a chat.'

'It's more than twenty years since I saw her,[1]' said Marden, lost in dreams of the distant past. 'She must be over forty now, almost an old woman. What is she like? I suppose she's put on weight, like most of the women in this country?'

'Well,' said Roberts, 'she's probably fatter than she was[1] twenty years ago, but she is still a very good-looking woman.'

'In those days,' went on Marden, 'she was such[2] a beautiful girl. In the evenings I used to ride my motor-bike up and down[3] the road, just[4] to catch a glimpse of her. When we got to know each other[5] better, we used to meet[5] at the crossroads. I don't suppose the place has[6] changed. I remember the solitary palm tree, the rice-fields all[7] golden in the light of sunset, the blue mountains in the distance. Ah, it's so long ago.'

'Love makes you talk like a poet!' laughed Roberts. 'That palm tree is still there, you know . . . Listen, old chap, if you've still these tender feelings about her,[8] why don't you go and see her?'

Marden thought for a moment, then he said, 'Yes, I'll go up there by taxi this very evening. The Malay driver will know the way.'

Notes overleaf

1 §100. 2 §90. 3 Use *aller et venir en moto*. 4 You could use *rien que pour*. 5 Reflexive. 6 §49. 7 §70. 8 §69(a).

8 The beginning of a chase

The district was a quiet one,[1] and during the day there were few customers. About midday four workmen came in. They had bread, sausage and cheese with them and ordered a litre of red wine. They did not seem surprised to see new faces. However, after a few minutes, one of them, looking hard at Vacher, asked, 'What's become[2] of the old boss?'

'He hasn't been[3] well for some time,' replied Vacher. 'He's gone to the country for a rest . . . Have you known[3] him for long?'

'Only a few weeks,' said the man. 'We don't stay long in the same place, you know.'

After the departure of the workmen, nobody else[4] came; Monzie and Vacher remained alone in the café.

'All[5] we can do is to wait,' said Monzie. 'Perhaps[6] something interesting will happen.[7] Our birds have obviously been searching for something in the place. It's[8] possible that one of them will come[9] back to see what's going on.'

They had been standing[10] there for a few minutes, when suddenly Monzie nudged Vacher.

A man had just gone by on the pavement. He had stared into the café, had hesitated, then he had turned about and come up to the door. He was rather short, fair-haired and looked like a foreigner. He was about to come in, but at the last moment he changed his mind and hurried away.

'Go on!' said Monzie to Vacher. 'Don't lose sight of him. I'll call a taxi and follow you.'

1 Just 'was quiet'. 2 §85. 3 Tense? §14(c). 4 §61(b). 5 §80. 6 Inversion after *peut-être*. 7. Use the impersonal *il arrivera*. 8 *il est* or *c'est*? §82(b). 9 Mood? §49. 10 Tense? §14(c).

9   A lady in a fix

Madame Seurel walked to a bench in the little public garden, from where she could see the dentist's windows on the second floor of the building.

She had been sitting[1] there for several minutes when a young woman, accompanied by a small boy about four years old, came and sat[2] beside her. The child began to play with the pebbles on the path, while the woman watched the street intently, as though expecting someone. But at last she turned to Madame Seurel with a smile[3] and said, 'What lovely weather! It's nice[4] to sit in this little garden; it's so quiet . . . Are you waiting for someone, madame?'

'No,' explained Madame Seurel, 'I'm going to see my dentist at eleven o'clock. I have only five minutes to[5] wait.'

But the young woman did not seem to hear her. She was staring at something in the road. Suddenly she jumped up and said, 'Excuse me, madame, will you keep your eye on the child for a minute? I have to[6] go and speak to someone.'

She hurried off. Madame Seurel could not help turning round to see where she went. A taxi had stopped by the kerb. One of the doors was open. The woman reached the taxi, got in, the door closed and the car drove off.

Madame Seurel remained alone with the child. She could not leave him, and she was afraid she might miss[7] her appointment. What was she to do?[8]

1 Tense? §14(c). 2 §21(a). 3 §11(b). 4 Use *il fait bon*. 5 Preposition? §22. 6 Use *falloir*; §47. 7 'she was afraid of missing'. 8 §20.

10   A row in a café

One evening, in the café, Portas was standing at the counter and talking so loud that his voice rose above the conversations in the room. He had been[1] there for some time and had already had plenty to drink.[2] He was[3] one of those men who, conscious of their physical strength, get aggressive when they are drunk.

Then Marceau came in accompanied by a woman older than himself. She was smart, much made up and wore a lot of jewellery. Portas had never seen her before.[4] Doubtless she had just arrived at the hotel.

After a few minutes Marceau got up, walked across the room and switched on the radio. The music irritated Portas, who without ceremony went and switched off. Then he turned and looked at Marceau as though to[5] challenge him.

Marceau pretended not to notice and said nothing. But Portas was not satisfied. He walked forward a few steps and said to Marceau in a loud voice, 'I don't like being[6] looked at in that way!'

'But,' stammered Marceau, 'I wasn't looking at you.'

'So I'm not good enough to be[7] looked at? Is that it?'

'I didn't say that.'

The proprietor thought[8] it was time to intervene. He came up, spoke quietly to Portas, took him by the arm and led him away.

1 Tense? §14(c). 2 'had already drunk plenty'. 3 *il était* or *c'était?* §82(a). 4 No need to translate 'before'. 5 *comme pour*. 6 *Je n'aime pas que* + clause. 7 Turn by using *pour que*. 8 Tense? §15.

11　Was his call unwise?

'I've been for a walk,' I said.

She took the raincoat from me,[1] shook it out at the door and hung it over a chair in front of the fire.

'So I see. Take off your shoes.'

'They're quite dry,' I said, overtaken by an odd panic.

'Take them off.' She held out her[2] hand. 'They're sodden. You're an idiot, aren't you?'

'Yes,' I said. 'I shouldn't[3] come here at this hour.'

She took the shoes from me[1] and began to stuff them with newspaper. 'You shouldn't have[3] come here at all,' she said. 'Not by yourself.'

'There wasn't any reply[4] when I phoned you yesterday,' I said.

'I told[5] you I wouldn't be back until late. Why didn't you phone me tonight?'

'It wouldn't have done,[6]' I said.

'Why? And for heaven's sake look at my face.'

'I will in a moment,' I said. 'But I don't want to talk just now.'

JOHN BRAINE *Life at the Top*
Eyre & Spottiswoode

1 §36. 2 §55(a). 3 Use *devoir*; §33. 4 Use a verb. 5 Tense? §17.
6 'It wouldn't have been wise'.

12 Young Chaplin in Paris

One night the interpreter came to me saying that a celebrated musician wanted to meet me, and would I go[1] to his box? The invitation was mildly interesting, for in the box with him was a most beautiful, exotic lady, a member[2] of the Russian Ballet. The interpreter introduced me. The gentleman said that he had enjoyed my performance[3] and was surprised to see how young I was.[4] At these compliments I bowed politely, occasionally taking a furtive glance at his friend.[1] 'You are instinctively a musician and a dancer,' said he.

Feeling that there was no reply[5] to this compliment other than to smile sweetly, I glanced at the interpreter and bowed politely. The musician stood up and extended his hand and

I[6] stood up. 'Yes,' he said, shaking my hand,[7] 'you are a true artist.' After we left I turned to the interpreter: 'Who was the lady with him?'

'She is[8] a Russian ballet dancer, Mademoiselle ————.' It was a very long and difficult name.

'And what was the gentleman's name?' I asked.

'Debussy,' he answered, 'the celebrated composer.'

'Never heard of him,[9]' I remarked.

CHARLES CHAPLIN *My Autobiography*
The Bodley Head

1 'and asked me to go'. 2 §58. 3 'my performance had greatly pleased him'. 4 'to see I was so young'. 5 Use a verb. 6 Needs reinforcing; §78(b). 7 §55(c). 8 §82(a). 9 Colloquially, *Jamais entendu parler*.

13 The sleepy abbot

The Abbot fell asleep almost at once after reaching his room again, and did not wake until[1] Brother Mark tiptoed into his cell at dawn with a crust of bread and a glass of goat's milk. He slept[2] very well, so there was no excuse[3] for his drowsiness the next morning when Baird found him sitting half-asleep on the white parapet, fishing-rod in hand.[4] The sun was shining brightly. Baird approached on tiptoe and peered down into the blue.[5] 'Your bait has gone,' he said pleasantly. The Abbot groaned. He was holding a book in his other hand and trying to read between naps. 'I hate fishing,' he said. 'I don't really know why I do it. Self-discipline, I suppose.' Turning his[6] head he roared: 'Calypso. Come[7] and change my bait.'

Baird sat down on the wall and tossed pebbles into the sea absently, waiting for[8] his friend to catch something. 'In half an hour,' he said, 'I must walk over to[9] Cefalù. Will you come?'

The Abbot John said he would.[10] 'But promise,' he said,

'that you will say nothing[11] about the City in the Rock being a real discovery.' Baird promised.

LAWRENCE DURRELL *The Dark Labyrinth*
Faber & Faber

1 'not until' is expressed as 'only when'; §46.   2 Better to say 'had slept'.   3 'there was no reason to excuse'.   4 §56.   5 'blue water'.   6 §55(a).   7 Use the second person singular.   8 *attendre que* + subjunctive; §46.   9 *jusqu'à*.   10 Use *vouloir bien*.   11 'that you will not reveal that . . .'

14   First stay in France

Tony had spent very little of his life abroad. At the age of eighteen, before going to the University, he had been boarded for the summer with[1] an elderly gentleman near Tours . . . a grey stone house surrounded by vines. There was a stuffed spaniel in the bathroom. The old man had called it 'Stop' because it was chic at that time to give dogs an English name. Tony had bicycled along[2] straight, white roads to visit the chateaux; he carried rolls of bread and cold veal tied to the back of the machine, and the soft dust seeped into them through the paper and gritted[3] against his teeth. There were two other English boys there, so he had learned little French. One of them[4] fell in love and the other got drunk for the first time on[5] sparkling Vouvray at a fair that had been held[6] in the town. That evening Tony won a live pigeon at a tombola; he set it free and later saw it being[7] recaptured by the proprietor of the stall with a butterfly net . . .

EVELYN WAUGH *A Handful of Dust*
Chapman & Hall

1 *chez*.   2 *sur*.   3 Use the expression *grincer sous la dent*.   4 §78.   5 *de*.   6 'that had taken place'.   7 Turn: 'saw the proprietor who . . .'.

15 Private papers

Madame de Peyrus rose, and I understood it[1] as a signal for me to go. Then suddenly she unlocked a drawer at the bottom of the casket and removed a sealed packet of papers.

'I do not know why I do this,' she said, 'but I trust you. Take these and read them, and then see[2] if what I have said is true. I found them with Honorée's things in Sohag when she died.'

I made my way on foot back to Shepheard's. The streets were deserted except for a few soldiers, for it was past two o'clock in the morning. As I walked up the steps of the hotel I determined, late though the hour was,[3] to read these papers which Madame de Peyrus had given me. A tarbooshed[4] night porter was asleep at the reception desk, his spectacles perched on the tip of his nose. When he saw me he started to life with an alacrity for[5] which I had been unprepared.

'They have been looking for you,[6]' he said. 'They have changed the time of the plane. It leaves this morning at four.'

Instead of reading Honorée Delaroche's papers, I had to pack my cases and be ready in an hour and a half to fly to England. Madame de Peyrus I never saw again.

B. IFOR EVANS   *In Search of Stephen Vane*
Hodder & Stoughton

1 'understood that it was'.   2 'you will see'.   3 'although it was late'; §46.   4 Use *coiffé de*.   5 For this you could just say 'unexpected'.   6 §3.

16 Mysterious thefts

When she got back to the house, she sewed[1] on the verandah. Leaving her chair for a moment to fetch a glass of water, she found her sewing basket had gone. At first she could[2] not believe it. Distrusting her own senses, she searched the place[3] for her basket, which she knew[4] very well had been on the verandah not[5] a few moments before. It[6] meant that a native was lingering in the bush, perhaps a couple of hundred yards away,[7] watching her movements. It wasn't a pleasant thought. An old uneasiness filled her; and again the name 'Tembi' rose into her mind. She took herself into the kitchen and said to the cookboy: 'Have you heard anything of Tembi recently?' But there had been no news, it seemed.[8] He was 'at the gold mines.' His parents had not heard from him[9] for years.

'But why a sewing basket?' muttered Jane to herself, incredulously.[10] 'Why take[11] such a risk for so little? It's insane.'

That afternoon, when the children were playing in the garden and Jane was asleep on her bed, someone walked quietly into the bedroom and took her big garden hat, her apron, and the dress she had been wearing[12] that morning. When Jane woke and discovered this, she began to tremble, half with fear. She was alone in the house, and she had the prickling feeling of being watched.

DORIS LESSING   *Winter in July*
Michael Joseph

1 'began to sew'.　2 §15.　3 'searched everywhere'.　4 §75(b).
5 Use *à peine*.　6 *Cela*.　7 §109.　8 §13(d).　9 §69(a).　10 Use an adjective.　11 Infinitive; §20.　12 Tense? §3.

17　Under arrest

Late the same afternoon I was taken[1] to a railroad station. Two men, one of them[2] the interpreter, accompanied me. No doubt they thought I had never before been on a train, for they would[3] not leave me alone. Not for a minute. One of them bought the tickets while the other remained standing near me. He[4] took good care that[5] no pickpocket should try to search again where[6] they had searched without success. I'd like to see a smart pickpocket find a red cent in pockets that have been searched by the police.

Very politely they escorted me aboard the train and offered me a seat in a compartment. I thought the gentlemen would now take leave. They did not. They sat down. Apparently afraid that I might fall[7] out of the window when the train was moving, they seated themselves on either side of me. Belgian policemen are courteous. I could find no fault with them. They gave me cigarettes, but no matches. They were afraid I might[7] set the train afire.

We came to a very small town and left the train. Again I was taken to a police-station. I had to sit down on a bench. The men who had brought me told a long story to the high priest in charge.

B. TRAVEN   *The Death Ship*
Jonathan Cape

1 Avoid the passive. 2 'one of whom was . . . '. 3 §18(c). 4 'The latter'; §84(c). 5 Use *veiller à ce que* (or *prendre garde que*) + *ne* before verb in subjunctive. 6 §104; *où*. 7 §48.

18   A question of marriage

She entered the kitchen, where Anthea was setting out the cups and saucers for tea . . .

'The doctor was down by the brook, shooting,[1]' she said. 'Did he come up?'

'He came in for a moment.'

Deborah rose from the fire and cut some slices of bread and began to make toast. She heard the girl's short sharp breathing. Her thin face was very white in the gloom.

Suddenly she began:

'Would you mind if . . .' As suddenly she broke off, as though she lacked the courage or strength to go on.

Deborah looked up.

'Would you mind?' said the girl again. 'He wants me to[2] marry him.'

Deborah felt her heart leap.

'But he must be fifty!' she cried.

'I know.'

'Do you like him?'

'Oh, yes, yes!'

Deborah turned the toast with an air of sudden resignation,[3] her[4] mouth set. She felt curiously shocked. The girl stood[5] still, staring,[6] and then spoke weakly.

'I'll do whatever you say,' she said.

'Do you want to marry him?'

'Yes.'

'Well, if you want to do it, there's no more to be said. You must do what you think best.'

H. E. BATES   *The Fallow Land*
Jonathan Cape

1 Use *à* or *en train de* + infinitive. 2 §48. 3 Better to say 'suddenly resigned'. 4 Not the possessive; §56. 5 Use *rester* or *demeurer*. 6 Use *le regard*.

19   Jealous

I went and stood[1] at the edge of the lawn, and watched her window. The light was still burning in her boudoir. I watched and waited. It continued burning. I had been[2] warm from walking,[3] but now the air was chill, under the trees. My hands and feet grew cold. The night was dark and utterly without music. No[4] frosty moon this evening topped the trees. At eleven, just after the clock struck, the light in the boudoir was extinguished and the light in the blue bedroom came on instead. I paused a moment and then, on a sudden, walked round[5] the back of the house and past the kitchens, and so to the west front, and looked up at the window of Rainaldi's room. Relief[6] came to me. A light burned there as well . . .

I went into the house and up the staircase to my room. I had just taken off my coat and my cravat, and flung them on the chair, when I heard the rustle of her gown in the corridor, and then a soft tapping[7] on the door. I went and opened[1] it. She stood there, not yet undressed, with that same shawl about her[8] shoulders still.

'I came to wish you good night,' she said.

'Thank you,' I answered. 'I wish you the same.'

She looked down at me, and saw the mud upon my shoes. 'Where have you been all evening?' she asked.

'Out walking[9] in the grounds,' I answered her.

DAPHNE DU MAURIER   My Cousin Rachel
Gollancz

1 §21(a). 2 Remember *avoir chaud*. 3 You could use *la marche*. 4 'There was no frosty moon above the trees'. 5 'I walked round the house and, passing the kitchens at the back, I reached . . .'. 6 'I was relieved'. 7 Use *frapper*. 8 Not the possessive. 9 Use *se promener*.

20   Bokhara the noble

I walked for what seemed[1] a very long time. It was by now quite dark and still there was no sign of Bokhara . . .

I was beginning to wonder if I had not after all taken the wrong[2] road, and, if so, where it[3] would lead me, when I noticed that the sky in the direction in which I was walking seemed slightly more luminous than elsewhere. It might, or it might not,[4] be the reflected[5] lights of a city. Soon the farmsteads along[6] the road and in the fields became more numerous and the road took[7] me between high mud walls enclosing orchards of apricot trees. It was very unlike the Soviet Union.

Then all at once the road took a turn, and topping[8] a slight rise I found myself looking down on[9] the broad white walls and watch towers of Bokhara spread out before me in the light of the rising moon.

Immediately in front of me stood[10] one of the city gates, its great arch set in a massive fortified tower which rose high above the lofty crenellated walls. Following a string of dromedaries I passed through it[11] into[12] the city.

FITZROY MACLEAN   *Eastern Approaches*
Jonathan Cape

1 Turn by using 'it seemed to me'; §13(d).   2 Express by *se tromper de*; §39.   3 'this one'.   4 'This could be, or not be, . . . '. 5 'the reflection of the lights . . . '.   6 'which were by the road and in the fields'.   7 Use *faire passer*.   8 'arriving at the top of'.   9 'I discovered below my eyes'.   10 Use *se dresser*.   11 Better to say 'this gate'.   12 'and entered'.

21   Father and daughter

'I don't like going out,' said Sylvia. 'But thank you.'

She forced herself to smile, and then stood and poured herself a cup of coffee from the percolator.

'Why did you come here tonight?' she asked.

'I want you to[1] come and live with us, Sylvia,' he said.

'Do I embarrass you?' she asked tauntingly.

'It's possible that[2] you might,' said Melville. 'But you know that isn't the reason. We want you to[1] come home. This'—he waved his hand around the small room—'is very unsatisfactory.[3]'

Sylvia took a small tablet from[4] her handbag and swallowed it with a gulp of coffee. She saw that Melville was watching her closely, and she said with a laugh,[5]

'My saccharine, daddy.'

She found another cup for him, and for more than an hour they sat[6] talking,[7] and gradually her fingers stopped tugging at the buckle of her belt. When Melville spoke to her of her personal life, she became silent. But when he spoke of Africa, she asked him questions, her[8] eyes bright and her cheeks colouring. He told her how he had spent the day, and looking at the clock, switched on the news.

MAURICE EDELMAN   *The Prime Minister's Daughter*
Hamish Hamilton

1 §48. 2 No need to translate 'that you might'. 3 'is far from being satisfactory'. 4 Preposition? §40. 5 'laughing'; 11(b). 6 Use *rester*. 7 *à*+infinitive. 8 §56.

22   An American writer in Paris

In the spring mornings I would work[1] early while my wife still slept. The windows were open wide and the cobbles of the street were drying after the rain. The sun was drying the wet faces of the houses that faced the window. The shops were still shuttered. The goat-herd came up[2] the street blowing his pipes and a woman who lives on the floor above us came out on to the sidewalk with a big pot. The goat-herd chose one of the heavy-bagged, black milk-goats and milked her into the pot while his dog pushed the others on to the sidewalk. The goats looked around[3] like sight-seers. The goat-herd took the money from[4] the woman and thanked her and went on up the street piping and the dog herded the goats on ahead, their horns bobbing. I went back to writing[5] and the woman came up the stairs with the goat milk. She wore her felt-soled cleaning shoes and I only heard her breathing as she stopped on the stairs outside our door and then the shutting[6] of her door. She was the only customer for[7] goat milk in our building.

ERNEST HEMINGWAY *A Moveable Feast*
Jonathan Cape

1 Tense? 2 The author is describing what usually happened. 3 'around them'. 4 Preposition? §36. 5 'I began writing again'. 6 'I heard her shut her door'. 7 'who wanted' or 'who bought'.

23 Before the duel

It was[1] only after he had been travelling[2] for some ten minutes that the Captain realized that he had not the least idea of where he was being taken.[3] He had left all the arrangements to his seconds.

He leant forward abruptly and touched the doctor on the knee.

'Where is it[4] to take place?' he asked.

The doctor raised his two hands and made little pacifying gestures in the air as if to[5] reassure a nervous patient.

'We have everything arranged,' he said. 'We shall be there in another ten minutes.'

'But where is it?' Captain Picard persisted. 'I must know where I am expected to[6] fight.'

The doctor looked towards his neighbour and then back to[7] the Captain again.

'I don't think the place has[8] got a name,' he said. 'It's up there in the pine woods.'

He pointed out of the window[9] as he spoke,[10] and the Captain bent his head to see where[11] he was pointing. Ahead of them the road ran upwards—the horse had already scented the hill and was moving more slowly than ever—

and across the skyline ran a barrier of dark pines. They stretched across the hills, black and forbidding, shutting out everything that lay beyond.

NORMAN COLLINS *Anna*
Collins

1 Tense? §15. 2 You could say 'after travelling'. 3 Better to use *on*. 4 *cela*. 5 *comme pour*. 6 'where I am to fight'. 7 'then looked at the captain again'. 8 Mood? §49. 9 To express this, bring in *quelque chose*. 10 §11(b). 11 'what he was indicating'.

24   The revealing stain

The water ran away, revealing a heavy brown stain on the enamel. He rubbed it, first with his hand then with the scrubbing brush, but it wouldn't go.[1] Enamel didn't stain like that, there must have been[2] some quality in the paper, tar or something.[3] He went into the bathroom, looking vainly for a detergent.

As he re-entered his bedroom he became aware that it was filled with the smell of charred paper. He went quickly to the window and opened it. A blast of freezing wind swept over his naked limbs. He was gathering the dressing-gown more closely about him when there was a knock[4] on the door. Paralysed with fear, he stared at the door handle, heard another knock, called, watched the handle turn. It was the man from Reception.

'Mr. Avery?'

'Yes?'

'I'm sorry. We need your passport. For the police.'

'Police.'

'It's the customary procedure.'

Avery had backed against the basin. The curtains were flapping wildly beside the open window.

'May I close the window?' the man asked.

'I wasn't well. I wanted some fresh air.'

He found his passport and handed it over.[5] As he did so, he saw the man's[6] gaze fixed upon the basin, on the brown mark and the small flakes which still clung to the sides.

JOHN LE CARRÉ *The Looking-Glass War*
Heinemann

1 'it didn't disappear'. 2 You could say 'this was due to' or 'this was explained by'. 3 'something else'. 4 Use *frapper*. 5 'to him' or 'to the man'. 6 'the other's gaze'.

25   The long wait

The idea of returning to the bedroom was intolerable. Apart from the ground floor, I knew nothing about the lay-out of the house. I followed the boy, but the door through which he had gone led apparently to a servants' staircase, down[1] which he had vanished. As I hesitated, a clock struck four, and I realized it must be dawn, not moonlight, I had seen through the landing windows. Arnold, by now, was getting near the end of his journey: I imagined the thin light breaking over those smoky valleys, the regiments of factory chimneys tearing themselves loose from[2] the darkness, the netted[3] railway lines over the squalor of industrial towns: Arnold walking[4] up and down some deserted platform, unable, probably, even to get a cup of tea or a newspaper. I made my mind dwell on[5] these trifles deliberately. I followed him along the little branch line from Blonfield, behind an obsolete, chunking engine, in a compartment that stank of stale tobacco; stopping at every station and eventually arriving—perhaps to be met by one of the girls with the news of[6] his father's death.

MARGUERITE STEEN *The Unquiet Spirit*
Notes overleaf   Collins

1 *en bas de*. 2 Use *s'arracher à*. 3 You could use *le réseau* (network). 4 Better to say 'who was walking'. 5 'I fixed my thoughts on'. 6 Use *annoncer*.

26   On a cold winter morning

I thought[1] I'd better get some sleep, so I found a dryish hole below an oak root and squeezed myself into it. The snow lay[2] deep in these woods, and I was sopping wet up to the knees. All the same I managed to sleep for some hours, and got up and shook myself just as the winter's dawn was breaking through the tree tops. Breakfast was the next thing,[3] and I must find some sort of dwelling.

Almost at once I struck a road, a big highway running north and south. I trotted along in the bitter morning[4] to get my circulation started and presently I began to feel a little better. In a little while I saw a church spire, which[5] meant a village. Stumm wouldn't be likely to[6] have got on my tracks yet, I calculated,[7] but there was always the chance[8] that he had warned all the villages round by telephone and that they might be on the look-out for me. But that risk had to[9] be taken, for I must have food.[10]

It was the day before Christmas, I remembered, and people would be holidaying. The village was quite a big place, but at this hour—just before eight o'clock—there was nobody in the street except a wandering dog. I chose the most unassuming shop I could find, where a little boy was taking down the shutters—one of those general stores where they sell everything.[11]

JOHN BUCHAN   *Greenmantle*
Hodder & Stoughton

1 Tense? §15.   2 'was'.   3 'Next it was a question of having breakfast'.   4 Better to say 'morning air'.   5 *qui* or *ce qui*? §80. 6 'It was scarcely probable that . . . ' (+subjunctive).   7 Inversion; §14(d).   8 *la possibilité que* (+subjunctive).   9 Use *falloir*.   10 Use *manger*.   11 *de tout*.

27   Long after the war

Once or twice the Abbot stirred in his sleep and seemed to be on the point of waking, but each time he settled himself deeper into the honey-gold quietness of the afternoon, into his own contented slumber. At last, when Baird was almost asleep himself, the old man spoke, without opening his eyes. 'Well, my dear Baird,' he said; and now he looked up, 'we all[1] knew you would come back. It was simply a question of[2] when.'

He rose groaning from his chair and they embraced tenderly. Then he sat down again and closed his eyes for a moment, before taking a packet of cheap cigarettes from the folds of his stained gown and lighting up.[3] He yawned prodigiously and said: 'I was aware that somebody was sitting silently before me. I thought perhaps I was being covered[4] by a revolver. You see? We haven't shaken off our old habits yet. I just had a peep through my lashes to see what was what.[5] Have you noticed that it is[6] quite impossible for one to murder a sleeping man?'

'I knew you'd seen me,' said Baird.

'And so, my dear fellow,' said the Abbot, his face wrinkling shrewdly[7] into a smile, 'you have come back at last to revisit the scene of so many adventures.'

LAWRENCE DURRELL   *The Dark Labyrinth*
Faber & Faber

1 §89.   2 'of knowing when'.   3 'lighting one'.   4 Avoid the passive; use *braquer un revolver sur*.   5 'to see what was the matter'. 6 *il est* or *c'est*? §82(b).   7 'into a shrewd smile'.

28   On the watch

An hour passed. The church clock struck four.[1] Still I waited. At a quarter before five I saw the landlord's wife come out of the parlour entrance and look about her, as though in search[2] of someone. Her visitor was late for supper. The fish was cooked. I heard her call out to a fellow standing by the boats that were fastened to the steps, but I did not catch her words.[3] He shouted back at her,[4] and, turning, pointed towards the harbour. She nodded her head, and went back inside the inn. Then, at ten minutes after five, I saw a boat approaching the town steps. Pulled by[5] a lusty fellow in the bows, the boat itself new varnished, it had all the air of one[6] hired out for strangers, who cared to be rowed about[7] the harbour for their pleasure.

A man with a broad-brimmed hat upon his head[8] was seated in the stern. They came to the steps. The man climbed out and gave the fellow money, after slight argument, then turned towards the inn. As he stood for a moment on the steps, before entering the Rose and Crown, he took off his hat and looked about him, with that air of putting a price on all he saw that I could not mistake.[9]

I was so near, I could have[10] tossed a biscuit at him. Then he went inside. It was Rainaldi.

DAPHNE DU MAURIER *My Cousin Rachel*
Gollancz

1 'Four o'clock struck from (*à*) the church clock'. 2 Use a verb. 3 'what she said'. 4 Express thus: 'he shouted something at her in his turn'. 5 'With a lusty fellow rowing . . . the new varnished boat had . . . '. 6 'of those boats which are hired'. 7 Use *être promené dans*. 8 Use *coiffé de*. 9 'which left me (in) no doubt'. 10 §32.

29   The inheritance

She decided suddenly to tell him of his mother's money. It[1] would relieve her mind and it would be a weapon with which to strengthen her words.

'Well, you might as well[2] know it first as last,' she said.

'Know what?'

'Your mother left you a little money,' she said.

He looked[3] ironical.

'Yes, I know,' he said. 'How much? Eighteen-pence?[4]'

She turned away and took the cloth from[5] the table and went to the door with it. She shook out[6] the crumbs and folded the cloth, holding one end with her chin, and put it in the table drawer. He watched her, puzzling his brows, and not knowing what to make of it.[7]

She went into the dairy to take the milk-jug. Coming back, she began to wash the dinner things at the sink, ignoring him completely. He went to the door, started to cross the yard and changed his mind. He sidled back and leaned against the lintel of the door.

'Where is it, anyway?' he said.

'Where's what?' she asked.

'Where's this money you're talking about?'

'Oh! the money. What next! I thought you'd gone across to your father.'

'How do you come to[8] know what she left?'

She did not answer.

H. E. BATES   *The Fallow Land*
Jonathan Cape

1 *Cela.* 2 Use *autant vaut que* + subjunctive. 3 Use *prendre l'air.*
4 You could say 'a franc'. 5 Preposition? §40. 6 Use *faire tomber.* 7 Cp. *Qu'en pensez-vous?—Je n'y comprends rien.* 8 *Comment se fait-il que* + subjunctive.

30   Fear of a crime

Then they disembarked and joined the rest of the travellers waiting on the far bank, and, all together now, hurried westwards. It was a dry country, spread with a carpet of desiccated teak leaves, and the light was[1] pale yellow on her eyes. As soon as she saw the loom[2] of the dark grove she knew[3] that

Jason would never find a better place to rob Mansur Khan. There were scattered bushes among the big trees, and a little stream, and dense scrub all around. He[4] would do it tonight and then slip away with her and the donkey before the camp awoke.

She had never before tried to turn him away from any particular act of stealing. This time she must.[5] She was frightened, but did not know why. Perhaps Mansur's saddlebags held enough jewels to enable Jason to settle down for ever in this evil life. Perhaps it was something else; but she was afraid. She hardened her jaw. She'd stop[6] him.

Inside the grove he followed Mansur, and they were close behind when Mansur said to the old servant, 'We'll sleep here, just here, at the foot of this tree.'

'Very good, lord,' the servant quavered.

Jason led on to a clump of bushes nearby[7] and said, 'This will suit us.'

JOHN MASTERS *Coromandel!*
Michael Joseph

1 'was reflected . . . in her eyes'. 2 'the dark grove loom up'. 3 Tense? §15. 4 For clarity say 'Jason'. 5 'must do it'. 6 Use *empêcher*. 7 'which was near'.

31 A man in hiding

She opened the back door cautiously and looked out. The cellar was closed and all was perfectly quiet. She fixed her eyes in dread on the cellar door. If she could[1] make herself[2] open that, if there were no one there, she could[1] begin to assess the situation calmly. But if the sound she had heard had been real, if the door concealed someone who waited and listened as she did, had she not better bolt the back door at once and go straight to the telephone? She stood[3] for a minute irresolute, afraid to stir, and in that instant from behind the lavatory door came a smothered sneeze. The place was used[4] only by Mrs. Jupp and the bolt was broken. In two steps Anthea was across[5] and had wrenched at the door. There was somebody there all right: a smallish young man, making himself still smaller against[6] the wall. He came out at once, embarrassed, into the open.[7]

'Well!' said Anthea in a cracked voice, her courage revived by the meagreness[8] of his appearance. 'What on earth are you doing here? What are you after?'

MARGARET LANE *A Night at Sea*
Hamish Hamilton

1 Tense of *pouvoir*? §32. 2 Use *s'obliger à* or *se forcer à*. 3 Use *rester*. 4 'Only Mrs Jupp used . . . '. 5 'had reached the door, which . . . '. 6 'by pressing against'. 7 'from his hiding-place'. 8 'his meagre appearance'.

32 Was it a false passport?

'Doesn't he want to see his brother?' Peersen enquired.

Sutherland was[1] embarrassed. 'That's up to Mr. Avery,' he said, as if the matter[2] were outside his competence. They both looked at Avery.

'I don't think so,[3]' Avery said.

'There is one difficulty. About the identification,' Peersen said.

'Identification?' Avery repeated. 'Of my brother?'

'You saw his passport,' Sutherland put in, 'before you sent it up to me. What's the difficulty?'

The policeman nodded. 'Yes, yes.' Opening a drawer he took out[4] a handful of letters, a wallet and some photographs.

'His name was Malherbe,' he said. He spoke fluent[5] English with a heavy American accent which somehow suited the cigar. 'His passport was Malherbe. It was a *good* passport, wasn't it?' Peersen glanced at Sutherland. For a second Avery thought[6] he detected in Sutherland's clouded face a certain honest hesitation.

'Of course.'

Peersen began to sort through the letters, putting some in a file before him and returning others to the drawer. Every now and then, as he added[7] to the pile, he muttered: 'Ah, so' or 'Yes, yes.' Avery could feel the sweat running down his[8] body; it[9] drenched his clasped hands.

'And your brother's name was Malherbe?' he asked again when he had finished[10] his sorting.

JOHN LE CARRÉ *The Looking-Glass War*
Heinemann

1 Tense? §9(a). 2 'question' or 'thing'. 3 §98. 4 Add 'of it'. 5 'He spoke English fluently'. 6 Tense? §15. 7 You could say 'while adding . . .'. 8 §55(c). 9 'his clasped hands were drenched with it'. 10 Tense? §16.

33 Picasso tries a portrait of Stalin

'How do you expect[1] me to do a portrait of Stalin?' he said, irritably.[2] 'In the first place I've never seen him and I don't remember at all how he looks,[3] except that he wears a uniform with big buttons down the front, has a military cap, and a large moustache.' I had already looked around the studio and found an old newspaper photograph that might have been[4] a picture of Stalin at the age of about forty. I gave it to Pablo.

'Oh, all right,' he said. 'Since it's Aragon, and[5] he needs it, I'll try to do it.' Very resignedly[2] he got down to work and tried to make a portrait of Stalin. But when he had finished,[6] it[7] looked like my father. Pablo had never seen him either, but the harder[8] he tried to make it look like Stalin, the more[8] it resembled my father. We laughed until[9] Pablo began to hiccough.

'Maybe if I tried to do a portrait of your father, it might look more[10] like Stalin,' he said. We studied the photo a little more, then studied the drawings he had made, and finally he came up with one[11] that was, more or less, Stalin at the age of forty.

FRANÇOISE GILOT & CARLTON LAKE *Life with Picasso*
Thos. Nelson & Sons

1 Use *vouloir que*; §48. 2 Use an adjective. 3 'his appearance'.
4 Tense of *pouvoir?* §32. 5 *que* required here; cp. *puisqu'il est ici et qu'il . . .* 6 Tense? §16. 7 *cela.* 8 §71. 9 'so much that'.
10 §71. 11 Use *produire*.

34   Relieved of his command

I had taken a book and was sitting under one of the two trees on the Embassy lawn. The soldiers were in conference, and I had the lawn all to myself, except for a sentry who passed up and down the raised path that separates the garden from the Nile. I was watching two hoopoes extracting[1] worms from the grass with their long bills[2] when Alan Brooke appeared with Auchinleck; they took seats under the other tree. I could[3] not hear what the C.I.G.S. was saying, nor could I see the expression on Auchinleck's face, but I did not need any[4] help to follow what was happening. Auchinleck sat with[5] his forearms resting on his thighs, his hands hanging down between his knees, his head drooping forward like a flower on a broken stalk. His long, lean limbs were relaxed; the whole attitude expressed grief: the man was completely undone. After a time they got up and went into the house. I tried to get on with my book,[6] but I was somehow made[7] miserable by what I had seen.

LORD MORAN   *Winston Churchill :
The Struggle for Survival, 1940–1965*
Constable

Notes overleaf

35 A moment of indecision

But I did not want to shoot the elephant. I watched him beating[1] his bunch of grass against his knees, with that preoccupied grandmotherly[2] air that elephants have. It seemed to me that it would be murder to shoot him.[3] At that age I was not squeamish about[4] killing animals, but I had never shot an elephant and never wanted to.[5] (Somehow it always seems worse to kill a *large* animal.) Besides, there was the beast's owner to be considered.[6] Alive, the elephant was worth at least a hundred pounds; dead, he would only be worth the value of his tusks, five pounds, possibly. But I had got to act quickly. I turned to some experienced-looking Burmans who had been there when we arrived, and asked them how the elephant had been behaving.[7] They all said the same thing: he took no notice of you if you left him alone, but he might[8] charge if you went too close to him.

It was perfectly clear[9] to me what I ought to do. I ought to walk up to within, say, twenty-five yards of the elephant and test his behaviour. If he charged I could[8] shoot, if he took no notice of me it would be safe to[10] leave him until the mahout came back.[11] But also I knew that I was going to do no such thing.

GEORGE ORWELL *Shooting an Elephant*
Secker & Warburg

36   On the point of rescue

She opened her eyes with vague surprise,[1] as though the fingering searchlight and the dark bulk behind it were strange phenomena difficult to account for. She made no sign but clung in a kind of stupor and watched them come, the searchlight already pale in the dawn dusk,[2] the ship moving up with huge slowness,[3] the thrash of the screw drowning the hailing voices.

The sky was almost clear now. Nothing remained of the mist but some feathers of cloud, already touched with pink on the eastern horizon. The sea all around was calm, gently lifting and spreading fragments of wreckage. Molly raised an arm and let it fall again. The effort was almost too much; the box was awash, the sea lapping over the lid. She felt strangely at peace, as though this commotion, these sounds of a bell and of voices, no longer concerned her. There was something she wished to remember, but it was too far off. It did not matter now; the trouble was over.[4] She clung to the box and waited, closing her eyes.

The voices were almost above her now, they were loud and urgent. Some wandering thread of her attention caught[5] and identified the smack of a boat on the water, the creaking of rowlocks. So all was well, after all; and she felt nothing.

MARGARET LANE   *A Night at Sea*
Hamish Hamilton

1 'vaguely surprised'. 2 You could express as 'the first glimmers of day'. 3 'huge and slow'. 4 'she was at the end of her troubles'. 5 Use *saisir*.

37   Tom has made a decision

The wind was rising and big waves were thumping on the beach. The sea turned[1] almost black, and the wet fronts of the houses, in spite of their gay colours, began to have[2] a dreary look. The town seemed absolutely empty; not a human being was in sight. The only living creature to be seen was a dog with[3] its nose in the gutter—as Tom appeared from around[4] a corner, it[5] jumped and looked at him, completely shocked by the intrusion. But the very dreariness of the scene, the monotonous pounding of the waves, the hiss of rain in the pools, gave Tom the kind of pleasure that one gets[6] from the defiance of an enemy. He was stimulated, excited.[7] He felt his strength; he felt that he had done well. He had made a big decision and saved his life, and he went down to the beach and walked up and down close to the waves until[8] the rain grew heavy. His shoes filled with sand and he remembered that he had only one suit with him. He turned back to the pub, intending to read one of his new crime novels.

JOYCE CARY   *Spring Song and Other Stories*
Michael Joseph

1 'became'. 2 Use *prendre*. 3 §56. 4 'at the street corner'. 5 To avoid ambiguity, use *le chien* or *la bête*. 6 'one feels in defying an enemy'. 7 Add 'by it'. 8 §46.

38 Secret agent

After midday we stopped at a station for luncheon. We had a very good meal[1] in the restaurant, and when we were finishing two officers entered. Stumm got up and saluted and went aside to talk to them. Then he came back and made[2] me follow him to a waiting-room, where he told me to stay till[3] he fetched me. I noticed that he called a porter and had the door locked[4] when he went out.

It was a chilly place with no fire, and I kicked my heels there for twenty minutes. I was living by the hour[5] now, and did not trouble to worry about this strange behaviour.

There was a volume of time-tables on a shelf, and I turned the pages idly till[6] I struck[7] a big railway map. Then it occurred to me to find out where we were going. I had heard Stumm take my ticket for a place called Schwandorf, and after a lot of searching[8] I found it. It was away south in Bavaria, and so far as[9] I could make out less than fifty miles from the Danube. That cheered me enormously. If Stumm lived there he would most likely start me off on my travels[10] by the railway which I saw running to Vienna and then on to[11] the east. It looked as if[12] I might get to Constantinople after all.

JOHN BUCHAN *Greenmantle*
Hodder & Stoughton

1 'We ate very well . . . and when we were finishing the meal . . . '. 2 *Use obliger à.* 3 §46. 4 §28(d). 5 'for the present hour'. 6 Avoid the subjunctive by just saying: 'I was turning the pages . . . when . . . '. 7 Use *arriver.* 8 'after searching a lot'. 9 *autant que* + subjunctive. 10 Use *faire partir en voyage.* 11 'to continue afterwards to . . . '. 12 'It seemed possible that . . . '.

39 A strange passenger

It was early in the morning; the steel rim of the window enclosed a cold grey sky. The last stars had only just gone out. He sat with[1] his hands between his knees in a dull tired patience;[2] he wasn't important, he hadn't become an explorer; he was just a criminal. The effort of reaching[3] this place had exhausted him; he couldn't even remember with any clearness what he had done— only[4] the long walk through the dark[5] countryside to the station, trembling when the cows had coughed behind the hedgerows and[6] an owl shrieked: pacing[7] up and down upon the platform till the train came,[8] the smell[9] of grass and steam. The collector had wanted his ticket and he had none nor[10] had he any money to pay with. He knew his name or thought he knew his name, but he had no address to give. The man had been very kind and gentle; perhaps he looked sick. He[11] had asked him if he had no friends to whom he was going, and he replied that he had no friends . . . 'I want to see the police,' he said, and the collector rebuked him mildly, 'You don't have to go all the way to London for that, sir.'

GRAHAM GREENE *The Ministry of Fear*
Heinemann

1 §56. 2 'dull, tired, waiting patiently'. 3 'The effort he had made to reach . . . '. 4 'he remembered only . . . '. 5 Better to say 'in the darkness'. 6 Before a second clause, *quand* is replaced by *que*. 7 'he had paced'. 8 You could make use of *l'arrivée*. 9 'and there was the smell . . . '. 10 'and he had no money to pay for it'. 11 'The collector'.

40   No reply

The next day, Thursday, I was busy with lessons. On Friday I tried three times to ring up Arthur's flat, but the number was always engaged. On Saturday I went away for the week-end to see some friends in Hamburg. I didn't get back to Berlin until[1] late on Monday afternoon. That evening I dialled Arthur's number, wanting to tell him about my visit; again there was no reply. I rang[2] four times, at intervals of half an hour, and then complained to the operator. She told me, in official language,[3] that the 'subscriber's instrument' was 'no longer in use.'

I wasn't particularly surprised. In the present state of Arthur's finances, it was hardly to be expected that[4] he would have settled his telephone bill. All the same, I thought,[5] he might have[6] come to see me or sent a note. But no doubt he was busy, too.[7]

Three more days went by. It was seldom that we had[8] ever

let a whole week pass without a meeting[9] or, at any rate, a telephone conversation. Perhaps Arthur was ill. Indeed, the more[10] I thought about it, the surer[10] I felt that this must be the explanation of his silence. He had probably worried himself into[11] a nervous breakdown over his debts. And, all this while, I had been neglecting him. I felt suddenly very guilty. I would go round and see him, I decided,[12] that same afternoon.

CHRISTOPHER ISHERWOOD *Mr. Norris Changes Trains*
Hogarth Press

1 Express 'not until' by *ne . . . que*; §46. 2 Use *appeler*. 3 'in official terms'. 4 'it was hardly likely that'; §49. 5 §13(d). 6 Form of *pouvoir*? §32. 7 'he, too'; §78(b). 8 'We had seldom . . . '. 9 Use *se rencontrer*. 10 *plus . . . plus . . .* ; §71. 11 Express thus : 'By worrying about his debts, he had probably reached a state of nervous depression'. 12 New sentence: 'I decided to go . . . '.

41 Two dogs

'I[1] never run,' said the bloodhound. 'It's no good trailing a cat when you're out of breath, especially if the cat isn't.[2] I figured that out myself. They call it instinct.'

'I was taught[3] to do what I do, and not to[4] do what I don't,' the police dog said. 'They call it discipline. When I[1] catch cats, cats stay caught,' he added.

'I don't catch them, I merely[5] find out where they are,' the bloodhound said quietly.

The two dogs suddenly made out a great dark house looming in front of them at the end of a lane. 'The trail ends right here, twenty feet[6] from that window,' the bloodhound said, sniffing a certain spot. 'The leopard must have[7] leapt into the house from here.'

The two dogs stared into the open window of the dark and silent house.

'I was taught[3] to jump through the open windows of dark houses,' said Plunger.

'I taught myself not to,[8]' said Plod. 'I[1] wouldn't grab that cat if I were you. I never grab a leopard unless it's a coat.' But Plunger wasn't listening.

'Here goes,' he said jauntily, and he jumped through the window of the dark and silent house.

JAMES THURBER *Further Fables for our Time*
Hamish Hamilton

1 Emphasize; §78(b). 2 §75(c). 3 Use *on*+an active verb; §9(b). 4 §97(b). 5 §96. 6 §109. 7 Tense of *devoir*? §33. 8 'not to do that'.

42   An ambitious young man

'What do you want for yourself?' asked Marion.

'I want success.'

She seemed[1] startled by the force with which I had spoken. She said:

'What do you call success?'

'I don't mean to spend my life unknown.'

'Do you want to make money, Lewis?'

'I want everything that people call success. Plus a few requirements of my own.[2]'

'You mustn't expect too much,' said Marion.

'I expect everything there is,' I said. I went on: 'And if I fail, I shan't make any excuses. I shall say that it is my own fault.'

'Lewis!' she cried. There was a strange expression on her face. After a silence, she asked: 'Is there anything else you want?'

This time I hesitated. Then I said:

'I think I want love.'

Marion said, her voice emphatic and decisive, but her face still soft with pain:

'Oh, I haven't had time for that. There's too much else[3] to do. I wonder if you'll[4] have time.'

I was too rapt to attend to her.[5] Just then, I was living in my imagination.

C. P. SNOW   *Time of Hope*
Macmillan

1 Tense? §15. 2 'personal requirements'. 3 'too many other things'. 4 Emphasize 'you'. 5 'to what she was saying'.

43   Fire

Ralph shouted at him.

'Piggy! Have you got any matches?'

The other boys took up the cry till the mountain rang.[1] Piggy shook his head and came to the pile.

'My! You've made a big heap, haven't you?'

Jack pointed suddenly.

'His specs—use them as[2] burning glasses!'

'Here—Let me go!' His voice rose to a shriek of terror as Jack snatched the glasses off his[3] face. 'Mind out! Give 'em back! I can hardly see! You'll break the conch!'

Ralph elbowed him to one side and knelt by the pile.

'Stand out of[4] the light.'

Ralph moved the lenses back and forth, this way and that,[5] till a glossy white image of the declining sun lay[6] on a piece of rotten wood. Almost at once a thin trickle of smoke rose up and made him cough. Jack knelt too and blew gently, so that the smoke drifted away, thickening, and a tiny flame appeared. The flame, nearly invisible at first in that bright sunlight, enveloped a small twig, grew, was enriched with colour and reached up to[7] a branch which exploded with a sharp crack.

The flame flapped[8] higher and the boys broke into a cheer. 'My specs!' howled Piggy. 'Give me my specs!'

WILLIAM GOLDING *Lord of the Flies*
Faber & Faber

1 'to (*à*) make the mountain ring'. 2 'they can serve as . . . '.
3 §55(c). 4 Use *s'écarter*. 5 'right and left'. 6 Use *se poser*.
7 Use *atteindre*. 8 'The flickering flame rose . . . '.

44 On the track of an intruder

Suddenly she heard him again, very close this time. He ran up the first few steps of the attic stairs outside and paused. A thin pencil of light ran under the closed door of the room in which she sat. It[1] touched her foot and vanished, and there was[2] silence again. Very slowly she rose and stood[3] waiting.[4]

He went back. She heard him distinctly. He had decided that the top floor was unused. After a long interval she heard him down in the hall again.

Amanda considered the fire-escape but changed her mind. The police would respond to Meg's call immediately, but the fog was very thick and might[5] delay them. It seemed[6] a pity that the burglar should get away[7] without being seen. She decided to go down.

Having made up her mind, she went over to the door. The first flight of stairs seemed to promise[8] the only difficulty, since the boards were bare and newly stained, but she let the balusters take her weight[9] and moved gently, feeling her way.

On the first landing it was very dark. The bedroom doors were closed, and the small circular window little more[10] than a blur, but she remembered the design of the house and by following the wall came softly to the top of the graceful winding stairs.

MARGERY ALLINGHAM *The Tiger in the Smoke*
Chatto & Windus

1 Better to say 'The light'. 2 Tense? §15. 3 Use *rester*. 4 *à* + infinitive. 5 Tense of *pouvoir*? §32. 6 'It was a pity, it seemed, ...'. 7 Mood? §48. 8 'to present'. 9 'she leant on the balusters'. 10 Use *ne ... guère*.

45 Accusations

'But why is this no place for me, Monsieur, even if it is a battlefield? I am ready to help with the wounded. My first husband was a soldier and died on a battlefield. Let[1] me go now and give some help. This is, after all, my house.'

Nicot smiled understandingly but shook his head. 'We have plenty of young women to look after the wounded, Madame. Had we not[2] I would willingly accept your help. As it is, we would rather[3] you were away for a while, I think; and perhaps before the day is over we'll have a room or two ready[4] for you —'

But here a tall, hard-faced man of the Maquis who had been watching[5] and listening, said, 'Stop! You make a mistake, Nicot. This woman is a traitor.'

Marie-Louise swung round to him. 'What do you *mean*?'

'We know all about her. She was a secret collaborator.'

'She was *not*!'

'Oh, but yes,[6] she was. We've heard all about her. She collaborated for a long time with the top Germans in her house, and when her English son came for[7] help she turned him away. Her son was an English aviator who crashed, Nicot, and he came here for[8] shelter and she refused it. The Germans have told us all about her. Why, it was the Marquise herself who told all this to them when they came to take this woman's German husband off to Fresnes. That's why they spared her.'

ERNEST RAYMOND *The Chatelaine*
Cassell

1 Use *permettre*. 2 Use *sans cela*. 3 *préférer que* + subjunctive. 4 'we shall have prepared'. 5 Tense? §3. 6 The contradictory 'yes'. 7 'came to ask for'. 8 'to look for'.

There was a pause and then the sentry asked me who we were. 'Staff officers,' I told him, and added peremptorily, 'in a hurry[1]' I had not spoken a word of Italian for three years and I hoped devoutly that my accent sounded[2] convincing. Also that he would not notice that we were all wearing British uniform.

He did not reply immediately. It looked as though[3] his suspicions were aroused. In the car behind me I heard a click, as the safety catch of a tommy-gun slid back.[4] Someone had decided not to take any chances.

Then, just as I had made my mind up[5] that there was going to be[6] trouble, the sentry pointed at our headlights. 'You ought[7] to get those dimmed,' he said, and, saluting sloppily, opened the gate and stood aside to let us pass. Screeching loudly, we drove on towards Benghazi.

Soon we were on the outskirts of the town.

Coming towards us were the headlights of another car. It passed us. Then looking back over our shoulders,[8] we saw that it had stopped and turned back after us.[9] This looked suspicious. David slowed down[10] to let it pass. The car slowed down, too. He accelerated; the car did the same. Then he decided to shake it off. He put his foot down on the accelerator, and, screeching louder than ever, we drove into Benghazi at a good[11] eighty miles an hour with the other car after us.[12]

FITZROY MACLEAN   Eastern Approaches
Jonathan Cape

1 'and we are in a hurry'. 2 'was'. 3 Use il semblait que + sub-junctive. 4 You could use enlever or retirer. 5 'was sure (or convinced)'. 6 'we were going to have'. 7 Tense of devoir? §33. 8 'behind us'. 9 'had turned round and was following us'. 10 'slowed down to let the other car pass; the latter did the same'. 11 'at least'. 12 'still pursued by the other car'.

47   To the Spanish frontier

We hired bicycles at Villeneuve-lès-Avignon and visited Nîmes and Tarascon and Beaucaire. Then we had to make a decision. Should we go on[1] to the Riviera, or down[2] the east coast of France towards Spain? Charles inclined to casinos but we chose Spain because it was cheaper and spent the next night at Narbonne. The town was gloomy, the mistral blew, Charles broke the chandelier in our room and tried to hide the pieces. At the last moment they were found and a large item added to the bill. The mistral made travelling impossible.[3] We sat in the train going past platforms where the acacias and cypresses were plastered back[4] by the wind and where even the names of the stations seemed fretted by the mistral; Agde, Leucate, Fitou, Palau del Vidre. The lagoons fascinated us, for it was the country of *Mariana in the South*. The strip of sand, the reeds, the sea lavender, the wind and sun brought back South Africa; there was the Mediterranean, a[5] dark streak beyond the lagoons like the edge of a pineta and close at hand the stakes in the water, the white beds of flaking salt, the barren rocks of the Corbières. We reached the red soil of Roussillon, the fortress of Salses, the cathedral of Elne . . . and after many tunnels[6] the frontier at Cerbère. We could go no further without a visa.

CYRIL CONNOLLY   *Enemies of Promise*
Routledge, Kegan Paul

1 'Were we going to continue . . . '.   2 'or follow'.   3 Meaning? 4 You could use *courbé*.   5 Better to say 'that dark streak'.   6 Insert 'we reached'.

48   How was he to get out?

He sat down on the bed and considered. There could be no question of bathing and going down to breakfast in the ordinary way, because they would spot what he was after[1] at once and stop him. It was necessary to get out of the house as quietly and as quickly as possible, and be in his office when people arrived.[2] The idea of having to slip out of his own house like that made him smile grimly.

He found his clothes and a clean shirt without difficulty, but he could not decide about[3] a tie. He stood and stared[4] at the rack for a long time in helpless indecision. But in the end he shut his eyes and took one at random, and after that dressing was easy.

He came silently out on to the landing and stood for a moment listening. There was no sound in the house at all. It was a quarter-past seven, and the Darts would certainly be up and about in the kitchen, but Rosamund would still be in bed. As long as the door of the corridor leading to the kitchen was shut, there was nothing to stop him from walking quietly through the hall and out of[5] the front door. They might possibly hear the car start. But the garage was a long way from the kitchen, and by then it would be too late anyhow.

NIGEL BALCHIN *Sundry Creditors*
Collins

1 'what he wanted to do'. 2 Tense? §18 (a). 3 'on the choice of'. 4 'stood staring at'. 5 Use *sortir*.

49   At the cinema

Unfortunately, not all her brilliant glances were reserved[1] for him, and that fact formed the basis of the second disturbing incident. There was a young man, a rather tall handsome chap with[2] wavy hair, who was sitting with a girl in the row in front of them and a little to their right. Turgis had noticed that this fellow was turning round a good deal[3] whenever the

lights went up⁴ and that every time he did so⁵ his glance
always came to rest finally⁶ on Lena. After this had happened⁷
several times he noticed that she was returning this glance. At
last, during the interval, he caught her smiling, yes, actually
smiling, at the chap. Instantly, he felt⁸ miserable, then angry,
then miserable again.

He could stand it no longer. 'Do you know that chap there?'
he asked.

'Which one? What are you talking about?'

'Well, you keep smiling at him—I mean, that one there,
the chap who's just had a permanent wave, by the look of him.'

'Oh, the one who keeps looking round. He seems to think
he knows me, doesn't he? He's rather attractive, as a matter
of fact.'

'Well, I suppose as long as⁹ you think so, it's all right, isn't
it?' said Turgis bitterly.

J. B. PRIESTLEY   *Angel Pavement*
Heinemann

1 Turn: 'she did not reserve for him'.   2 §56.   3 'often'.   4 'the
hall was lit up'.   5 §75(a).   6 Use *finir par*; §25.   7 Tense? §16.
8 Tense? §15.   9 'if'.

50   A mortal illness

'Yes, doctor?' said my father.

'I'm afraid¹ she isn't going to get over it,' said Dr. Francis.

The church bell had just stopped and the room was so
quiet that it seemed to have got darker.

'Isn't she, doctor?' said my father helplessly. Dr. Francis
shook his head with a heavy frown.

'How long has she got?' said Aunt Milly.

'I can't tell² you, Mrs. Riddington,' said Dr. Francis.
'She won't let herself go easily. Yes, she'll fight to the last.'

'How long do you think?' Aunt Milly insisted.

'I don't think it can be[3] many weeks,' said Dr. Francis slowly. 'I don't think any of us ought to[4] wish it to be[1] long, for her sake.'

'Does she know?[2]' I cried.

'Yes, Lewis, she knows.' He was gentler to me than to Aunt Milly; his resentment, his almost sulky sense of defeat, he put away.

'You've told her[2] this morning?'

'Yes. She asked me to tell her the truth. She's a brave soul. I don't tell some people,[5] but I thought I had to, with[6] your mother.'

'How did she take it?[7]' I said, trying to seem controlled.

'I hope I do as well,' said Dr. Francis. 'If it happens to me like this.'

C. P. SNOW   *Time of Hope*
Macmillan

1 §48. 2 *le* required; §75(a). 3 'that it will last'. 4 'In my opinion, none of us ought to . . .'. 5 'There are people I don't tell'. 6 'in the case of your mother'. 7 *cela*.

51   A questionable contract

'There have been some very strange happenings. I have been[1] in this house more than a year now, and as I wished to lead a retired life I have seen little of my neighbours. Three days ago I had a call from a man who said that he was a[2] house agent. He said that this house would exactly suit a client of his[3] and that if I would part with it money would be no object. It seemed to me very strange, as there are several empty houses on the market[4] which appear to be equally eligible, but naturally I was interested in what he said. I therefore named a price which was five hundred pounds more than I gave.[5] He at once closed with the offer, but added that his client desired to buy the furniture as well and would I[6] put a price upon it. Some of the furniture is from my old home, and it is, as you see, very good, so that I named a good round sum. To this also he at once agreed. I had always wanted to travel, and the bargain was so good a one[7] that it really seemed to me that I should be my own mistress for the rest of my life.

'Yesterday the man arrived with the agreement all drawn out. Luckily I showed it to Mr. Sutro, my lawyer, who lives in Harrow. He said to me, 'This is a very strange document. Are you aware that if you sign it you could[8] not legally take *anything* out of the house—not even your private possessions?' When the man came again in the evening I pointed this out, and I said that I meant only to sell the furniture.'

A. CONAN DOYLE *The Case-Book of Sherlock Holmes*
John Murray

1 Tense? §14(c). 2 §54(b). 3 'one of his clients'. 4 'for sale'. 5 'had paid'. 6 'he asked me to'. 7 Simply say 'so good'. 8 Tense of *pouvoir*? §32.

52 The frontier post

Frost glittered on the roads and fields now. They went left, then right, then left again, and eventually a sign announced that they were entering Feldhagen. It was only a village, larger than some they'd passed, but that didn't mean much. Lancaster greeted[1] it with relief. They cruised through a cobbled square; there was an inn on one side, a dark, balconied building with a clock-tower on the other. Twelve minutes after two.

'Not bad,' Rouse muttered. 'Not bad at all.' To Sydenham he said: 'About a mile more.[2]'

The village receded. The driver had cut to sidelights only, Lancaster noted, and instinctively he looked left, wondering where the frontier was; but all he saw[3] were fields and clumps of trees. The road made two sharp bends, suddenly disclosing a fence on the right; beyond it stood three or four army huts, closely spaced, set in a V-shape in front of a flagstaff.

'By the guard-house, corporal.'

They pulled up. No one came to meet them. Rouse left the car and went along the short path to[4] the central hut door. Light showed[5] as he opened it and went in. A minute later he returned with someone else; a sergeant of the Military Police.

FRANCIS CLIFFORD   *All Men are Lonely Now*
Hodder & Stoughton

1 'was relieved to see it'. 2 Cp. *encore une heure*. 3 'he saw only'.
4 'leading to'. 5 'One saw light'.

53   Ideas on civilisation

I hold a number of beliefs that have been repudiated by the liveliest intellects of our time. I believe that order is better[1] than chaos, creation better than[2] destruction. I prefer gentleness to violence, forgiveness to vendetta. On the whole I think that knowledge is preferable to ignorance, and I am sure that human sympathy is more valuable than ideology. I believe that in spite of the recent triumphs of science, men haven't changed much in the last two thousand years; and in consequence we must still try to learn from history.[3] History is ourselves. I also hold one or two beliefs that are more difficult to put[4] shortly. For example, I believe in courtesy, the ritual by which we avoid hurting other people's feelings by satisfying our own egos.[5] And I think we should[6] remember that we are part of a great whole, which for convenience we call nature. All living things are our brothers and sisters. Above all, I believe in the God-given genius of certain individuals, and I value a society which makes[7] their existence possible.

KENNETH CLARK   *Civilisation*
BBC and John Murray

1 Use *valoir mieux*. 2 Better to repeat: 'that creation is better than . . . '. 3 'to profit by the lessons of history'. 4 Use *exprimer*. 5 'by giving satisfaction to ourselves'. 6 Equivalent of 'ought'; §33. 7 Verb? §28(e).

54   A lodging for the night

'I was very tired, so I let a Chinese porter, who looked somewhat less of a rogue than the rest, direct me where he would. We walked in the deep darkness of unlit streets until[1] we paused at the door of an unpromising building. The whole place seemed black and uninhabited. The Chinese porter pulled at a bell and pushed his way in through the door[2] and I followed him. We stood at the bottom of the stairs, our only light coming from[3] the porter's dim lantern. Then a door opened in the passage at the head of the stairs, and a woman appeared carrying a lamp. I still recall the grace of her movement, and the beauty of her face. It was a grace accompanied by infinite weariness, and the lamp threw[4] deep lines upon her face which must have[5] emphasized her sadness. She led me into the living-room, and speaking in a soft, French voice welcomed me as a guest into the house.'

'We talked a little that night, though there was obviously much which she preferred to leave unsaid. Her husband had been captured in one of the frontier escapades and taken into Russia. He was either dead or a prisoner. She had no news of his fate . . . I saw her there only for those few hours, but she remained for me a symbol of what life is losing.[6] She had an elegance which no poverty could disguise. She had manners which raised her from[7] a boarding-house keeper in a wild frontier town to a hostess in a salon.'

B. IFOR EVANS *In Search of Stephen Vane*
Hodder & Stoughton

1 You could say 'and at last'. 2 'pushed the door and went in'.
3 Use *éclairé par*. 4 Use *faire paraître*. 5 Tense of *devoir*? §33.
6 Use *disparaître*. 7 'from the state of'.

55   The survivor[1]

The plane crashed on the tenth of May, 1954. It had been[2] bound for the Azores but missed the airport of Santa Maria in the fog. I woke by the side of a green and blue mountain lake, and immediately thought, 'The banana boat must have[3] been wrecked.' I then went back into my coma.

It is true I had nearly[4] taken a banana boat bound for the West Indies which called in at the Azores, but had been greatly dissuaded by my friends . . . And so, although I had[5] finally taken[6] the expensive Lisbon route by plane, still in my dreams it was the banana boat.

When I came round the second time, it was[7] in Robinson's house. I was lying on a mattress on the floor, and as I moved I felt my shoulder hurting very painfully. I could see, facing me through the misty sunlight of a partly open door, a corner of the blue and green lake. We seemed to be[8] quite high on the side of a mountain.

I could hear someone moving in an inner room to my left. In a few moments I heard the voices of two men.

'I say!' I called out. The voices stopped. Then one murmured something.

Presently a door opened at my left. I tried to twist round,

but this was painful, and I waited while a man entered the room and came to face me.

MURIEL SPARK   *Robinson*
Macmillan

1 The survivor was a woman. 2 Tense? 3 §33. 4 Use *faillir*; §21(d). 5 §46. 6 Use *finir par*. 7 Tense? §15. 8 'We were, it seemed, . . . '.

56   Among the dunes

He must have[1] dozed for a while, because when he looked at his watch it was a quarter past five. For a moment he was[2] afraid she might have come back[3] while he was asleep, and gone[4] and left him. But the Morris was still standing there, and the sand hills stretched away solitary and empty. The sun had made the inside of the car very hot. He was sweating, his back was aching and he was intolerably uncomfortable, so he got out of the car and started to walk across the sand to the foot of the dunes.

The sand was loose and deep. Even on the level[5] it was an effort to lift his feet clear of it, and as soon as he came to the steep slope, he slid back almost as much as[6] he went forward. He knew that the way to get up was to take quick short steps, but he was very tired and his legs would only move slowly and heavily. He stopped after a while, panting. His heart was pounding so that his whole chest seemed to quiver, and his shirt was wet through with sweat. Looking back, he found that he had only climbed the first thirty yards of the slope, and was only now reaching the steepest part. Yet even as he stood, the sand was sliding away under his feet, and he was slipping very slowly backward. When he saw that, he made a tremendous effort and started to plough forward[7] and up[7] in a sort of frenzy. He gained a few yards, and then the effort faded.

NIGEL BALCHIN *Sundry Creditors*
Collins

1 Tense of *devoir*? §33. 2 Tense? §15. 3 §48. 4 'and that she had . . . '. 5 'where the ground was flat'. 6 *d'autant que*. 7 Express by a verb.

57   Hungry travellers

They were standing on the lip of an escarpment, and to the north the land spread away in a wide plain scattered with hummocky hills. In the middle distance a white city shone in the plain, and beside it she saw the silver flash of a river.

Jason dabbed water on the inflamed sore on her arm and muttered, 'I'm tired. How are you? I wonder how far the city is.'

She could not guess. Jason said, 'Ten miles, at least.'

She smiled at him and said cheerfully, 'I can walk ten miles.'

He said, 'You're as strong as a horse![1] But you'll need some real food[2] before you can hope to walk that far in this heat.'

The tone of his voice refreshed her. When she held the knife under his heart she had done something more than prevent him from joining Mansur's band. Jason respected her now—for the wrong reasons,[3] to be sure—and took extra care of her, as though to[4] prove that in spite of her strength of will she still needed him.

After a moment he said, 'Someone's coming from the south. They've gone into a dip now, and I can't see them. They must have some food.'

She said, 'Give me the pistol.' She held out her hand. Jason had forsworn robbery, but hunger knew[5] no law.

He said, 'But, Catherine, it's empty.'

She said, 'Give it to me, dear. They might[6] think you were going to threaten them. Perhaps they are as hungry as we?'

JOHN MASTERS   *Coromandel!*
Michael Joseph

1 *comme un Turc.* 2 'something nourishing'. 3 'not for the right reasons'. 4 §104; *comme.* 5 Preferable to use the present. 6 §32.

58   The choice of a place to stay

'But tell me in the first place how you knew[1] of La Grenadière?'

I explained[2] about Commandant Leroy and my father. Widmerpool seemed disappointed at this answer. I added that my parents had thought the terms very reasonable. Widmerpool said: 'My mother has always loved Touraine since she visited this country as a girl. And, of course, as you know,[3] the best French is spoken in this part of France.'

I said I had heard a Frenchman question that opinion; but Widmerpool swept this doubt aside, and continued: 'My mother was always determined that I should perfect my French among the châteaux of the Loire. She made enquiries and decided that Madame Leroy's house was far the best of the several establishments for paying-guests[4] that exist in the neighbourhood. Far the best.'

Widmerpool sounded[5] quite challenging; and I agreed that I had always heard well of the Leroys and their house. However, he would not allow that there was[6] much to be said for the Commandant: Madame, on the other hand, he much admired. He said: 'I will take you round[7] the garden first, and introduce you.'

'No, for Heaven's sake—Madame Leroy has already done that.'

ANTHONY POWELL   *A Question of Upbringing*
Notes overleaf   Heinemann

1 'heard of'. 2 Use *parler*. 3 §75(b). 4 Use *la pension de famille*.
5 'Widmerpool's tone was . . . '. 6 Mood? §49. 7 The expression
is *faire les honneurs de*.

59 The old father's death

The old captain closed his eyes; he had dropped asleep again,
his son thought, and he crept out of the room, to ask the
woman who came in three or four times a day to see to[1] the
old man, how long[2] she expected the illness to last.

'Why, until he goes,' she said, staring.

'He isn't going to die?'

She did not answer.

A little later he went back into the bedroom and found
his father lying, pale eyes open, staring at something far in
the past, or on the other side of the world. Bending down,
Gregory said gently, 'I shall have to[3] go back, you know.'

His gentleness covered a savage reluctance to waste any
more time here when he ought to be at work. His father did
not speak. His arm moved, slowly, very slowly, a brown stick
the colour of seaweed, an anchor tattooed above the wrist: the
hand closed over his son's[4] with surprising force. As plainly
as if he had spoken he was saying: 'Don't leave me . . .'
Nonsense, his son thought, nonsense, he's all right, he's going
to last weeks, months. He left that evening, on the night train,
and the old captain died at some moment during the small
hours,[5] no one there . . .

STORM JAMESON *The Road from the Monument*
Macmillan

1 Use *soigner*. 2 Turn: 'what, in her opinion, would be the
duration of the illness'. 3 Use *falloir*. 4 §84(a). 5 'before dawn'.

60 Back to the office

She stepped aside, and announced that she must go. He made
no effort to detain her, said nothing, but simply led[1] the way

back to the lower deck and the gangway. There he stopped and held out his hand.

'Very pleased to have met you, Miss Matfield,' he said, taking her hand[2].

'I hope you have a good trip, Mr. Golspie,' she told him hurriedly, 'and it isn't[3] too cold and the crossing isn't[3] too bad.' Then, without knowing why, she added: 'And don't forget to come back.'

He gave a sudden deep laugh. 'Not I. You'll be seeing me again soon. I'll be back in Angel Pavement before you can[4] turn round.' And he gave her hand a huge squeeze, then released it.

She turned round once and waved, though it was[4] almost impossible to see if he was still there, then hurried down the narrow lane, which brought her gradually back into the ordinary world. By the time[5] she crossed London Bridge again and looked through the bus window, there was hardly anything to be seen of that other world, only a glimmer of lights. By the time she was back at her table, holding her notebook up to the nearest electric light, that other world was infinitely remote and might never have[6] existed outside a day-dream in the November dusk.

J. B. PRIESTLEY *Angel Pavement*
Heinemann

1 §96; *ne . . . que.* 2 §55(c). 3 Tense? 4 §46. 5 'When at last she . . .'. 6 §32.

61 The language of Churchill

His vocabulary was direct, consisting of those short Saxon words which sparkle, explode and reach the very heart of the audience. He tried to convey in[1] the simplest and shortest words what was in his mind[2] and it turned out that this was always what the British people were waiting for.

Churchill was wedded to one of history's most terrifying, moving and sublime eras, and he was[3] equal to events. Few authors have left to their country and to mankind as great a legacy of unforgettable phrases. He was an orator rather than a historian, though his historical writings are important. In *Savrola*, the only novel he ever wrote,[4] he foretold the secret of his genius.

'Amid the smoke, he saw a peroration which could[4] cut deep into the heart of a crowd: a high thought, a fine simile, something to lift their minds from[5] the material cares of life and to awake sentiment. His ideas began to take the form of words; the rhythm of his own language swayed him; instinctively, he alliterated.'

Thus, nearly half a century earlier, Churchill was already foreshadowing and preparing his greatest speeches, of which in 2,000 years people reading them will say: 'This was[3] his greatest hour and these his greatest words.'

From an article by ANDRÉ MAUROIS *Churchill the Writer*
The Week-end Telegraph

1 'by'. 2 'his thought' or 'his way of thinking'. 3 Tense? §15.
4 §51. 5 'above'.

62 A lack of devotion

'I do not think you are[1] happy, Rachel,' he said.

At that direct challenge, Rachel looked up sharply. 'And what makes you think that?'

'Just this, my dear: that since I have been[2] laid on my back you have not done for me any of the things that I should have loved to do for you, if you had met with an accident and not I.'

Gripping the arms of his chair, he awaited her reply. None came. In a moment he went on as quietly as a judge assessing an impersonal cause. 'At the nursing home, you visited[3] me as little as you could. When I came home, you left all the care of me to Mike Hartigan. There was a great deal you could not do for me, but there were many things you could have done.[4] At Upavon's house there was, I know, every excuse for you. You had discovered a wonderful talent and you had a wonderful opportunity to display it. You were right to use much time on that. I should have done the same. But even there, there were many occasions[5] when you might have[4] sat with me, talked with me; but you allowed everyone to see that I was not deeply in[6] your thoughts.'

HOWARD SPRING *Rachel Rosing*
Collins

1 Mood? §49. 2 Tense? §14(c). 3 Turn by using *la visite*. 4 §32. 5 'very often'. 6 'I was far from'.

63 Ready to fight a duel

But already one of the other men from the far side of the field had begun to advance towards them. He seemed a strangely isolated figure, as he walked daintily, lifting his feet high at each step to avoid getting sand on his boots. The doctor regarded him suspiciously for a moment and then excused himself.

'I'll leave[1] you to our friend,' he said. 'He's got the pistols all ready.'

It was not until[2] the Captain actually had[3] his own pistol in his hand that his complete self-confidence returned to him. But with the pistol in his grip he forgot everything but the task[4] he expected of it; forgot the cold; forgot that his thin boots were soaked through already from the walk; for the moment, forgot Anna even.

He was now, for the first time in months, the soldier again; he began balancing his weight on his heels and aiming at imaginary targets among the trees. His pity for M. Moritz returned to him, and he regretted the necessity of the occasion.

'At any rate,' he reassured himself, 'it will be over now in ten minutes, and by tomorrow I shall have forgotten about it.'

And whether it was[5] the imminence of action, or the coffee with the brandy in it that the doctor had given him, he began walking up and down, drinking in great gulps[6] of the pine-laden air. He was fully prepared when the doctor came back across the arena and announced that the other side was ready as soon as he was.[7]

NORMAN COLLINS *Anna*
Collins

1 Use *confier*. 2 §46 ('not until'). 3 Tense? 4 'what he expected . . .'. 5 *que ce fût* . . . 6 Use the expression *respirer à pleins poumons*. 7 Tense? And *le* is necessary in this phrase; §75(c).

64   What had happened to him?

My first task naturally was[1] to note who was on the beach. From the top of the path I could[2] see the whole sweep of it, and it was absolutely deserted save that two or three dark figures could[2] be seen far away moving towards the village of Fulworth. Having satisfied myself upon this point, I walked slowly down the path. There was clay or soft marl mixed with the chalk, and every here and there I saw the same footstep, both ascending and descending. No one else had gone down to the beach by this track that morning. At one place I observed the print of an open hand with the fingers towards[3] the incline. This could only mean that poor McPherson had fallen as he ascended. There were rounded depressions, too, which suggested that he had come down upon his knees more than once. At the bottom of the path was the considerable lagoon left by the retreating tide. At the side of it McPherson had undressed, for there lay his towel on a rock. It was folded and dry, so that it would seem[4] that after all he had never entered the water. Once or twice as I hunted round amid the hard shingle I came on little patches of sand where the print of his canvas shoe, and also of his naked foot, could be seen. The latter fact proved that he had made all ready to bathe, though his towel indicated[5] that he had not actually done so.[6]

A. CONAN DOYLE   *The Case-Book of Sherlock Holmes*

1 Tense? §15.   2 Unnecessary to use *pouvoir*.   3 'outstretched towards'.   4 Tense?   5 Mood? §46.   6 §75(a).

65   A disappointed caller

He was near Elmfield, where Penelope lived; he was[1] for a few moments uncertain whether he would go and see Penelope or not. He slowed down, wavering in his mind. Holidays:[2] the children would be at home: that was against it.[3] On the other hand, his softened mood put him in need of company, and, failing Aylmer or Jeremy himself, Penelope was the best company[4] he knew.

Yes, I'm going, he said, turning the wheel round. His own house, if he returned to it,[5] would be empty, rain-enclosed. There were friends in their dozens who could be summoned by telephone; he did not seem to want any of them. More and more, as he drove fast along the narrow side roads, was he glad to be going to Penelope.

As he turned into[6] the drive, the house made a bright and welcoming pattern in the dark; from uncurtained windows lights shone like torches on the rain. And, as he paused for a moment, the front door opened and Penelope stepped out with bent head.[7] He sounded his horn, and she ran towards him. She wore a long cream-coloured mackintosh; it hung on her tall figure like a pale cloak. Her dark head was bare. 'Why, Ritchie! What are you doing here?'

'I came to see you.'

'Oh, what a shame!'

'What do you mean, a shame?'
'I'm just going out.'

DIANA RAYMOND *Guest of Honour*
Cassell

1 Tense? 2 Amplify. 3 'another reason for not going there'.
4 Make use of *la personne*. 5 §76. 6 Use *s'engager dans*. 7 §56.

66 A nasty fall

They were perhaps four metres apart when the girl stumbled and fell almost flat on her face. A sharp cry of pain was wrung out of her. She must have[1] fallen right on the injured arm. Winston stopped short. The girl had risen to her knees. Her face had turned a milky yellow colour against[2] which her mouth stood out redder than ever. Her eyes were fixed on his, with an appealing expression that looked more like fear than pain.

A curious emotion stirred in Winston's heart. In front of him was an enemy who was trying to kill him: in front of him, also, was a human creature, in pain and perhaps with a broken bone. Already he had instinctively started forward to help her. In the moment when he had seen her fall on the bandaged arm, it had been as though he felt the pain in his own body.

'You're hurt?' he said.

'It's nothing. My arm. It'll be all right[3] in a second.'

She spoke as though her heart were fluttering. She had certainly turned very pale.

'You haven't broken anything?'

'No, I'm all right. It hurt for a second, that's all.'

She held out her free[4] arm to him, and he helped her up.

GEORGE ORWELL *Nineteen Eighty-four*
Secker & Warburg

1 Tense of *devoir*? §33. 2 *sur*. 3 'it will pass'. 4 Use *valide*.

67 The account closed

Five centuries after her ashes were[1] cast into the Seine, lest[2] any relic should remain of the relapsed heretic and witch, the name of St. Joan of Arc shines with untarnishable radiance in France—and in England. It is ungenerous to continue war against the defeated, and futile to make war upon the dead. For nearly half a century the bones of Sir Roger Casement have lain among the nameless graves at Pentonville, a source of no benefit to England and of resentment to Ireland.

Many a rebel in remoter parts of the Empire, after being condemned and punished, has lived to[3] hold high and honourable office in the Commonwealth. Casement may well seem to many to have offended[4] more grievously than these, and there is no need for any who hold that view to recant. He tried to stab England in the back when she was struggling for survival,[5] and it is[6] difficult for Englishmen not to feel that he was justly as well as lawfully put to death. But the independence of Ireland, for which he contended, has long ago been conceded as her right; and it is[6] natural that Irishmen should remember[7] the patriot where[8] his English judges could see only the traitor. So, as this tragic dust is carried home, even English heads may be uncovered to salute its passing. However[9] heinous his guilt may still be thought, he paid for it in full; it is time to close the account.

The Daily Telegraph

1 Tense? §9(a). 2 §46. 3 Use *plus tard*. 4 Turn by using *la faute*. 5 Use a verb. 6 §82(b). 7 Subjunctive. 8 'whereas'. 9 §52.

68 Night in Africa

She did not like going outside her garden at night. She was not afraid of natives, no: she had contempt for women who were afraid, for she regarded Africans as rather pathetic children, and was very kind to them. She did not know what made her afraid. Therefore she took a deep breath,[1] compressed her lips, and stepped carefully through the gate, shutting it behind her with a sharp click. The road before her was[2] a glimmering white ribbon, the hard-crusted sand sending up a continuous small sparkle[3] of light as she moved. On either side were sparse[4] stumpy trees, and their shadows were deep and black. A nightjar cut across the stars with crooked trailing wings, and she set her mouth defiantly: why, this was only the road she walked over[5] every afternoon, for her constitutional! These were the trees she had pleaded for, when her husband was wanting to have them cut for firewood: in a sense they were her trees. Deliberately slowing her steps, as a discipline,[6] she moved through the pits of shadow, gaining each stretch of[7] clear moonlight with relief, until she came to the house. It[8] looked dead, a dead thing with staring eyes, with those blank windows gleaming pallidly back[9] at the moon. Nonsense, she told herself. Nonsense. And she walked to the front door, unlocked it, and flashed her torch over the floor.

DORIS LESSING *Winter in July (African Stories)*
Michael Joseph

1 Use a verb. 2 'was like'. 3 Use a plural. 4 Express by *s'aligner*. 5 Use *parcourir* or *suivre*. 6 Use *se discipliner*. 7 'of road lit up by the moon'. 8 Avoid ambiguity. 9 'sending back pale gleams to the moon'.

69 Too tired

The heat next day was extraordinary. There was no direct sun: a sky[1] the colour of white spongy flesh gave off a stifling warmth from all over. Gregory drove with[2] sweat running into his eyes and across his hands on the wheel. His wife complained a good deal, but he had begun to find this heat—not pleasant, certainly—rather curiously exciting . . .

They reached Arles late in the afternoon, and Beatrice said, 'Wait ten minutes, long enough for me to[3] bathe my eyes, and I'll come with you to look at the Alyscamps. It's the only thing on our way I must see.'

A shock of anger passed through him, entirely unreasonable: the last thing he wanted was to support a tired complaining[4] woman through this heat to look at something he had counted on seeing alone.

'Very well.'

He waited, standing in his room and trying to reason himself into a decent temper. To his relief, after less than ten minutes she came in, a handkerchief wet with eau-de-Cologne held to her cheek, and said,

'No, I can't come, it's too hot, I'm too tired.'

'Go and lie down, my dear,' he said, 'I'll go alone.'

She gave him one of her mocking glances. 'You'd much rather[5] All right, go.'

STORM JAMESON   *The Road from the Monument*
Macmillan

1 Turn: 'from the whole sky . . . there emanated . . . '. 2 §56.
3 *le temps de*. 4 Use *se lamenter*. 5 Meaning?

70   Waiting

Parkinson called across[1] 'The mail's not in. I've been expecting[2] a copy of my second article. I'll drop it in your room if it comes. Let me see. Is it six[3] or seven? It wouldn't do to get the wrong[4] room, would it?'

'You needn't bother.'

'You owe me a photograph. Perhaps you and M[me] Rycker would oblige[5]'

'You'll get no photograph from me, Parkinson.'

Querry paid the bill and went to find the telephone. It stood on a desk where a woman with[6] blue hair and blue spectacles was writing her accounts with an orange pen. 'It's ringing,' Marie Rycker said, 'but he doesn't answer.'

'I hope his fever's not worse.'

'He's probably gone across to the factory.' She put the telephone down and said, 'I've done my best, haven't I?'

'You could[7] try again this evening before we have dinner.'

'You *are* stuck[8] with me, aren't you?'

'No more than you with me.'

'Have you any more stories to tell?'

'No, I only know the one.[9]'

She said, 'It's an awful time till tomorrow. I don't know what to do till I know.'

GRAHAM GREENE   *A Burnt-out Case*
Heinemann

1 Use *lancer*. 2 Tense? 3 *le six*. 4 §39; *se tromper*. 5 'give me one'. 6 §56. 7 §32. 8 Make use of *se débarrasser de*. 9 'that one'.

71   The beginning of a friendship

It was one of the evenings which even our surroundings, the ruined mills of industry, could not destroy: warm, fresh, quiet. We walked, in no hurry to find out more about each other.[1] I was thinking of the possibility that for one or both of us our friendship might end in misery and unhappiness. Honesty was no guarantee against anything.

'Where's your friend . . . your fiancé?' I asked later.

'He's in prison,' said Betty. 'He and my brother went to prison together.'

The screw applying a light pressure somewhere inside my chest took[2] another turn. Of course, I knew that people went to prison.

'I'll tell you about it some other time,' she said. 'Now about tomorrow; I don't want you to[3] take me out to dinner again. I don't have dinner usually anyway. Let's just[4] come to the park again and afterwards we can[5] buy some chips on the way home.'

I agreed.

We had reached a district of mean streets and as we penetrated further they seemed to get worse.[6]

'I'm nearly home now,' said Betty. 'Don't come any further.'

'All right, Betty,' I said. 'I'll see you tomorrow.'

G. O. JONES *The Catalyst*
Faber & Faber

1 'to know each other more deeply'. 2 Use *s'enfoncer*. 3 §48.
4 Use *se contenter de*. 5 Tense? 6 'to become more so'.

72   In the desert

We set off once more. Each interminable, empty day ended at sunset and started again at dawn. The others ate dates before we started, but I could no longer face their sticky sweetness,[1] and I fasted till the evening meal. Hour after hour my camel shuffled forward,[2] moving, it seemed, always up a slight incline towards an indeterminable horizon, and nowhere in all that glaring emptiness[3] of gravel plain and colourless sky was there anything upon which my eyes could focus. I would notice[4] some dots, think that perhaps they were far-off camels, only to realize a few strides farther on that they were stones immediately beneath our feet. I marvelled how[5] Rai kept his direction, especially when the sun was overhead. I knew that camels will never walk[4] straight; my own animal edged off the whole time to the right towards her homeland and I had to tap her back[6] with my stick, a constant source of irritation. Rai and the others talked continuously and seemingly[7] paid no attention to where they were going, and yet when at intervals I checked our course with my compass it never varied more than a few degrees. We reached the well at Haushi near the southern coast six days after leaving the Amairi.

WILFRED THESIGER *Arabian Sands*
Longman

1 Use an adjective. 2 Express by a verb. 3 Turn: 'that glaring and empty expanse of gravel and . . . '. 4 Tense? 5 'at the way in which'. 6 Use *ramener*. 7 Use a verb.

73 Alone in the house

The air smelt stale as he entered his silent house. Strange how the silence and the tang of dust smote you as you entered, by reason of your knowledge[1] that you'd be here alone for months. It was as a dust of old books. The house, always too big and spacious for one man and a boy, seemed emptier and larger than ever, and a little mustier, now that, in the silences of evening and night, it would lodge one man alone. And more and more[2] depressing its emptiness became as days went by. Day-times were not too bad. Work dismissed everything but itself,[3] and he was happy enough in his consulting room in Queen Anne Street or at one of his hospitals. It was after nightfall that the gloom gathered, when Capes had gone from the kitchen and all the big rooms above him were housing nothing but darkness. 'A suicidal business,[4]' he told himself once, 'sitting alone in a big empty house with big empty rooms above you.'

One comfort,[5] however, was that this heavy solitude proved he had not acted for his own sake in sending Jasper to Benfield. If he'd ministered to[6] his own desires, he'd have kept the boy with him as a cure[7] for loneliness. But now, without him, the eating[8] of a meal was dull to dismal, and so were[9] going to bed at night and getting up in the morning.

ERNEST RAYMOND   *The Tree of Heaven*
Cassell

1 Simplify. 2 §71. 3 'that was not itself'. 4 'This could lead to suicide'. 5 Use a verb. 6 'listened to'. 7 Use a verb. 8 Use an infinitive. 9 'it was the same'.

74   Far from his homeland

Over the dark houses opposite the last light of the sunset filtered through cloud and smoke. The street below was already dark and the street lights were on. Back home in Rhodesia, John thought with a sudden burst of nostalgia, there would be a band of red in the west running behind the hills and stretching far up into the tall clear sky. There the sun set a thousand miles away behind a limitless horizon, and the sky reached up high to gather in the farthest stars; here the sun slipped down behind the row of houses opposite, hidden in smoke, and no sky existed, only a dirty blanket of grey cloud low overhead. In Rhodesia it would be autumn now instead of spring, and evening tissues of mist would be forming[1] in the hollows of the hills where his family lived. The crickets would be screeching[1] and frogs croaking in the evening stillness; on the horizon dogs would bay; the sounds would emphasize the peace and distances of the land.

At this time of night, if he was at home in a medical school vacation, he would walk round the farm alone with Hector the great dane beside him. The horses would be stamping[1] and settling themselves for the night[2] in the stables. From the compound for the African farm workers there would be glimmers of light from the small fires on which the women prepared the evening meals. Occasionally someone would beat a slow grumbling rhythm on a drum.

MICHAEL FISHER *In Pluto's Kingdom*
Cassell

1 Tense? 2 'getting ready to spend the night'.

75   In Northern Italy

There were trees along[1] both sides of the road and through the right line of trees I saw the river, the water clear, fast and shallow. The river was low and there were stretches of sand and pebbles with[2] a narrow channel of water and sometimes the water spread like a sheen over the pebbly bed. Close to the bank I saw deep pools, the water blue like the sky. I saw arched stone bridges over the river where tracks turned off from the road and we passed stone farmhouses with pear trees candelabraed against their south wall and low stone walls in the fields. The road went up the valley a long way and then we turned off and commenced to climb into the hills again. The road climbed steeply going up and back and forth[3] through chestnut woods to level finally along a ridge. I could look down through the woods and see, far below, with the sun on it[4] the line of the river that separated the two armies. We went along the rough new military road that followed the crest of the ridge and I looked to the north at the two ranges of mountains, green and dark to the snow-line and then white and lovely in the sun. Then as the road mounted along the ridge, I saw a third range of mountains, higher snow mountains, that looked chalky white and furrowed, with strange planes, and then there were mountains far off beyond all these, that you could hardly tell if you really saw.

ERNEST HEMINGWAY *A Farewell to Arms*
Jonathan Cape

1 Use a verb. 2 Use *traverser*. 3 You could use *tourner et re-tourner*. 4 Use *se refléter*.

Part Five
Free Composition

ESSAY SUBJECTS

Personal accounts

1 Vous êtes sorti(e) avec des camarades. Vous rentrez très tard. Vos parents ont été inquiets.
Explications.

2 Votre famille va déménager. Il vous faudra donc quitter votre demeure, votre école, vos camarades.
Exprimez quelques regrets et quelques espérances.

3 Votre frère, ou votre sœur, présente sa fiancée (son fiancé) à la famille.
La conversation. Les réactions.

4 Vous êtes allé(e) en visite chez des amis français.
Parlez un peu de cette visite.

5 En votre absence, des voleurs ont cambriolé votre maison (votre appartement) et ont emporté des objets de valeur.
La découverte du vol et ses suites.

6 Vous arrivez dans une ville que vous connaissez mal. Vous êtes obligé(e) de laisser votre voiture dans un quartier assez éloigné du centre.
Ayant fait vos commissions, vous voulez retrouver votre voiture, mais vous ne vous souvenez plus de l'endroit où vous l'avez laissée.
Comment vous êtes-vous tiré(e) d'embarras ?

7 Vous êtes allé(e) à l'étranger avec plusieurs camarades.
Décrivez ce voyage.

8 Vous allez partir en voyage. À la gare (ou dans le métro) quelqu'un vous vole votre valise.
Racontez ce qui s'est passé et ce que vous avez fait ensuite.

9 Vous êtes allé(e) en excursion loin de chez vous. Pour rentrer, vous avez dû faire de l'auto-stop.
Parlez de vos difficultés et des automobilistes qui ont eu l'amabilité de vous prendre dans leur voiture.

10 Votre famille voyage en France. Vous avez une panne de moteur.

Parlez de vos ennuis et de vos difficultés.

11   Deux voitures entrent en collision. Il y a des dégâts, mais les conducteurs n'ont pas grand mal.
Racontez cet incident et la discussion qui s'ensuit en présence des agents.

12   Devant une banque ou un bureau de poste, vous avez assisté à une tentative de vol. Des gangsters ont attaqué les gardes qui transportaient de l'argent à une voiture blindée, mais on les a déjoués.
Racontez cet incident.

13   Avec un(e) camarade, vous faites une promenade en montagne. Un brouillard descend.
Racontez ce qui s'est passé, et comment vous avez fait pour retrouver votre chemin.

14   En France, vous arrivez sur les lieux d'un accident. Vous reconnaissez un des malchanceux pour un compatriote que vous avez rencontré à l'hôtel. Cet homme ne sait pas un mot de français.
Vous lui servez d'interprète pour fournir des explications aux agents.

15   Aux sports d'hiver, vous partez avec une bande faire du ski en montagne. Un(e) de vos camarades fait une chute et se casse la jambe, ou bien il (elle) attrape une entorse.
Racontez ce qui s'est passé et ce qu'on a fait pour aider le blessé (la blessée).

16   Vous sortez d'un grand magasin ou d'un supermarché où vous avez fait des achats. Un employé vous rejoint et vous accuse d'avoir volé un objet.
Racontez cet événement et dites comment vous êtes arrivé(e) à prouver votre innocence.

Letters

1   Lettre à un(e) ami(e) que vous n'avez pas vu(e) depuis plusieurs années.

2 Lettre de remerciements à des amis chez qui vous venez de passer un séjour agréable.

3 Vous avez manqué un rendez-vous. Écrivez une lettre à la personne que vous deviez rencontrer, pour lui faire vos excuses et pour lui expliquer pourquoi vous n'avez pas pu la retrouver.

4 Vous allez recevoir chez vous un(e) jeune Français(e). Quelques jours avant la date convenue pour sa visite, votre mère tombe malade.
Écrivez une lettre au jeune Français (à la jeune Française) pour le (la) mettre au courant de ce qui s'est passé et pour le (la) prier de retarder sa visite.

5 On vous a donné le nom et l'adresse d'un(e) jeune Français(e) qui cherche un correspondant. Écrivez-lui une première lettre, en lui parlant de votre famille, de votre maison, de vos études, de vos goûts, de vos distractions, etc.

6 Vous comptez aller faire un séjour à Paris. Écrivez une lettre à un ami habitant la capitale, pour le prier de vous indiquer un hôtel convenable et pour lui demander des renseignements sur les amusements et les promenades qu'on peut faire.

7 Lettre à un hôtelier chez qui vous êtes descendu(e) plusieurs fois, pour lui annoncer que vous voulez renouveler votre visite.
Demandez-lui son tarif actuel, et indiquez ce qu'il vous faut comme chambre, bain, repas, etc.

8 Vous sollicitez une place. Lettre à un monsieur de votre connaissance, pour le prier de bien vouloir vous fournir une recommandation.

Descriptions

1 Vous traversez un paysage que vous avez vu pour la dernière fois en été. Maintenant c'est l'hiver. Faites ressortir le contraste.

2   Après une absence de vingt ans, une personne revient dans sa ville natale. Les changements qu'elle constate. Ses émotions et réflexions.

3   Décrivez une région que vous avez traversée en auto, et que vous avez trouvée ravissante.

4   Décrivez un tableau ou un monument que vous trouvez impressionnant.

5   Un hélicoptère survole votre ville. Décrivez ce que voit l'aviateur.

6   Décrivez une côte où vous avez passé des vacances délicieuses.

7   Faites le portrait, au physique et au moral, d'une personne que vous connaissez bien.

8   Vous vous rendez chez le médecin. Dans la salle d'attente se trouvent plusieurs personnes. Décrivez ces gens, leur mine, leur attitude, etc.

9   C'est l'été. Vous vous trouvez sur une plage. Parlez des gens que vous voyez autour de vous et de ce qu'ils font.

10 Faites le portrait d'un chien ou d'un chat. Décrivez ses attitudes, ses habitudes, ses allées et venues dans la maison.

France and the French

1   On a dit que les Français aiment vivre le plus possible dehors.
    Dans quelle mesure cela est-il vrai?

2   Pourquoi les gens de toutes les nationalités affluent-ils à Paris? .

3   La diversité géographique de la France.

4   «Ce n'est pas seulement la Manche qui sépare les Anglais des Français.»
    Développez cette pensée.

5   «La France est surtout un pays agricole.»
    Cela est-il toujours vrai?

6 «En France la bourgeoisie reste très forte.»
Développez cette idée.

7 Les plages françaises, fréquentées autrefois par la bourgeoisie, grouillent maintenant d'une foule populaire.
Pourquoi ce changement?

8 Le comportement des Français envers les étrangers.

9 Les Français sont-ils plus polis que les autres peuples?

10 «Les Français et les Anglais sont les seuls grands peuples qui vivent dans leur histoire.»
Développez cette pensée.

Way of life—pleasures—pastimes

1 Les avantages d'habiter un appartement.

2 Les agréments de la vie rurale.

3 À quoi occupez-vous vos loisirs?

4 Le bricolage.

5 Les avantages et les inconvénients du téléphone.

6 «Les choses que je déteste le plus dans la vie.»

7 Discussion entre deux hommes, dont l'un adore le jardinage, tandis que l'autre le déteste.

8 Les amusements populaires de notre époque.

9 La popularité du roman policier et du roman d'espionnage.

10 «Nous avons perdu, de nos jours, le talent de nous amuser nous-mêmes.»
Discutez cette affirmation.

11 Les avantages d'habiter une grande ville.

12 Les gens qui passent leurs vacances à l'étranger sont de plus en plus nombreux.
Expliquez ce phénomène.

Sport

1   De nos jours, on suit mieux les événements sportifs en restant chez soi.
2   «Les sports sont un moyen salutaire de dépenser de l'énergie.»
    Discutez cette affirmation.
3   Les plaisirs des sports d'hiver.
4   Lequel est préférable, le camping au bord de la mer, près d'une plage fréquentée, ou le camping dans un endroit tranquille, en pleine campagne?
5   Arguments pour ou contre la chasse (ou la pêche).
6   Le comportement des foules aux matchs de football.
7   Aujourd'hui les sportifs peuvent faire fortune. Qu'est-ce qui leur permet de s'enrichir à ce point?
8   Les courses d'automobiles.
9   Les Jeux Olympiques.
10 L'attrait des courses cyclistes.

Education

1   Dans la société actuelle, l'éducation des jeunes a tendance à se prolonger. Donnez-en les raisons.
2   Quelles seront vos pensées quand vous quitterez le collège pour la dernière fois?
3   Un voyage à l'étranger organisé par les soins de votre école.
4   A quoi bon étudier une langue étrangère?
5   Les avantages pour l'étudiant d'une vie communale.
6   «L'étudiant ne devrait pas passer ses vacances à gagner de l'argent.»
    Discutez cette opinion.

7   «On ne devrait enseigner que ce qui a rapport à la vie actuelle.»
     Donnez votre avis après avoir développé les arguments pour et contre.

8   Le célèbre docteur Johnson a dit: «Enseignez-lui n'importe quoi, pourvu qu'il le déteste.»
     Que pensez-vous de ce principe?

9   Les examens sont-ils nécessaires?

10   «Au collège je me suis fameusement amusé,» disait un jeune homme.
     Faites le portrait d'un tel élève, et imaginez son comportement en classe et ailleurs.

11   Les jeunes devraient-ils écouter les conseils de leurs aînés?

12   Votre conception d'une personne cultivée.

Radio and television

1   Les effets de la télévision sur le train de vie des gens.

2   «Moi, je n'ai pas de télérécepteur, disait un homme, et je n'ai pas la moindre envie d'en avoir.»
     Qu'en pensez-vous?

3   «Peu à peu la radio cède la place à la télévision.»
     Dans quelle mesure cela est-il vrai?

4   «La télévision, c'est la mort du cinéma.»
     Discutez cette affirmation.

5   Les émissions de télévision les plus populaires.

6   Le rôle de la télévision dans l'enseignement.

7   L'influence de la télévision sur les campagnes électorales.

8   Pourquoi, après certaines émissions, y a-t-il des gens qui se précipitent vers le téléphone?

9   À la radio et à la télévision, les nouvelles sont-elles présentées d'une façon impartiale? Donnez quelques exemples.

The press

1 Quels sont, selon vous, les principaux défauts des journaux quotidiens?

2 «Il y a ceux qui croient que tout ce qui s'imprime est vrai.» Discutez cette notion en vous référant à la presse quotidienne.

3 La vie du journaliste.

4 «Les journalistes ne recherchent que le sensationnel.» Discutez ce point de vue.

5 La concurrence chez les journalistes et les photographes de la presse.

6 «La liberté de la presse doit connaître des limites.» Discutez ce principe.

7 «Toutes les nouvelles sont mauvaises.» Quelle part de vérité y a-t-il dans cette opinion?

8 L'importance des annonces et de la publicité pour les propriétaires de journaux.

The contemporary world

1 Le problème de la circulation dans les grandes villes.

2 Le problème du bruit dans le monde moderne.

3 Peu à peu les villes mangent la campagne. A quoi aboutira cette progression?

4 Les supermarchés.

5 Les vols à l'étalage.

6 La rapidité des communications modernes.

7 L'avenir des paquebots.

8 L'importance qu'on attache à la publicité dans le monde actuel.

9 La vie de banlieue.

10 La violence dans le monde d'aujourd'hui.

11 «L'origine du crime, c'est la pauvreté.» Croyez-vous que cela soit vrai?

12 Croyez-vous que le progrès matériel ait rendu la vie plus facile?
13 La technologie a-t-elle rendu l'homme plus heureux?
14 «Aujourd'hui on travaille pour vivre, et les arts deviennent des métiers.»
Discutez cette opinion.

Political

1 Les hommes politiques peuvent-ils être honnêtes?
2 «Tout homme intelligent se méfie des programmes électoraux.»
Développez cette idée.
3 «Je ne comprends pas ceux qui se passionnent pour la politique.»
Justifiez ou combattez cette idée.
4 On prétend que la politique n'intéresse pas les jeunes. Qu'en pensez-vous?
5 L'ordre vaut mieux que l'anarchie.
6 Le rôle des idéologies dans la politique contemporaine.
7 Les inconvénients du suffrage universel.
8 On parle sans cesse de la liberté. Dans quelle mesure sommes-nous libres?
9 Les dangers pour le grand public de l'inflation fiduciaire.
10 «Dans l'État moderne, les biens privés n'existent presque plus.»
Discutez cette opinion.
11 Discutez l'opinion suivante: «L'existence des voisins est la seule défense contre une perpétuelle guerre civile.»
12 «C'est la force qui gouverne le monde.»
Êtes-vous de cet avis?

Sociological

1   Quel est, à votre avis, le plus important des problèmes sociaux de notre époque?
2   La société de l'abondance.
3   Les congés payés.
4   La sécurité sociale.
5   Comment se pose le problème des loisirs? Comment peut-on le résoudre?
6   Les problèmes de l'urbanisme.
7   Il y a ceux qui affirment que les hommes naissent égaux.
     Discutez le bien-fondé de cette affirmation.
8   L'inégalité des richesses est-elle justifiable?
9   «Aujourd'hui la récompense monétaire n'a rien à faire avec le mérite.»
     Développez cette pensée.
10 Les jeunes contre la société.
11 Les manifestations populaires.
12 Le vandalisme dans le monde moderne.
13 La crise du logement et ses conséquences.
14 Les problèmes soulevés par l'immigration.
15 «En dépit des progrès technologiques, la vie humaine reste foncièrement la même.» Est-ce vrai?
16 «La tradition a plus fait pour le bonheur du genre humain que l'idée du progrès.»
     Discutez cette pensée.

Industry

1   Pourquoi la campagne se dépeuple-t-elle, tandis que les villes s'agrandissent sans cesse?
2   La fabrication en série.
3   Pourquoi les grèves?

4 Les grèves dans les services publics.
5 Les raisons de l'ennui et du mécontentement de l'ouvrier.
6 Discutez l'opinion suivante: «Les machines ont réduit l'homme au plus terrible esclavage.»
7 Pourquoi, de nos jours, les femmes et les jeunes filles sont-elles beaucoup mieux habillées qu'autrefois?

General questions

1 L'importance des amitiés dans la vie.
2 Les bévues sociales.
3 Il faut toujours se garder de médire des gens.
4 «Les affaires sont les affaires.»
5 Les actions qui laissent des remords.
6 «Qui ne pense qu'à soi quand la fortune est bonne, dans le malheur n'a point d'amis.»
7 «Il n'y a que les sots qui sont contents de ce qu'ils font.»
8 «Toujours du plaisir n'est plus du plaisir.»
9 «Il vaut mieux être optimiste que pessimiste.»
10 «L'homme se révèle par les personnes et les choses dont il s'entoure.»
11 «Dans tous les pays, à toutes les époques, les hommes se ressemblent.»
12 «Il n'y a rien que les hommes aiment mieux conserver et qu'ils ménagent moins que leur propre vie.»
13 Discutez les motifs qui poussent les hommes à l'exploration des terres peu connues et à la conquête des hautes montagnes.
14 «Ceux qui vivent sont ceux qui luttent.»
15 «La tempérance et le travail sont les deux vrais médecins de l'homme.»
16 «Tout le monde se plaint de sa mémoire, mais personne ne se plaint de son jugement.»
17 «L'hypocrisie est le plus nécessaire des vices.»
18 «Qui s'élève s'isole.»

NOTE ON LETTER-WRITING

The French are distinguished among modern peoples for their meticulous observance of formal politeness, a heritage of an ancient and courtly civilization, and nowhere is this sense of the correct *nuance* more clearly shown than in letter-writing. It is possible for an Englishman to begin with 'Dear Mr. X', and end with 'Yours sincerely', when writing to a man from whom he has received one letter and whom he had never seen. But the French rarely make use of such familiar and friendly style until acquaintance is very much riper. It is as well then, when writing to French people, to keep to recognized observances until you have good reason to believe that a less formal tone would be appreciated.

The following hints will prove adequate for normal correspondence:

The envelope

Write in full *Monsieur, Madame,* or *Mademoiselle,* as the case may be (not the abbreviations *M., Mme, Mlle*).

As to addresses, it used to be the custom to write the name of the Department in brackets immediately under the town:

Laval   Marmande
(Mayenne)   (Lot-et-Garonne)

Under the new postal code, Departments are numbered, and the number of the Department is placed immediately before the name of the town:

53 Laval   47 Marmande

Mode of address

The familiar *tu* is practically universal between young people in France. When writing to his or her French correspondant for the first time, a young foreigner would be advised to use the *vous* form of address. Boys, in their first letter to a French girl whom they had not previously met, might observe a certain formality by beginning the letter *Chère mademoiselle* or simply *Mademoiselle,* but thereafter first names would be quite usual and acceptable. After several letters, or possibly earlier, the French boy or girl will almost certainly write and say *Puis-je vous tutoyer?*, which would be the signal for the *tu* form to be used in all future correspondence.

To strangers and older people one always says *vous*.

Beginnings

To a stranger: *Monsieur* (or *Madame*).

To an acquaintance or to an older person, such as the mother or father of a friend:

> *Cher Monsieur Roche.*   *Chère Madame Dupont.*

To friends:

> *Cher* (or *Mon cher*) *Jean.*   *Chère* (or *Ma chère*) *Henriette.*
> *Cher ami.*   *Chère amie.*

Formal endings

When writing to strangers or business firms, one ends with one of the accepted polite formulae, which may be considered as roughly equivalent to *Yours truly* or *Yours faithfully*:

> Veuillez agréer, Monsieur, l'expression de mes senti-
> ments distingués (*or* très distingués, *or* les plus
> distingués).

or Veuillez agréer, Monsieur, mes (nos) salutations empressées.

or Je vous prie de croire, Monsieur, à mes sentiments distingués.

When writing formally to a lady, one ends with a courteous expression such as:

Veuillez agréer, Madame, l'expression de mes hommages respectueux (*or* l'expression de mes hommages les plus respectueux, *or* l'expression de mon profond respect).

Familiar endings

Girls or women writing to each other end with phrases like:

À vous de tout cœur.

or Bien affectueusement à vous.

or Je vous embrasse de tout cœur.

Boys or men end with phrases like:

Bien cordialement à vous.

Bien amicalement.

Bien à vous.

Une bonne poignée de main.

Je vous serre cordialement la main.

After the concluding phrase, one merely puts one's signature.

The following are also useful:

Veuillez me rappeler au bon souvenir de vos parents (= *Remember me kindly to your parents*).

Bien des choses de ma part à vos parents (= *Give my kind regards to your parents*).

Veuillez dire le bonjour de ma part à vos parents (= *Give my kind regards to your parents*).

En attendant le plaisir de vous lire (= *Hoping to hear from you soon*).

Specimens of letters concerning accommodation

(1) Formal letter to a large hotel:

Monsieur le Directeur (Monsieur le Gérant)

Veuillez avoir l'obligeance de me réserver une chambre à un lit (à deux lits) pour deux personnes, avec salle de bain, pour le 15 février. La durée de mon séjour sera probablement d'une semaine.

Je vous serais reconnaissant de me faire connaître vos conditions et je vous confirmerai ma réservation par retour du courrier.

Veuillez agréer, Monsieur le Directeur, avec mes remerciements, l'assurance de mes sentiments distingués.

(signature)

(2) Letter suitable for more modest hotels or pensions de famille:

Monsieur (Madame)

Votre adresse m'a été communiquée par mon ami X . . . , qui a passé deux semaines dans votre établissement l'été dernier.

Je vous serais reconnaissant de me faire savoir si vous pourriez nous recevoir du 1er au 31 août, ma femme, ma fille et moi.

Il nous faudrait une grande chambre à un lit (ou à deux lits) pour deux personnes et une chambre pour une personne.

Veuillez avoir l'obligeance de me faire connaître vos conditions et, si possible, de me réserver une option.

Au reçu de votre réponse, je vous confirmerai ma réservation par retour du courrier.

Dans l'espoir d'une prompte réponse, je vous prie d'agréer, Monsieur (Madame), l'expression de mes sentiments distingués.

(signature)

Part Six

Grammar

Verbs

(This is not a complete verb list. It draws attention to those forms which students often know imperfectly.

For convenience, where the complete tense is given the pronouns are omitted.)

§1 Common verbs

avoir
Pres. part. ayant; *imper.* aie, ayons, ayez; *pres. subj.* aie, aies, ait, ayons, ayez, aient

être
Pres. part. étant; *imper.* sois, soyons, soyez; *pres. subj.* sois, sois, soit, soyons, soyez, soient

donner
Imper. donne, donnons, donnez

finir
Pres. ind. je finis, nous finissons; *p. hist.* je finis, nous finîmes; *pres. subj.* je finisse

vendre
Pres. subj. je vende

aller
Fut. j'irai; *imper.* va (*but* vas-y), allons, allez; *pres. subj.* aille, -es, -e; allions, -iez, aillent.

s'asseoir
Pres. part. s'asseyant; *p. part.* assis; *pres. ind.* je m'assieds, tu t'assieds, il s'assied, n. n. asseyons, v. v. asseyez, ils s'asseyent; *p. hist.* je m'assis; *fut.* je m'assiérai; *pres. subj.* je m'asseye.

battre
Pres. ind. je bats, nous battons; *p. part.* battu; *p. hist.* je battis; *pres. subj.* je batte.

boire
Pres. part. buvant; *p. part.* bu; *pres. ind.* je bois, nous buvons, ils boivent; *imperf.* je buvais; *p. hist.* je bus; *pres. subj.* boive, -es, -e, buvions, -iez, boivent.

conduire
Pres. part. conduisant; *p. part.* conduit; *pres. ind.* je conduis, nous conduisons; *p. hist.* je conduisis; *pres. subj.* je conduise.

connaître
P. hist. je connus; *pres. subj.* je connaisse.

courir
P. part. couru; *pres. ind.* je cours, nous courons; *p. hist.* je courus; *fut.* je courrai; *pres. subj.* je coure.

couvrir
Pres. ind. je couvre; *p. part.* couvert; *p. hist.* je couvris.

craindre
Pres. part. craignant; *p. part.* craint; *pres. ind.* crains, -s, -t, craignons, -ez, -ent; *imperf.* je craignais; *p. hist.* je craignis; *fut.* je craindrai; *pres. subj.* je craigne.

croire
P. part. cru; *p. hist.* je crus; *pres. subj.* croie, -es, -e, croyions, -iez, croient.

cueillir	*Pres. part.* cueillant; *p. part.* cueilli; *pres. ind.* cueille, -es, -e, -ons, -ez, -ent; *p. hist.* je cueillis; *fut.* je cueillerai.
devoir	*P. part.* dû (*f.* due); *p. hist.* je dus; *fut.* je devrai; *pres. subj.* doive, -es, -e, devions, -iez, doivent.
dire	*P. part.* dit; *p. hist.* je dis; *pres. subj.* je dise.
dormir	*Pres. ind.* je dors, nous dormons; *pres. subj.* je dorme.
écrire	*P. part.* écrit; *p. hist.* j'écrivis; *pres. subj.* j'écrive.
envoyer	*Pres. ind.* j'envoie, nous envoyons; *fut.* j'enverrai; *pres. subj.* envoie, -es, -e, envoyions, -iez, envoient.
faire	*P. hist.* je fis; *fut.* je ferai; *pres. subj.* fasse, -es, -e, -ions, -iez, -ent.
falloir	*P. part.* fallu; *p. hist.* il fallut; *fut.* il faudra; *pres. subj.* il faille.
fuir	*Pres. part.* fuyant; *p. part.* fui; *pres. ind.* fuis, -s, -t, fuyons, -ez, fuient; *p. hist.* je fuis; *pres. subj.* fuie, -es, -e, fuyions, fuyiez, fuient.
lire	*P. part.* lu; *p. hist.* je lus; *pres. subj.* je lise.
mettre	*Pres. ind.* je mets, nous mettons; *pres. subj.* je mette.
mourir	*P. part.* mort; *pres. ind.* meurs, -s, -t, mourons, -ez, meurent, *p. hist.* je mourus; *fut.* je mourrai; *pres. subj.* je meure, -es, -e, mourions, -iez, meurent.
naître	*P. part.* né; *p. hist.* je naquis; *pres. subj.* je naisse.
plaire	*P. part.* plu; *p. hist.* je plus; *pres. subj.* je plaise.
pleuvoir	*P. part.* plu; *p. hist.* il plut; *fut.* il pleuvra; *pres. subj.* il pleuve.
pouvoir	*Fut.* je pourrai; *pres. subj.* puisse, -es, -e, -ions, -iez, -ent.
prendre	*Pres. subj.* prenne, -es, -e, prenions, -iez, prennent.
recevoir	*Pres. ind.* je reçois, nous recevons, ils reçoivent; *p. hist.* je reçus; *fut.* je recevrai; *pres. subj.* reçoive, -es, -e, recevions, -iez, reçoivent.
rire	*P. part.* ri; *pres. ind.* je ris, nous rions, ils rient; *imperf.* je riais; *pres. subj.* je rie.
rompre	*P. part.* rompu; *pres. ind.* romps, -s, -t, rompons, -ez, -ent; *pres. subj.* je rompe.
savoir	*Pres. part.* sachant; *p. part.* su; *p. hist.* je sus; *fut.* je saurai; *pres. subj.* sache, -es, -e, -ions, -iez, -ent; *imper.* sache, sachons, sachez.
suivre	*P. hist.* je suivis; *pres. subj.* je suive.
taire	*P. part.* tu; *pres. ind.* tais, -s, -t, taisons, -ez, -ent.
tenir	*P. part.* tenu; *pres. ind.* tiens, -s, -t, tenons, -ez,

	tiennent; *p. hist.* tins, -s, -t, tînmes, tîntes, tinrent; *fut.* je tiendrai; *pres. subj.* tienne, -es, -e, tenions, -iez, tiennent; *imp. subj.* tinsse, -es, tînt, tinssions, -iez, -ent.
valoir	*P. part.* valu; *pres. ind.* vaux, -x, -t, valons, -ez, -ent; *p. hist.* je valus; *fut.* je vaudrai; *pres. subj.* vaille, -es, -e, valions, -iez, vaillent.
venir	*As* Tenir.
vivre	*P. part.* vécu; *pres. ind.* vis, -s, -t, vivons, -ez, -ent; *p. hist.* je vécus; *pres. subj.* je vive.
voir	*Fut.* je verrai; *pres. subj.* voie, -es, -e, voyions, -iez, voient.
vouloir	*Fut.* je voudrai; *pres. subj.* veuille, -es, -e, voulions, -iez, veuillent; *imper.* veuille, veuillez.

§2 Less common verbs

acquérir *to acquire*	*P. part.* acquis; *pres. ind.* acquiers, -s, -t, acquérons, -ez, acquièrent; *p. hist.* j'acquis; *fut.* j'acquerrai; *pres. subj.* acquière, -es, -e, acquérions, -iez, acquièrent.
assaillir *to assail*	*Pres. part.* assaillant; *p. part.* assailli; *pres. ind.* assaille, -es, -e, assaillons, -ez, -ent; *imperf.* j'assaillais; *p. hist.* j'assaillis.
bouillir *to boil*	*Pres. part.* bouillant; *p. part.* bouilli; *pres. ind.* bous, -s, -t, bouillons, -ez, -ent; *p. hist.* je bouillis.
conclure *to conclude*	*Pres. part.* concluant; *p. part.* conclu; *pres. ind.* conclus, -s, -t, concluons, -ez, -ent; *p. hist.* je conclus.
coudre *to sew*	*Pres. part.* cousant; *p. part.* cousu; *pres. ind.* couds, -s, coud, cousons, -ez, -ent; *imperf.* je cousais; *p. hist.* je cousis.
croître *to grow*	*Pres. part.* croissant; *p. part.* crû; *pres. ind.* croîs, croîs, croît, croissons, -ez, -ent; *imperf.* croissais; *p. hist.* je crûs; *pres. subj.* je croisse.
faillir *to fail*	*P. part.* failli; *p. hist.* je faillis.
gésir *to lie*	Used only in these parts: *pres. part.* gisant; *pres.ind.* il gît, nous gisons, vous gisez, ils gisent; *imperf. il* gisait, etc.

haïr *to hate*	*Pres. part.* haïssant; *p. part.* haï; *pres. ind.* hais, -s, -t, haïssons, -ez, -ent; *imperf.* je haïssais; *p. hist.* je haïs; *fut.* je haïrai; *pres. subj.* je haïsse.
luire *to shine*	*Pres. part.* luisant; *p. part.* lui; *pres. ind.* luis, -s, -t, luisons, -ez, -ent; *imperf.* je luisais; *pres. subj.* je luise.
maudire *to curse*	*Pres. part.* maudissant; *p. part.* maudit; *pres. ind.* je maudis, nous maudissons; *imperf.* je maudissais; *p. hist.* je maudis; *pres. subj.* je maudisse.
moudre *to grind*	*P. part.* moulu; *pres. ind.* mouds, -s, moud, moulons, -ez, -ent; *p. hist.* je moulus.
mouvoir *to move*	*P. part.* mû (*f.* mue); *pres. ind.* meus, -s, -t, mouvons, -ez, meuvent; *p. hist.* je mus
nuire *to harm*	*P. part.* nui; *pres. ind.* nuis, -s, -t, nuisons, -ez, -ent; *p. hist.* je nuisis; *pres. subj.* je nuise.
pourvoir *to provide*	*Like* Voir *except in future :* je pourvoirai.
suffire *to suffice*	*Pres. part.* suffisant; *p. part.* suffi; *pres. ind.* suffis, -s, -t, suffisons, -ez, -ent; *p. hist.* je suffis; *pres. subj.* je suffise.
traire *to milk*	*Pres. part.* trayant; *p. part.* trait; *pres. ind.* je trais, -s, -t, trayons, -ez, -ent; *imperf.* je trayais.
vaincre *to vanquish*	*Pres. part.* vainquant; *p. part.* vaincu; *pres. ind.* vaincs, -s, vainc, vainquons, -ez, -ent; *p. hist.* je vainquis; *pres. subj.* je vainque.
vêtir *to clothe*	*P. part.* vêtu; *pres. ind.* vêts, -s, vêt, vêtons, -ez, -ent; *p. hist.* je vêtis.

§3 Compound tenses with *avoir*

J'ai pris	*I have taken*
J'avais pris	*I had taken*
J'aurai pris	*I shall have taken*
J'aurais pris	*I should have taken*

Note these examples:

Regardez! Il a neigé.   *Look! It has been snowing.*

Qu'est-ce que tu as fait?—J'ai travaillé.

What have you been doing?—I have been working.

Il avait plu, car les trottoirs étaient mouillés.

It had been raining, for the pavements were wet.

The past participle agrees with a preceding direct object:
>Où sont tes gants? Je les ai perdus.
>Montre-moi les cadeaux que tu as reçus.
>Combien de cartes as-tu achetées?

But no agreement with **en**:
>Avez-vous reçu des lettres?—Oui, j'en ai reçu.

§4 Verbs conjugated with *être*

aller	*to go*	entrer	*to enter*
venir	*to come*	rentrer	*to go (come) home*
revenir	*to come back*	descendre	*to descend*
devenir	*to become*	monter	*to go (come) up*
arriver	*to arrive*	tomber	*to fall*
partir	*to depart*	retourner	*to return, go back*
sortir	*to go (come) out*	naître	*to be born* (e.g. elle est née)
rester	*to remain, stay*	mourir	*to die* (e.g. elle est morte)

Examples of compound tenses:

ils sont arrivés	*they (have) arrived*
ils étaient arrivés	*they had arrived*
ils seront arrivés	*they will have arrived*
ils seraient arrivés	*they would have arrived*

The past participle agrees with the subject:
>elle est partie; ils sont sortis.

a) Transitive use of sortir, descendre, monter, rentrer
Used transitively, these verbs are conjugated with **avoir**:
>J'ai monté (descendu) les bagages.
>*I have taken up (brought down) the luggage.*
>Elle avait sorti son mouchoir.
>*She had taken out her handkerchief.*
>J'ai rentré la voiture.   *I have put the car in.*

§5 Reflexive verbs

Examples of imperative:

lève-toi!	ne te lève pas!
levons-nous!	ne nous levons pas!
levez-vous!	ne vous levez pas!

Compound tenses:

je me suis arrêté	*I (have) stopped*
je m'étais arrêté	*I had stopped*
je me serai arrêté	*I shall have stopped*
je me serais arrêté	*I should have stopped*

§6 Agreement or otherwise of the past participle in reflexive verbs

The fundamental rule of the agreement of the past participle with a preceding direct object applies here. In the majority of cases the reflexive pronoun is the direct object (i.e. is in the accusative case), therefore the past participle agrees:

elle s'est levée   ils se sont habillés

In somewhat rarer cases, the reflexive pronoun is the indirect object (i.e. is in the dative case); consequently the past participle does not agree:

Nous nous sommes écrit.   *We have written to each other.*
Elle s'est acheté un manteau.   (se = *for herself*)
Elle s'est essuyé les yeux.
Ils se sont adressé un signe de tête.
Nous nous sommes demandé s'il viendrait.   (demander à)
Elle s'était rappelé le numéro.   (se = *to herself*)
Ils s'étaient procuré une échelle.   (se = *for themselves*)

§7 Points concerning the use of the reflexive verb

Note these examples:

La porte s'ouvre (se ferme).	*The door opens (closes).*
La salle s'emplit (se vide).	*The room fills (empties).*
La voiture s'arrête.	*The car stops.*
Le conseil se réunit.	*The council meets.*

A reflexive verb often renders an English passive:
se trouver, *to be found*; s'étonner, *to be surprised*
se tromper, *to be deceived*; s'appeler, *to be called*

Cette expression ne s'emploie pas *(is not used)*.
Cela ne se dit pas *(is not said)*.

279

Nos articles se vendent partout *(are sold)*.
Ce sont des choses qui s'oublient vite *(are forgotten)*.

§8 *S'asseoir, être assis,* and similar cases

Je m'assieds.	*I sit down.*
Je m'assis.	*I sat down.*
Je suis assis.	*I am sitting.*
J'étais assis.	*I was sitting.*
Il se coucha.	{ *He lay down.* / *He went to bed.*
Il était couché.	*He was in bed.*
Il s'étendit.	*He lay down.*
Il était étendu.	*He was lying.*
Il se réveilla.	*He woke up.*
Il était réveillé.	*He was awake.*
Elle se leva.	*She got up.*
Elle était levée.	*She was up.*
Il s'agenouilla.	*He knelt down.*
Il était agenouillé.	*He was kneeling.*

NOTE

To translate things like *he stood silent, he lay still,* etc., one uses
rester or **demeurer**:

Il demeura immobile.	*He stood (lay, sat) motionless.*
Elle resta silencieuse.	*She stood (sat) silent.*
Ils restèrent interdits.	*They stood amazed.*

§9 Notes on the passive

a) One must distinguish between the Past Historic and the
Imperfect.

Il fut tué. *He was killed* (records the act).

Quand le dîner fut fini . . . (records completed action).

Il était blessé. *He was wounded* (describes the state).

b) In French, verbs governing the dative (i.e. requiring *à* before
their object) may not be used personally in the passive, as is
frequently done in English.

On lui a offert une place. *He has been offered a post.*

On leur donne une carte. *They are given a card.*
A-t-on répondu à votre lettre? *Has your letter been answered?*
On leur dit d'attendre. *They were told to wait.*

On nous permet de . . .
Il nous est permis de . . . } *We are allowed to . . .*

On leur défend de . . .
Il leur est défendu de . . . } *They are forbidden to . . .*

NOTE
In spite of this rule, *obéir, désobéir, pardonner,* which govern the dative, may be used normally in the passive, *e.g.* Vos ordres seront obéis.

c) **Avoidance of the passive**
Ideas which we should express by the passive are frequently expressed in French by a reflexive verb or by **on** with the active:
On dit (croit) que . . . *It is said (thought) that . . .*
On vous a vu en ville. *You were seen in town.*

Comment cela se dit-il en français?
How is that said in French?

d) Note also these typical renderings:
Ces discours, lorsqu'on les lit . . .
These speeches, when read . . .

Quand on lui parlait, il ne répondait rien.
When spoken to, he made no answer.

Un banc, qu'ombrageait un platane.
A seat, shaded by a plane-tree.

Le repas fini, on nous laissa.
When the meal was over, we were left to ourselves.

Cela fait, ils s'en allèrent.
When this was done, they went off.

La lettre écrite, elle sonna la bonne.
*When the letter was written (or When she had written the letter),
she rang for the maid.*

§10 Recapitulation of the past participle rule

a) The past participle agrees with the subject:
in the compound tenses of *être* verbs (aller, venir, etc.)
    e.g. Elle est arrivée.

in the passive
> Nous serons battus.

when employed as an adjective
> Des gens venus de la campagne . . .

b) When *avoir* is the auxiliary, the past participle agrees with the direct object if it precedes the verb:
> Où est ma sœur? L'avez-vous vue?
> Voici les fleurs que j'ai cueillies.
> Combien d'arbres ont-ils coupés?

NOTE
There is no agreement with *en*.
As-tu reçu des lettres?—Oui, j'en ai reçu.

c) The case of reflexive verbs:
The rule of agreement with the preceding direct object holds good, *i.e.* if the reflexive pronoun is the direct object, the past participle agrees, but if the reflexive pronoun is the indirect object, there is no agreement. (This is fully dealt with in §6.)

§11 The present participle

a) The present participle is invariable except when used purely as an adjective:
> Adjective: Des enfants obéissants. Une scène ravissante.
> Verb: Elle était au salon, causant avec des amis.

The English present participle is often better turned in French by a relative clause:
> Un Anglais, qui passait ses vacances en France . . .
> *An Englishman, spending his holidays in France . . .*

> Elle entendit sa mère qui l'appelait.
> *She heard her mother calling her.*

> Je l'ai vu qui travaillait dans la cour.
> *I saw him working in the yard.*

Note these renderings:
> Ne pouvant refuser, je l'accompagnai chez lui.
> *As I could not refuse . . .*

> Voyant qu'elle était lasse, je la priai de s'asseoir.
> *I asked her to sit down, for I saw (could see) she was tired.*

§13 Cases of inversion

a) This case is already well known:

«Non!» répéta-t-il.

«Pourquoi?» lui demanda l'homme.

«Tu l'as fait?» m'a demandé Charles.

b) Note questions of this sort, in which the subject is a noun:

Pourquoi ton ami est-il parti?

Combien Louis a-t-il payé son auto?

Comment vos amis vont-ils trouver la maison?

Quand le garagiste pourra-t-il faire cette réparation?

One may also use **est-ce que** in such cases:

À quelle heure ton père va-t-il rentrer?

À quelle heure est-ce que ton père va rentrer?

c) Inversion occurs in sentences beginning with **peut-être, aussi** (= *so, therefore*), **à peine** (*scarcely, hardly*), **sans doute** (*very likely*):

Peut-être est-il déjà revenu.

Peut-être qu'il est déjà revenu.

Aussi décida-t-elle de rester chez elle.

À peine fut-il parti qu'une auto s'arrêta devant la maison.

Sans doute pensez-vous que j'ai tort.

But there is no inversion after **jamais** and **non seulement**:

Jamais je n'ai vu . . . *Never have I seen . . .*

Non seulement il est malhonnête . . .

Not only is he dishonest . . .

d) Note expressions such as **paraît-il, semble-t-il,** introduced parenthetically:

Ils y ont réussi, paraît-il.

C'est ce que vous devriez faire, me semble-t-il.

e) Inversion often occurs in subordinate clauses, particularly after **où, que, ce que:**

Savez-vous où habitent ses parents?

Il y avait une cour, où jouaient quelques enfants.

As-tu entendu ce que disait Madeleine?

Elle était dans une voiture que conduisait un jeune homme.

Notes on Tenses

§14 The present

a) In French narrative, the present is very often used instead of the past, especially in the more dramatic moments of a story,

b) **En (faisant)**, translating *on (doing), by (doing)* or *while (doing)*, always refers to the subject:

En voyant ses parents, Marie poussa un cri de joie (*on seeing*).

Vous y arriverez plus vite en prenant la seconde rue à gauche *(by taking)*.

En traversant les bois, il avait vu des sangliers *(while passing through,* or *as he passed through)*.

This form will often translate an 'if' clause:

En partant à six heures, vous y arriverez avant la nuit *(if you start out)*.

Tout en (faisant) ordinarily implies simultaneous action:

Tout en parlant, il déplia son journal.

While speaking (As he spoke) he opened his newspaper.

Sometimes it has the force of 'although':

Tout en désirant les aider, il n'avait aucune envie de s'engager dans une méchante affaire.

Although he wanted to help them . . .

§12 Impersonal verbs

Il vaut mieux se taire. *It is better to remain silent.*

Il s'agit de . . . *It is a matter (a question) of . . .*

Il paraît que . . . *It appears that . . .*

Il me semble que . . . *It seems to me that . . .*

Il est arrivé un accident. *An accident has happened.*

Il se passe des choses graves. *Serious things are happening.*

Il est venu beaucoup de monde. *Many people came.*

Il s'est produit une situation anormale.

An abnormal situation has come about.

Il en existe beaucoup en Italie.

There exist (are still) many in Italy.

Il reste is very frequently used:

Il en reste beaucoup. *There are many left.*

Il ne me restait plus rien. *I had nothing left.*

Il ne lui en reste que trois. *He has only three left.*

Il ne me reste plus qu'à m'en aller.

There is nothing left for me to do but go away.

when the narrator is describing events following swiftly upon one another:

> *e.g.* «La porte est ouverte. Le lion regarde un instant, renifle; puis il se plante sur ses pattes, gagne la porte en trois pas, et d'un petit bond silencieux, tombe sur le devant de la scène.»

b) IMPORTANT EXAMPLES
Je suis en train de lire mon courrier.
I am (just) reading my correspondence.

Je viens vous parler au sujet de mon fils *(I have come).*
Il arrive de Paris. *He has just arrived from Paris.*

C'est often translates *it was:*
C'est là que se livra la bataille décisive.

c) This construction is important:
Depuis quand *(or* Depuis combien de temps) habitez-vous Lyon?
How long have you been living in Lyons?

J'habite Lyon depuis un an.
Il y a un an que j'habite Lyon.
I have been living in Lyons for a year.

Voilà plus d'une demi-heure que je l'attends.
I have been waiting for him for more than half an hour.

A similar construction is used with the imperfect:
Depuis combien de temps travaillait-il chez vous? *(had he been working?)*
Il y avait combien de temps qu'il travaillait chez vous?

Il travaillait chez moi depuis deux ans.
Il y avait deux ans qu'il travaillait chez moi.

§15 The past historic and the imperfect

When translating an English narrative into French, one must always be on one's guard against the English simple past. When this tense is used in description (*e.g.* 'On the hill stood an old windmill'), or when it has the underlying idea of 'used to' (*e.g.* 'Sometimes he came home very late'), it is translated by the French imperfect.

The past historic records the successive events of a story, but one should grasp that, for purposes of deciding tense, there are events in the moral sphere as well as in the material sphere. A fresh emotion (*e.g.* 'Suddenly she experienced a feeling of loneliness'), or a fresh state that comes into being (*e.g.* 'After that the house was quiet') are definite happenings and must be recorded by the past historic. In French prose one finds this tense constantly used with any word or expression connoting precision in time. Here are some brief examples:

Au bout de quelque temps il vit . . .
Alors nous eûmes de la difficulté à . . .
Il fut soudain enthousiaste . . .
Le soleil brilla de nouveau.
Pendant quelques jours je n'eus pas l'occasion de . . .
Bientôt je pus distinguer . . .
Enfin il put sortir.
Le lendemain il plut à verse.
Quand je fus au milieu de la route . . .

The past historic records events, or repetitions of events, of any duration if they are sharply limited in time, that is if they are viewed as completed facts:

La guerre dura quatre ans.
La soirée fut charmante.
Il y alla régulièrement pendant trois mois.

NOTE
Writers sometimes use the imperfect to throw up vividly an outstanding event, in circumstances where we should normally expect the past historic:

À quatre heures le président du Conseil se rendait à l'Élysée.
Le 15 mars 1939 l'armée allemande envahissait la Tchéco-slovaquie.

§16 The past anterior

Form: J'eus pris.
Je fus parti.
Je me fus reposé.
Use: After conjunctions of time (**quand, lorsque, dès que, aussitôt que, à peine**) when the principal verb is in the past historic.

In more general terms, it is the tense to use when one is recording one event occurring immediately before another.

EXAMPLES

Quand il eut fini de manger, il sortit.
Dès qu'ils furent partis, elle sortit de sa cachette.
À peine fut-il parti qu'on apporta une dépêche.

§17 The pluperfect

Note the special use of the pluperfect in these examples:
Je vous l'avais bien dit. *I told you so.*
Je l'avais averti du danger. *I warned him of the danger.*

The implication is that something has since happened to justify what was originally said, or to prove the original fact.

§18 Future tenses

a) EXAMPLES

Quand j'arriverai chez moi, je vous enverrai une carte.
When I get home . . .

Tant que je vivrai. *As long as I live.*
Faites ce que vous voudrez. *Do what you like.*

Je vous donnerai ma réponse quand j'aurai vu le directeur.
(when I have seen . . .)
Il promit de venir quand il serait libre.
(when he was free . . .)
Il a dit qu'il viendrait quand il aurait fini son service.
(when he had finished . . .)

Note this idiomatic form:

Vous me le diriez cent fois, que je ne vous croirais pas.
If you told me so a hundred times, I should not believe you.

b) Note the use of the future and the conditional to express something conjectured or alleged:
Papa n'est pas rentré; il aura manqué le train.
(. . . has probably missed the train)

Il est arrivé un terrible accident de chemin de fer. Il y aurait plus de vingt morts. *There appear to be more than twenty dead.*

Il avait l'air d'un homme qui aurait beaucoup souffert.
(. . . who had suffered a great deal.)

c) When *will, would* express wish or determination, one must use **vouloir**:

Il ne veut pas le faire. *He won't (= isn't willing) to do it.*
Elle ne voulait pas m'accompagner.
She would not (= was not willing to) accompany me.

d) In everyday conversation French people make frequent use of **aller** to express the future:

Vous allez voir. *You'll see.*
Je vais vous donner un conseil. *I'll give you a piece of advice.*

e) *To be about to (do)* is expressed by **aller (faire)** or **être sur le point de (faire)**:

J'allais téléphoner. *I was about to phone.*
Il était sur le point de sortir.

f) Note the translation of *shall* in this type of sentence:

Shall I close the windows? Faut-il fermer les fenêtres? *or* Voulez-vous que je ferme les fenêtres?

§19 Si

Si (= *if*, introducing a condition) offers no difficulty:

Si je vois, *if I see.*
Si je voyais, *if I saw.*
Si j'avais vu, *if I had seen.*

NB *Should he come (= if he comes)*, s'il vient.

In the second of two conditional sentences, **si** is replaced by **que** (+subjunctive):

S'il le dit et que je sois là . . . *If he says it and I am there . . .*

Si may be followed by the future or conditional when it means 'whether' and introduces an indirect question:

Je me demande s'il viendra.
Je me demandais s'il viendrait.

The Infinitive

§20 Note these examples

J'ai perdu ma clef. Que faire? *What am I to do?* or *What is to be done?*
Nous n'avons plus d'argent. Que faire? *What are we to do?*

Pourquoi dire ces choses-là? *Why say those things?*
À quoi bon se disputer? *What is the good of quarrelling?*

The infinitive may express an instruction:
S'adresser au concierge. *Apply to the caretaker.*
Ne pas se pencher au dehors. *Do not lean out.*

§21 The dependent infinitive without preposition

(See also general list §23).

a) Remember how 'go and tell', 'come and see' and the like are translated:
Va dire à ta mère que . . .
Venez voir ce papillon.

b) Verbs expressing action of the senses (**voir, entendre, sentir,** etc.) require no preposition before the infinitive:
Je l'ai vu sortir. Je le regardais travailler.

Note too:
J'entendais marcher dans la pièce voisine.
I could hear somebody walking about in the next room.

c) An infinitive commonly replaces a noun clause:
Je crois le connaître. *I think I know him.*
Il dit (affirme, prétend, jure, déclare, avoue, nie) l'avoir fait.

Nous espérons vous revoir l'an prochain.
We hope we shall see you again next year.

d) Note the use of **faillir** + infinitive meaning *nearly (almost) to (do)*:
J'ai failli tomber.
Il faillit le renverser.

§22 Examples involving *à* + infinitive

C'est facile à comprendre.
C'est impossible à décrire.
J'ai eu de la difficulté à trouver la maison.

Nous avons une heure à attendre.
Vous n'avez qu'à demander.
J'ai plusieurs clients à voir.

Il ne tardera pas à revenir.
> *He won't be long coming back.*
> *He will soon come (be coming) back.*

un homme à plaindre	*a man to be pitied*
un ennemi à craindre	*an enemy to be feared*
un appartement à louer	*a flat to (be) let*

un bruit à réveiller les morts
a noise enough to wake the dead

Ce n'était pas l'homme à hésiter.
He wasn't the man to hesitate.

§23 Construction of some common verbs with the infinitive

(Abbreviations used: qn = quelqu'un; s.o. = someone)

accuser de faire	*to accuse of doing*
aider à faire	*to help to do*
aimer faire	*to like to do*
aimer mieux faire	*to prefer to do*
aller faire	*to go to do, to go and do*
s'amuser à faire	*to amuse oneself (by) doing*
apprendre à faire	*to learn to do*
s'arrêter de faire	*to stop doing*
arriver à faire	*to manage to do*
s'attendre à faire	*to expect to do*
avoir besoin de faire	*to need to do*
avoir peur de faire	*to be afraid to do (of doing)*
cesser de faire	*to cease doing*
chercher à faire	*to attempt to do*
commencer à faire	*to begin to do*
compter faire	*to reckon (expect) to do*
conseiller à qn de faire	*to advise s.o. to do*
continuer à faire	*to continue to do*
craindre de faire	*to fear to do*
décider de faire	*to decide to do*
se décider à faire	*to make up one's mind to do*
défendre à qn de faire	*to forbid s.o. to do*
demander à qn de faire	*to ask s.o. to do*
se dépêcher de faire	*to hurry to do*
désirer faire	*to desire to do*
devoir faire	*to have to do*

dire à qn de faire	*to tell s.o. to do*
empêcher qn de faire	*to prevent s.o. from doing*
encourager à faire	*to encourage to do*
entreprendre de faire	*to undertake to do*
espérer faire	*to hope to do*
essayer de faire	*to try to do*
s'étonner de faire	*to be surprised to do*
éviter de faire	*to avoid doing*
s'excuser de faire	*to apologize for doing*
faire semblant de faire	*to pretend to do*
finir de faire	*to finish doing*
se hâter de faire	*to hasten to do*
hésiter à faire	*to hesitate to do*
inviter à faire	*to invite to do*
laisser faire	*to let (allow to) do*
menacer de faire	*to threaten to do*
mériter de faire	*to deserve to do*
se mettre à faire	*to start to do*
offrir de faire	*to offer to do*
oser faire	*to dare to do*
oublier de faire	*to forget to do*
passer son temps à faire	*to spend one's time doing*
perdre son temps à faire	*to waste one's time doing*
permettre à qn de faire	*to permit s.o. to do*
pouvoir faire	*to be able to do*
préférer faire	*to prefer to do*
se préparer à faire	*to prepare to do*
prétendre faire	*to claim to do*
prier qn de faire	*to ask (beg) s.o. to do*
promettre de faire	*to promise to do*
proposer de faire	*to propose to do*
refuser de faire	*to refuse to do*
regretter de faire	*to regret to do*
renoncer à faire	*to give up doing*
réussir à faire	*to succeed in doing*
savoir faire	*to know how to do*
sembler faire	*to seem to do*
tâcher de faire	*to try to do*
tenter de faire	*to attempt to do*
il vaut mieux faire	*it is better to do*
venir faire	*to come to do, to come and do*
vouloir faire	*to wish (want) to do*

§24 Construction of other common words with the infinitive

certain de faire	*certain to do (of doing)*
charmé de faire	*charmed to do*
content de faire	*pleased (glad) to do*
étonné de faire	*astonished to do*
heureux de faire	*happy to do*
obligé de faire	*obliged to do*
surpris de faire	*surprised to do*
le droit de faire	*the right to do*
l'occasion de faire	*the opportunity (chance) to do*
la permission de faire	*(the) permission to do*
le temps de faire	*(the) time to do*
prêt à faire	*ready to do*
le premier à faire	*the first to do*
le dernier à faire	*the last to do*
beaucoup à faire	*much (a lot) to do*
rien à faire	*nothing to do*
quelque chose à faire	*something to do*

§25 Other prepositions used with the infinitive

Remember that **pour** must be used after **trop** and **assez:**

Je suis trop fatigué pour jouer ce matin.

Il n'était pas assez riche pour se payer de tels luxes.

Par is used only after verbs of beginning and ending.

Il commença (finit) par dire que . . .

NOTE

By (doing) is normally translated by **en (faisant)**. (See §11)

À force de is often less forceful than the English *by dint of* and will in some cases translate *by (doing)*:

À force d'écouter, on apprend beaucoup de choses.

By listening (If one listens), one learns many things.

À force de bien manger, il engraissa.

By eating well he put on weight.

§26 Verbs with more than one construction with the infinitive

aimer Elle aime danser.
She is fond of dancing, she likes dancing.
J'aime mieux rester chez moi. *I prefer to stay at home.*
J'aime mieux travailler que **de** perdre mon temps.

décider Il décida de rester. *He decided to stay.*
Il se décida à acheter la maison.
He made up his mind to buy the house.
Je suis décidé à (faire).

dire Il dit avoir fini les réparations.
He says he has finished the repairs.
Dites à Marguerite de fermer les volets.
Tell Margaret to close the shutters.

obliger ⎫ Je suis obligé (forcé) de le faire.
forcer ⎭ *I am obliged (forced) to do it.*
Ils m'obligent (me forcent) à le faire.
They oblige (force) me to do it.

commencer *Usually* commencer à:
Ils commencèrent à jouer.
After 'il (elle) commença' one may use de:
Il (elle) commença de lire.

continuer Usually *à*:
Il continua à nous écrire.
But when one is speaking of the continuance of a single action, the preposition is *de*:
Ils continuèrent d'avancer.

demander Il me demanda de lui prêter de l'argent.
Il demanda à voir mon passeport.

venir Venez me voir demain. *Come and see me tomorrow.*
Il vient de sortir. *He has just gone out.*
Il venait de sortir. *He had just gone out.*

Un cycliste vint à passer.
A cyclist happened to come by.

§27 The perfect infinitive

After (doing) is always expressed by the perfect infinitive:
Après avoir fumé une cigarette, il reprit son travail.

Après être sortie chercher du bois, elle alluma du feu.

Après nous être reposés, nous avons recommencé.

Il m'accusa d'avoir volé son parapluie.
He accused me of stealing (= having stolen) his umbrella.

Il lui pardonna d'avoir manqué à sa parole.
He forgave him for breaking (= having broken) his word.

Je m'excuse de vous avoir fait attendre.
I apologize for keeping (= having kept) you waiting.

Je me rappelle l'avoir vu à Cannes.
I remember seeing (= having seen) him at Cannes.

Il me remercia d'avoir aidé son fils.
He thanked me for helping (= having helped) his son.

Il fut emprisonné pour avoir volé une automobile.

Elle mourut sans avoir repris connaissance.
She died without regaining consciousness.

§28 Use of *faire* with the infinitive

a) Note the following:

faire attendre, *to keep waiting.*	Je vous ai fait attendre.
faire bouillir, *to boil.*	Il fit bouillir de l'eau.
faire cuire, *to cook.*	Elle fit cuire un bifteck.
faire entrer, *to bring (show) in.*	Faites entrer ces messieurs.
faire monter, *to take (bring) up.*	Il fit monter le visiteur.
faire observer, *to observe (= to make an observation).*	Elle fit observer que la vaisselle n'était pas propre.
faire remarquer, *to remark.*	Il fit remarquer que les rideaux n'étaient pas tirés.
faire venir, *to fetch, bring*	Faites venir cet élève.
faire voir, *to show.*	Faites voir votre passeport.

b) Ces menaces les firent trembler.
These threats made them tremble.

Vous me faites sourire. *You make me smile.*

It is important to note that when the infinitive has a direct object or is followed by **que**+noun clause (which counts as a direct object), the personal pronoun is in the dative:

Le douanier lui fit ouvrir ses valises.

Je lui fis comprendre que le train était parti.

c) When a verb normally reflexive is used with **faire,** the reflexive pronoun is omitted:

Il me fit asseoir.

Faites-les taire.

d) Note particularly **faire**+infinitive translating the English 'to have (a thing) done':

Ils ont fait construire une villa. *They have had a villa built.*

Voici la villa que nous avons fait construire (fait *invariable in this construction*).

Elle s'est fait arracher une dent.

Je ferai couper ces branches par mon jardinier.

Note this important construction:

Il se fait craindre (respecter).

He makes himself feared (respected).

Nous nous sommes fait photographier.

e) *To make*+adjective (*e.g.* to make happy, sad, etc.) is expressed by **rendre**:

Cette nouvelle la rendit malheureuse.

§29 Voir, entendre, laisser

Voir, entendre, laisser are used with the infinitive in much the same way as **faire.**

EXAMPLES

Je l'ai vu passer.

J'ai vu faire cela à plusieurs ouvriers.

I have seen several workmen do that.

Nous avons vu jouer « Le Barbier de Séville».

We saw the "Barber of Seville" played.

J'ai entendu dire à beaucoup de gens que . . .

I have heard many people say that . . .

Je m'entendis appeler par mon nom.

Il se laissa entraîner. *He allowed himself to be led away.*

295

With **laisser** it is customary to leave the person accusative even
when the infinitive has a direct object:

Il les laissa emporter tous les meubles.

Ne laissez pas les enfants jouer avec la serrure. *(Notice in trains)*

Modal auxiliaries

§30 Vouloir

Je voudrais savoir . . . $\left\{\begin{array}{l}\textit{I should like to know . . .}\\ \textit{I wish I knew . . .}\end{array}\right.$

J'aurais voulu le voir $\left\{\begin{array}{l}\textit{I should like to have seen him.}\\ \textit{I should have liked to see him.}\end{array}\right.$

Voulez-vous ouvrir les fenêtres? *Will you open the windows?*

Veuillez nous écrire à ce sujet.

Kindly (or Be so kind as to) write to us about this.

Que veut dire cette phrase? *What does this sentence mean?*

§31 Savoir

Sait-il jouer au tennis?—Oui, mais il ne peut pas jouer aujourd'hui.

Je ne saurais expliquer cette différence.

I cannot explain this difference.

§32 Pouvoir

In the idiomatic uses of **pouvoir,** the tense used will be better
understood if one expresses *could, might, may,* etc., in terms of
to be able.

Can or *may* sometimes refers to the future:

Je pourrai faire cela demain.

I can (= shall be able) to do that tomorrow.

Could, meaning *was able,* is translated by the imperfect:

Je ne pouvais pas le faire.

I could not (= was not able to) do it.

296

Could, or *might,* meaning *would be able,* is translated by the conditional:

Il a dit qu'il pourrait venir demain.
He said he could (might) come tomorrow.

Could have or *might have* is rendered by the conditional perfect:
Vous auriez pu venir plus tôt.
You could have (might have) come earlier.

Rarer examples:
Il pouvait avoir vingt ans.
He might have been twenty.

Nous pouvions être à cinq kilomètres de la ville.
We might have been five kilometres from the town.

Ils ont pu partir dans l'autre direction.
They may have gone off in the other direction.

{ Il avait pu téléphoner en notre absence.
{ Il pouvait avoir téléphoné en notre absence.
He might have telephoned in our absence.

NOTE
Can, could need not always be translated.
Je ne les vois pas. *I can't see them.*
Il ne comprenait pas pourquoi . . . *He could not understand why . . .*
Je les entendais chanter. *I could hear them singing.*

§33 Devoir

Je dois écrire.	*I must write. I have to write.*
J'ai dû écrire.	{ *I (have) had to write.* { *I must have written.*

In a past narrative, *must have* is often to be rendered by **avait dû**:

Sa chambre était en désordre. Il avait dû partir en hâte.

Je devais écrire.	{ *I had to (used to have to) write.* { *I was to write (to have written).*
Je dus écrire.	*I had to write.*
Je devrais écrire.	*I ought to write.*
J'aurais dû écrire.	*I ought to have written.*

In these rarer examples, the tense used will be better understood if **devoir** is taken as meaning *to be bound to*:

Il devait être très vieux.
He must have been very old.

Elle ne devait pas avoir plus de vingt ans.
She couldn't have been more than twenty.

Ils ne devaient pas avoir passé la frontière.
They could not have crossed the frontier.

§34 Falloir

Il faut, il fallait, etc., may be followed by an infinitive or by **que** + subjunctive:

{ Il me faut partir.
{ Il faut que je parte.

{ Il lui fallut (fallait) attendre.
{ Il fallut (fallait) qu'il attendît.

The pronoun (me, lui, leur, etc.) is often omitted:

Voyons, il faut rentrer. *Come now, we must go home.*
Il faut profiter de votre liberté. *You must take advantage of your liberty.*

Il faudrait may translate *ought*:

Pour y arriver à midi, il faudrait partir à huit heures.
To get there at twelve, you ought to start at eight o'clock.

Il aurait fallu may express *ought to have*:

Monsieur, il aurait fallu appeler la police.
Sir, you ought to have called the police.

Avoir à (faire), *to have to (do)*:

J'ai à répondre à quelques lettres.
Vous n'avez qu'à signer ce papier.

Government of verbs

§35 Verbs governing the dative (*i.e.* requiring *à* before their object)

penser à, *to think about* Je pensais à mon frère. Je pensais à lui.
Je pense à mon travail. J'y pense.

réfléchir à, *to reflect on, to think about*	Il réfléchissait à sa situation.
	Il y réfléchissait.
s'attendre à, *to expect*	Je ne m'attendais pas à ce résultat.
	Je ne m'y attendais pas.
ressembler à, *to resemble, to be like*	Tu ressembles à ta mère.
plaire à, *to please*	Il ne plaît pas à mes parents.
résister à, *to resist*	Il résiste à tous nos efforts.
	Il y résiste.
renoncer à, *to renounce, to give up*	J'ai renoncé au tabac.
	J'y ai renoncé.
succéder à, *to succeed, to follow*	Une belle journée succéda à cette nuit d'orage.
obéir à, *to obey*	Il faut obéir aux ordres.
pardonner à, *to forgive*	Je lui ai pardonné.

§36 'From' is translated by *à* after a few verbs, all expressing some idea of 'getting from'

demander, *to ask*	Demandez le numéro à l'employé.
acheter, *to buy*	J'achète des œufs à cette bonne femme.
emprunter, *to borrow*	Il emprunta une bicyclette à un ami.
cacher, *to hide, conceal*	Je leur cachai mon inquiétude.
prendre, *to take*	L'homme lui prit son passeport.
voler, *to steal*	Quelqu'un lui vola son portefeuille.
arracher, *to snatch*	Le policier lui arracha le couteau.

§37 Common verbs governing the dative of the person and the accusative of the thing (e.g. demander quelque chose à quelqu'un)

apprendre, *to teach*	fournir, *to furnish, provide*
assurer, *to assure*	inspirer, *to inspire*
conseiller, *to advise*	pardonner, *to forgive*
demander, *to ask*	permettre, *to permit*
enseigner, *to teach*	refuser, *to refuse*
envier, *to envy*	reprocher, *to reproach*

Je lui conseillai la prudence. *I advised him to be careful.*

Il leur fournit l'argent nécessaire.
He provided them with the necessary money.

Son père lui reprochait sa paresse.
His father used to reproach him with his laziness.

§38 Construction with *dire, demander*, etc.

Je dirai à ce monsieur d'attendre.
Il demanda au jardinier de couper la branche.
Nous leur permettons de jouer ici.
Son père lui défendit d'y aller.
Je lui ai conseillé de se reposer.
Il leur ordonna de sortir.

Apprendre *(to teach)* and **enseigner** *(to teach)* take *à* with the infinitive:

Il leur apprend à nager. `
Je lui enseigne à calculer.

Prier, empêcher, avertir *(to warn)*, **prévenir** *(to inform, forewarn)* take the accusative:

Il les pria d'entrer.
Il faut les prévenir de nous attendre à la sortie.

§39 Verbs followed by *de*

se souvenir de	*to remember*	se douter de	*to suspect*
se servir de	*to use, make use of*	rire de	*to laugh at*
		dépendre de	*to depend on*
s'approcher de	*to approach*	se méfier de	*to distrust*
se moquer de	*to make fun of*	se passer de	*to do without*
remercier de	*to thank for*	s'excuser de	*to apologize for*
s'apercevoir de	*to perceive*	s'emparer de	*to get possession of*

EXAMPLES:

Je me souviens de mon oncle. Je me souviens de lui.
Je me souviens de cet incident. Je m'en souviens.
C'est une personne (une chose) dont je me souviens.

Notice how **se tromper** *(to mistake)* is used:
Je me suis trompé de porte. *I mistook the door.*

Note also the difference between **se souvenir de** and **se rappeler** (lit. *to recall to oneself*):
Je me souviens du numéro. Je m'en souviens.
Je me rappelle le numéro. Je me le rappelle.

§40 Note the prepositions used in the following examples:

Il prit dans sa poche une vieille pipe *(out of his pocket)*.
Elle prit une photographie sur la table *(from the table)*.
L'enfant lisait dans une grosse Bible *(out of)*.
Il buvait du lait dans une tasse *(out of)*.
La fillette battit des mains *(clapped her hands)*.
La jeune femme était vêtue de noir *(dressed in black)*.
Le roi se déguisa en paysan *(disguised himself as)*.
Il partit (s'embarqua) pour l'Amérique.
Le navire se dirigeait vers le port *(was making for)*.
Je passe devant sa maison tous les jours *(I pass his house)*.
Je l'ai reconnu à sa voix *(by his voice)*.

§41 Notes on some common verbs

apercevoir, *to perceive, to see (with the eye)*
Dans la foule, j'ai aperçu Georges.

s'apercevoir de, *to perceive mentally, to perceive a fact*
Je m'aperçus de sa présence.
Je m'aperçus qu'elle tremblait.

approcher, *to approach*
Nous approchons de Paris. *We are getting near Paris.*

s'approcher de has more idea of purpose:
Je m'approchai pour mieux voir.

attendre, *to await*
J'attends un ami.

s'attendre à, *to expect*

Je ne m'attendais pas à ce refus.
Je ne m'y attendais pas.
Je m'attendais à les trouver ici.

changer, *to change, alter*
Ils ont changé l'heure du train.
They have changed (altered) the time of the train.

changer de, *to exchange one thing for another*
Je vais changer de robe, de souliers.

décider, *to decide*
Nous avons décidé de rester.

se décider à, *to make up one's mind*
Il se décida à demander une augmentation *(a rise).*

demander, *to ask*
Je lui demandai de m'indiquer le chemin.
Le policier demanda à voir mes papiers.

échapper à, *to escape,* in the sense of *not to fall into*
échapper à la punition, échapper à la mort.

s'échapper de, *to escape out of, to break free from*
Ils s'échappèrent de leur prison.

entendre, *to hear*
J'ai entendu parler de lui.
I have heard of him.

J'ai entendu dire qu'ils sont revenus.
I have heard that they have come back.

entendre is sometimes used with the sense of *to mean* or *to intend*
Qu'entendez-vous par cette phrase?
What do you mean by this sentence?

Nous entendons partir demain.
We mean to leave tomorrow.

Je n'entends pas qu'il me voie.
I don't intend him to see me.

jouer à, *to play (sport)*
Ils jouent au football (au tennis).

jouer de, *to play (instrument)*
Elle joue du piano (du violon).

manquer, *to miss*
J'ai manqué le train. *I missed the train.*

manquer de, *to lack, fail*
Il manque de courage. *He lacks courage.*

Je ne manquerai pas de vous informer.
I shall not fail to inform you.

marier, *to give in marriage, to marry off*
L'an dernier ils ont marié leur fille.

se marier avec (*or* **épouser),** *to marry*
Elle s'est mariée avec un Anglais.
Elle a épousé un Anglais.

obliger
Je suis obligé de payer.
Ils m'obligèrent à descendre de la voiture.

penser à, *to think about*
Il pensait à ce qui s'était passé.

penser de, *to think of,* in the sense of *to have an opinion of*
Que penses-tu de leur appartement?

répondre à, *to answer*
Répondez à ma question.

répondre de, *to answer for*
Je ne réponds pas de votre sûreté.
I do not answer for your safety.

servir de, *to serve as*
Ce hangar servira de garage.
This shed will serve (do) as a garage.

servir à (faire), *to serve to (do)*
  Ces poteaux servent à amarrer les bateaux.
  These posts serve for (are used for) mooring the boats.

se servir de, *to make use of, to use*
  Je me sers d'un petit marteau. *I use a small hammer.*

tenir à, *to think (make) much of*
  Elle tient à sa bague. *She thinks (makes) a lot of her ring.*

tenir à (faire), *to be anxious to (do)*
  Je ne tiens pas à dormir dans la voiture.
  Je n'y tiens pas.

The subjunctive

§42 Form of the present subjunctive

In most cases the stem is provided by the 3rd person plural of the present indicative:

		SUBJUNCTIVE
finir	ils finissent	je finisse
mettre	ils mettent	je mette

The endings are:

−e	je finisse	je mette
−es	tu finisses	tu mettes
−e	il finisse	il mette
−ions	nous finissions	nous mettions
−iez	vous finissiez	vous mettiez
−ent	ils finissent	ils mettent

Irregular:
  aller   aille, ailles, aille, allions, alliez, aillent.
  avoir   aie, aies, ait, ayons, ayez, aient.
  être   sois, sois, soit, soyons, soyez, soient.
  faire   fasse, fasses, fasse, fassions, fassiez, fassent.
  pouvoir puisse, puisses, puisse, puissions, puissiez, puissent.
  savoir   sache, saches, sache, sachions, sachiez, sachent.
  vouloir   veuille, veuilles, veuille, voulions, vouliez, veuillent.

There are a few verbs which revert in the 1st and 2nd plural to a form identical with the imperfect indicative:

prendre:	je prenne	nous prenions
	tu prennes	vous preniez
	il prenne	ils prennent
appeler:	j' appelle	nous appelions
jeter:	je jette	nous jetions
envoyer:	j' envoie	nous envoyions
croire:	je croie	nous croyions
voir:	je voie	nous voyions
boire:	je boive	nous buvions
devoir:	je doive	nous devions
venir:	je vienne	nous venions
tenir:	je tienne	nous tenions
recevoir:	je reçoive	nous recevions

§43 Form of the imperfect subjunctive

Always one of three types, according as the past historic ends in **−ai, −is** or **−us**:

je donnai	je vendis	je reçus
je donnasse	je vendisse	je reçusse
tu donnasses	tu vendisses	tu reçusses
il donnât	il vendît	il reçût
nous donnassions	nous vendissions	nous reçussions
vous donnassiez	vous vendissiez	vous reçussiez
ils donnassent	ils vendissent	ils reçussent

Exceptions:
venir: vinsse, vinsses, vînt, vinssions, vinssiez, vinssent.
tenir: tinsse, tinsses, tînt, tinssions, tinssiez, tinssent.

NOTE
Most of these long forms have fallen into disuse, though in literary style the 3rd person (*il vînt, il allât, il fût, etc.*) is still used.

§44 Perfect and pluperfect subjunctive

Use the subjunctive form of the auxiliary:
il a dit   bien qu'il ait dit

elle est descendue	avant qu'elle soit descendue
il avait pris	quoiqu'il eût pris
il était descendu	avant qu'il fût descendu

§45 Present subjunctive expressing the imperative (3rd person)

Qu'il vienne me le dire.
Let him come and tell me.

Qu'elle dise ce qu'elle pense.
Let her say what she thinks.

Qu'ils fassent ce qu'ils veulent.
Let them do what they like.

The rarer first person of the imperative is similarly expressed:

Que je voie comme tu es beau!
Let me see how handsome you are!

Note also:

Puissiez-vous réussir dans cette entreprise.
(May you succeed . . .)
Puisse-t-il se souvenir de votre bonté. *(May he . . .)*
Plût à Dieu qu'il fût ici. *Would to God he were here.*
À Dieu ne plaise! Vive le roi! Périsse le tyran!

§46 Subjunctive after certain conjunctions

bien qu'il soit	*although he is*
quoiqu'il fût	*although he was*
pour que vous sachiez	*so that you may know*
avant qu'il sorte	*before he comes out*
sans que j'entende	*without my hearing*
jusqu'à ce que je voie	*until I see*
pourvu que vous preniez	*provided (that) you take*
à condition que je reçoive	*on condition that I receive*

À moins que (*unless*) and **de peur que** (*for fear that, lest*) also require **ne** before the subjunctive verb:

à moins que vous ne préfériez sortir
unless you prefer to go out

de peur que nous ne refusions
for fear that we may refuse

To wait until is simply **attendre que**:
Attendons qu'ils soient prêts.

NB The idea of *not until* is expressed as *only when* :
Nous ne partirons que lorsque tout le monde sera prêt.
We shall, not start until everybody is ready.

SPECIAL NOTES
1 Use an infinitive, not the subjunctive, when principal and subordinate clauses have the same subject:
Je vous verrai avant de partir.
I shall see you before I go.

Il se lèvera à cinq heures, pour pouvoir partir à six heures.
He will get up at five so that he can start at six.

Je ne suis pas entré, de peur de le déranger.
I didn't go in for fear I might disturb him.

2 Occasionally we can dispense with the subjunctive by using a noun:

avant mon départ	*before I leave (left)*
avant son arrivée	*before he arrives (arrived)*
avant leur retour	*before they return (returned)*
avant (jusqu'à) sa mort	*before (until) he died*

§47 Subjunctive after *il faut que, il est nécessaire que*

Il faut que j'y aille.
Il est nécessaire que vous veniez ici.

§48 Subjunctive after expressions of *wishing* and *feeling* such as

vouloir que	*to wish that*
désirer que	*to desire that*
préférer que ⎱	
aimer mieux que ⎰	*to prefer that*
regretter que	*to regret (be sorry) that*
s'étonner que	*to be surprised that*
être content (heureux) que	*to be glad (happy) that*

avoir honte que	*to be ashamed that*
c'est dommage que	*it is a pity that*
il vaut mieux que	*it is better that*
il est temps que	*it is time that*

Je veux que vous restiez ici.
I want you to stay here.

Nous regrettons que votre femme soit souffrante.
We are sorry that your wife is unwell.

Je m'étonne qu'il ne le sache pas.
I am surprised that he doesn't know it.

Avoir peur que and **craindre que** also require **ne** before the verb:

J'ai peur qu'il ne fasse quelque chose d'imprudent.
I am afraid he may do something unwise.

NOTE

When both clauses have the same subject, one uses an infinitive:

Je regrette d'être si occupé.
I'm sorry I'm so busy.

Il regrettait d'être venu.
He was sorry that he had come.

J'ai peur de perdre la clef.
I'm afraid I may lose the key.

§49 Subjunctive after expressions of *possibility* and *doubt*:

il est possible que ⎫ il se peut que ⎭	*it is possible that*
il est impossible que	*it is impossible that*
je ne dis (pense, crois) pas que	*I do not say (think) that*
douter que	*to doubt that*
il semble que	*it seems that*

EXAMPLES

Il est possible que ⎫
Il se peut que ⎭ vous vous trompiez.

Je ne pense pas qu'il soit encore arrivé.

Je doute qu'il puisse le faire tout seul.
Il semble que vous ayez eu des difficultés.

But note that **il me semble que** takes the indicative:
Il me semble que vous avez raison.

§50 Subjunctive after expressions of ordering:

Ordonner que . . .
Donner l'ordre que . . .
Défendre que . . .
Dire que . . .
Exiger que . . .
Permettre que . . .
Empêcher que *requires* ne *before the subjunctive verb*
(*e.g.* Empêcher qu'on ne sorte. *Stop anybody from coming out*).

Other noteworthy examples:
Veillez à ce que tout soit prêt. *See that everything is ready.*
Il tenait à ce que le dîner fût prêt à l'heure. *He was anxious that* . . .
On s'attend à ce que la question soit réglée. *It is expected that* . . .

§51 Subjunctive in clauses depending on a *superlative*

C'est l'homme le plus habile que je connaisse.
C'est le film le plus amusant que j'aie jamais vu.

Also after the virtual superlatives **seul, premier, dernier:**
C'est le seul homme qui puisse le faire.

Subjunctive in clauses depending on a *negative* or *indefinite* antecedent

Nous n'avons trouvé personne qui les connaisse.
Je ne dirai rien qui puisse l'offenser.

Je cherche quelqu'un qui fasse ce genre de travail.
Il faut trouver un endroit où nous puissions laisser la voiture.

§52 Subjunctive in concessive clauses

Qui que vous soyez . . .   *Whoever you are* . . .
Quoi que je fasse . . .   *Whatever I do* . . .

Quelles que soient les difficultés . . .	*Whatever the difficulties may be . . .*
Quelque forts qu'ils soient . . . }	*However strong they are*
Si forts qu'ils soient . . .	*(may be) . . .*
Où que vous soyez . . .	*Wherever you are . . .*

§53 The tense of the subjunctive to use

After conjunctions, the tense to use is obvious:

Although he is . . .	Bien qu'il soit . . .
Although he was . . .	Bien qu'il fût . . .
Although he had been . . .	Bien qu'il eût été . . .

Strictly speaking, after a principal verb in the past historic, imperfect or conditional, one should use the imperfect subjunctive:

Il fallait qu'elle partît tout de suite.
Ils voulaient qu'il allât les voir.

More usually, in conversation and often in narrative, the French use the present subjunctive after past tenses, indeed after any tense:

Il fallait que le client attende.
Elle voulait que je lui écrive.
J'aurais voulu que vous restiez plus longtemps.

The article

§54 The indefinite article

a) Always used with an abstract noun qualified by an adjective:

un grand courage, *great courage*
une sincérité parfaite, *perfect sincerity*
avec une patience remarquable, *with remarkable patience*

b) Omitted when one is stating a person's occupation, religion or status:

Je suis professeur.	*I am a teacher.*
Sa femme est catholique.	*His wife is a Catholic.*
Son père est pharmacien.	*His father is a chemist.*

Il a été nommé directeur.   *He has been appointed manager.*

But note: Son père est un médecin connu.

So also with nationality:
Je suis Anglais.   *I am an Englishman.*
Sa femme est Française.   *His wife is a Frenchwoman.*

Note the alternatives:

He is a Canadian. { Il est Canadien.
                      C'est un Canadien.

She is a hairdresser. { Elle est coiffeuse.
                          C'est une coiffeuse.

§55 The definite article—parts of the body

The main trend of French usage is as follows:

a) Movement of a part of one's person, *article alone* required:
Il ouvrit les yeux.
Elle leva les bras.

b) Action done to a part of one's own person: *reflexive pronoun* introduced to show possessor:
Je me lave les mains.
Il se frotta la jambe.

c) Action done to another person: *dative pronoun* introduced to show possessor:
Je lui saisis le bras.
Le bâton me fut arraché des mains.

NOTES

1 One should observe that the French usually adhere to the singular when speaking of *la tête, la vie, le chapeau*, etc., of which each person possesses only one:
Il leur sauva la vie. *He saved their lives.*
Tous deux hochèrent la tête. *Both shook their heads.*
Les messieurs ôtèrent leur chapeau. *The gentlemen took off their hats.*

2 The possessive (*mon, ton,* etc.) may be used when names of parts of the body stand as subject; also when such nouns are qualified:

Ses pieds lui faisaient mal. *His feet hurt him.*

Je regardai ses grosses mains rouges. *I looked at his big red hands.*

§56 The definite article used in descriptive expressions:

Elle a la bouche très grande.
She has a very large mouth.

Il avait une cicatrice au menton.
He had a scar on his chin.

Qu'est-ce que vous avez à la main?
What have you got in your hand?

Il marchait lentement, les mains derrière le dos.
He was walking slowly with his hands behind his back.

Elle entra le sourire aux lèvres.
She came in with a smile on her lips.

La vieille dame aux cheveux blancs.
The old lady with white hair.

Le monsieur au chapeau melon.
The gentleman in the bowler hat.

La maison à la porte verte.
The house with the green door.

NOTE

One usually associates *à* alone with a noun preceded by the indefinite article, although this does not amount to a hard-and-fast rule:

Un homme à barbe noire.

Une maison à contrevents verts.

Un chapeau à larges bords.

§57 The definite article used before titles and qualified proper nouns

le général de Gaulle.   la petite Solange.

In polite address or reference, the French make frequent use of **monsieur, madame, mademoiselle**:

Oui, monsieur le professeur . . .   Non, monsieur le maire . . .

Veuillez dire le bonjour de ma part à madame votre mère.

MM. les voyageurs sont priés . . .

§58 The article, definite and indefinite, is usually omitted before a noun in apposition

M. Daladier, président du conseil, a pris la parole.
(the Prime Minister)

Lille, chef-lieu du département du Nord . . .

Levallois-Perret, quartier ouvrier situé au nord de Paris.
(a working-class district)

Il était fort expansif, qualité rare chez les Anglais.
(a rare quality)

§59 Geographical names

a) **Feminine names of countries** (the vast majority):
Je vais en France. Ils sont en Angleterre.
Il est revenu d'Espagne.

Of presents more difficulty. In titles **de** is used alone:
Histoire de France; la reine d'Angleterre; Banque de France.
Also when *of* + name are equivalent to an adjective:
les vins d'Espagne; des tapis de Perse;
les côtes de France; une ville d'Italie.

But when one has clearly in mind the political or geographical entity of a country, one uses **de la**:
La force de la France.
Les régions industrielles de l'Allemagne.
La politique extérieure de l'Italie.

b) **Masculine names of countries:**
Il va au Canada (aux États-Unis).
Il revient du Japon (des États-Unis).
Note also *aux Indes (f.),* to (*or* in) India.

c) **Names of towns:**
Je m'en vais à Paris (à Londres).
Il arrive de Paris.

In a number of cases **le** forms part of the name of a town:

Le Havre: On arrivera au Havre à 6 heures.

Le Bourget: Je suis parti du Bourget à 8 heures.

d) **Languages:**

Parlons français.

Vous parlez bien (le) français.

Il connaît bien l'allemand.

Nous apprenons l'espagnol.

e) **Points of the compass:**

le vent d'est (d'ouest).

but le vent du nord (du sud).

§60 The partitive article

a) After a negative one uses **de** rather than the full partitive article (du, de la, etc.):

Nous n'avons plus d'essence.

Il n'a jamais d'argent.

But note these examples, which do not express absence or lack:

Ce ne sont pas des Anglais, ce sont des Américains.

Elle ne boit que de l'eau minérale.

Not a is usually expressed by **pas de**:

Je n'ai pas de chapeau. Elle n'a pas de parapluie.

Note how **sans** is used:

sans argent, *without any money.*

sans chapeau, *without a hat*

sans amis, *without any friends*

b) When a plural noun is preceded by an adjective, one uses **de**:

de belles maisons	de vieux amis
d'autres villes	de tels hommes

In a few common instances, when adjective + noun form a single idea, the French use **des**:

des jeunes filles; des jeunes gens; des petits enfants;

des grandes personnes; des petits poissons.

When the noun is understood, the rule holds good:

Prenez ces allumettes, j'en ai d'autres.

As-tu des poires cette année?—Oui, et j'en ai de très grosses.

Examples may be shown of the application of this rule to the singular:

Bois de ce vin. Donnez-moi de votre buvard (*some of your blotting-paper*).

However, the French readily say: du bon vin, de la bonne viande, etc.

§61 Other points
a) **La plupart** takes a plural verb:
La plupart des élèves sont sérieux.

Bien is often used to add emphasis to the partitive and thus gives the meaning of *much*, or *many*:
Après bien des efforts; avec bien de la peine
(*but* après beaucoup d'efforts; avec beaucoup de peine).

b) Note the use of **de** in these cases:
quelque chose d'intéressant, *something interesting*
quelqu'un d'important, *someone important*
rien de plus facile, *nothing easier*
personne d'autre, *nobody else*
Qu'a-t-il fait d'imprudent? *What foolish thing has he done?*

Nouns

§62 Points regarding certain nouns

The following are always feminine: la personne, la connaissance, la victime:

Quelle est cette personne?—C'est un homme qui habite en face.
Quel est ce monsieur?—C'est une vieille connaissance de ma famille.
Il fut la victime d'un accident d'automobile.

An adjective used before **gens** (*people, folk*) is feminine; an adjective used after **gens** is masculine:
les bonnes gens; les vieilles gens
les gens instruits; les gens bien élevés
In spite of this, one says: tous les gens.

Surnames do not take the plural *s*:
les Dupont; les Girard; les Morisset.

Plurals to note:

la belle-mère	les belles-mères
le gentilhomme	les gentilshommes
le bonhomme	les bonshommes
le timbre-poste	les timbres-poste
le chef-d'œuvre	les chefs-d'œuvre
un après-midi	des après-midi

§63

Sometimes a French plural renders an English singular:
ses forces, *his strength*
les ténèbres, *gloom, darkness*
aux approches du printemps, *at the approach of spring*
Vous faites des progrès. *You are making progress.*
des clameurs effroyables, *awful shrieking (*or *frightful uproar)*
des cris, des rires, *shouting, laughter*

Note the use of plurals such as: les blés *(the cornfields, cornlands)*, les labours *(the ploughlands)*, les foins *(the hayfields)*.

Sometimes a noun may be used to render an English verb:
dès son réveil (son arrivée, son retour), *as soon as he wakes up (arrives, returns)*
jusqu'à sa mort, *until he died*
après son départ, *after he went away*
au passage du convoi, *as the train goes (went) by*
au point du jour, *when dawn breaks (broke)*

Sometimes a verb will render an English noun:
Je suis certain de réussir. *I am certain of success.*
Il ne peut souffrir qu'on le contredise. *He cannot bear contradiction.*

On est sûr d'être payé. *One is sure of payment.*

Adjectives

§64 Feminine forms to be noted

aigu, aiguë, *sharp*	malin, maligne, *sly*
favori, favorite, *favourite*	public, publique, *public*

grec, grecque, *Greek*   roux, rousse, *russet, auburn*

Remember the forms **bel, nouvel, vieil, fol,** required before a masculine noun beginning with a vowel or *h* mute:

un bel homme; le nouvel ordre; mon vieil oncle; un fol espoir

§65 Points concerning agreement

a) When an adjective qualifies nouns of mixed gender, it is put in the masculine plural; it is customary to let the adjective stand with the masculine noun:

une franchise et un courage étonnants

b) **Demi** and **nu** are invariable in compounds:
une demi-heure
une heure et demie
Ils étaient nu-tête et nu-jambes.
Il courait pieds nus le long de la voie ferrée.

Compound adjectives of colour are invariable:
une robe gris clair, *a light grey dress*
une jupe vert foncé, *a dark green skirt*

c) **Avoir l'air,** *to look*
The adjective is usually made to agree with the person or thing described:

Cette fillette a l'air malheureuse.

When however the idea of mere appearance is stressed, the adjective is taken as describing *air* and is masculine singular:

Cette bête a l'air méchant. *This animal looks vicious.*

§66 Adjectives as nouns

The use of adjectives as nouns is extremely common:
un pauvre, *a poor man*
un paresseux, *a lazy man (boy)*
un malheureux, *an unfortunate man*
les riches, *rich people*
le haut de la rue, *the top of the street*
le bas de la figure, *the lower part of the face*
au plus fort de l'été, *at the height of summer*
au plus épais de la jungle, *in the densest part of the jungle*

Note the use of the adjective when the noun is understood:
Quelle robe préfères-tu?—La rouge *(the red one)*.
Lequel de ces garçons est ton cousin?—Le grand *(the tall one)*.
Quels cahiers, monsieur?—Les bleus *(the blue ones)*.
Est-ce le même bateau?—Oui, c'est le même *(the same one)*.

§67 The position of adjectives

The student knows already that the general tendency in French is to place the adjective after the noun. However, in the course of reading, he will have noticed numerous instances of adjectives other than *beau, bon, vilain,* etc. preceding nouns. Almost any adjective, in fact, may precede: it depends on the circumstances. Certain general rules may be laid down, but when we study French prose closely, we come to see that the placing of the adjective is a very flexible business, and that in the final resort it is a question of feeling and style: the writer places the adjective to secure the effect he desires in the particular instance. The student will thus readily understand that his best guide in this matter is the attentive study of French texts. However, we give here some useful indications.

a) Adjectives used figuratively are usually placed before the noun.

EXAMPLES

des couloirs sombres, *but* de sombres réflexions.
des nuages noirs, *but* de noirs soucis.
un goût amer, *but* cet amer reproche.

b) The position of the adjective often depends on which is uppermost in the mind, the idea of the thing itself, or the idea of its quality.

EXAMPLE

Dans la clairière il aperçut un énorme sanglier.
(Principal idea: it was a wild boar; accompanying idea: it was a very big one).
C'était une bête énorme. (Principal idea: the size of the creature).

This consideration decides the position of many adjectives, such as *épouvantable, interminable, sublime, terrible, immense, éclatant.*

c) There is a strong tendency for the adjective to precede when noun and adjective are closely related in meaning, when the adjective expresses an idea implicit in the noun.

EXAMPLES

une terrible catastrophe	la rapide voiture
le clair soleil	la vaste mer
le savant professeur	

This clearly exemplifies the basic principle that the adjective tends to stand in the stressed position (i.e. after the noun) when it expresses some special distinguishing quality.

d) Adjectives accompanying names usually precede:

l'illustre Condé   l'infortunée Marie Stuart

Adjectives used in a complimentary sense precede:

votre charmante mère
votre dévoué secrétaire
vos respectables parents

Note also such cases as these when the noun is further qualified:

les glaciales nuits d'hiver
une grise après-midi de dimanche

e) Adjectives qualified by longer adverbs follow the noun:

une très jolie femme
une femme remarquablement jolie

f) Remember that two adjectives qualifying a noun usually keep their normal position:

les longs étés chauds
un petit garçon intelligent

Two adjectives following are usually connected by **et**:

la route blanche et poudreuse
une rue étroite et sale

§68 Common adjectives whose meaning is affected by position

certain   un certain temps, *a certain (= not accurately delimited) time*
            une preuve certaine, *a certain (= indubitable) proof*

pauvre	mon pauvre enfant, *my poor (= pitiable) child*
	des paysans pauvres, *poor (= impecunious) peasants*
dernier	la dernière fois, *the last time (last of a series)*
	la semaine dernière, *last week (the one just past)*
prochain	la prochaine fois, *the next time*
	le mois prochain, *next month;* la semaine prochaine, *next week*
cher	mon cher ami, *my dear friend*
	des articles chers, *dear (= expensive) articles*
pur	un ciel pur, *a pure (or cloudless) sky*
	de pures légendes, *pure (= mere) legends*

This dual meaning is still more marked in the following cases:

ancien	un ancien soldat, *an old (= former) soldier*
	une maison ancienne, *an ancient house*
grand	un grand homme, *a great man*
	un homme grand, *a tall man*
honnête	un honnête homme, *a gentleman*
	un homme honnête, *an honest man*
méchant	de méchants vers, *worthless verse*
	une femme méchante, *an ill-natured (spiteful) woman*
propre	ses propres paroles, *his own words*
	des draps propres, *clean sheets*
triste	un triste spectacle, *a sorry sight*
	un jour triste, *a sad day*
mauvais	un mauvais chapeau, *a wretched hat*
	un regard mauvais, *an evil look*
haut	la haute mer, *the high seas, the open sea*
	la mer haute, *high tide*

§69 a) Note the use of the adjective (demonstrative, possessive or interrogative) in cases of this sort:

À sa vue, *at the sight of him*

Avez-vous de ses nouvelles? *Have you any news of him?*

Nous sommes allés à leur rencontre.
We went to meet them.

Que savez-vous à son sujet?
What do you know about him?

Que savez-vous à ce sujet?
What do you know about this?

Il est venu me parler.—A quel sujet?
He came to talk to me.—What about?

b) Adjectival expressions are often made up of **de** + another word:
le moment d'après, *the next moment*
but : un moment après, *a moment later (after)*
nos voisins d'en face, *our neighbours opposite*
les pattes de devant, *the forelegs*
le journal d'hier, *yesterday's newspaper*
le train de midi, *the midday train*

§70 Agreement of the adverbial *tout*

Tout (= *quite, all, altogether*) used before an adjective, agrees
only when the adjective is feminine and begins with a consonant:

tout seul	toute seule	tout étonnée
tout seuls	toutes seules	tout étonnées

§71 Examples involving comparison

Il est aussi avare que son père. *He is as mean as his father.*
fort comme un bœuf, *as strong as an ox*
pâle comme la mort, *as pale as death*
de plus en plus grand, *bigger and bigger*
de plus en plus difficile, *more and more difficult*
de moins en moins important, *less and less important*
Plus on a, plus on désire. *The more one has, the more one wants.*
Il est plus âgé que moi de deux ans. *He is two years older than I.*

More (less) than, referring to quantity, is **plus (moins) de:**
plus de cinq cents élèves
plus de cinquante kilomètres
moins de mille francs

Plus (moins) que is used in actual comparisons:
Tu manges plus que moi.
Je travaille moins que vous.

Davantage, *more,* is never followed by **de** or **que**; it usually translates *more* falling as the last word:

Ils ont des chambres, mais nous en avons davantage.

Moi, je gagne davantage.

Il voulait en savoir davantage. *He wanted to know more.*

Le père était généreux, le fils l'est davantage.

The father was generous, the son is more so.

§72 The superlative

a) Examples of the superlative when the adjective follows the noun:

le moment le plus dangereux

la question la moins importante

les choses les plus stupides

ses amis les plus fidèles

Note the invariable **le** in a superlative of degree:

C'est l'endroit où la circulation est le plus intense.

C'est de ce côté que l'eau est le plus profonde.

A most + adjective is rendered thus:

un homme des plus intelligents, *a most intelligent man*

une femme des plus charmantes, *a most charming woman*

b) **Le (la) moindre,** *the smallest, the slightest, the least considerable:*

Cela n'a pas la moindre importance.

sans la moindre difficulté

Smallest, in size, is **le plus petit:**

Jeannot est le plus petit des enfants.

Pire, *worse,* **le (la) pire,** *the worst,* usually applies to actions or moral matters:

La guerre est pire. *War is worse.*

la pire négligence; la pire cruauté

Worst, in the material sense, is **le plus mauvais:**

C'est moi qui ai la plus mauvaise chambre.

Cette chambre est encore plus mauvaise que l'autre. *(worse)*

c) After a superlative or a virtual superlative (le seul, le premier, le dernier), *in* is translated by *de:*

le plus grand magasin de la ville

le meilleur élève de la classe

le seul de son groupe
la première maison de la rue

§73 Special points regarding the adjective in French composition

a) When the occasion arises, one should take the opportunity of imitating the neat French use of an adjective or past participle where in English we should use a phrase:

EXAMPLES

Confus, il s'arrêta. *He halted in confusion.*
Toute joyeuse, elle rentra chez elle. *She went home full of joy.*
Étonné, il leva la tête. *He looked up in astonishment.*

Arrivé à la gare, il s'informa de l'heure des trains.
When he reached . . .

Jeune, il avait parcouru le monde.
In his youth he had travelled the world.

Sometimes good French idiom prefers a phrase where we use an adjective:

dans l'état où ils sont, *in their present condition*
le siècle où nous vivons, *the present age*
dans les chapitres qu'on va lire, *in the ensuing chapters*
des discours à n'en plus finir, *endless speeches*

b) Typical descriptive expressions to note:

son cou de taureau, *his bull-like neck*
une figure de bonne congédiée, *a face like a dismissed servant's*
sa finesse de vieux diplomate, *his old diplomat's shrewdness*
sa démarche roulante de matelot, *his sailor's rolling gait*

Pronouns

§74 Pronoun objects

a) Examples showing position:
Je ne les vois pas.
Je les ai vus. Je ne les ai pas vus.

J'y suis allé. Je n'y suis pas allé.
Je veux les voir.
Nous allons leur écrire.
Le voici! Vous voilà!

b) Order of two pronoun objects:
Il me les donne.
Je le leur envoie.
Je vous y ai vu.
Vous m'en avez parlé.

c) Pronoun objects with the imperative:

Apportez-les!	Ne les apportez pas!
Écrivez-lui!	Ne lui écrivez pas!
Allez-y!	N'y allez pas!
Montrez-le-lui!	Ne le lui montrez pas!
Donnez-les-moi!	Ne me les donnez pas!
Mettons-les-y!	Ne les y mettons pas!

§75 More special uses of *le*

a) **Le** sometimes renders *so*:

Tu me l'as dit hier.	*You told me so yesterday.*
Oui, je le crois.	*Yes, I think so.*
Si vous le désirez.	*If you so desire.*

b) **Le** is often used where we should not use *it* in English:

Comme vous le savez déjà ...	*As you already know ...*
Comme je vous l'ai déjà dit ...	*As I have already told you ...*
Si vous le savez, dites-le-moi.	*If you know, tell me.*
Combien, je le répète, combien?	*How much, I repeat, how much?*

But note that *it* in expressions like *I find it impossible to . . ., I think it wise to . . .,* has no counterpart in French:

Je trouve impossible de refuser. *I find it impossible to refuse.*
Nous croyons nécessaire de vous avertir.
We think it necessary to warn you.

c) **Le** may be used to replace an adjective:
On le croyait honnête, mais il ne l'était pas. *(he was not)*
Raymond est fier, Vincent ne l'est point.
Autrefois il était énergique, mais il ne l'est plus.

§76 Some uses of *y*

Je vais à Dijon; j'y vais samedi.
Avez-vous pensé à cette question?—Oui, j'y ai pensé.
Je n'y prends aucun plaisir. (= *in it*)
Voici des tiroirs. Je peux y mettre mes papiers. (y = *in them*)
Ils y mirent le feu. (y = *to it*)

Y sometimes stands for **à** + infinitive:
Avez-vous réussi à le faire?—Oui, j'y ai réussi.
Est-il décidé à y aller?—Oui, il y est décidé.
Vous préparez le déjeuner? Je vais vous y aider.

§77 Uses of *en*

En always stands for **de** + something:
As-tu du tabac?—Oui, j'en ai. (en = *some*)
J'ai du travail; j'en ai trop. (en = *of it*)
Avez-vous une voiture?—Nous en avons deux. (en = *of them*)
Comme je passais devant l'église, le curé en sortit. (en = *of it*)
Je m'en sers. *I make use of it.* (se servir de)
Je m'en souviens. *I remember it.* (se souvenir de)
Je vous en remercie. *I thank you for it.* (remercier de)

Note these idioms:
Nous avons vu ces hommes; ils étaient quatre.
We saw those men; there were four of them.

J'en étais venu à détester ces visites.
I had come to hate these visits.

C'était une robe bon marché, comme on en vend partout.
It was a cheap dress, such as are sold everywhere.

En sometimes stands for **de** + infinitive:
Je voudrais le faire, mais je n'en ai pas le droit.
Il croyait que j'allais payer, mais je n'en avais pas l'intention.
S'il veut le faire, je ne peux pas l'en empêcher.
Je suis allé voir sa mère, ainsi qu'il m'en avait prié.

§78 Various uses of the disjunctive pronoun

a) With prepositions:
Avec moi, sans toi, loin d'eux

Chez moi, chez eux, etc.

C'est moi, c'est vous, etc. But one says: ce sont eux (elles).

l'un d'eux, *f.* l'une d'elles, *one of them*

Ils parlaient entre eux. *(among themselves)*

plusieurs (quelques-uns, beaucoup, certains, la plupart) d'entre eux, *several (a few, many, certain, most) of them*

b) For emphasis:

Moi, je n'en sais rien. *I don't know.*

Lui ne fait rien. *He does nothing.*

Ce n'est pas moi qu'il cherche. He is not looking for *me.*

Also when the subject is separated from the verb by another word or expression:

Moi aussi, je les ai vus. *I saw them too.*

Lui seul le savait. *He alone knew it.*

Lui, qui avait tant travaillé, a échoué.

He, who worked so hard, has failed.

Composite subject:

Mon ami et moi sommes allés à la pêche.

Toi et ton frère avez bien joué.

c) With reflexive verbs followed by **de** or **à**:

Je me souviens de lui.

Personne ne s'occupe de moi.

Je me fie à lui. Adressez-vous à eux.

Also with verbs of motion, including **penser à**:

Je courus à elle.   Il vint à moi.

Je pensais à toi.

d) **Soi** *(oneself)* is used in association with **on, chacun, personne, tout le monde:**

On rentre chez soi.   chacun pour soi

Personne ne reste chez soi.

On est content de ce qu'on fait soi-même.

§79 Relative pronouns

a) **Qui,** *whom,* is used with prepositions in relative clauses and in questions:

les gens avec qui nous sortons, *the people we go out with*

De qui parlez-vous? *Whom are you talking about?*

Quoi, *what,* is similarly used:
J'ai tout fermé à clef, après quoi je suis sorti.
I locked everything up, after which I went out.

Nous ignorons de quoi ils parlent.
We don't know what they are talking about.

À quoi faisait-il allusion?
What was he alluding to?

b) **Dont,** *of which, of whom, whose*
l'homme dont vous parlez
la maison dont vous parlez
les choses dont nous avons besoin

Dont is always the first word of the relative clause:
une chambre dont les fenêtres étaient ouvertes
C'est un jeune homme dont je connais les parents.

Remember that **dont** is the relative when one is using verbs
followed by **de**:
la chose dont je me sers (je m'aperçois, je me souviens, j'ai
besoin, etc.)
Also: la façon (la manière) dont, *the way (manner) in which*

§80 *Ce qui, ce que, ce dont*

Je sais ce qui se passe. *I know what is going on.*

Je sais ce que vous allez dire.
I know what you are going to say.

Ce qui est certain, c'est qu'il le fera.
What is certain is that he will do it.

Ce n'est pas ce dont nous avons besoin.
It isn't what we need.

Je ferai tout ce qui sera nécessaire.
I will do all that is necessary.

J'ai entendu tout ce qu'il disait.
I heard all he was saying.

Ce qui is also used to refer to the sense of a foregoing phrase:
La porte était ouverte, ce qui me parut singulier.
Elle jouait sans cesse du piano, ce qui ennuyait les voisins.

§81 *Lequel, laquelle,* etc.

L'auto dans laquelle ils voyageaient.
Le stylo avec lequel j'écris.
Les raisons pour lesquelles nous refusons.
Un bois au milieu duquel se trouvait un étang.
Des questions auxquelles je ne veux pas répondre.

With **parmi** *(among),* **lesquels (lesquelles)** may refer to persons:
les gens parmi lesquels je vivais

In which, on which, etc., are often translated by **où**:
la rue où je demeure, *the street in which I live*
le banc où j'étais assis, *the bench on which I was sitting*

Lequel, lesquels, etc., are used in questions with the sense of *which one(s)*:
Un des enfants est malade.—Lequel? *(Which one?)*
J'ai brisé une fenêtre.—Laquelle?
Laquelle de ces bicyclettes est la tienne?
Lesquelles de ces valises sont les vôtres?

Demonstrative pronouns

§82 a) Examples involving **ce**:

C'est un pigeon.	*It is a pigeon.*
Ce sont des pigeons.	*They are pigeons.*
C'est un brave homme.	*He is a good fellow.*
Ce sont des gens charmants.	*They are charming people.*

b) **Il est (difficile) . . .** and **c'est (difficile) . . .**
Il est leads off when the adjective is followed by **de** + infinitive or by **que** + phrase:
Il est difficile (facile, possible, nécessaire, etc.) de . . .
Il est certain (vrai, probable, évident, etc.) que . . .

But **c'est possible** (difficile, etc.) is complete in itself: **c'est** really means *that* (i.e. what has been mentioned) *is possible (difficult,* etc.).
Il est évident qu'ils vont accepter.—Oui, c'est évident.
Il est possible d'y aller?—Oui, c'est possible.

§83 Cela translates *it* in a number of expressions, chiefly of feeling:

Cela m'amuse de les voir jouer.

Cela me plaît de les écouter.

Cela me fait plaisir de rouler à toute vitesse.

Cela m'ennuie d'aller chez eux.

Cela m'étonne que vous restiez ici.

§84 *Celui, ceux; celle, celles*

a) Followed by **de**:

Ce n'est pas mon sac, c'est celui de Nicole. *(Nicole's)*

Je n'ai pas de bicyclette; je prendrai celle de Jean. *(John's)*

Voici vos lettres, et voilà celles du directeur. *(the manager's)*

b) Followed by a relative **(qui, que, dont)**:

Quelle dame?—Celle qui vient de sortir. *(she who, the one who)*

Quel journal?—Celui que vous lisez. *(the one which)*

Quelles photos?—Celles que je t'ai envoyées. *(the ones which, those which)*

Je vois tous ceux qui entrent et sortent.

I see all (those) who go in and out.

c) MASC. **celui-ci** *this one*   FEM. **celle-ci** *this one*

      celui-là *that one*   **celle-là** *that one*

      ceux-ci *these*   **celles-ci** *these*

      ceux-là *those*   **celles-là** *those*

EXAMPLES

Voici deux chapeaux. Celui-ci est bon marché, celui-là est plus cher.

Quelles assiettes? Celles-ci?—Non, celles-là.

«Qui êtes-vous?» demanda celui-ci. *(asked the latter)*

§85 Useful examples involving **que**:

Qu'arrive-t-il? ⎫
Que se passe-t-il? ⎬ *What is happening?*

Que sont ces papiers? *What are these papers?*

Que vous faut-il? *What do you require?*

Qu'est-il devenu? *What has become of him?*

Que reste-t-il? *What remains? What is left?*
Je ne savais que faire. *I did not know what to do.*
Qu'est-ce que c'est que cette plaisanterie? *What is this joke?*

§86 The possessive pronoun

	SINGULAR		PLURAL	
mine	le mien	la mienne	les miens	les miennes
yours	le tien	la tienne	les tiens	les tiennes
his, hers	le sien	la sienne	les siens	les siennes
ours	le (la) nôtre		les nôtres	
yours	le (la) vôtre		les vôtres	
theirs	le (la) leur		les leurs	

EXAMPLES

Voici ta valise. Où est la mienne?
Voici nos bagages. Où sont les vôtres?
J'ai ma voiture, et Jean a la sienne.

NOTE

A friend of mine, un de mes amis
A doctor friend of mine, un médecin de mes amis

Other notes on possessives

In the French army, soldiers addressing superior officers always
say **mon** before a title:
Oui, mon capitaine (mon colonel, etc.)

Own may be translated by **propre,** but the emphatic *my* or *my
own* is often expressed by a pronoun:
Ses propres mots, *his own words*
C'est bien ma pipe à moi. *This is* my *pipe*
Ses affaires à lui, *his own business,* his *business*

Note the use of the possessive pronoun to express *our (your,
their) people (men).*
Ils ont abattu trois des nôtres.
They laid low three of our men.
Il n'est pas des nôtres.
He is not one of ours (our men, our people).

Indefinite adjectives and pronouns

§87 On

On is very often used to render an English passive:
   On l'a vu hier. *He was seen yesterday.*
   A-t-on mis mes lettres à la poste? *Have my letters been posted?*
In conversation **on** often = we:
   Eh bien, on va déjeuner? *Well, shall we have lunch?*

One as object is expressed by **vous**:
   Ce qui vous surprend, c'est que ... *What surprises one is that ...*
   On vous donne une carte. *They give one a card.*

§88 Chaque (adj.), *each*
   chaque jour, chaque personne.

Chacun(e) is a pronoun
   Chacun de ces hommes, *each of these men*
   Chacun aura sa part. *Each (one) will have his share.*

Quelqu'un, *someone, somebody*
   J'attends quelqu'un. Quelqu'un d'important.

Quelques-un(e)s, *some, a few*
   Quelques-uns de mes élèves. Quelques-unes de ces maisons.
   As-tu pris des photos?—Oui, j'en ai pris quelques-unes.

§89 Tout

   Nous voulons tout voir. *We wish to see everything.*
   J'ai tout essayé. *I have tried everything.*
   Vous le savez tous. *You all know it.*
   Je les connais tous. *I know them all.*
   Tous (les) deux sont partis. }
   Ils sont partis tous (les) deux. } *Both (of them) have gone.*

§90 Tel, *such*
   un tel homme, *such a man*   de tels hommes, *such men*
   une telle chose, *such a thing*   de telles choses, *such things*

But one says:
> un si bel homme, *such a handsome man*
> de si jolies villas, *such pretty villas*

In this connection, **aussi** is sometimes used instead of **si**, especially when the adjective follows the noun:
> une question aussi importante, *such an important question*

§91 Autre

Je n'ai que trois verres. Où sont les autres? *(the others, the rest)*

The rest meaning the remaining portion is **le reste**:
> le reste du temps; le reste de son argent.

Tu peux mettre ces gants, j'en ai d'autres. *(others, some more)*
Choisissons autre chose. *Let us choose something else.*
Personne d'autre, *nobody else;* quelqu'un d'autre, *somebody else;* rien d'autre, *nothing else*
Ses filles sont mariées, l'une et l'autre. *(both)*
J'ai deux chambres; vous pouvez louer l'une ou l'autre. *(either)*
Ni l'un ni l'autre n'avait bougé. *(neither)*
Nous nous aidons l'un l'autre. *(each other)*
nous autres Français, *we French people.*
Que faites-vous, vous autres? *What are you people doing?*

§92 Chose

Je n'ai pas grand'chose à vous dire. *I haven't much to tell you.*
Peu de chose me suffira pour vivre. *I shall require little to live.*

Même

Est-ce la même voiture?—Oui, c'est la même. *(Yes, it is the same one.)*
À l'instant même où . . . *at the very moment when . . .*
Ah! vous êtes de Londres même? *Oh, you come from London itself?*
Tout le monde fut surpris, même ses amis les plus intimes. *(even)*

§93 Quiconque, *whoever*

Quiconque lui résistait perdait sa place.
Whoever resisted him lost his job.

But *whoever* is often rendered by **celui qui**:
Celui qui ferait cela serait fou.

Quelconque, *some (any) sort of*
Il trouvera une place quelconque.

§94 N'importe qui, je ne sais qui, etc.

a) N'importe qui vous le dira. *Anybody will tell you.*
Chantez n'importe quoi. *Sing anything.*
Vous trouverez cela dans n'importe quelle épicerie. *(any grocer's)*
Quelle carte?—N'importe laquelle. *(any one)*
Où faut-il le mettre?—N'importe où. *(anywhere)*

b) Je ne sais qui me l'a dit.
Somebody or other told me.

Il se plaignait de je ne sais quoi.
He was complaining of something or other.

Je l'ai lu dans je ne sais quel journal.
I read it in some newspaper or other.

J'en suis sorti je ne sais comment.
I got out of it somehow or other.

Negative forms

§95 Personne

Personne n'est venu.
Je n'ai vu personne.
Nous ne le dirons à personne.
Qui veut y aller?—Personne.

Rien

Rien ne bouge.
Il n'a rien dit.

Qu'a-t-il fait?—Rien.
Il ne veut rien dire.
Sans rien dire.
Il n'y a rien de plus facile.

Aucun(e)+ne, *none, not one*
Il n'y avait aucun bruit, aucun mouvement.
There was no sound, no movement.

Aucune voiture n'attendait devant la gare.
No car was waiting before the station.

Quelle importance cela a-t-il?—Aucune. *(none, none at all)*
sans aucun espoir, *without any hope*

Pas un(e)+ne, *not one*
Pas un homme n'hésita.
Pas un ne s'échappa.

Nul (*f.* nulle)+ne, *none*
Nul ne sait. *None knows.*
Cela n'existe nulle part. *That doesn't exist anywhere.*
Je ne suis nullement coupable. *I am not in any way guilty.*

§96 Ne . . . jamais

Je n'y vais jamais.
Nous ne l'avons jamais vu.
Y êtes-vous allé?—Jamais.
C'était quelqu'un que je n'avais jamais vu.
It was somebody I had never seen before.

Jamais means *ever* in sentences like these:
Avez-vous jamais vu cela?
Si jamais il vient ici . . .
Il cria plus fort que jamais.

Ne . . . plus

Je ne leur écris plus. $\begin{cases} \textit{I no longer write to them.} \\ \textit{I do not write to them any more.} \\ \textit{I do not write to them now.} \end{cases}$

Ne . . . que, *only, nothing but*
Je n'ai qu'une valise.
I have only one suitcase.

Vous n'avez qu'à attendre.
You have only to wait.

Je n'ai qu'un peu de jambon.
I have nothing but a little ham.

Le car ne part qu'à trois heures.
The bus does not leave until three o'clock.

Seulement may be used instead of **ne** . . . **que**:
C'est seulement hier que j'ai appris la nouvelle *(it wasn't until yesterday . . .).*

Only, merely, with a verb is expressed thus:
Il ne fit que hausser les épaules.   } *He only (merely)*
Il se contenta de hausser les épaules. }   *shrugged his shoulders.*

Ni . . . ni+ne
Ni le directeur ni ses collègues ne le savaient.
Neither the manager nor his colleagues knew it.

Je n'ai ni imperméable ni parapluie.
I have neither a raincoat nor an umbrella.

Ne . . . guère, *hardly, scarcely*
Ce n'est guère possible. *It is hardly (scarcely) possible.*

Vous n'avez guère de temps à perdre.
You have scarcely any time to waste.

§97 a) Two negatives combined

Il ne fait plus rien.
He no longer does anything.
He does not do anything now.

Ils ne me donnent jamais rien.
They never give me anything.

Il n'y connaît plus personne.
He doesn't know anybody there now.

b) Negatives with the infinitive

Both parts (ne pas, ne rien, etc.) are placed before the infinitive:
Je leur dirai de ne pas attendre.
Il était décidé à ne rien dire.

But: Elle préfère ne voir personne.

With the perfect infinitive the two parts of the negative usually take their normal position.

Il déclare ne l'avoir pas dit.

§98 Other examples involving affirmation or negation

Il n'est pas parti?—Si, il est parti.

Je crois que oui. *I think so.*

Je crois que non. *I think not. I don't think so.*

Jacques ne viendra pas non plus. *Jacques won't come either.*

(Ni) moi non plus. *Nor I (either). Neither shall I.*

Je croyais trouver des amis, non pas des ennemis.
I thought I should find friends, not enemies.

Elle ne m'a même pas regardé.
She didn't even look at me.

Il ne viendra certainement pas aujourd'hui.

Note particularly the French use of the negative in cases like the following:

Il me demanda si je n'avais rien entendu.
He asked me if I had heard anything.

Ils voulaient savoir si personne n'était sorti.
They wanted to know if anybody had come out.

§99 Omission of *pas* after certain verbs

Pas is sometimes omitted after **pouvoir, oser, savoir, cesser,** usually in cases where the negative idea is less stressed, where the inclusion of the downright **pas** would tend to falsify the idea expressed.

pouvoir Je ne puis dire (**pas** is never used with **je ne puis**).
Pas is sometimes omitted with other parts of **pouvoir**;
e.g. Je ne pouvais concevoir . . .

oser Les ministres n'osaient lui résister.

savoir Je ne sais si . . .
Je ne saurais vous le dire. *I cannot tell you.*

cesser Il ne cessa de se lamenter.

336

Notice also:

Qui de nous n'a éprouvé de telles émotions?
Qui ne comprendrait cela?
Si je ne m'abuse. *If I am not mistaken.*

§**100** Special idioms involving **ne**:

Il y a longtemps que je ne l'ai vu.
It is a long time since I saw him.

Il est plus rusé que vous ne croyez (pensez).
He is more artful than you think.

Il a pris cela mieux que je n'espérais.
He took that better than I hoped.

Elle est moins jolie qu'elle ne l'était il y a deux ans.
She is less pretty than she was two years ago.

Il est moins stupide qu'il n'en a l'air.
He isn't as stupid as he looks.

J'ai plus qu'il ne m'en faut.
I have more than I require.

Adverbs

§**101 Adverbs formed from adjectives**

Usual formation:

heureux	heureuse	heureusement
vrai *(ending in vowel)*	vraiment	

Exceptional:

gai	gaiement	constant constamment	⎱ *(so also others in*
gentil	gentiment	évident évidemment	⎰ -ant *and* -ent*)*
bref	brièvement		

Note **é** in the following:

aveuglément	précisément
communément	profondément
confusément	obscurément
énormément	

337

§102 Adjectives used adverbially are invariable
EXAMPLES

aller (tout) droit, *to go straight*
s'arrêter net, *to stop dead*
s'arrêter court, *to stop short*
coûter cher, *to cost dear*
frapper dur (juste), *to strike hard (true)*
parler haut, *to speak loudly*
parler bas, *to speak quietly*

sentir bon (mauvais), *to smell nice (unpleasant)*
tenir bon, *to hold firm, stand firm*
travailler ferme (dur), *to work hard*
voir clair, *to see clearly*

§103 a) Note the position of the adverb in these cases:

Vous avez bien joué.
Elle avait tant souffert.
Il a trop bu.
Nous avons beaucoup voyagé.
Pour bien jouer, il faut s'entraîner.

b) Several words are used both as prepositions and adverbs:

Après vous. Il est venu après.
Avant lui. Elle était arrivée deux minutes avant.
Derrière l'église. Moi, je marchais derrière.
Devant la gare. L'officier alla devant.

§104 Notes on some adverbs
Comme

Comme il est tard, il faut rentrer. *(As it is late . . .)*
Il s'arrêta comme pour me parler. *(as though to . . .)*
Tout disparut comme par magie. *(as if by . . .)*
Que c'est joli! ⎫
Comme c'est joli! ⎬ *How pretty it is!*

Comment

Comment allez-vous? *How are you?*
Comment! vous partez? *What! you are going away?*

Examples showing the various translations of *how* in indirect speech:

Vous ne savez pas comme il a souffert.

Je ne puis dire combien je suis reconnaissant.
Je ne vois pas comment cela se fait.

Bien

bien sûr, *(most) certainly*
J'espère bien. *I do hope (quite hope)*.
Nous avons bien reçu votre lettre *(duly received)*.
Il y avait bien trois cents personnes *(quite three hundred)*.

bien chaud, *nice and warm*   bien mûr, *nice and ripe*
Elle est très bien. *She is very good looking.*
Sa sœur est mieux. *Her sister is better looking.*
Des gens très bien, *people of very good class*

Peu

peu probable, *improbable*   peu intéressant, *uninteresting*
peu profond, *shallow*   peu cher, *cheap*
peu d'argent, *little money*   un peu d'argent, *a little money*
peu à peu, *little by little, gradually*
à peu près, *within a little, very nearly*
à quelques centimètres près, *within a few centimetres*
Regardez un peu. *Just look.*

Tant, *so much, so many, so*

Tant d'argent   Tant d'amis
Il a tant voyagé.
Je l'avais reconnu tout de suite, tant il ressemble à sa sœur *(he is so much like)*.

Autant, *as much, as many*

J'ai autant de fruitiers que lui.
Tâchez d'en faire autant. *Try to do the same.*
C'est d'autant plus regrettable que ses parents sont de braves gens *(all the more . . . as)*.

Plutôt, *rather, if anything*

Leur maison est plutôt petite.

Assez, *rather* in the sense of to a fair degree:

Je crois qu'ils sont assez riches.

Au moins, *at least,* expresses a minimum:

e.g. au moins cent francs

Du moins, *at least,* expresses a reservation:

Du moins, je le crois. *At least, I think so.*

Tôt, *early*

Il se lève tôt.

Pourquoi est-il revenu si tôt? *(so soon, so early)*
Vous devriez partir plus tôt. *(earlier, sooner)*
N'y arrivez pas trop tôt. *(too soon, too early)*

Tantôt . . . tantôt . . ., *sometimes . . . sometimes . . .*
Tantôt on gagne, tantôt on perd.
Sometimes you win, sometimes you lose.

Tard, *late,* without reference to a particular time:
Je me suis couché tard.

En retard, *late,* in the sense of after time:
Je devais y arriver à midi. J'étais en retard.

Avant, *before*
e.g. une heure avant

Auparavant, *before, previously,* tends to be used more in literary
narrative:
Son père était mort quelques mois auparavant.

Note these examples:
Je ne l'avais jamais vu.
I had never seen him before.

Nous sommes déjà venus ici.
We have been here before.

Jusqu'ici, *up till now*

Jusque-là
Jusqu'alors } *until then, up till then*

Où is a relative
e.g. l'usine où je travaille.
Where used without an antecedent is **là où**:
Là où j'habite, il y a beaucoup de vignes.

Partout où = *wherever:*
Partout où je vais, je trouve la même chose.

Part
quelque part, *somewhere*
nulle part *(with* ne), *nowhere, not anywhere*
je n'ai vu cela nulle part.
de toutes parts, *on all sides*
de part et d'autre, *on either side, on both sides*
d'autre part, *on the other hand*

§105 Conjunctions

D'ailleurs, *besides, moreover*

Pourtant, *however, yet*
 and yet = et pourtant *or* et cependant

Toutefois, *however, nevertheless*

Donc, *therefore*
When *so* or *then* = *therefore,* translate by **donc**
 So he went . . . Il alla donc . . .
 Mais répondez donc! *Come on, answer!*

Or, *now*, beginning a paragraph or opening a new part of a story

Ou bien, *or else*
 Je passerai chez vous, ou bien je vous trouverai à la gare.

Ou . . . **ou,** *either* . . . *or* . . .
 Ou vous paierez les droits, ou vous laisserez votre appareil.
 Either you will pay the duty, or you will leave your camera.
 Instead of **ou** . . . **ou** one may use **ou bien** . . . **ou bien** . . .

Aussi bien que, *as well as*
 Les riches aussi bien que les pauvres.

Ainsi que, *as also, like*
 Je savais déjà la nouvelle, ainsi que la plupart de mes collègues.

Que

Replaces before a second clause **quand, lorsque, comme** and
compound conjunctions such as **bien que, avant que.**
 Quand la nuit tombe et que la campagne devient silencieuse . . .
 Bien qu'il soit jeune et qu'il pratique les sports . . .
Note also:
 Quel homme charmant que son père! *What a charming man his*
  father is!

Puisque, *since* (reason), *seeing that*
 Puisque vous l'exigez . . .

Depuis que, *since* (= from the time that)
 Depuis qu'il habite Paris . . .
 Since he has been living in Paris . . .

Tandis que, *whilst, whereas* (with idea of contrast)
 Il a réussi brillamment, tandis que ses frères se trouvent dans
 des situations bien médiocres.

Pendant que, *while* (= during the time that)
  Pendant qu'il lisait le journal, sa femme préparait le repas du
  soir.

Alors que, *whereas* (expressing sharp opposition of ideas)
  On le cherchait dans Paris, alors qu'il était déjà parti pour
  Londres.

Alors que is also used in the sense of *at the time when*:
  Il vécut au moyen âge, alors que la plupart des savants étaient
  des moines.
  He lived in the Middle Ages, when most scholars were monks.

Vu que, *seeing that*
  Vu que ses affaires vont mal . . .

À mesure que, *as* (= in proportion as)
  À mesure que nous avancions, la jungle devenait plus épaisse.

Quand même, *even if* (used with the conditional tense)
  Quand même il renoncerait à son projet . . .
  Even if he gave up his plan . . .

§106 Notes on some prepositions

À
  à mon arrivée (retour), *on my arrival (return)*
  à mon avis, *in my opinion*
  Au secours! *Help!* Au voleur! *Stop thief!* Au feu! *Fire!*
  Je l'ai reconnu à sa voix. *I recognised him by his voice.*
  à la lumière d'une lampe, *by the light of a lamp*
  À ce qu'il dit . . . *From what he says . . .*
  À ce que j'ai entendu dire . . . *From what I have heard . . .*
  Il ne comprend rien au problème.
  He understands nothing about the problem.

De
  la route (le train) de Paris, *the road (train) to Paris*
  les arbres du jardin, *the trees in the garden*
  sa maison de la rue du Bac, *his house in the Rue du Bac*
  de nos jours, *in our day*
  d'un ton naturel, *in a natural tone*
  d'une main tremblante, *with a trembling hand*
  de tout mon cœur, *with all my heart*
  de toutes ses forces, *with all his might (strength)*

de cette façon (manière), *in this fashion (manner, way)*
de ce côté, *on this side*   de l'autre côté, *on the other side*
du côté de la gare, *in the direction of the station*

En

En l'air; en l'absence de; en l'honneur de; en mon nom
En l'an 1914, *in the year* 1914

de maison en maison, *from house to house*
Je vous parle en ami. *I speak to you as a friend.*

Entre

Entre nous, je crois qu'il est jaloux. *(between ourselves)*
Ils discutaient entre eux. *(among themselves)*
entre les mains de l'ennemi, *in the hands of the enemy*

À travers, *through, across*
à travers les champs

Au travers de implies resistance: au travers de la jungle

En travers de means *across* (position), *athwart*:
Un arbre était tombé en travers de la route.

Vers, *towards* (direction)
e.g. vers le collège

Envers, *towards* (conduct or attitude)
respectueux envers les maîtres

Depuis, *since*
Ils habitent Vichy depuis deux ans.
Je ne les ai pas vus depuis.

Depuis may also mean *from*, in reference to place or price:
depuis l'Arc de Triomphe jusqu'au Louvre
robes depuis 30 francs, *dresses from 30 francs*

Dès

This is a difficult word. It usually carries with it the meaning of
starting immediately from. (Remember **dès que** = *as soon as*).
According to circumstances, it may translate *from, since, at,
immediately upon*.

dès le commencement, *at (from) the very beginning*
dès son premier mot, *from his very first word*
dès mon arrivée, *immediately upon my arrival*
dès demain, *as early as (not later than) to-morrow*
dès maintenant, *here and now*
dès lors, *since then, from then on*

Dès six heures du matin, tout fut prêt *(at,* or *as early as,* 6 *o'clock)*

Sans, *without*
les arbres sans feuilles, *the leafless trees*
Sans vous, nous aurions été battus.
But for you we should have been beaten.

Pendant, *during, for*
pendant une heure, pendant deux ans.
Pre-arranged time limit is expressed by **pour**:
Nous sommes ici pour trois jours.

Pendant may be used of distance:
chaussée déformée pendant 3 kilomètres
bad road-surface for 3 kilometres

À partir de, *from* (= starting point), e.g. à partir de demain

Pour
J'en ai pour un quart d'heure.
It will take me a quarter of an hour.

Pour lui, c'est une catastrophe.
To him, it is a catastrophe.

Sur
Marcher sur une route (but: dans une rue).
Sur un signe de . . . *At a sign from* . . .

Sous
sous le règne de Louis XIV, *in the reign of Louis XIV*
marcher sous la pluie (la neige), *to walk in the rain (the snow)*

Par
par politesse, *out of politeness*
par nécessité, *out of necessity*
par un temps pluvieux, *in rainy weather*
par ce temps, *in this weather*
Par ici, madame. *This way, madam.*
C'est par là. *It is that way.*

Quant à, *as for*
Quant à ses menaces, je m'en moque.

De la part de, *from* (expressing the quarter from which actions or communications come).
Une lettre de la part de M. le Président.
Dites-lui de ma part que . . . *Tell him from me that* . . .

§107 General note regarding the translation of English prepositions

a) One must bear in mind the important principle that in French one normally repeats the preposition before a second noun, pronoun or verb, where in English it is customary to omit the preposition:

EXAMPLES

à Londres et à Paris, *in London and Paris*
pour vous et pour moi, *for you and me*

Il me dit d'attendre quelques minutes, puis de revenir.
He told me to wait a few minutes, then come back.

b) Literal translations of English expressions such as 'the house at the crossroads', 'the people round him', are not in the best French style. Study the following examples and note how French prefers greater explicitness of expression:

the house at the crossroads, la maison située (*or* qui se trouve) au carrefour.
the people round him, les gens qui l'entouraient
the church on the hill, l'église qui se dresse sur la colline
the ships in the harbour, les navires qui sont dans le port
visitors from all countries, des visiteurs venus de tous les pays

The whole point is that where English tends to strain prepositions, it is better in French to express the idea in a more complete form.

Miscellaneous

§108 a) Numbers

80   quatre-vingts
81   quatre-vingt-un
600   six cents
620   six cent vingt

une vingtaine de personnes, *about twenty people*
un homme d'une trentaine d'années, *a man about thirty*
cent hommes, 100 *men (exactly* 100*)*
une centaine de personnes, *about* 100 *people*
des centaines de voitures, *hundreds of cars*

un millier d'hommes, *about* 1000 *men*
des milliers d'oiseaux, *thousands of birds*

neuf sur dix, *nine out of ten*
les trois premiers chapitres, *the first three chapters*

b) **Fractions**

la moitié de mon argent, *half my money*
un quart de litre, *a quarter of a litre*
trois quarts d'heure, *three quarters of an hour*
un tiers, *a third*;   les deux tiers, *two thirds*
un cinquième, *a fifth*;   un huitième, *an eighth*

§109 a) **Price**

2 francs le kilo, 2 *francs a kilo*
5 francs la pièce, 5 *francs each*
35 francs par jour, 35 *francs a day*

Il m'en a pris (demandé) 26 francs.
He charged me 26 *francs for it.*

Je l'ai vendu 150 francs.
I sold it for 150 *francs.*

b) **Distance**

Versailles est à 18 kilomètres. *Versailles is* 18 *kilometres away.*

Combien (Quelle distance) y a-t-il d'ici à Paris?
How far is it from here to Paris?   .

Nous roulions à 80 kilomètres à l'heure.
We were travelling at 50 *miles an hour.*

c) **Dimensions**

Cela a deux mètres de long (de large, de haut).
This is two metres long (wide, high).

Cette table est longue de trois mètres.

{ Ce mur est épais de 25 centimètres.
{ Ce mur a 25 centimètres d'épaisseur.
Cette pièce a 6 mètres de long sur 4 de large.

§110 Expressions of time

Le mercredi 6 décembre. *Wednesday, December 6th.*

Nous y allons samedi.
We are going there on Saturday (i.e. next Saturday).

Nous y allons toujours le samedi.
We always go there on Saturday(s).

Le 26 août au matin. *On the morning of August 26th.*

la veille, *the day before*;   la veille au soir, *the evening before*

La journée, la matinée, la soirée are used when we are thinking of
what goes to fill up the time:
une journée chargée, *a heavy day*
les occupations de la matinée
une soirée tranquille

Je n'ai rien fait de la journée.
I have done nothing all day.

Je n'ai pas fermé l'œil de la nuit.
I haven't slept a wink all night.

à onze heures précises, *at exactly* 11 *o'clock*
vers dix heures
à dix heures environ } *at about* 10 *o'clock*
On peut y aller en deux heures. *(time taken)*
Ils arriveront dans une heure. *(in an hour's time)*

One says:
le jour (l'heure, le moment) où . . .
the day (the hour, the moment) when . . .

But:
un jour (un matin, un soir) que . . .
one day (one morning, one evening) when . . .
Un jour, que je rentrais chez moi . . .
Un matin, qu'il se rendait à son travail . . .

Index to the Grammar

'Not until', p. 307, §46
(a time), p. 335, §96
Nul, nullement, p. 334, §95
Numbers, p. 345, §108(a)

o

On, uses of, p. 331, §87
Où, là où, p. 340, §104
'Ought, ought to have', p. 297, §33
expressed by *falloir,* p. 298, §34
Out; 'to take something out of', p. 301, §40
'Own', p. 330, §86

p

Par, uses of, p. 344, §106
Part; quelque part, nulle part, p. 340, §104
Partitive article, p. 314, §60
Parts of the body, constructions with, p. 311, §55
Pas, omission of, after certain verbs, p. 336, §99
Pas un+ne, p. 334, §95
Passive, p. 280, §9
Past anterior tense, p. 286, §16
Past historic tense, p. 285, §15
Past participle rule, p. 281, §10
Perfect subjunctive, p. 305, §44
Personne, p. 333, §95
Peu, p. 339, §104
Pire, p. 322, §72(b)
Plupart; la plupart, p. 315, §61
Pluperfect indicative, p. 287, §17
subjunctive, p. 305, §44
Possessive pronoun (*le mien,* etc.), p. 330, §86
Pouvoir, idiomatic uses of, p. 296, §32
Prepositions, p. 342, §106
Present participle, p. 282, §11
Present tense, uses of, p. 284, §14
Price, p. 346, §109(a)
Pronoun objects, position of, p. 324, §74(b)
order of, p. 324, §74(b)
with imperative, p. 324, §74(c)
disjunctive, p. 325, §78
relative, p. 326, §§79–81
possessive, p. 330, §86

q

Quand même ('even if'), p. 342, §105
Que in certain types of question, p. 329, §85
Quelqu'un, quelques-uns, p. 331, §88
Quiconque, quelconque, p. 333, §93

r

Reflexive verbs, agreement of past participle, p. 279, §6
compound tenses, p. 279, §5
various uses of, p. 279, §7
Relative pronouns, p. 326, §§79–81
Rien, p. 333, §95

s

Savoir translating 'can', p. 296, §31
Servir de, servir à, se servir de, p. 303, §41
'Shall I (do)', asking for instructions, p. 288, §18(f)
Si, tenses used with, p. 288, §19
(='whether') in indirect questions, p. 288, §19
Soi, use of, p. 326, §78(d)
Subjunctive, present tense of, p. 304, §42
imperfect, p. 305, §43
perfect and pluperfect, p. 305, §44
expressing imperative (third person), p. 306, §45
used after certain conjunctions, p. 306, §46
used after *il faut que, il est nécessaire que,* p. 307, §47
used after expressions of wish and feeling, p. 307, §48
used after expressions of possibility and doubt, p. 308, §49
used after expressions of ordering, p. 309, §50
used after a superlative, p. 309 §51
used after a negative or indefinite antecedent, p. 309, §51

Vocabulary
French—English

a

s'abaisser, to sink, subside
abandonner, to give up, resign, quit;
    s'abandonner, to give oneself up to, give way to
abattre, to beat down;
    s'abattre, to come down; crash
une abeille, bee
un abîme, abyss, chasm;
    l'abîme (= *sea*), the deep
abondant, abounding, overflowing; **abondamment,** abundantly, copiously
un abonné, subscriber
un abord, access, approach;
    de prime abord, at first sight
aborder, to approach
aboyer, to bark
un abri, shelter; **à l'abri,** protected, immune, sheltered from, under cover
abruti, stunned
accabler, to crush, overwhelm, dishearten
accomplir, to accomplish
un accord, harmony; chord
s'accorder, to harmonize
s'accouder, to lean (rest) one's elbow
l'accoutrement (*m.*), rig-out, garb
accoutumé, wonted, familiar
accrocher, to hang (up), fasten, cling, engage, get a hold
s'accroupir, to squat, nestle
accueillir, to greet, welcome, receive
accumuler, to pile up, heap up
achever, to complete, finish
l'acier (*m.*), steel

acquérir, to acquire
âcre, acrid, harsh, sharp, bitter
s'activer, to be active, astir
adamantin, adamantine
additionner, to add up, tot up
admettre, to admit, acknowledge
adossé, with the back to
adoucir, to soften
une adresse, skill, cunning
aérien, aerial
affermir, to strengthen, confirm
une affiche, poster, placard
affliger, to afflict
l'affolement (*m.*), panic, fury
affoler, to bewilder, create frantic excitement
affreux, wretched, frightful
agacer, to tease, torment, annoy, irritate
un agent, officer, agent; policeman
agir, to act; **il s'agit de,** it is a question of
agité, restless
agiter, to move, stir, shake; to turn over (*in the mind*)
agoniser, to expire
agripper, to clutch hold of, grab
une aïeule, grandmother
aigre, shrill; raw, sharp, harsh, bitter, biting
une aigrette, plume, crest
aigu, acute
une aiguille, needle; hand (*of clock*)
une aile, wing
ailleurs, elsewhere;
    d'ailleurs, moreover
aîné, elder, eldest
l'aise (*f.*), ease, comfort;

à l'aise, comfortable;
à votre aise, as you will
l'ajonc (m.), furze, gorse
ajouter, to add
ajuster, to lay out, set up
alentour, around, about
aligné, in line
alimenter, to feed
allécher, to entice, attract, draw
une allée, path, drive; allées et venues, going to and fro
alléger, to lighten
l'allégresse (f.), alacrity, high spirits
allemand, German
s'allier, to join
allonger, to lengthen, extend, stretch out
allumer, to light, kindle
une allumette, match
une allure, way, progress, carriage, gait, pace, speed; à toute allure, at full speed
alourdi, heavy
l'alpinisme (m.), mountaineering
altéré, athirst, thirsty, parched
une amande, almond
un amandier, almond tree
amarrer, to moor, hitch, fasten
un amas, heap
l'ambiance (f.), surroundings, atmosphere
une âme, soul, mind
amer, bitter
l'amertume (f.), bitterness
amical, friendly
amollir, to soften
un Amour, cupid
amoureux, in love
une ampoule, light bulb, lamp
une ancre, anchor; à l'ancre, moored, secured
un âne, donkey, ass
un ange, angel
l'angélus (m.), angelus bell
un angle, corner

l'angoisse (f.), anguish, pang, gnawing anxiety
angoissé, agonized, anguished, strangled
animé, busy, full of activity
un anneau, ring
annoncer, to prophesy, forecast
une antenne, aerial; feeler, antenna
antérieur, previous, former
une antichambre, anteroom, waiting room
apaiser, to calm, lull, abate
aplati, lying flat, sprawling
apparaître, to come into sight
un appareil, apparatus; telephone; camera
appareiller, to set sail, get under way
une apparition, coming into sight; appearance; vision (of angels, etc.)
un appartement, flat, set of rooms
appartenir, to belong
un appel, a cry, call
appliquer, to apply; s'appliquer (à), to endeavour (to)
Apollon, Apollo
un apprenti, apprentice
approfondir, to deepen
un appui, ledge, sill
appuyer, to lean, put one's weight against
âpre, eager, rough, bleak, biting, penetrating
un araire, swing-plough
arbitraire, arbitrary
un arc, arch
un archer, bowman, archer
ardent, burning; passionate
une ardoise, slate
une arène, arena, ring
une arête, ridge
l'argent (m.), silver
argenté, silvery
arracher, to tear (away)
un arrêt, a stop; tomber en

arrêt, to halt, stand stock-still
s'arrêter, to stop
l'arrière (*m.*), back, rear;
  en arrière, back(ward)
arrondir, to round off
un **arrondissement,**
  (*administrative*) district
l'art (*m.*), art; **les beaux arts,**
  fine arts
aspirer, to suck, draw up .
assaisonner, to spice, season
un **assassinat,** murder,
  assassination
un **assaut,** attack, assault
asséner, to deal a blow
assiéger, to besiege,
  encompass
une **assistance,** those present;
  audience
assister, to be present,
  preside at
assoupi, drowsy, heavy with
  slumber
assourdir, to deafen
une **assurance,** boldness,
  conviction
assuré, confident
un **âtre,** hearth, fireside
atroce, atrocious, dreadful
attarder, to linger, loiter;
  s'attarder, to delay
atteindre, to reach, arrive;
  to hit, strike
un **attelage,** team, yoke
s'attendrir, to soften
un **attendrissement,** emotion,
  show of feeling
atterrir, to land, alight
attirer, to draw, attract
attitré, officially recognised,
  regular, accredited
attraper, to catch, seize
l'aube (*f.*), dawn, daybreak
une **auberge,** inn
au-dessus (de), above, over
un **auditoire,** audience,
  listeners
augmenter, to increase;
  grow bigger
aussitôt, straightway

autant, as much; **d'autant
  plus,** all the more;
autant que . . ., as well if
l'auto-stop (*m.*), hitch hiking
autoritaire, authoritative
autour de, round
autrui, others
avaler, to swallow
une **avance,** advance;
  en avance, early, before
  time; **d'avance,** in
  advance
avancer, to advance, come
  on
l'avant (*m.*), forefront, van;
  prow, bow
un **avenir,** future
une **aventure,** adventure
une **averse,** shower
un **avertissement,** warning
aveugle, blind
aveugler, to black out; to
  blind; to blot out, obscure
avide, eager, greedy
un **avion,** aeroplane; **avion à
  réaction,** jet plane
un **aviron,** oar, scull
aviser, to consider, study
aviver, to revive, burnish
l'avoine (*f.*), oats
avouer, to confess, admit
azur, blue, azure; **l'azur**
  (*fig.*), the sky

b

le **bâbord,** the port side
la **bâche,** tarpaulin
le **bachelier,** possessing
  university entrance
  qualifications (le
  baccalauréat)
la **baguette,** wand
le **bahut,** chest
baigner, to bathe, steep
baisser, to lower; come low
se **balancer,** to sway, rock,
  swing, nod
balayer, to sweep
le **balcon,** balcony
ballotter, to toss

la **banalité,** ordinariness, dullness
la **bande,** group, gang
la **banque,** bank
la **banquette,** bench, seat
le **bar,** public house
la **baraque,** hut, hovel, shanty; booth, stall
la **barbiche,** (short) beard, goatee
la **barque,** boat
la **barre,** bar (*of river or harbour*)
la **barrière,** gate
bas, low; base
le **bas,** stocking
la **basque,** skirt, tail
la **basse-cour,** farmyard, poultry yard
le **bâtiment,** building
le **bâton,** stick
le **battement,** beating, pulsating, throbbing
le **battoir,** washerwoman's clothes beater
battre, to beat; flap against; **battre des mains,** to clap
battu, beaten, well trodden
le **baume,** balm
bavard, talkative
bavarder, to chatter
baver, to slaver, dribble
bédouin, Bedouin
le **beffroi,** belfry
bénir, to bless
le **bénitier,** holy-water basin or stoop; font
bercer, to lull, rock, cradle, sway
le **berger,** shepherd
la **bergère,** shepherdess
la **besogne,** work, job
le **besoin,** need
la **bestiole,** tiny creature
le **bétail,** cattle
bête, stupid, senseless; **bête comme chou,** simplicity itself, a fool can understand it
la **bête,** animal

la **bêtise,** foolishness; stupidity
la **betterave,** beetroot
le **beurre,** butter
de **biais,** obliquely, at an angle, indirectly, slantwise
la **bibliothèque,** bookcase
la **biche,** hind
le **bien-être,** well-being, comfort
bientôt, soon
la **bienvenue,** welcome
le **bijou,** jewel, trinket
bis, encore
la **bise,** cold wind
le **bistrot,** public house
le **blé,** corn; **les blés,** cornfields
blême, pallid
blesser, to injure, hurt
le **bleuet,** cornflower
le **bloc,** boulder
blond, yellow
la **blouse,** smock
le **blouson,** windcheater; leather jacket; battledress blouse
boiter, to limp
bon; à quoi bon? what's the use? **pour de bon,** in earnest
bondir, to leap
le **bonheur,** happiness, bliss
le **bonhomme,** man, fellow
la **bonne,** housemaid, 'help'
le **bord,** edge, confine, bank, brim; ship; **à bord,** on board; **le capitaine du bord,** flight captain
la **bordure,** edge
la **borne,** milestone, boundary stone; limit
la **bosse,** protuberance, bump
la **botte,** top-boot, high boot
la **bouche,** mouth, lips
boucler, to buckle, fasten, secure; to curve, bend
la **boue,** mud, dirt; mire
la **bouffée,** whiff, gust, puff; **arriver par bouffées,** to be wafted
le **bouge,** hovel, garret

bouger, to move, stir, shift
bouillir, to boil
le **bouillon-blanc,** mullein
bouillonner, to boil over, seethe
le **boulanger,** baker
boulanger, to make bread, to knead
la **boule,** ball, bowl; berry
le **bouquet,** bunch, nosegay, tuft
le **bouquin,** (old) book
le **bourdon,** drone (*of bagpipe*); great bell
bourdonner, to hum, buzz, drone
le **bourg,** township
le **bourreau,** executioner
bourrer, to stuff, cram
bourru, surly, rough
le **bout,** end, tip
boutonner, to button up
la **boutonnière,** button-hole
la **branche,** branch; spoke
brandir, to brandish, flourish
la **brassée,** armful
brasser, to mix, stir; part; push this way and that
brave, honest, worthy
la **brèche,** breach, opening, gap
bredouiller, to mumble, stammer out, say haltingly
bref, in short
le **Brésil,** Brazil
bricoler, to do odd jobs, 'do it yourself'
le **bricoleur,** handyman
briller, to shine
la **brique,** brick
le **briquet,** lighter
briser, to break, shatter
broder, to embroider
broncher, to budge, stir
le **brouillard,** fog, mist
brouiller, to confuse
bruire, to rustle, murmur, whisper
le **bruit,** noise, sound
le **brûle-gueule,** old clay pipe

brûler, to burn, scorch;
brûler un arrêt, to pass without stopping
la **brume,** mist, fog
brumeux, misty
brusquement, suddenly, swiftly
brutal, savage
la **brutalité,** insensitiveness
bruyamment, noisily
la **bûche,** log
la **buée,** steam, vapour
le **buis,** box-wood
le **buisson,** bush
le **bureau,** desk; office; study
la **buse,** buzzard
le **but,** purpose
buter, to stumble
la **butte,** mound

C

le **cabinet,** dressing-room
le **cache-nez,** muffler
la **cachette,** hiding-place;
en cachette, secretly
le **cadavre,** corpse, body
le **cadre,** frame
le **cafetier,** café proprietor
le **caïd,** caid (*Algerian chief*)
la **caille,** quail
le **calcul,** arithmetic
le **calorifère,** slow-combustion stove
le **camion,** lorry
la **camionnette,** light lorry, van
la **camisole,** bodice, jacket
la **campagne,** countryside
le **campanile,** bell-tower
camper, to squat; seat (place) oneself
la **canne,** stick
le **canon,** gun; le **coup de canon,** gunfire
le **cantique,** canticle, hymn
le **caoutchouc,** rubber
le **cap,** cape, headland
le **capitaine,** captain
le **capuchon,** hood
caqueter, to chatter, cackle

le **caractère**, character; individuality, temperament
la **carafe**, carafe, decanter
la **carcasse**, frame, skeleton
la **carène**, hull
le **cargo**, cargo-boat, tramp steamer
le **carnet**, (small) note-book
carré, square; **carrément**, firmly, categorically
la **carriole**, wagon, van
le **carton**, cardboard, pasteboard
le **casque**, helmet
la **casquette**, cap
casser, to break
la **casserole**, saucepan
le **cassis**, black currant
le **catalpa**, catalpa tree
la **cataracte**, deluge, torrential rain
le **cauchemar**, nightmare
la **cause**, cause; **en cause**, at stake
la **cavale**, mare
le **cavalier**, horseman, rider; **une allée cavalière**, bridle path, riding-track
le **caveau**, vault
céder, to yield, give way
le **cèdre**, cedar
ceindre, to gird, encircle, surround
la **ceinture**, belt, girdle; waist
censer, to deem, suppose
le **cerceau**, hoop
chagrin, sorrowful, regretful
la **chair**, flesh
la **chaise**, chair; **chaise roulante**, wheel chair
le **chaland**, barge
le **châle**, shawl
la **chaleur**, warmth
chaleureux, warm, ardent
le **chambranle**, jamb; window-frame
champ; sur-le-champ, on the spot, at once
le **chansonnier**, singer; song-writer
le **chantier**, yard

chantonner, to hum
la **chapelle**, chapel, choir
le **char**, cart, wagon, chariot; tank
le **charbon**, coal
charbonner, to become black; smoke
le **chardonneret**, goldfinch
le **chargement**, load
charger, to load, take on; weigh down; **se charger de**, to take it upon oneself, undertake
le **chariot**, trolley, truck
charmer, to cast a spell, bewitch
la **charmille**, arbour, bower of hornbeam
charpenter, to hew
la **charrette**, cart, hand-cart
la **charrue**, plough
la **chasse**, hunting
chasser, to drive; to stick, drag, slip sideways
le **chasseur**, hotel porter; fighter plane
le **chat-huant**, screech-owl
le **chauffage**, heating
chauffer, to stoke
le **chaume**, stubble; thatch
la **chaussée**, roadway
chausser, to put on (*shoes, etc.*), wear
chauve, bald
la **chauve-souris**, bat
chauvin, chauvinist(ic), jingoist(ic)
la **chaux**, lime
la **cheminée**, chimney; fireplace
cheminer, to crawl, progress, move
le **chenal**, channel, fairway
le **chêne**, oak
chérir, to cherish, love
le **chef**, leader
la **chevalerie**, chivalry, knight-errantry
la **chevelure**, (head of) hair, tresses

chez, at, in the house of, among; **un chez soi,** a home of one's own

un chien équilibriste, a performing dog

la chienlit, disorderly show; rag-tag and bob-tail

le chiffre, figure, digit

le choc, impact, clash

le chœur, chorus, choir

choisir, to choose

chuchoter, to whisper

le cierge, wax candle, taper

la cigale, cicada

la cime, top, summit

cingler, to sail, steer; to lash

les cintres (*m.*), the flies (*above the stage*)

le cirque, amphitheatre

la citadelle, fortress

clair, fine, fair, bright, light

la clairière, clearing, glade

clairvoyant, perspicacious, penetrating

le clapotis, lapping, splashing

la claque, slap, blow, smack

claquer, to slam

la clarté, light, gleam, brightness, radiance

la clé (clef), key

le client, customer; patient; 'fare' (*taxi*)

cligné, narrowed, half-shut

cligner, to blink

clignoter, to blink

le cliquetis, clicking

le clochard, tramp

le clocher, church tower

cloîtrer, to cloister, confine

clos, shut, closed, sealed; **la nuit close,** nightfall

le clou, nail

clouer, to nail

coasser, to croak

le cocher, coachman, driver

le coffre, boot

cogner, to knock, thump

coi; se tenir coi, to keep silent, lie low

le coin, corner; bend, turning

le col, collar; pass, defile, gap; **le faux col,** collar

la colère, anger

le collège, secondary school

le collier, necklace; collar

la colline, hill

le colloque, conversation

la colombe, dove, pigeon

la colonne, column

le colza, colza, rape

comble, full, crammed

combler, to fill (to over-flowing); overwhelm

comédie; jouer la comédie, to act, sham

le commandant, captain

la commande, order

commander, to order

la commune, district, parish (*administrative unit*)

la compagnie, brigade

complet, full up

complice, knowing, privy to

comprimer, to check, restrain

le compte, account; **rendre compte,** to give an account, report; **se rendre compte,** to know, realize, ascertain; **tout compte fait,** all things considered

compter, to count, include

le comptoir, counter

le comte, Count

concerter, to contrive, devise

conciliant, conciliatory

concourir, to compete

la condescendance, condescension

conduire, to drive; lead

la conduite, conduct

la confiance, trust, confidence

la confiture, jam, preserve

confondre, to confuse, confound

conjuguer, to combine, unite

la connaissance, acquaintance; (*pl.*) knowledge; **avoir connaissance,** to be aware

conscience; avoir conscience, to be aware
le **conseil,** counsel, advice; council
le **conseiller,** counsellor
conserver, to preserve
la **console,** console(-table)
le **consommé,** (clear) soup
consommer, to consummate, consume
constater, to be aware; note (*a fact*), remark, see for oneself
construire, to build
contact; couper le contact, to switch off
contenance; perdre contenance, to be put out, stand confused, abashed
contenu, subdued, restrained
conter, to tell
le **continent,** mainland
le **contour,** outline, contour; lines
contourner, to twist; to go (wind) round, skirt, turn
contraindre, to force
contre; à contre-jour, against the light
le **contrôle,** checking
convenable, proper, fitting
le **convive,** guest
copieusement, abundantly
la **coque,** hull
le **coquelicot,** poppy
la **corbeille,** basket
le **cordage,** rigging
la **corne,** horn
la **corniche,** cliff road, coastal road
la **corolle,** corolla (*of a flower*); canopy, envelope (*of a parachute*)
la **correction,** correctness, propriety
le **corsage,** bodice
corser, to complicate, add flavour, colour
le **cortège,** procession
le **costume,** suit

la **côte,** hill; slope, incline; coast
le **côté,** side, direction; **du côté de,** in (*or* from) the direction of; **de mon côté,** for my part
le **coteau,** hill, slope, hillside
cotonneux, downy
le **couchant,** sunset, setting sun, western sky
la **couche,** layer
coudre, to sew, hem, stitch
couler, to flow; to sink
cracher, to spit, spurt, spout
craindre, to fear, be afraid
la **crainte,** fear
le **crâne,** skull, cranium
craquer, to crack, crackle; creak
la **crasse,** smut
crasseux, foul, filthy
créer, to create
le **crêpe,** crape
crépiter, to crackle
le **crépuscule,** twilight
le **cresson,** watercress
la **crête,** crest, summit, ridge
creuser, to dig, deepen, hollow (out), scoop out, excavate; **se creuser,** to rise, surge (*of the sea*)
creux, hollow
le **creux,** hollow, pit
crever, to burst, tear open
criailler, to whine
la **crinière,** mane
crisper, to clench, clutch
le **cristal,** crystal, cut glass
le **critère,** criterion, standard
le **crochet,** hook; **faire un crochet,** take a roundabout direction, a diversion
la **croisée,** window
croiser, to cross; **se croiser,** to pass one another
le **croissant,** (*crescent shaped*) roll
la **croix,** cross
crouler, to collapse, crumple
la **croupe,** rump, hindquarters

la **croûte,** crust; **casser la croûte,** to have a bite, snack
la **croyance,** belief
cru, raw
la **cueillette,** picking, gathering
cueillir, to gather, pick
le **cuir,** leather, skin, hide
la **cuirasse,** breastplate
se **cuirasser,** to harden, steel (oneself)
le **cuistre,** pedant
le **cuivre,** copper, brass
cuivreux, copper-coloured
le **curé,** priest
curieux, curious
la **cuvette,** basin

d

davantage, more, longer, further
déballer, to unpack
déboucher, to uncork; to emerge, turn into
debout, standing, upright; **se tenir debout,** to stand
le **début,** beginning
décemment, decently
décharger, to unload
déchirer, to tear, rend
le **décor,** framework, setting, scenery
découler, to trickle
découper, to cut out, outline; **se découper,** to be outlined, stand out
décourager, to discourage
découvrir, to discover; **se découvrir,** to expose, reveal, unfold itself
dédaigneux, disdainful
le **dédale,** maze, labyrinth
défaillir, to faint, swoon, die down
défendre, to defend; forbid; **se défendre de,** resist
la **défense,** prohibition
se **défier,** to distrust, beware
définitif, final, conclusive, resolute, definitive

la **défonceuse,** excavator
déformer, to change the shape of
dégager, to free, release
le **dégel,** thaw
dégorger, to disgorge
le **dégoût,** dislike, loathing
se **dégrader,** gradually lose colour, shape
dégringoler, to rush, tumble, clatter (down)
déguster, to drink slowly, sip, savour
délabré, ruined, dilapidated
délaisser, to abandon, forsake
délavé, (*with colours*) washed out; dim, bleary
délirant, frenzied, frantic
déloger, to dislodge, oust
se **demander,** to wonder
une **démangeaison,** itching
démarrer, to start up (*engine*), move off
déménager, to move house, flit
se **démener,** to toss about, twist, fling oneself about
le **démenti,** denial, contradiction
demeurer, to remain
démolir, to demolish
démordre, to let go, loose one's hold, climb down
dénoncer, to denounce
la **denrée,** provision, ware
dentelé, jagged, notched, indented, crenelated, serrated
la **dentelle,** lace
la **dentellière,** lace maker
dépasser, to pass, go beyond, overtake; protrude, stick out
se **déplacer,** to move, put oneself out
déplaire, to displease
déployer, to unfold, spread, display
déposer, to set down, lay
dépouiller, to lay bare, strip

déranger, to upset, disturb
déraper, to skid
dérisoire, ridiculous
se dérober, to slip away; steal
away
le déroulement, unfurling,
unrolling, expanse
se dérouler, to unroll, stretch,
display, make known
dérouter, to baffle,
disconcert
dès, ever since, as early as;
dès que, as soon as
désabuser, to disillusion
se désagréger, to break up,
disintegrate
désancrer, to weigh anchor
désemparer, to leave, quit;
sans désemparer,
without intermission
désert, lonely, empty,
deserted, solitary
désespéré, desperate
le désespoir, despair
se désoler, to lament, grieve
désormais, henceforward
le dessein, plan, design
dessiner, to plan, design,
sketch, outline
le destin, fate, destiny
détacher, to loosen, free
se détendre, to unwind,
slacken, ease itself
le détour, turn, bend,
roundabout way
détrempé, sodden, soaking,
soft
la détresse, distress, adversity
le deuil, mourning
dévaler, to descend rapidly,
run down
la devanture, shop window
déverser, to incline, tilt
diabolique, fiendish
digérer, to digest
digne, dignified, worthy
la digue, dike
le dindon, turkey
le diplôme, certificate
dire; pour ainsi dire, so to
speak

diriger, to manage; **se
diriger,** to make one's
way, walk towards
discret, mild, subdued,
discreet, secret(ive),
unobtrusive
discuter, to discuss, argue
disgracieux, ungainly,
graceless
disparate, odd, not
matching
disperser, to scatter
disposer, to arrange
distinguer, to make out,
single out
distraire, to divert, separate,
take away from; **se
distraire,** to seek solace,
turn from
distrait, absent-minded
une dizaine, some ten, half a
score
dominer, to overhang, tower
above
dominical, dominical,
pertaining to the Sabbath
le don, gift
dorer, to gild
doré, golden
dorénavant, henceforward
le dossier, back
douceâtre, mawkish;
insipid
la douceur, pleasantness
douer, to endow
la douleur, grief, pain
douloureux, painful,
grievous, woeful
douteux, doubtful,
questionable
doux, mild, gentle, sweet,
soft; unfermented; **l'eau
douce,** soft water, fresh
water
le drame, drama, play, conflict
le drap, sheet; cloth
le drapeau, flag
dresser, to erect, raise, lift
up, send up; put, set,
place; **se dresser,** to sit
up, start up, rise, stand

la **drogue,** drug
droit, right, straight
le **droit,** right
dur, hard, harsh
durcir, to harden; to give a
firm outline, sharpen
la **durée,** length
durer, to last, endure,
survive

e

s'ébattre, to frolic, gambol
une **ébauche,** (rough) sketch
éblouir, to dazzle, light up
éblouissant, dazzling
ébranler, to set in motion,
shake; set ringing;
s'ébranler, to stir, begin
to move
l'**écaille** (*f.*), tortoiseshell
écarté, remote, solitary
s'écarter, to make way, move
aside
échanger, to exchange
un **échantillon,** specimen
échapper, to escape, slip
out (of), evade
une **écharpe,** scarf
un **échec,** check, hitch, failure
une **échelle,** ladder
échevelé, dishevelled
éclabousser, to bespatter
un **éclair,** (flash of) lightning
une **éclaircie,** opening (*in
clouds*); fine interval
s'éclaircir, to become clear,
fine
éclairer, to light up,
illuminate, illumine
l'**éclat** (*m.*), glitter, sparkle,
sheen, gleam, brilliance
éclatant, bright, shining,
brilliant, glaring
éclater, to burst (forth),
break out; to sparkle,
flash, glare
une **écluse,** lock, sluice
une **économie,** saving
un **écran,** screen
écraser, to crush, swat

s'écrouler, to crumble,
collapse, give way
l'**écume** (*f.*), foam
une **écurie,** stable
un **écusson,** patch on uniform
indicating unit, etc., tab,
flash
édenté, toothless
effacer, to blot out, conceal,
obliterate; **s'effacer,** to
disappear, vanish; give way
un **effet,** effect; **en effet,** indeed
une **effeuillaison,** leaf-fall,
shedding
effeuiller, to strip bare (*of
leaves, petals*)
efficace, efficacious
effilé, slender, tapering
effleurer, to skim, graze the
surface; to cross the mind
s'efforcer, to endeavour
effrayer, to frighten
s'effriter, to crumble
l'**effroi** (*m.*), dread, terror
une **effusion,** outpouring
l'**égard** (*m.*), regard,
consideration; **à cet
égard,** on that account;
à son égard, with respect
to him
égarer, to lose, mislay
égrener, to shed, drop (one
by one), let fall, sow,
scatter
l'**élan** (*m.*), bound, dash,
onslaught, impetus
s'élancer, to rush, bound,
dash, fling oneself
éloigné, distant
s'éloigner, to go (move, walk)
away, retreat
élu, chosen
l'**émail** (*m.*), enamel,
variegated colours
emballer (le moteur), to
race (the engine)
s'emballer, to go into a
spin
s'embarquer, to embark
l'**embarras** (*m.*), confusion,
hesitation

embaumer, to perfume, scent, give out fragrance
embraser, to set aglow
embuer, to steam over, cover with moisture
émerveillé, full of wonder, spellbound
l'émerveillement (*m.*), wonder, astonishment
s'émietter, to crumble
emmener, to take away
émouvant, moving
s'émouvoir, to be moved
s'emparer, to seize
empêcher, to hinder, stop, prevent
empiler, to pile up
un **empire,** sovereignty, rule
emplir, to fill
emporter, to carry off, away
s'empresser, to fuss, press round
un **emprunt,** loan; **nom d'emprunt,** assumed name
emprunter, to borrow
encadrer, to frame
l'encens (*m.*), incense
enchanté, magical
une **enclume,** anvil
encombrer, to clutter, obstruct
endormir, to put to sleep, lull, rock
enduire, to coat, do over
l'enfer (*m.*), hell
enfermer, to shut in, confine
enfiévré, feverish
enfiler, to put on, slip on, get into (*a garment*); to thread, string
enflammé, fiery, glowing, flaming
une **enflure,** swelling, billowing
enfoncer, to sink; **s'enfoncer,** to thrust one's way, plunge, penetrate
enfouir, to bury, hide
s'enfuir, to run away, take to flight

s'engager, to enter
engluer, to daub, smear
un **engorgement,** bottleneck
engourdi, lifeless, listless, sluggish, sunk in stupor; numb
l'engourdissement (*m.*), deadening, dullness
enivrer, to thrill, intoxicate, enrapture
une **enjambée,** stride
s'enlisér, to sink, flounder, be bogged down
enseigner, to teach
ensoleillé, sunny, bathed in sunshine
un **entassement,** heap, pile
entendre, to hear; **s'entendre,** to come to an understanding; make friends; **bien entendu,** of course
un **enterrement,** burial
une **entorse,** bruise, sprain
entourer, to surround
un **entr'acte,** interlude, interval
entraîner, to drag off, carry away
entre nous, between ourselves, by ourselves
un **entrebâillement,** chink, narrow opening
entrecouper, to interrupt
entrecroiser, to cross
entrelarder, to interlard
l'entrepont (*m.*), between decks
entreprendre, to undertake
un **entretien,** converse, conversation, intercourse
entrevoir, to glimpse, catch sight of; have a notion
une **entrevue,** interview, meeting
entr'ouvrir, to half open, set ajar
une **enveloppe,** covering, shroud
une **envergure,** span, spread
une **envie,** wish, want, desire; **avoir envie,** to want

environ, about
les environs (*m. pl.*),
surrounding district
s'envoler, to fly away, take
wing
épais, thick, thickset, stout,
stocky
épandre, to spread out, shed,
scatter
s'épanouir, to open out,
blossom
épargner, to spare; to save,
economize
s'éparpiller, to disperse,
scatter
épars, scattered
une épaule, shoulder
une épée, sword
éperdu, mad, wild, excited
un éperon, spur
un épi, ear of corn
une épicerie, grocer's shop
une épidémie, epidemic
une épine, thorn
une épingle, pin
une éponge, sponge
épouser, to marry
épousseter, to dust
éprouver, to feel,
experience; test, try; put to
the test; weigh up
épuisé, worn out, sapless
épuiser, to exhaust, drain
équarrir, to square
l'équilibre (*m.*), balance
équilibrer, to balance
un équipage, crew
ériger, to erect
une escale, landing place, stop;
faire escale, to touch
at, put in
un escalier, staircase
un esclave, slave
l'esclavage (*m.*), slavery
un espace, space
espacer, to space out
espagnol, Spanish
une espérance, hope
l'espoir (*m.*), hope
un esprit, mind
un essaim, swarm

l'essence (*f.*), petrol
essoufflé, out of breath,
breathless, puffed
essuyer, to wipe, dry
un estomac, stomach
une étable, cow-shed, cattle-shed
un établissement,
establishment
un étage, tier, storey;
en étages, rising one
above the other
s'étager, to show one above
the other, rise in tiers;
étagé, in tiers
un étalage, shop front,
shop-window
étaler, to unfold, display
un étang, pool, lake
un état, state; **en état de,** in a
position to
éteindre, to extinguish, put
out, turn off; **s'éteindre,**
to die, fade away, grow dim
un étendard, flag, standard,
banner
étendre, to stretch, reach,
hold out; **s'étendre,** to
stretch out, spread
une étendue, expanse, stretch;
reach, sweep of the mind
étinceler, to sparkle, glitter
une étiquette, label
étirer, to stretch, draw out,
elongate
une étoffe, material
une étoile, star
étoilé, studded
étonner, to surprise
étouffer, to stifle, smother
étourdir, to deafen, stun
étrange, strange, odd
un étranger, foreigner,
stranger
étrangler, to choke
un être, creature
étreindre, to grip, hem in,
press upon
une étreinte, embrace
étroit, narrow
une étude, study
un étudiant, student

s'évanouir, to vanish
un évanouissement, dying away, faint, swoon
s'éveiller, to awaken, come to life
un événement, event
un éventail, fan
évoquer, to evoke, summon, recall, conjure up
exagérément, exaggeratedly
exaltant, exciting, exhilarating
un examen, exam
exiger, to demand, require
exprimer, to express
exsangue, drained of blood

f

fabriquer, to make, invent, manufacture
la façade, front
la façon, fashion, manner, way
facultatif, optional, by request
faible, dim
la faille, crack, crevice
faillir; j'ai failli . . . I nearly . . .
se faire (à), to adapt, grow accustomed to
le faisceau, bundle
en fait, in actual fact
la falaise, cliff
falloir; il s'en faut qu'il . . . he is far from . . .
famélique, ravenous, starving, famished
familier, domestic, household
le fanal, lantern
faner, to fade, wither
le fanon, dewlap
la fantaisie, whim, fancy
fantaisiste, fanciful, whimsical
fantastique, incredible, strange
farder, to apply make-up
la farine, flour
farouche, fierce; grim, sullen

le faste, splendour, magnificent display
le faubourg, suburb, outskirts
faucher, to reap, mow
la faune, fauna
la faute, fault, blame
le fauteuil, armchair
fauve, wild, tawny; le fauve, wild beast
faux, false, sham, incorrect, erroneous
favoriser, to favour
la fée, fairy
feindre, to pretend, dissemble
fêler, to crack
fendre, to cleave, split, divide
le fer, iron; ferrule; le fer à cheval, horseshoe
ferrer, to shoe
la fête, banquet, festival, gala
le feu, lamp, light
feu, late
le feuillage, foliage
feuilleter, to turn over the pages, thumb, run through
le feutre, felt
les fiançailles (f. pl.), engagement
ficeler, to tie up
la ficelle, piece of string, twine
le fichu, small shawl, headscarf
le fiel, gall
le fil, thread; direction; au fil de l'eau, with the stream, downstream
la file, line, row
filer, to spin, to thread one's way, pass along
filtrer, to filter, steal in
fin (adj.), fine, delicate, subtle; of good quality, choice
la fine, brandy
flamand, Flemish
flamber, to burn, blaze
flamboyer, to blaze, flame
la flamme, flame; passion, love
le flanc, side

la **flèche,** shaft, dart, arrow; spire
fléchir, to weaken, yield, give way
Flessingue, Flushing
flétrir, to wither, wrinkle
fleuri, flowered, abloom
le **flocon,** flake; flock, tuft (*of wool*)
la **floraison,** blossoming, efflorescence
le **flot,** water(s); flood, flow, tide; **les flots,** waves; **à flots,** in torrents
flotter, to hover; to fly, flutter
la **flottille,** flotilla
fluet, slender, slight, delicate
le **flux,** flow, tide
la **foi,** faith; **ma foi!** upon my word!
le **foin,** hay
la **foire,** fair; **le champ de foire,** fairground
fois; à la fois, at one and the same time
la **folie,** madness
foncé, dark
foncer, to rush, charge, swoop, dash
le **fonctionnaire,** official
le **fond,** depths, bottom, back, end; background; **la toile de fond,** backcloth; **au fond (de),** at the far end
fonder, to found, build, establish
le **fondeur,** smelter
fondre, to melt
une **fontaine,** fountain, stream
la **force,** strength; **force me fut,** I was obliged
la **forge,** blacksmith's shop, smithy
le **forgeron,** smith
la **forme,** shape, figure
la **formule,** formula
fort, strong; clever; **avoir fort à faire,** to find difficulty

fou, wild, mad, light-headed, full of glee
foudroyer, to strike down (*as by lightning*)
fouetter, to whip, lash
fouiller, to search, rummage, root, look through; excavate
le **foulard,** scarf
fourbir, to polish
la **fourche,** fork
la **fourmi,** ant
la **fourmilière,** ant-hill, ant's nest
le **fourneau,** cooking stove
fournir, to provide
fourrer, to stuff
la **fourrure,** fur
le **foyer,** hearth, fireside, home
la **fraîcheur,** coolness, freshness
frais, fresh, cool
la **fraise,** ruff
franchir, to cross
franger, to fringe
le **frein,** brake
freiner, to brake
frêle, frail, fragile
frémir, to shudder, quiver, vibrate
frictionner, to rub, massage
frileux, chilly, nipping, sensitive to cold
le **frisson,** shudder, shiver
frissonner, to shiver, tremble
frit, fried
frôler, to brush against, graze
le **front,** forehead, brow
fruste, rough, unpolished
fuir, to flee, recede, slip past
la **fumée,** (*cloud of*) smoke; puff, wisp of smoke
fumer, to smoke, steam
fumeux, dim, smoky, smoking; veiled in mist
le **fuseau,** spindle, bobbin
fuser, to flash, dart through the air
fusiller, to execute by shooting
fuyant, retreating, yielding

g

gagner, to gain, win, encroach; reach, get to a place

la gaine, sheath

gainer, to sheath

la galère, galley

le galet, pebble; **les galets,** shingle

la galoche, clog, overshoe

garde; prendre garde, to take care

le garde mobile, trooper in riot police

garder, to keep, maintain, preserve

gauche, clumsy

le gazon, turf, sward, lawn

le géant, giant

le gel, frost

la gelée, frost

gémir, to moan, groan, sough, whine

gêner, to hinder, disturb, embarrass

le génie, genius

le genre, sort, kind, manner, style

les gens, people

gentil, kind, nice, amiable

gentiment, prettily

la gerbe, jet, spout, spray

le geste, gesture

gicler, to splash, squirt

la giration, gyration, revolving, turning

la girouette, weathercock, vane

le givre, hoar frost, rime

la glace, ice; mirror

glacé, frosty, icy, chilly

glacer, to freeze; chill, strike dumb

glacial, icy

le glacis, glazing; thin crust

le glaïeul, wild iris, flag

le glaive, sword, blade

glisser, to slip, slide, glide

la gloire, fame

gloutonnement, greedily, ravenously

la glycine, wistaria

goguenard, mocking, jeering

gonfler, to swell

la gorge, throat; gully, abyss

gorger, to fill, cram, crowd

le goudron, tar

le gouffre, gulf, abyss, deep

le goût, taste, inclination

goûter, to taste, enjoy

le goûter, tea

la goutte, drop

la gouttière, gutter

le gouvernail, rudder, helm

grâce à, thanks to; **de grâce,** for mercy's sake

gracieux, graceful

gracile, slender, graceful

le grain, speck, grain, squall

la graine, seed

la graisse, grease; sticky loam

grandiose, on a magnificent scale

la grange, barn

gras, rich, fertile, fat, plump

gratter, to scratch

le grèbe, grebe

grelotter, to shiver, shake

la grenade, pomegranate

le grenadier, pomegranate-tree

la grenouille, frog

le grésil, sleet

la grève, beach, sands, strand

griffer, to claw, grip

le grigou, skinflint

griller, to roast; **le pain grillé,** toast

grimper, to climb

grincer, to creak, grate

gris, grey

la grisaille, greyness, grey tones

grisâtre, greyish

griser, to intoxicate

le groin, snout

gros, big; **le gros,** the main body; **de gros mots,** coarse, bad language; swearing

grossier, coarse, vulgar

le grondement, rumbling, pealing

le grouillement, swarming, seething mass
la grue, crane
le gué, ford
la guenille, rag
la guêpe, wasp
le guéridon, small (pedestal) table
la guerre, war
le guerrier, combatant
guetter, to watch for, lie in wait, keep a look out for
le guichet, ticket-window; counter, cashier's desk; grille

h

* indicates *h aspirée*
habile, clever, cunning
s'habituer à, grow used to
d'habitude, usually
la *hache, axe
*hagard, wild looking, drawn
le *haillon, rag, tatter
la *haine, hatred
*haïr, to hate
l'haleine (*f.*), breath
*haler, to tow, haul; **haler bas,** to haul down
*haleter, to pant, gasp
la *halle, covered market
le *halo, ring of light, halo
le *hangar, shed
*hanter, to haunt, frequent
*happer, to snap (catch) up, catch hold of
*harceler, to harass, torment
les *hardes (*f. pl.*), garments
*hardi, bold, fearless, venturesome, intrepid
le *harnais, harness
le *hasard, chance
la *hâte, haste
se *hâter, to hurry, hasten
*hausser (les épaules), to shrug; **se hausser,** to raise oneself
un hebdomadaire, weekly (paper)

hébété, dazed, bemused, stupefied
hélas, alas
l'herbage (*m.*), pasture, meadow
l'herbe (*f.*), grass
se *hérisser, to bristle
un héritage, legacy, inheritance
le *hêtre, beech
l'heure (*f.*), time; **tout à l'heure,** just now, a while back
le *heurt, knock, blow, impact
*heurter, to knock against, strike; **se heurter à,** collide with, come up against
*hideux, ghastly, loathsome
hippomobile, horse drawn
une hirondelle, swallow
*hocher, to shake, toss, wag, nod
*honteux, ashamed
un hôpital, hospital
le *hoquet, hiccup
un hospice, almshouse, institution
une hôtesse, hostess
la *houle, swell
la *housse, dust-sheet
le *houx, holly
le *hublot, porthole
la *huée, hoot, jeer, cat-call
l'huile (*f.*), oil
humide, damp, moist, wet, dank
*hurler, to howl, yell, shriek

i

ignorer, to take no notice, not to heed
un îlot, islet
une image, picture
imbiber, to saturate, steep
un immeuble, building, house
immobile, motionless
l'immobilisme (*m.*), static situation, stagnation

une impasse, blind alley, dead end
importer, to matter;
n'importe, no matter;
peu importe, it matters little
imprégner, to impregnate, soak; permeate, fill
imprimer, to print
inaccoutumé, unaccustomed, unusual
inaltérable, unchangeable
inattendu, unexpected
un incendie, conflagration
s'incliner, to bend, bow; to yield, submit
incommode, uncomfortable
inconnu, unknown;
un inconnu, a stranger
inconscient, unconscious
incroyable, incredible
un index, forefinger
indicible, unspeakable, inexpressible, ineffable, indescribable
indomptable, untamed, uncontrollable
indompté, unconquered, unsubdued
inépuisable, inexhaustible
inexpugnable, impregnable
infaillible, infallible
infâme, infamous
une infamie, baseness, infamy
infécond, infertile, barren, sterile
infernal, of the infernal regions
infirme, mean, abject;
un(e) infirme, invalid, cripple
une infirmière, nurse
infléchir, to turn, direct
informe, shapeless, formless
s'ingénier, to contrive, strive
inguérissable, incurable
une injure, insult
inquiet, uneasy, anxious
l'inquiétude (*f.*), alarm, anxiety

insensiblement, imperceptibly
insigne, signal, notable; distinguished; conspicuous
s'insinuer, to steal (into), worm one's way
insolite, unaccustomed
insoutenable, unwarranted, unbearable
s'installer, to settle, establish oneself
instaurer, to establish, set up
d'instinct, instinctively
une institutrice, teacher, governess
intact, intact, untapped
s'intégrer, to become part of, be assimilated
l'intelligence (*f.*), understanding
un interlocuteur, speaker
interroger, to interrogate, cross-examine
interrompre, to interrupt, break off
intervenir, to intervene
intime, innermost, secret
un intrus, intruder
investir, to beleaguer, lay siege to
inviolé, inviolate
une irisation, iridescence
ivre, drunk, intoxicated
l'ivresse (*f.*), intoxication, rapture

j

la jacinthe, hyacinth, bluebell
jadis, of old, in days gone by
jaillir, to spurt, splash, gush
la jalousie, jealousy
le jarret, back (bend) of knee, hock
jaunir, to turn yellow
la jetée, jetty, pier
le jeu, game; display
le jeûne, fasting, abstinence
la jeunesse, youth

joindre, to join, fasten together
le jonc, rush
joncher, to strew
la joue, cheek
jouer, to act out, bring into play; stake; **faire jouer,** to set working, release; apply; turn
le jouet, toy
joufflu, chubby
jour; en plein jour, in broad daylight
le juge, judge
le jugement, opinion, pronouncement
jurer, to swear
le juron, oath; bad language
jusqu'à, until; to the point of
juteux, juicy

k

le képi, peaked cap

l

là-bas, over there
lacérer, to lash, tear to shreds
lâcher, to loose, release, let go; start
laid, ugly
la laine, wool
laisser, to let, permit, allow
le lambeau, tatter, shred
la lame, wave, billow, swell; breaker, roller; slat; **lames sèches,** short seas
se lamenter, to moan, grieve
lancer, to throw, direct, hurl; launch, cast, toss; give a send-off to
le landau, pram
la lande, heath, moor
le langage, speech, talk, diction
la langue, tongue
languir, to languish
languissant, languid, yearning

la lanière, thong, thin strip
le larcin, theft, something stolen
le lard, bacon
le large, the open sea
la larme, tear
las! alas! alack!
le layon, narrow path
lécher, to lick
léger, light, slight
légitime, permissible, legitimate
le lendemain, the following day
lent, sluggish
la lèvre, lip
la libation, potation
libre, free
lieder (*pl. Germ.*), songs, ballads
le lien, bond, tie
lier, to bind
le lierre, ivy
le lieu, place, spot; **il y a lieu de,** there is reason to, ground for
le lilas, lilac; **lilas** (*adj.*), lilac
la limite, boundary, confine
le linge, linen
le liseron, convolvulus
la lisière, edge, border
la livraison, delivery
livrer, to deliver, hand over; **se livrer à,** to abandon oneself to
la loi, law
loin; de loin en loin, at long intervals
lointain, distant
le loisir, leisure
longue; à la longue, in the long run
le long-courrier, ocean-going vessel
la longe, rein, tether
longer, to go along, pass by; to skirt, hug
lors de, at the time of
louche, suspicious, shady
le loup, wolf
lourd, heavy, clumsy

lucide, lucid, clear, sane
la **luciole,** firefly
la **lueur,** gleam, glimmer, glow
luire, to gleam, shine; to dawn
la **lumière,** light
lumineux, luminous
les **lunettes** (*f.*), spectacles
la **lustrine,** a glossy cotton fabric
la **lutte,** struggle, wrestle
le **lutteur,** wrestler, combatant, fighter, champion
le **luxe,** luxury

m

mâcher, to chew
machinal, mechanical, automatic
la **mâchoire,** jaw
le **maçon,** mason
maigre, thin, scraggy
la **maigreur,** spareness, thinness
maigrir, to lose weight
le **mail,** mall, avenue
mainte(s) fois, many a time
le **maïs,** maize, Indian corn
le **maître d'hôtel,** majordomo
maîtriser, to control, dominate, overcome, check, subdue
mal, badly; **arriver mal,** to arrive inopportunely, unseasonably
maladroit, clumsy, ungainly
malaisé, difficult
malgracieux, rude, ungracious
malgré, in spite of
la **malle,** trunk
malmener, to handle roughly
malsain, unwholesome, unhealthy
la **manche,** sleeve
manier, to handle
la **manière,** manner, way, style
manifester, to display
le **manoir,** manor

manquer, to be missing, to miss; to fail
le **manteau,** coat, cloak
la **mantille,** mantilla
le **manuel,** hand-book
la **mappemonde,** map of the world in two hemispheres
maquiller, to make up
le **marais,** marsh, fen, swamp
le **marc,** residue of fruit after pressing
le **marchand,** trader, dealer; **marchand forain,** itinerant trader
la **marche,** step
le **marché,** market; transaction; haggling
le **marchepied,** running board
la **mare,** pool
le **mari,** husband
se **marier,** to get married
marin (*adj.*), marine, belonging to the sea
le **marinier,** waterman
marquer, to show, point to
marron, chestnut-coloured, maroon
le **marsouin,** porpoise
le **marteau,** hammer
marteler, to hammer out
le **mât,** mast
la **matière,** material
matin; au petit matin, at daybreak
matinal, early morning
la **matinée,** afternoon performance or social gathering
la **mâture,** masts, spars
maudire, to curse
maudit, damned, accursed
maure, Moorish
maussade, gloomy, sullen
mauve, purple
mécaniser, to mechanize
méchant, wicked, evil
médiocre, commonplace
la **méfiance,** distrust
le **mélange,** mingling, mixture
mêler, to mingle
le **membre,** limb

la **membrure,** ribs, timbers
même, same; (*adv.*) even;
  quand même, none the
  less
menacer, to threaten
le **ménage,** household;
  housework; **la femme de
  ménage,** charwoman,
  'daily'
la **ménagère,** housewife
le **mendiant,** beggar
le **menhir** (*archaeol.*), menhir
le **mensonge,** lie, falsehood
mentir, to lie
le **menton,** chin
la **merveille,** marvel, wonder
merveilleux, marvellous,
  wonderful
la **mésentente,**
  misunderstanding
les **Messageries** (*f.*), shipping
  line, carriers, delivery
  agents
le **messie,** messiah
la **mesure,** proportion,
  measure; **à mesure que,**
  in proportion as
le **métro,** Underground
le **metteur en scène,**
  producer
mettre, to put;
  se mettre à, begin to
le **meuble,** piece of furniture
meubler, to furnish
meugler, to bellow, low
la **meule,** stack, rick
le **meunier,** miller
mi; à mi-voix, in an
  undertone
le **micro,** microphone
le **Midi,** South of France
le **miel,** honey
la **miette,** crumb
mijoter, to simmer
le **militaire,** soldier
**mille; les Mille et une
  Nuits,** the Arabian Nights
le **millier,** thousand
mimer, to mimic
mince, slim, slender, slight
la **mine,** look, countenance

mineur, minor
minime, tiny, trivial
le **minium,** red lead
minuscule, tiny, diminutive,
  insignificant
se **mirer,** to be mirrored,
  reflected
miroiter, to glitter, dazzle,
  reflect light
la **miséricorde,** mercy
le **missel,** missal
le **mobilier,** furniture
le **mode,** way, mode
le **moindre,** smallest, slightest,
  least
le **moineau,** sparrow
moins; du moins, at any
  rate, at least, at all events;
  à moins que, unless
moisi, mouldy, fusty
la **moisissure,** mould,
  mustiness
la **moisson,** harvest
la **moitié,** half
mollasse, lackadaisical,
  apathetic
monstrueux, prodigious,
  colossal; monstrous
le **mont,** mountain, hill, height
monter, to get in (*a vehicle*)
le **monticule,** hillock
se **moquer de,** to scorn, care
  nothing for
mordre, to bite, grip
morne, dismal, dejected,
  desolate, gloomy, cheerless,
  dreary
le **morutier,** cod-fishing boat
la **mosquée,** mosque
le **moteur,** engine
mou (*f.* **molle**), soft,
  drooping, slack
la **mouche,** fly
le **mouchoir,** handkerchief
la **mouette,** sea-gull
mouillé, wet
le **moulin,** mill
la **mousse,** moss
mousser, to foam, sparkle,
  bubble
moussu, mossy

le **moustique,** mosquito
la **moustiquaire,** mosquito-net
le **moyen,** the means;
  moyen (*adj.*), middle
mû (*p.p.* of **mouvoir**),
  moved
muet, silent
mûr, ripe
la **muraille,** wall
mûrir, to ripen
le **murmure,** whisper
le **museau,** muzzle
le **musée,** museum
le **mutisme,** (stubborn) silence

n

naguère, once, formerly,
  lately
naïf, artless, innocent
la **naissance,** birth
la **nappe,** pool, sheet of water;
  cascade (*of light*); table-
  cloth
la **narine,** nostril
la **navette,** shuttle; **faire la
  navette,** to run to and fro,
  ply
  le **navire,** ship
  navré, heart-broken,
    woebegone
  néanmoins, nevertheless
le **néant,** nothingness,
  annihilation, void
la **nef,** nave
la **neige,** snow
  neiger, to snow
  neigeux, snowy
le **nénuphar,** water-lily
le **nerf,** nerve
  net, clear, clear-cut, neat,
    precise
  neuf, (brand-) new, novel,
    fresh, primal
  niais, silly, foolish, vacuous
  nicher, to nest, roost
  nier, to deny
le **niveau,** level
le **nocturne,** nocturne,
  night-piece; **nocturne**
  (*adj.*), nocturnal

noircir, to blacken
se **nommer,** to introduce
  oneself
nonchalamment, lazily
la **note,** mark
  nouer, to tie, knot, bind
  nourrir, to feed
  nouveau, new; **de nouveau,**
    anew, once more;
  à nouveau, afresh
la **nouvelle,** (piece of) news;
  **vous m'en direz des
  nouvelles,** you'll be
  surprised
  noyer, to drown, blot out
  nu, bare, naked, stripped;
    pieds nus, barefoot
le **nuage,** cloud
la **nudité,** nakedness
la **nue,** cloud
la **nuée,** (rain-)cloud
  nuptial, nuptial, wedding
la **nuque,** nape, back of neck

o

obscur, dark
obséder, to obsess
obstruer, to conceal,
  block out
une **occasion,** opportunity
s'**occuper de,** to concern
  oneself with
une **odeur,** fragrance, aroma
une **œuvre,** work
un **officiant,** officiating priest
une **offrande,** offering
un **oignon,** onion
une **ombre,** shadow
une **onde,** wave, water(s)
une **ondée,** light shower
  ondoyer, to undulate, ripple
  onduleux, undulating,
    waving
un **ongle,** nail, claw, talon
  opter, to opt, choose
  l'or (*m.*), gold
un **orage,** storm
  orageux, close, thundery
  oranais, of Oran (*a town in
  Algeria*)

un oranger, orange-tree

un orgue, organ; **un orgue de Barbarie,** street organ

l'orgueil (*m.*), pride, arrogance

orgueilleux, proud, arrogant

orienter, to point, direct; **s'orienter,** to get one's bearings, find out how the land lies

une oriflamme, oriflamme (*banner of French kings*)

orner, to decorate, ornament

une ornière, rut

un orphelin, orphan

l'orthographe (*f.*), spelling

un orvet, slow-worm

un osier, willow

ôter, to remove, take off, doff

l'ouate (*f.*), cotton wool; fleecy softness

l'oubli (*m.*), oblivion

ourler, to edge, hem, line

un outil, tool

en outre, moreover, in addition, besides

un ouvrier, worker

p

la paillasse, straw mattress

la paille, straw

la paix, peace

le palefrenier, groom

pâlir, to lose colour, turn pale, fade

le palmier, palm-tree

palpiter, to flutter, throb

le pampre, vine-branch

le pan, section

le panache, plume, tuft

la pantoufle, slipper

le paon, peacock

le paquebot, liner, steamer

le paquet, bundle

le parc, park, pleasure ground; **parc paysagé,** landscape garden

parcourir, to cross, traverse; range, scour

le pare-brise, windscreen

pareil, similar, like; such

la parenté, relationship

la paresse, idleness

paresseux, idle

parfait, perfect

parfois, at times, now and then

le parfum, scent, perfume

la paroi, wall, side

le parquet, wooden (block) flooring

la part, part, share; **faire part de,** to impart, inform; **de toutes parts,** everywhere, on all sides; **quelque part,** somewhere; **nulle part,** nowhere

partager, to share

la partance, departure

parti; prendre le parti de, side with

particulier, peculiar, individual, private, special

la partie, part, portion; match; **de la partie,** one of the group; **faire partie,** belong to

partout, everywhere

la parure, ornament

parvenir, to reach; manage, succeed

le pas, pace, (foot)step; **le pas de la porte,** doorstep; **marcher à petits pas,** dawdle, saunter; **au pas de course,** at the double

paseo (*Sp.*), parade

le passage, way, thoroughfare; **livrer passage,** allow to pass

le passant, passer-by

passer, to cross; to strain (*a liquid*); **se passer,** to happen

la pâte, dough

la patente, patent, licence

pâteux, clammy

patibulaire, hang-dog, of the gallows

le patin, overshoe, slipper

la patine, patina

patiner, to skate; to slip, skid
le patois, dialect
le pâtre, herdsman, shepherd
le patron, employer, proprietor, boss
la patte, foot, paw (*of animal*), leg (*of insect*)
la pâture, food, fodder, 'grub'
la paume, palm
la paupière, eyelid
paver, to pave
le pavillon, pavilion, tent; flag, colours
le pavois, flag
le pays, country; district, locality; **les Pays-Bas,** the Netherlands
le paysage, landscape, countryside
le paysan, peasant, farmer
la peau, skin
le péché, sin
pêcher, to fish
le peigne, comb
le peignoir, dressing gown
peindre, to paint
la peine, trouble, difficulty, pains, labour; grief, heartache; **à peine,** scarcely, hardly, barely
la peinture, painting
le pékinois, pekinese
le pèlerinage, pilgrimage
la pelouse, lawn, grass plot, greensward
pelucheux, downy
pencher, to slope, lean over, incline; **se pencher,** to lean (out), bend over, stoop
la penderie, hanging-wardrobe
le pêne, bolt, latch
pénible, painful
la péniche, canal boat, lighter
la pénitence, penance
la pente, slope, declivity
le percepteur, tax collector
percer, to pierce
percevoir, to perceive, glimpse

la perche, pole, rod
en perdition, wrecked
la perle, pearl
le perron, stone steps
la perruque, wig
la persienne, slatted shutter
le personnel, staff
pesant, heavy, sluggish
peser, to weigh, press down on; lie heavy
le pétrin, kneading-trough
pétrir, to knead
le pétrole, paraffin oil
le peuple, lower classes; nation
le peuplier, poplar
le phare, headlight; beacon; lighthouse
la pharmacie, chemist's shop; medicine chest
le pic, peak
la pièce, room, apartment; roll (*of cloth*)
la pierraille, stones, rubble
la pierre, stone, jewel, gem
piétiner, to stamp
le piéton, pedestrian
le pieu, stake, post
pieux, pious, devout
le pigeonnier, dovecote
piler, to crush
le pilier, pillar
piller, to loot, sack
le pilotis, piling, piles
pincer, to pinch
la pinède, pine-wood, fir grove (plantation)
la pintade, guinea-fowl
piquer, to prick, sting, dip; to pit; to stimulate
la piqûre, bite, sting, prick
la piste, runway
la pitié, pity; **prendre en pitié,** take pity on
le piton, peak
pitoyable, pitiful
la place, square, market place; **faire du sur place,** remain stationary
se plaindre, to complain, lament
de plain-pied (avec), equal to

la **plainte,** lament, complaint,
wail

plaire, to please, **se plaire à,**
delight in, like (to)

plaisanter, to joke, banter,
chaff

le **plan,** map, plan; **au
premier plan,** in the
foreground

la **planche,** plank, board

la **plaque,** plate

plat, flat; **le plat,** dish, flat
part

le **platane,** plane tree

plein; faire le plein, refuel

les **pleurs,** tears

pleurer, to mourn, weep, cry

pleuvoir, to rain

le **pli,** fold, crease

la **plinthe,** plinth, skirting
board

ployer, to bend

la **plupart,** majority

plus; moi non plus, nor I;
plus de, no more;
plus d'espoir, farewell to
hope

pluvieux, rainy

le **pneu,** tyre; **un pneu crevé,**
a punctured tyre

le **poêle,** stove

le **poids,** weight

poignarder, to stab (to the
heart)

la **poignée,** fist, handful;
handle, knob;
une poignée de main,
handshake

le **poignet,** wrist

le **poing,** fist

le **point,** speck; **point d'arrêt,**
halt

la **pointe,** point, tip; **sur la
pointe des pieds,** on
tiptoe

pointer, to point, rise, jut,
thrust upward

le **pointillé,** line of dots

pointu, pointed, angular

le **poisson,** fish

la **poitrine,** breast, chest

le **politique,** politician

la **pompe,** pump; ceremony

le **pompier,** fireman

ponctuer, to punctuate

le **pont,** bridge; deck, axle

le **porc,** pig, pork

le **portail,** gate, gateway, portal

le **porte-manteau,** coat-stand

la **portière,** carriage door

le **portillon,** gate

le **portique,** portico, awning

la **pose,** position, posture

poser, to put down; to poise

se **poster,** to take up one's station

le **potache,** schoolboy, scholar

la **poudre,** gunpowder

poudreux, dusty

la **poupe,** poop, stern

la **poupée,** doll

pourpre, crimson, purple

la **poursuite,** pursuit

poursuivre, to pursue

pourtant, yet, however

pourvu que, provided that,
if only

la **pousse,** growth, shoot

la **poussée,** thrust, push

pousser, to push (open),
propel; to impel, urge; to
utter (*a sound*)

la **poussière,** dust; droplet,
spray

la **poutrelle,** beam

pouvoir; je n'en puis plus,
I am exhausted

la **prairie,** meadow, grassland

le **pré,** meadow, field,
greensward

le **préau,** courtyard,
ambulatory

se **précipiter,** to dash

précoce, early, premature

la **préfecture,** prefecture
(*administrative offices*)

le **préfet,** officer administering
a *département*

préfigurer, to foreshadow

le **préjugé,** prejudice

le **préposé,** (post-office) official

le **présage,** sign, omen

presbyte, long-sighted

pressentir, to foreshadow, portend
presser, to hasten, hurry, urge, press; **se presser,** to hasten, press; **pressé,** in a hurry
prétendre, to claim, assert
prêter, to lend
le **prêtre,** priest
prévenir, to give warning, inform
prier, to pray
la **prière,** prayer
primer, to take precedence, come before
le **principal,** headmaster
printanier, (of) springtime
priver, to deprive
le **prix,** price; prize; worth, cost, value; **à tout prix,** at all costs; **le prix de revient,** cost price
le **procès,** procedure
prochain, next, neighbouring, nearby; imminent, approaching
prodigieux, tremendous, stupendous
profond, deep; **peu profond,** shallow
le **projet,** plan
prolonger, to prolong
la **promesse,** promise
prompt, quick, ready
se **propager,** to spread
la **prophétie,** prophecy
le **propos,** remark; **à propos de,** concerning, with regard to
propre à, peculiar to
proprement dit, properly so called
prosterner, to prostrate
la **protection,** patronage
protéger, to protect, defend
la **province,** provinces
la **pudeur,** modesty, shyness, bashfulness
puiser, to draw water
la **puissance,** power, might, authority

puissant, powerful, mighty
le **puits,** well

q

le **quai,** platform
quand même, all the same, anyway
quant à, as for
le **quartier,** district
la **querelle,** quarrel
la **quête,** quest, search
la **queue,** tail; train; **le piano à queue,** grand piano
qui . . . qui, some . . . others
quiconque, anyone (at all)
la **quille,** skittle
le **quintal,** quintal (*approx. 1 cwt.*)
quitter, to leave, abandon
quoi qu'il en soit, however that may be

r

se **rabattre,** to fall down (over)
rabougri, stunted
raccommoder, to mend, repair
raccrocher, to hang up
la **racine,** root
râcler, to scrape, grate
la **rade,** road, roadstead
radieux, radiant, blazing
la **rafale,** squall, gust
rafraîchir, to freshen, cool
rajeunir, to rejuvenate; get younger
ralentir, to slow down
le **ramage,** twittering of birds; floral pattern
ramasser, to pick up, gather
la **rame,** oar
ramer, to row, sweep
ramifier, to ramify, branch out
la **rancune,** spite, grudge
le **rang,** row, rank
ranger, to put in its place, put in order, put away, tidy

râper, to scrape, wear away
le **rappel,** reminder
rapporter, to take home
raréfier, to rarefy, make scarce; purify
au **ras de,** level with, close to the surface
rassembler, to gather together
rassurer, to reassure, put heart into
le **râteau,** rake
rater, to spoil, lose
rauque, harsh, hoarse, rough, discordant
le **ravin,** ravine, gully
ravir, to snatch up (away), bear away; to delight, enrapture
se **raviser,** to change one's mind, think better
le **ravissement,** delight, rapture
rayer, to streak, line, scratch, score
le **rayon,** ray, beam, sunbeam; shelf
la **réalisation,** achievement; invention
réaliser, to bring about, effect
recherché, sought after
le **récif,** reef
le **récipient,** container
recruter, to recruit
se **recueillir,** to commune with one's thoughts, be plunged in meditation
reculer, to recoil, slip (fall, move) back; retreat, withdraw, recede; à **reculons,** backwards
redoutable, terrible, forbidding
redresser, to straighten, stand erect
réduire, to reduce
le **réduit,** redoubt, shelter, cubby-hole
réfléchir, to reflect, think, consider

le **reflet,** reflection, flash
refléter, to reflect, mirror
refroidir, to chill
se **réfugier,** to take refuge
le **regard,** look, glance
régner, to reign
rejeter, to reject
se **rejoindre,** to meet, come together
relier, to join, connect
remettre; s'en remettre à, to leave it to, rely on
la **remise,** coach-house
remonter, to wind
le **remords,** remorse, regret
le **remous,** eddy, whirl, swirl
remplir, to fill
remuer, to stir
la **rencontre,** meeting, encounter; **aller à la rencontre de,** go to meet
le **rendez-vous,** appointment
rendre, to give back, render; se **rendre,** to surrender; to go
renflé, swollen, capacious
renoncer, to give up the idea
le **renseignement,** item of information
la **rentrée,** return home; start of new term
rentrer, to return home
renverser, to overturn
renvoyer, to send away, dismiss
se **répandre,** to spread (out)
le **repli,** bend, wind
le **repos,** rest
reprendre, to resume; get back; to chide, admonish, remonstrate
repu, replete, satiated
réputer, to consider, deem, esteem
le **réservoir,** tank, cistern
la **respiration,** breathing
respiratoire, respiratory
respirer, to breathe
ressentir, to feel, experience
se **ressouder,** to unite, knit

le **reste,** remains, residue
le **retardataire,** late comer
retenir, to keep, retain, hold back
retentir, to re-echo, resound, ring
retirer, to draw back, take down; **se retirer,** withdraw, retire¯
se **retourner,** to turn round, look back
la **retraite,** retirement, retreat, withdrawal
retroussé, turned up, tucked up
le **rêve,** dream
le **réveil,** alarm-clock; awakening
revenir à, to amount to, be tantamount to
réverbérer, reverberate, reflect
révérer, to revere
le **revers,** reversal, set-back
revêtir, to clothe, cover
rêveur, dreamy, meditative
la **rhétorique,** rhetoric, eloquence
ridé, wrinkled
le **rideau,** curtain
la **rigole,** furrow
risquer, to risk, venture; **ça ne risque rien,** there's no danger
rissoler, to brown (*in oven*)
le **rite,** rite, ceremony
le **rivage,** shore
rivaliser, to rival, compete, vie
la **rive,** shore
le **roc,** rock, boulder
la **roche,** rock
le **rocher,** rock, boulder, crag
rôder, to roam, wander; hang about, prowl
romanesque, romantic
rompre, to break (off)
rond, round
le **rond,** circle, ring, patch; **faire des ronds,** skim a stone

ronfler, to roar
ronronner, to purr
rose, pink
rosé, pink
la **rosée,** dew
le **rotin,** rattan, cane
rôtir, to roast
roucouler, to coo
la **roue,** wheel
rougeoyer, to burn red, emit a lurid glow
rouler, to roll, dash, sweep; to drive, motor; to travel, run
roussir, to burn, scorch
roux (*f.* **rousse**), reddish-brown, russet
le **royaume,** kingdom, domain
le **rubis,** ruby
rude, rough, harsh
le **ruisseau,** gutter
ruisseler, to drip
le **ruissellement,** trickling; downpour
la **rumeur,** hum, murmur, low sound, distant noise; uproar, confused voices, rumble

S

le **sable,** sand, gravel
sablonneux, sandy
le **sabot,** hoof, clog
le **sac à dos,** haversack, pack
saccadé, jerky, abrupt
sage, wise, good, prudent
la **sagesse,** wisdom
saigner, to bleed, be suffused with red
saillant, projecting
saillir, to stand out
sain, healthy
saint, holy, divine, sacred
saisir, to seize, catch, surprise; to strike
le **saisissement,** astonishment, shock
le **saladier,** salad bowl
sale, dirty

salé, salt, saline
la salle de bains, bath-room
le salon, drawing-room, parlour; **le salon d'attente,** waiting room
saluer, to greet
le sang, blood
sanglant, bloody
sangler, to lace tightly
le sanglot, sob
sangloter, to sob
le sansonnet, starling
le sapin, fir
sarrasin, Saracen, Moorish
saugrenu, exaggerated, far-fetched
sauter, to jump, leap
sautillant, jerky, staccato
sauvage, wild; brutal, barbaric; shy, timid
la sauvagine, water-fowl
savant, learned; **une femme savante,** blue-stocking
la saveur, savour, pungency
le scaphandrier, underwater diver
la scène, stage
scruter, to scrutinize
le seau, bucket
sec, dry; lean, thin, spare; **un coup sec,** a smart blow, tap; snap
sécher, to dry
secouer, to shake (off), stir
la sécurité, safety
le ségard, sawyer
le sein, bosom
le séjour, residence, stay
selon, according to
semblable, like
sembler, to seem
semer, to sow, strew, dot, spangle
le semis, seed bed, scattering
la senteur, scent, odour, smell
le sentier, path
sentir, to feel, perceive; smell (of); smack of
serein, serene, tranquil, ethereal

le seringa, syringa
serré, hard, tight, close; tightly clad; thick, dense, heavy
serrer, to grip tight, tighten, compress, constrict, shake
le serre-tête, crash helmet
la serrure, lock
la serviette, briefcase, document case; towel; **la serviette éponge,** rough (Turkish) towel
servir de, to serve as; **servir à,** be of use; **se servir de,** make use of
la sève, sap
le siècle, century
la sieste, siesta
siffler, to whistle, hiss
le sifflet, whistle
le sillage, wake, track
le sillon, furrow, ridge, rut
sillonner, to ridge, cross
singulier, odd, peculiar
sinistre, ominous, evil
siroter, to sip
sitôt, immediately, no sooner
situer, to locate
la soie, silk
soigner, to care for, look after, tend
soit . . . soit, either . . . or
le sol, ground
solennel, solemn, long-faced
sombre, dark, gloomy
sombrer, to sink, founder, be engulfed
le somme, nap, little sleep
la somme, burden; **une bête de somme,** beast of burden
le sommeil, sleep
le sommet, crest, summit, top
somnoler, to drowse; doze
le son, sound
sonder, to fathom
le songe, dream
songer, to think, consider, dream, meditate, reflect
songeur, dreamy, pensive
sonner, to ring

la **sonnette,** bell
le **sort,** spell, lot, fate, destiny
la **sortie,** exit
  sot (*f.* **sotte**), stupid
la **sottise,** silliness
le **soubassement,** basement,
  lower course
la **souche,** stump
le **souci,** care, solicitude
la **soucoupe,** saucer
  soudain, suddenly
le **souffle,** breath, blast, gust,
  puff, breeze
  souffler, to blow, breathe,
  puff, pant
le **soufflet,** bellows
le **souffleur,** blower (*species of
  dolphin*)
  souffrir, to suffer
  soulever, to raise, lift
le **soulier,** shoe
  souligner, to underline,
  emphasize
la **soumission,** submission
  souper, to have supper;
  j'en ai soupé, I have had
  my fill of it
le **soupir,** sigh
  soupirer, to sigh
  souple, supple, flexible
la **source,** spring, fountain;
  origin, beginning
le **sourcil,** eyebrow
  sourd, deaf, dull; dark (*of
  colours*); low, muffled, faint
  sourire, to smile
la **souris,** mouse
  sournois, cunning, sly, shifty
  soutenir, to support, sustain,
  stand up to
  souverain, sovereign
le **spectacle,** show; **se donner
  en spectacle,** to make
  oneself conspicuous
  spongieux, spongy
le **squelette,** bare framework;
  tracery, frame
  stupéfait, amazed,
  astounded, dumbfounded,
  overcome with surprise
  subit, sudden, swift

  subsister, to keep alive
  subtil, subtle
la **sueur,** perspiration
la **suite,** aftermath, what
  followed; **à la suite de,**
  following on
  superbe, proud, splendid
  supporter, to endure
  suprême, last, final
  sûr, safe, sure, certain;
  bien sûr, of course;
  pour sûr, assuredly
  surfaire, to overrate,
  overpraise
  surgir, to rise up, loom up,
  emerge
  surhumain, superhuman
  surnaturel, supernatural
  surpeupler, to overpopulate
  surprendre, to catch by
  surprise
en **sursaut,** with a start
  sursauter, to start, jump,
  spring up
la **surveillance,** inspection,
  supervision; watch,
  observation
  surveiller, to watch over,
  keep watch, keep an eye on
la **survivance,** survival
  suspendu, hanging
la **suspente,** ropes

t

le **tablier,** apron
la **tache,** stain, spot, patch
la **tâche,** task, undertaking
  tacher, to stain
  tacheter, to speckle
la **taille,** figure, height, stature,
  size, shape, dimension
  tailler, to carve
le **tain,** silvering at the back of
  a mirror
  taire, to hush; **se taire,** to
  be (become) silent
le **talc,** talcum
la **taloche,** smack, thump, cuff
le **talon,** heel
le **talus,** slope, embankment

la **tanche,** tench
tandis que, whereas, while
tanguer, to veer, pitch
tantôt . . . tantôt, now . . . now
le **tapissier,** upholsterer
tarder, to delay; **tarder à (faire),** be long doing
tarir, to dry up
le **tas,** heap
tâter, to feel, grope, touch; **à tâtons,** groping blindly
le **taureau,** bull
teindre, to tinge
le **teint,** complexion, colour
tel, such and such; **tellement,** to such an extent
téméraire, bold, daring, adventurous
témoigner, to witness
le **témoin,** witness
la **tempe,** temple
la **tempête,** storm, blizzard
tendre, to make taut, strain; to stretch, hold out; to offer
tendre, soft, delicate
la **tendresse,** tenderness
tendu, tense, taut
ténébreux, sombre, veiled in darkness, gloomy
tenir à, to be attached to; **se tenir,** to stand; **tiens!** why! what!
la **tentative,** attempt
tenter, to attempt, venture, try
le **terme,** end
terne, dull, wan, lack-lustre, flat
la **terrasse,** balcony
terre; mettre pied à terre, to alight, dismount
le **terre-plein,** terrace, open space, raised surface
terreux, earthy
tête; tenir tête à, to hold one's own, resist, confront
le **tic,** nervous twitch
tiède, mild, (luke) warm, soft

la **tiédeur,** warmth
la **tige,** stem, stalk; haft
timbrer, to stamp, emboss; bear a crest
tinter, to tinkle, ring, toll
tirailler, to twitch
le **tire-bouchon,** corkscrew
tirer, to pull, draw; **s'en tirer,** to escape
le **tiroir,** drawer
le **tison,** ember
le **tissu,** fabric
le **tocsin,** alarm bell
la **toile,** canvas; picture; cloth
la **toilette,** dress; washstand; dressing-table
le **toit,** roof
la **tôle,** sheet metal
tolérer, to tolerate, put up with
la **tombe,** grave
tonner, to thunder, reverberate
le **tonnerre,** thunder
tordre, to twist, wring; **se tordre,** to writhe, be convulsed
torride, scorching, sweltering
le **tort,** wrong; **avoir tort,** to be wrong
la **touffe,** tuft
la **toupie,** top
le **tour,** turn; circuit, trip; trick; **tour à tour,** by turns; **faire le tour de,** to walk around; **faire demi-tour,** to turn on one's heels, about turn
la **tour,** tower
le **tourbillon,** whirlwind, eddy
la **tourelle,** turret
la **tourmente,** tempest
tourmenter, to toss, strain, lash; torture
le **tournemain,** jiffy
tousser, to cough
la **toux,** cough
tracer, to map out, lay out
trahir, to betray

le train, way of life, style of living; **en train de,** engaged in, in the act of, busy with

la traîne, scrub, brushwood

traîner, to drag, trail, linger

le trait, line, touch, stroke, feature

la tranchée, trench

tranquille, quiet, calm

transi, chill, frozen; chilled, benumbed

transparaître, to emerge, become visible

trapu, squat, thickset, dumpy

le travail (*pl.* **travails**), frame where animals are put to be shod

la travailleuse, work-box

en travers, athwart, across, crosswise; **se mettre en travers,** to slew over (round), move sideways

la traversée, crossing

tremper, to temper; to dip, soak, wet; **trempé jusqu'à l'os,** wet through, soaked, drenched

trépigner, to stamp

le tressaillement, tremor, shudder, quivering

tressaillir, to tremble, shudder, quiver

tresser, to weave, plait

la tribune, platform, hustings

tricher, to cheat, deceive

le tricorne, three cornered hat

tripoter, to finger, handle

triste, dismal

se tromper, to be deceived

le tronçon, fragment, section

le trop-plein, overflowing

le trot, trot (*of a horse*); **au petit trot,** at a jog-trot

le trottoir, pavement, sidewalk

le troupeau, flock, herd

la trouvaille, discovery

la truffe, truffle

la truffière, truffle-bed

la truie, sow

la tuile, tile

le tutoiement, use of *tu* and *toi* instead of *vous*

le typhon, typhoon

U

unique, sole, single; unique

un univers, world, universe

une urne, urn

user, to wear out, consume

l'usure (*f.*), wear (and tear)

utiliser, to employ, apply

V

la vague, wave, billow, surge

vain, idle, empty, sham

vaincre, to defeat, vanquish, overcome, conquer

le val, glen, dale, dell

la valeur, value

la valise, suitcase

valoir, to be worth; to equal, be equivalent

valser, to dance, waltz

la vapeur, mist, haze

vaporeux, nebulous

la vase, mud

la vedette, star

la veille, day (evening) before; watching

la veillée, (social) evening

la velléité, impulse, inclination

le velours, velvet

le vendeur, salesman, shop assistant

la vente, sale

ventral, abdominal

le ventre, stomach, belly

la verdure, verdure, greenery

le verglas, frozen fine rain; thin covering of ice

la vergue, yard

vérifier, to check

la vérité, truth

vermeil, vermilion, ruby red

vermoulu, worm-eaten

vernir, to polish

le verre, glass; tumbler; **un petit verre,** a liqueur**

verrouiller, to fasten, bolt, secure

le **vers,** line of poetry

la **veste,** jacket

vêtir, to clothe; **se vêtir,** to dress

veule, soft, feeble, flabby

la **veuve,** widow

vibrer, to vibrate

le **vide,** void, empty space

la **vie,** life; **le train de vie,** mode of life, way of living

le **vieillard,** old man

la **vieillesse,** old age

vieillir, to grow old

vif, bright, vivid; brisk, rapid, keen, quick; lively, active

la **vigne,** vine, vineyard; **vigne vierge,** virginia creeper

le **vignoble,** vineyard

le **virage,** sharp turn, bend, corner

visser, to screw, press tight

le **vitrage,** glass-work, window

le **vitrail,** stained glass window

la **vitre,** pane, window

vitré, glazed

voguer, to glide, sail

la **voie,** road, route

le **voile,** veil

la **voile,** sail

voiler, to veil, dim, conceal, cover

la **voilette,** (hat-) veil

le **voilier,** sailing ship; flight, flock

la **voilure,** sails, canvas; silken or other material

voir; voyons, come now, surely

voire, nay, indeed

voisin, neighbouring

la **voiture,** carriage, conveyance, car, van

voix; à mi-voix, in a hushed voice, in an undertone

le **vol,** flight

la **volaille,** fowl, farmyard bird; poultry

la **volée,** volley, discharge

voler, to steal; to fly

le **volet,** shutter

voleter, to flit

la **volonté,** will, will-power

volontiers, willingly

la **volupté,** (sensual) pleasure

voluptueux, sensual, luxurious, pleasurable

la **voûte,** arch, canopy

vrombir, to hum

à **vue d'œil,** visibly, rapidly

W

le **wagon,** carriage, car, coach

le **wagonnet,** tub, truck

Z

le **zinc,** bar counter

Vocabulary
English—French

a

to **abandon,** abandonner
abbot, un abbé
about, (= *around*) autour de;
(= *concerning*) au sujet de,
à propos de; (= *approxi-
mately*) environ; **about two
o'clock,** vers deux heures;
about (*of feeling*), à l'égard
de; **to think about,** penser
à; **to be about to (do),** aller
(faire), être sur le point de
(faire)
abroad, à l'étranger
abruptly, tout à coup,
brusquement
absently, distraitement
absolute, absolu;
absolutely, absolument
acacia, un acacia
to **accelerate,** accélérer;
accelerator, un accélérateur
accent, un accent
to **accept,** accepter
accident, un accident; **to
meet with an accident,**
être victime d'un accident
to **accompany,** accompagner
according to, selon
account, le compte;
to account for, expliquer
accusation, une accusation
to **ache,** faire mal (à)
across, à travers; **to walk
across,** traverser
act, un acte; **to act,** agir (*like*
finir); **to act as,** servir de
action, une action
actually, vraiment; effective-
ment; en réalité
to **add,** ajouter
address, une adresse
to **admire,** admirer;
admiration, l'admiration (*f.*)
adventure, une aventure;

adventure book, le livre
d'aventures
adversary, un adversaire
advice, le conseil;
to advise, conseiller
afire; to set afire, mettre (le)
feu à
afraid; to be afraid, avoir
peur; **to make afraid,** faire
peur (à)
Africa, l'Afrique (*f.*); **South
Africa,** l'Afrique du Sud;
African, un Africain
again, encore; de nouveau
age, l'âge (*m.*)
agent, un agent; **house agent,**
un agent immobilier
aggressive, agressif
agitated, agité
ago; a month ago, il y a un
mois
to **agree,** convenir; **to agree to,**
accepter, convenir de;
agreement, un accord, une
entente
ahead (*movement*), en avant;
ahead of, devant
to **aim at,** viser
air, l'air (*m.*)
airport, un aéroport
alacrity, l'alacrité (*f.*); la
rapidité, la vitesse
alert, en éveil
Aliscamps, les Alyscamps
alone, (tout) seul; **to leave
alone,** laisser tranquille
along, le long de; (= *at the
side of*) au bord de
to **alter,** changer
although, bien que, quoique
(+subj.)
always, toujours; (= *without
ceasing*) sans cesse
ambitious, ambitieux

America, l'Amérique (f.);
American, américain
amid, au milieu de
among, parmi; au milieu de
anchor, une ancre; **to drop
anchor,** mouiller (jeter)
l'ancre
ancient, ancien, ancienne
angry, fâché, irrité
animal, un animal; la bête
to **announce,** annoncer
anxiety, l'anxiété (f.),
l'inquiétude (f.); **anxious,**
anxieux, inquiet; **to be
anxious to (do),** tenir à
(faire)
anyhow, de toute façon; en
tout cas
anyway, au moins; enfin;
d'ailleurs
anywhere; not anywhere,
ne . . . nulle part
apart (= *separated*), séparé;
apart from, à part
aperitive, un apéritif
to **apologize,** s'excuser, faire des
excuses
apparently, apparemment
appealing, suppliant,
implorant
to **appear,** paraître, apparaître
appearance, l'apparence (f.)
to **apply,** appliquer; exercer
appointment, le rendez-vous
to **approach,** (s')approcher (de)
apricot tree, un abricotier
apron, le tablier
arch, une arche
arena, une arène; (*of duel*) le
terrain
to **argue,** discuter; **argument,** la
discussion
armed, armé
army, une armée; **army hut,**
la baraque militaire
around, autour de; **all
around,** tout autour
to **arouse,** éveiller
to **arrange,** arranger;
arrangement, un
arrangement; **arrange-**

ments, les dispositions (f.)
arrest, l'arrestation (f.); **under
arrest,** arrêté, en état
d'arrestation; **to arrest,**
arrêter
arrival, l'arrivée (f.)
artery, une artère
article, un article
artist, un artiste
as, comme; (= *in proportion
as*) à mesure que; **as for,**
quant à: **as though,** comme
si; **as though (if) to,**
comme pour; **as long as,**
tant que; **as soon as,** dès
que, aussitôt que
to **ascend,** monter
ashes, les cendres (f.)
ashore, à terre
aside; to go (step) aside,
s'écarter, s'éloigner; **to pull
(push) aside,** écarter
to **ask,** demander; (= *to request*)
prier; **to ask a question,**
poser une question
asleep, endormi; **to be asleep,**
dormir
to **assess,** évaluer; (= *consider*)
considérer, regarder; juger
astonished, étonné
attempt, la tentative
to **attend,** faire attention
attention, l'attention (f.);
(= *thought*) la pensée
attitude, une attitude
attractive, attrayant; **she is
attractive,** elle est bien,
elle n'est pas mal
audience, un auditoire
author, un écrivain
aviator, un aviateur
to **avoid (doing),** éviter de
(faire)
to **awake,** éveiller; (*feelings*)
exciter; **awake,** éveillé;
awakening, le réveil
aware; to be aware, avoir
conscience; savoir bien; **to
become aware,** se rendre
compte
awash, à fleur d'eau

away, absent; **away** (= *distant*) bien loin; **5 kilometres away,** à 5 kilomètres
Azores, les Açores

b

back, le dos; (= *rear*) l'arrière; **on one's back,** couché; **with one's back to,** adossé à; **back(wards),** en arrière; **back and forth,** d'avant en arrière; **back door,** la porte de derrière; **to come back,** revenir; **to go back into,** rentrer dans; **to make one's way back,** retourner; **to bring back** (*person*), ramener, (*things*) rapporter; **to give back,** rendre; **to back,** reculer, se retirer
bad, mauvais; **badly,** mal
bag, le sac
bait, un appât
to balance one's weight, chercher son équilibre
balconied, à balcon
ballet, le ballet
balusters, les balustres, la rampe
banana boat, le bananier
band, la bande, la barre
bandaged, bandé, pansé
bank (*of river*), la rive
bank clerk, un employé de banque
bar, le bar
bare, nu
bargain, une affaire
barren, stérile
barrier, la barrière
basin, la cuvette
basis; this forms the basis of, cela donne lieu à
basket, la corbeille; **sewing basket,** la corbeille à ouvrage
to bathe, (se) baigner; (= *have a bath*) prendre un bain; **bathroom,** la salle de bains;

bathing trunks, le caleçon de bain
battlefield, le champ de bataille
Bavaria, la Bavière
to bay, aboyer
beach, la plage
beard (*goat's*), la barbiche
to beat, battre
beauty, la beauté
because of, à cause de
bed, le lit; **in bed,** au lit; **to go to bed,** se coucher, aller se coucher; **bedroom,** la chambre
before (*place*), devant; (*time or order*) avant; (= *previously*) auparavant; **before (doing),** avant de (faire)
to begin to (do), commencer à (faire), se mettre à (faire);
beginning, le commencement, le début
to behave, se comporter; **behaviour,** le comportement, la conduite
Belgian, belge
belief, la croyance, la conviction
to believe, croire; **to believe in,** croire à
bell, la cloche; (*door*) la sonnette; **telephone bell,** la sonnerie du téléphone
to belong, appartenir
below, au-dessous de; en bas
belt, la ceinture
bench, le banc
bend (*in road*), le coude
to bend down, se pencher; **to bend the head,** pencher la tête, (= *lower*) baisser la tête
benefit; without benefit, sans profit
Benghazi, Bengazi
beside, à côté de; **beside me,** à mes côtés
besides, d'ailleurs
best (*adj.*), le meilleur, la meilleure; (*adv.*) le mieux; **to do one's best,** faire de son mieux

better (*adj.*), meilleur(e); (*adv.*) mieux; **that is better,** cela vaut mieux; **it is better (to do),** il vaut mieux (faire); **it is better that,** il vaut mieux que + *subj.*; **you had better (do),** vous feriez mieux de (faire)

beyond (*adv.*), au delà; (*prep.*) au delà de

bicycle, la bicyclette, le vélo; **to bicycle,** rouler à bicyclette

bill, la note; (*bird's*) le bec

biscuit, le gâteau sec

bitter, amer; (*cold*) glacial

blank, vide

blanket, la couverture; (= *layer*) la couche

blast (of wind), le coup, la bouffée

blended with, mêlé de

bloodhound, le limier

blue, bleu, (*pl.*) bleus

to blush, rougir (*like* finir)

to blow (out), souffler; **to blow** (*an instrument*), souffler dans

blur, une tache indécise (vague, informe)

board, la planche

to board out, mettre en pension; **boarding-house,** la pension (de famille)

boat, le bateau; (*rowing boat*) une embarcation

to bob, s'agiter; danser

body, le corps

Bokhara, Boukhara

bolt, le verrou; **to bolt,** verrouiller

bone, un os; **bones** (= *remains*), les ossements (*m.*)

to book (*rooms, etc.*), retenir

boot (*top*), la botte

to bore, ennuyer

born; to be born, naître; **he was born,** il est né, il naquit

to borrow (from), emprunter (à)

boss, le patron

both, tous (les) deux, toutes (les) deux; (= *at the same time*) à la fois

to bother, se déranger, se tracasser; **to bother about,** s'occuper de, se soucier de

bottle, la bouteille

bottom, le fond; **at the bottom of,** au fond de; (= *at the foot of*) au bas de; (= *in the lower part*) en bas de

boudoir, le boudoir

bound for, en route pour

to bow, s'incliner

bows; in the bows, à l'avant

box (= *wooden case*), la caisse; (*theatre*) la loge

branch, la branche; **branch line,** la ligne d'intérêt local

brandy, le cognac, la fine

brave, courageux

to break, briser, casser; rompre; **to break off** (*speech*), s'interrompre; **to break** (*dawn*), poindre (*like* craindre)

breakdown; nervous breakdown, une dépression nerveuse

to breakfast, déjeuner

breath; out of breath, essoufflé, à bout de souffle

to breathe, respirer; **breathing,** la respiration, le souffle.

bridge, le pont

brief, bref, brève; court

bright, clair; (*eyes*) brillant, animé

brilliant, brillant

to bring, apporter, (*person*) amener; **to bring back** (*thing*), rapporter, (*person*) ramener; (= *to recall*) faire songer à; **to bring down,** descendre; **to bring in** (*person*), faire entrer

British, britannique

broad, large; **broad-brimmed,** à larges bords; **it is broad daylight,** il fait grand jour

brook, le ruisseau
brown, brun
brush, la brosse; **scrubbing brush,** la brosse dure, la brosse de chiendent
buckle, la boucle
building, le bâtiment, un édifice; la maison; (*block of flats, etc.*) un immeuble
bulk, la masse
bunch, la botte
burglar, le cambrioleur
to burn, brûler; **burning-glass,** la loupe
burst, un élan, un accès
bus (*town*), un autobus; (*long distance*) le car
bush, le buisson; (= *scrub*) les broussailles (*f.*)
business, les affaires (*f.*); **for business,** pour affaires
busy, occupé
but for, sans
butter, le beurre
butterfly, le papillon
button, le bouton
by, par; (= *near*) près de; (= *beside*) à côté de; (= *on the bank of*) au bord de; **to go by,** passer

C
café, le café
cage, la cage
to calculate, calculer
call, un appel; (= *visit*) la visite
to call, appeler; **to call in** (*of ships*), faire escale; **to call on** (= *visit*), rendre visite à; **to call out,** crier; lancer; **to call out to,** interpeller; **called,** nommé; **caller,** le visiteur
calm, calme; **calm** (= *coolness*), le sang-froid
camel, le chameau
camp, le camp; **to camp,** camper

Canada, le Canada; **Canadian,** le Canadien
candle, la bougie
candelabraed, étalé en candélabre
canvas, la toile
cap, la casquette
capable, capable
captain, le capitaine
to capture, faire prisonnier
car, la voiture, une auto(mobile)
card, la carte
care, le soin; le souci; **to take extra care,** redoubler de soins; **to take good care that,** prendre garde que + ne *with subj.;* **with care,** avec soin, soigneusement; **to care to do** (= *like to do*), se plaire à faire
careful, prudent; **carefully,** soigneusement; avec précaution
carp, la carpe
carpet, le tapis
case (= *suitcase*), la valise; **to pack one's case,** faire sa valise
casino, le casino
to cast, jeter
to catch, attraper; (*fish*) prendre; (*sounds, words*) saisir, percevoir; (= *surprise*) surprendre
cathedral, la cathédrale
Catholic, le (la) catholique
cause (*legal*), la cause
to cease, cesser
celebrated, célèbre
cell, la cellule
cellar, la cave
cent; **a red cent,** un liard, un sou
centimetre, le centimètre
central, central
century, le siècle
ceremony; **without ceremony,** sans façon
certain, certain; **certainly,** certainement

chain, la chaîne
chair, la chaise; (*armchair*) le fauteuil
chalk, la craie; (*soil*) le calcaire
to **challenge,** défier; **a challenging tone,** un ton de défi
chance (= *possibility*), la possibilité; **to take chances,** courir des risques
chandelier, le lustre
to **change,** changer; **to change one's mind,** se raviser
channel, le chenal; le ruisseau
chaos, le chaos
chap, le garçon; (*pop.*) le type; **old chap,** mon vieux
to **charge** (= *attack*), charger; **to charge** (*money*), prendre, demander; **person in charge,** le préposé; celui qui officie
charming, charmant
charred, brûlé
chase, la poursuite
to **chat,** causer, bavarder; **to have a chat,** faire un brin de causette
cheap, peu cher, bon marché; **cheaper,** moins cher, meilleur marché
to **cheat,** tricher
to **check,** vérifier
cheek, la joue
to **cheer,** encourager; (= *break into cheers*) pousser des hourras (acclamations); **cheerfully,** gaiement
chemist's shop, la pharmacie
chest, la poitrine
chestnut tree, le châtaignier
chic, chic
chill, chilly, frais, fraîche; froid
chimney, la cheminée
chin, le menton
Chinese, chinois
chips, les frites (*f.*)
choice, le choix
to **choose,** choisir (*like* finir)

chunking, bruyant, ferraillant
cigar, le cigare
cigarette, la cigarette
cinema, le cinéma
circular window, un œil-de-bœuf
circulation; to get one's circulation started, se dégourdir
civilisation, la civilisation
claim, la prétention
clasped, joint
clean, propre (*after noun*); **cleaning shoes,** les savates (*f.*)
clear, clair; (*sky*) serein, pur; **to become (show) clear,** se dessiner nettement; **clearness** (*of mind*), la lucidité
to **clench,** serrer
clerk, un employé; **bank clerk,** un employé de banque
click, le déclic; le cliquetis
client, le client
to **climb,** grimper; (= *walk up*) gravir (*like* finir); (= *go up*) monter; **to climb out,** sortir
to **cling on,** s'agripper, se cramponner; **clinging** (= *stuck*), collé
clink, le cliquetis
cloak, le manteau
clock (*in house*), la pendule; (*big clock*) une horloge; **clock tower,** la tour d'horloge
to **close,** fermer; **to close again,** refermer; **to close with** (*a deal*), conclure (j'ai conclu)
close to, près de; **closely,** de près; (= *intently*) attentivement; (= *tightly*) étroitement
cloth (*table*), la nappe
clothes, les vêtements (*m.*), les habits (*m.*); **in plain clothes,** en civil

cloud, le nuage; **clouded**
(*face*), assombri, rembruni
clump, le massif, le bouquet
clumsy, maladroit
coach (*railway*), le wagon
coal, le charbon
coast, la côte
coat (*overcoat*), le pardessus;
(*woman's*) le manteau;
(*tailcoat*) un habit
cobbles, le pavé, les pavés;
cobbled, pavé
cold, froid; (*noun*) le froid; **to
grow cold,** se refroidir
to **collaborate,** collaborer;
collaborator, le collabora-
teur, la collaboratrice
colleague, le collègue
to **collect** (= *assemble*),
s'assembler
collector (*railway*), le con-
trôleur, l'employé
colour, la couleur; la teinte;
to become coloured, se
colorer; **colourless,** sans
couleur, incolore;
colouring (*of cheeks*),
rougissant, rouge
to **come,** venir; **to come along,**
arriver; **to come back,**
revenir; **to come on** (*light*),
s'allumer; **to come out,**
sortir; **to come round,**
reprendre connaissance; **to
come up,** monter; **to come
up to** (= *to approach*),
s'approcher de
coma, le coma
to **comfort,** consoler
command, le commandement
Commonwealth, le Commonwealth
commotion, l'agitation (*f.*)
companion, le compagnon,
la compagne
company (= *people*), les
compagnons, la société
compartment, le compartiment
compass, la boussole
competence, la compétence

to **complain,** se plaindre (*like*
craindre); (= *to make a
complaint*) faire une
réclamation
completely, complètement,
tout à fait
complexion, le teint
complicity, la complicité
compliment, le compliment
composer, le compositeur
compound, le terrain réservé
to **compress,** serrer
to **concede,** accorder
to **concern,** concerner; **that
concerns me,** cela me
regarde
concert, le concert
conch, la conque
to **condemn,** condamner
in conference, en conférence
conscious, conscient
in consequence, par conséquent
to **consider,** considérer; (=
reflect) réfléchir; (= *think of*)
penser à; (= *take into
account*) tenir compte de;
consideration, la con-
sidération
consisting of, composé de
to **console,** consoler
conspirator, le conspirateur
constant, constant
**constitutional; to go for
one's constitutional,**
prendre l'air; faire un peu
d'exercice
consulting room, le cabinet
de consultation
contempt, le mépris
to **contend,** lutter
contented, satisfait
to **continue,** continuer; **to
continue to (do),** continuer
à (faire); (*of a single action*)
continuer de (faire)
continuously, continuelle-
ment, sans cesse
contract, le contrat
controlled, maître de soi
convenience, la commodité;
for convenience, par

commodité
cook (boy), le cuisinier;
    cooked, cuit
copy, un exemplaire; **to copy,**
    copier
corporal, le caporal
Corrèze (*department*), la
    Corrèze
corridor, le couloir
corruption, la corruption
to **cough,** tousser
to **count,** compter; **to count on
    (doing),** compter (faire)
country, le pays; (*opposed to
    town*) la campagne
to **couple on,** accrocher
courage, le courage
course, la direction
of **course,** bien entendu,
    naturellement
courteous, poli, courtois;
    courtesy, la politesse, la
    courtoisie
to **cover,** couvrir; (= *hide*)
    cacher; **covered,** couvert
crack, le craquement;
    cracked (*voice*), cassé,
    tremblant
crash; the plane crashes,
    l'avion s'écrase
cravat, la cravate
creak(ing), le grincement;
    to creak, grincer
cream-coloured, de couleur
    crème
creation, la création
creature (*animal*), la bête;
    (*anything living*) un être;
    human creature, un être
    humain
creek, la crique
to **creep out,** sortir silenciense-
    ment, sortir à pas feutrés
crenellated, crénelé
crest, la crête
cricket, le grillon
crime, le crime; **crime
    novel,** le roman policier;
    criminal, le criminel
to **croak,** coasser
crooked, crochu; recourbé

to **cross,** traverser; **crossing,** la
    traversée; **crossroads,** le
    carrefour
crowd, la foule
crumb, la miette
crust, la croûte
cry, le cri; **to cry** (= *exclaim*),
    crier; s'écrier
to **cure,** guérir (*like* finir)
curious, curieux, étrange;
    curiously, étrangement;
    curiosity, la curiosité
curtain, le rideau
curved, recourbé
customer, le client, la cliente
to **cut (down),** couper; **to cut
    across,** passer comme un
    trait à travers
cypress, le cyprès

d

to **dab,** tamponner; humecter
daintily, délicatement
dairy, la laiterie
dance, le bal; **to dance,**
    danser; **dancer,** le danseur,
    la danseuse
dane; great dane, le grand
    danois
danger, le danger; **in danger,**
    en danger
Danube, le Danube
dark, noir, (= *sombre*) sombre;
    (*person*) brun; **dark,
    darkness,** l'obscurité (*f.*),
    la nuit; **it is dark,** il fait
    nuit; **it is quite dark,** il fait
    nuit noire
date, la datte
dawn, l'aube (*f.*)
day, le jour, la journée; **day
    before,** la veille; **it is
    broad daylight,** il fait
    grand jour; **day-dream,** la
    rêverie
decent (*person*), honnête;
    (= *nice*) convenable;
    decent temper, la bonne
    humeur

to **decide to (do),** décider de (faire); **to decide about,** hésiter sur le choix de

decision, la décision; **to come to a decision,** prendre une décision, se décider; **decisive,** résolu

deck, le pont

declining, déclinant, couchant

deep, profound; (*in tone*) sonore; **deeply,** profondément

defeated, vaincu

to **defy,** défier; **defiance,** le défi; **defiantly,** d'un ton de défi

degree, le degré

to **delay,** retarder

deliberately, délibérément, exprès

delightful, délicieux

to **demand,** exiger

dentist, le dentiste

departure, le départ

depressing, déprimant

depression, le creux

desert, le désert

deserted, désert

desiccated, desséché

design, la disposition, le plan

desk, le bureau; (*school*) le pupitre

to **despise,** mépriser

destination, la destination

to **destroy,** détruire; **destruction,** la destruction

to **detain,** retenir

to **detect,** deviner, apercevoir

detergent, le détergent

to **determine to (do),** résoudre de (faire); **determined,** résolu

to **detest,** détester

to **devote** (*time*), consacrer; **devotion,** le dévouement; **devoutly,** avec ferveur

to **dial** (*a number*), composer

to **die,** mourir; **he has died, he is dead,** il est mort

difficult, difficile; **difficulty,** la difficulté

dim, obscur; (*light*) faible; **to dim,** réduire, masquer; **he dims his lights,** il se met en code

to **dine,** dîner

dinner, le dîner; **to take out to dinner,** emmener dîner

dip, le creux

direct, direct; **to direct,** conduire; **direction,** la direction; **in the direction of,** dans la direction de, du côté de; **director,** le directeur

to **disappear,** disparaître

to **disappoint,** décevoir (*like* recevoir); **disappointed,** déçu; **disappointment,** la déception

discipline, la discipline; **to discipline,** discipliner

to **disclose,** découvrir

discomfort, le malaise

to **discover,** découvrir; **discovery,** la découverte

to **disembark,** débarquer

to **disguise** (= *conceal*), cacher, dissimuler

dishevelled, ébouriffé, échevelé

dishonest, malhonnête

dismal, triste

to **dismiss,** congédier, renvoyer; (= *banish*) chasser, bannir (*like* finir)

to **display,** étaler, montrer

to **dissuade,** détourner d'un projet

distance, la distance; **in the distance,** au loin; **middle distance,** le second plan; **distant,** lointain

distinctly, distinctement

district (*in town*), le quartier

to **distrust,** se méfier de

to **disturb,** déranger, troubler; **disturbing,** inquiétant

doctor (*title*), le docteur; (= *medical man*) le médecin

document, le document

dog; police dog, le chien policier

donkey, un âne

door, la porte; **front door,** la porte d'entrée; **door** (*of a vehicle*), la portière; **next door,** à côté

dot, le point

doubt, le doute; **doubtless, no doubt,** sans doute; **to doubt,** douter

down (*position*), en bas; **to go down,** descendre; **to bring down,** descendre; **to lie down,** se coucher, s'étendre

to doze (off), s'assoupir (*like* finir)

dozen, la douzaine; **half a dozen,** la demi-douzaine

to drag (along), traîner

drawer, le tiroir

drawing, le dessin; (*sketch*) le croquis

drawn up, rédigé

in dread, effrayé, épouvanté

dream, le rêve; **day-dream,** la rêverie, le rêve

dreary, triste, morne, lugubre; **dreariness,** la tristesse

to drench, mouiller; **drenched,** mouillé, moite

dress, la robe; **dressing-gown,** la robe de chambre

to drift, flotter

to drink, boire; **to drink in** (*air*), respirer à pleins poumons; **drink** (*in a café*), la consommation

drive (*to house*), une allée

to drive, conduire; (= *travel*) rouler; **to drive in,** entrer; s'engager dans; **to drive off,** s'éloigner; **to drive on,** continuer; **to drive through,** traverser; **driver,** le conducteur, le chauffeur; **taxi driver,** le chauffeur de taxi

dromedary, le dromadaire

drooping, penché

to drop, laisser tomber; **to drop anchor,** mouiller l'ancre; **to drop asleep again,** se rendormir

to drown (*e.g. voices*), étouffer, couvrir

drowsiness, la somnolence

drum, le tambour

drunk, ivre; **to get drunk,** s'enivrer

dry, sec, sèche; (= *arid*) aride; **to dry,** sécher

duel, le duel; **to fight a duel,** se battre en duel

dull, maussade, morne; sans intérêt; (*person*) ennuyé

dune, sand dune, la dune

duration, la durée

dusk, le crépuscule, le demi-jour

dust, la poussière; (= *remains*) les restes, les cendres

duty, le devoir

dwelling, une habitation

e

early, de bonne heure; tôt; **earlier,** plus tôt; **(of the) early morning,** matinal

to earn, gagner

earth, la terre; **what on earth . . .,** que diable . . .

easy, facile

east, l'est; le levant; **eastern,** oriental

edge, le bord; (*of a wood*) la lisière; **to edge off,** s'écarter

edition, une édition

effort, un effort

ego, l'amour de soi; l'égoïsme; **our ego,** notre propre moi

elbow, le coude

elderly, d'un certain âge

to elect, élire; **elected,** élu

electric, électrique

elegance, l'élégance (*f.*)

elephant, un éléphant

eligible, avantageux, convenable

else; **nobody else,** personne d'autre; **somebody else,** quelqu'un d'autre; **something else,** autre chose

elsewhere, ailleurs
to emanate, émaner
to embarrass, embarrasser, gêner
Embassy, une ambassade
to embrace, s'embrasser
to emphasize, accentuer;
  emphatic, emphatique,
  énergique
emotion, une émotion;
  un sentiment
Empire, l'empire
empty, vide; désert; (*house*)
  inhabité; **emptiness,** le vide
to enable, permettre
enamel, l'émail (*m.*)
to enclose, renfermer, entourer;
  cerner
encounter, la rencontre
end, la fin; (*of a thing*) lc
  bout; **to end,** finir, prendre
  fin; (se) terminer
enemy, un ennemi, une
  ennemie; (*adj.*) ennemi(e)
energy, l'énergie (*f.*)
engaged (*telephone*), occupé
engine (*petrol*), le moteur;
  (*railway*) la locomotive
enormously, énormément
enough, assez; suffisamment;
  long enough to (do), le
  temps de (faire)
to enquire, demander; **to make
  enquiries,** s'informer,
  prendre des renseignements
entirely, entièrement, tout à
  fait
entrance, une entrée; (=
  door) la porte
to envelop, envelopper
envelope, une enveloppe
to envy, envier
equal, égal; **to be equal to,**
  être à la hauteur de;
  equally, également;
  equally strange, tout aussi
  étrange
era, une époque
escapade, une escarmouche
to escape, (s')échapper
escarpment, un escarpement
to escort, accompagner

especially, surtout
establishment, un établissement
even, même
evening, le soir, la soirée; **the
  evening before,** la veille au
  soir
event, un événement
eventually, enfin
ever, jamais; **for ever,** pour
  toujours
every, chaque; **every day,**
  tous les jours; **everybody,**
  tout le monde; **everything,**
  tout
evil, mauvais
exaggerated, exagéré
to examine, examiner
example, un exemple; **for
  example,** par exemple
to exceed, dépasser
excellent, excellent
except, sauf; **except (for),** à
  part
to exchange, échanger
to excite, exciter
excuse, une excuse; **to
  excuse,** excuser
execution, une exécution
to exhaust, épuiser
to exist, exister; **existence,**
  l'existence (*f.*)
exotic, exotique
expanse, une étendue
to expect, s'attendre à; (=
  await) attendre; (= *want,
  demand*) cxiger; **what do
  you expect me to do?** que
  voulez-vous que je fasse?
expensive, coûteux
experienced, expérimenté;
  he is experienced, il s'y
  connaît
to explain, expliquer;
  explanation, une explication
to explode, éclater
explorer, un explorateur
to express, exprimer;
  expression, une expression
to extend, s'étendre; (= *hold
  out*) tendre

to **extinguish,** éteindre (*like* craindre); **to be extinguished,** s'éteindre

extra; to take extra care, redoubler de soins

to **extract,** tirer, arracher

extraordinary, extraordinaire

eye, un œil, (*pl.*) des yeux; **to keep one's eye on,** surveiller

f

face, le visage, la figure; (*of building*) la façade; **to face,** faire face à, se trouver en face; **to face** (= *endure*), supporter; **facing,** en face de

fact, le fait

factory, une usine

to **fade,** s'évanouir (*like* finir), se perdre

to **fail,** échouer; **to fail to (do),** manquer de (faire); **failing** (= *apart from*), à part

faint (= *light*), léger; **to faint,** s'évanouir (*like* finir)

fair, la foire; **fair** (*colouring*), blond

false, faux, fausse

far (away), loin; (= *in the distance*) au loin; **far-off,** lointain, éloigné; **by far,** de beaucoup, de loin; **how far?** à quelle distance? **as far as I can judge,** autant que je puisse juger; **farther,** plus loin

farm, farmhouse, farmstead, la ferme; **farm worker,** un ouvrier agricole

to **fascinate,** enchanter

fast, rapide; **to fast,** jeûner

fastened (= *moored*), amarré

fat, gros, grosse

fate, le sort; le destin

fault, la faute; (= *failing*) le défaut; **I can find no fault with him,** je ne trouve rien à lui reprocher

fear, la peur; la crainte; **for fear that,** de peur que + ne *with subj.*

feather, la plume; (*of cloud*) le flocon, le duvet, la traînée

to **feel,** sentir, (*pain*) ressentir; (= *experience*) éprouver; **to feel one's way,** s'avancer à tâtons; **I feel better,** je me sens mieux

feeling, le sentiment; (*physical*) la sensation; **to hurt someone's feelings,** froisser quelqu'un

fellow, le garçon, l'homme; (*pop.*) le type; **a lusty fellow,** un gaillard robuste; **my dear fellow,** mon cher

felt-soled, à semelle de feutre

fence, la palissade

to **fetch,** aller chercher, venir chercher

fever, la fièvre

few, peu; **a few,** quelques; (*pron.*) quelques-uns

to **fight,** se battre; lutter; **to fight a duel,** se battre en duel

figure, la silhouette; (*person's*) la taille; **to figure out,** découvrir, concevoir une idée

file, le dossier, le classeur

to **fill,** (se) remplir; (*emotions*) envahir; **filled** (*with smell*), pénétré, imprégné

film, le film

to **filter,** filtrer

finance, la finance

to **find,** trouver; (= *discover*) découvrir; **to find out,** découvrir, apprendre

fine, beau (bel), belle

finger, le doigt; **fingering,** tâtonnant

to **finish,** finir, terminer

fire, le feu; **fire-escape,** la sortie de secours; **firewood,** le bois de chauffage

first, premier; **at first,** d'abord; **first as last,** dès maintenant

fish, le poisson; **fishing,** la pêche; **fishing-boat,** la barque de pêche; **fishing-rod,** la canne à pêche

fist, le poing

to **fix,** fixer; **in a fix,** dans l'embarras

flagstaff, le mât

flake, le flocon; **flaking,** poudreux

flame, la flamme

to **flap,** battre, voler; (*flame*) vaciller

flash, un éclat; **flash of lightning,** un éclair; **to flash a lamp,** projeter la lumière d'une lampe

flat, un appartement; **flat** (*adj.*), plat; **flat on onc's face,** à plat ventre; face à terre

flesh, la chair

to **flicker,** vaciller

flight of stairs, la volée d'escalier

to **fling,** jeter

floor, le plancher; (*of building*) un étage; **ground floor,** le rez-de-chaussée; **on the floor,** par terre

to **flow,** couler

fluently, couramment

to **flutter,** palpiter

to **fly,** voler; (= *to fly off*) s'envoler

focus; my eyes focus on this, cela attire mon regard

fog, le brouillard

fold, le pli; **to fold,** plier

to **follow,** suivre; (= *come after*) succéder (à)

food, la nourriture; de quoi manger

foot, le pied; **on foot,** à pied; **to put one's foot down on,** appuyer à fond sur; **footstep** (*imprint*), une empreinte de pied

for, pour; (= *during*) pendant; (*conj.*) car

to **forbid,** défendre; **forbidding,** menaçant, sinistre

force, la force, la vigueur; **to force to (do),** forcer à (faire)

forearm, l'avant-bras (*m.*)

foreigner, un étranger

to **foreshadow,** laisser prévoir, présager

to **foretell,** prédire, annoncer

to **forget,** oublier

to **forgive,** pardonner (à); **forgiveness,** la clémence

form, la forme

to **forswear,** renoncer à

fortified, fortifié

fortress, la forteresse

forward, en avant; **to go (walk) forward,** s'avancer

fragment, le morceau

free, libre; (= *undamaged*) valide; **to set free,** mettre en liberté

freezing, glacial

in French, en français

frenzy, la frénésie

to **frequent,** fréquenter

fresh, frais, fraîche; **freshly,** fraîchement

fretted, rongé; (= *tossed about*) agité, tourmenté

friendship, l'amitié (*f.*)

to **frighten,** effrayer

frog, la grenouille

in front of, devant; (*adv.*) **in front,** devant; **front** (*of building*), la façade; **front door,** la porte d'entrée

frontier, la frontière; **frontier post,** le poste-frontière; **frontier town,** la ville-frontière

frost, le gel; (*white*) la gelée, le givre; **frosty,** glacial

to **frown,** froncer les sourcils

fruit, le fruit; (*collective*) les fruits

fun; to make fun of, se moquer de

furniture, les meubles (*m.*)

furrowed, sillonné, coupé de sillons
furtive, furtif
fury, la fureur
further, plus loin; (= *more deeply*) plus avant
futile, inutile, vain

g

to **gain,** gagner
gangway, la passerelle
garage, le garage
gate, la porte; (*farm, factory*) la barrière
to **gather,** cueillir; (= *assemble*) (s')assembler; (= *draw close*) serrer; (= *come on*) survenir
gay, gai
gaze, le regard
genius, le génie; le talent
gentle, doux, douce; **gently,** doucement, gentiment; **gentleness,** la douceur; **gentleman,** un honnête homme, un gentleman; (*man*) le monsieur, (*pl.*) les messieurs
German, allemand; **German girl,** la jeune Allemande
gesture, le geste; le signe
to **get** (= *arrive*), arriver; (= *become*) devenir; (= *obtain, procure*) obtenir, se procurer; **to get away** (= *escape*), s'échapper; **to get home,** rentrer, arriver à la maison; **to get into** (*a car*), monter dans; **to get out,** sortir; (*car*) descendre; **to get over** (*illness*), guérir, s'en remettre; **to get to know,** apprendre; **to get up,** se lever
gift, le cadeau
to **give back,** rendre; **to give up** (= *renounce*), renoncer à
glad, content

glance, le regard; le coup d'œil; **to glance, cast (take) a glance,** jeter (lancer) un coup d'œil
glaring, brûlant, ardent, éblouissant
glass, le verre; **burning-glass,** la loupe
gleam, le reflet
to **glide,** glisser
glimmer, la lueur; **glimmering,** luisant
glimpse; to catch a glimpse of, entrevoir, apercevoir
glistening, étincelant
to **glitter,** étinceler
gloom, l'obscurité (*f.*); (= *sadness*) la tristesse; **gloomy,** sombre, morne; triste
glossy, luisant, brillant
glove, le gant
to **go,** aller; (*depart*) partir; (*cars*) marcher; **to go away,** partir, s'en aller; **to go by,** passer, (*time*) s'écouler; **to go down,** descendre; **to go in,** entrer; **to go on** (= *happen*), se passer, (= *continue*) continuer; **to go out,** sortir, (= *be extinguished*) s'éteindre; **to go through,** traverser
goat, la chèvre; **he-goat,** le bouc; **goat-herd,** le chevrier
God-given, divin
gold, l'or (*m.*); **golden,** doré
good, bon, bonne; (= *genuine*) en règle; **good-looking,** beau, belle; **it's no good,** cela ne sert à rien; c'est inutile
to **gossip,** bavarder
gown, la robe
to **grab,** saisir, attraper
grace, la grâce; **graceful,** gracieux
gradually, peu à peu
grandmotherly, de grand'mère
grass, l'herbe (*f.*)

grave, la tombe
gravel, le sable, les graviers
greatness, la grandeur
to **greet,** accueillir, saluer
grey, gris
grief, la douleur, le chagrin
grievous, grave
grimly, sardoniquement
to **grip,** serrer, s'agripper à
to **grit,** grincer
to **groan,** gémir (*like* finir);
   grogner
grocer's shop, une épicerie,
   chez l'épicier
ground, le sol; **ground floor,**
   le rez-de-chaussée; **grounds**
   (*of country house*), le parc
grove, le bosquet
to **grow** (= *become*), devenir
grumbling (*sound*), sourd
to **guarantee (against),**
   garantir (de)
guard-house, le corps de
   garde
to **guess,** deviner
guilt (= *crime*), le crime;
   guilty, coupable
gulp, la gorgée
gun, le pistolet
gunwale, le plat-bord
gutter, le caniveau

h

habit, une habitude
to **hail,** appeler, crier
half, à moitié; (= *partly*) en
   partie
hall (*entrance*), le vestibule
Hamburg, Hambourg
hand, la main; **in one's hand,**
   à la main; **on the other**
   hand, d'autre part, au
   contraire, par contre;
   handbag, le sac à main;
   handful, la poignée; **to**
   hand over, remettre
handkerchief, le mouchoir
handle (*of door*), le bouton,
   la poignée

handsome, beau (bel), belle;
   he is a handsome chap,
   il est beau garçon
to **hang,** pendre (*like* vendre)
to **happen,** arriver, se passer
happiness, le bonheur
harbour, le port
hard, dur; (= *difficult*)
   difficile; (*winter*) rigoureux;
   to look hard at, regarder
   fixement; **to harden,** durcir
   (*like* finir); (= *tighten*)
   serrer; **hardly,** à peine
to **hate,** détester
head, la tête; **at the head of,**
   en haut de; **headlight,** le
   phare
to **hear,** entendre; **to hear from,**
   avoir des nouvelles de
heart, le cœur
heat, la chaleur
for **heaven's sake,** de grâce;
   pour l'amour de Dieu
heavy, lourd; (= *big*) gros;
   (= *strong*) fort; **the rain is**
   heavy, il pleut à verse, la
   pluie tombe à verse; **heavy-**
   bagged (*cows, goats*), au pis
   lourd
hectare, un hectare (*approx.*
   $2\frac{1}{2}$ *acres*)
hedge(row), la haie
heel, le talon
he-goat, le bouc
heinous, abominable
help, l'aide (*f.*), le secours;
   helpless, incapable; (= *at a*
   loss) désemparé; **to help,**
   aider, porter secours à; **to**
   give a helping hand,
   donner un coup de main;
   I can't help laughing, je ne
   peux pas m'empêcher de rire
to **herd,** rassembler
here and there, çà et là;
   de ci de là
heretic, l'hérétique
to **hesitate,** hésiter; **hesitation,**
   l'hésitation (*f.*)
to **hiccough,** avoir le hoquet

to hide, cacher; **hiding-place,** la cachette

high, haut, élevé; (*function*) supérieur; (*thought*) sublime; **highway,** la grand'route

hill, la colline; (*on road*) la côte

to hire (out), louer

hiss, le frémissement, le crépitement

history, l'histoire (*f.*); **historian,** l'historien; **historical,** historique

to hoist, hisser

to hold, tenir; (= *contain*) contenir; **to hold out,** tendre

hole, le trou

holiday(s), les vacances (*f.*); **on holiday, holidaying,** en vacances; **to go on holiday,** partir en vacances

hollow, le creux

home, la maison, la demeure; **to go (come) home,** rentrer (à la maison); **to get home,** rentrer, arriver à la maison; **homeland,** le pays d'origine; la patrie

honest, honnête; (*feelings*) sincère; **honesty,** l'honnêteté (*f.*); la loyauté

honey-gold, mielleux et doré

honourable, honorable

hoof, le sabot

hoopoe, la huppe

hope, l'espoir (*m.*); **to hope devoutly,** espérer avec ferveur

horn (*animal*), la corne; (*car*) le klaxon, un avertisseur; **to sound the horn,** klaxonner

hospital, un hôpital

hostess, une hôtesse

hot, chaud; **to make hot,** chauffer

hotel, un hôtel

hour, une heure; **during the small hours,** après minuit; avant l'aube; **to live by the hour,** vivre pour l'heure présente

house, la maison; **house agent,** un agent immobilier; **to house,** renfermer

however, cependant

to howl, hurler

huddled, serré

huge, énorme

human being, un être humain; **there is not a human being in sight,** on ne voit âme qui vive

hummock, le mamelon; **dotted with hummocks,** mamelonné

hunger, la faim; **hungry,** affamé

to hunt round, fureter

to hurry, se dépêcher, se hâter; **to hurry away,** partir en hâte; **in a hurry,** pressé; **hurriedly** (*speech*), vivement, précipitamment; (*walking*) à pas précipités

to hurt, faire mal à; **to hurt oneself,** se faire mal; **to hurt someone's feelings,** blesser les sentiments de quelqu'un

husband, le mari

hush! chut!

hut; army hut, la baraque militaire

i

idea, une idée

identity, l'identité (*f.*); **to identify,** identifier, reconnaître; **identification,** l'identification (*f.*)

ideology, l'idéologie (*f.*); le système idéologique

idiot, un imbécile

idly, distraitement

if so, si oui, s'il en est ainsi

ignorance, l'ignorance (*f.*); **to ignore** (*a person*), ne pas faire attention à

ill, malade; **to look ill,** avoir l'air malade, avoir mauvaise mine; **illness,** la maladie

image, une image
to imagine, imaginer; s'imaginer, se figurer; **imagination,** l'imagination (*f.*)
immediately (*time*), immédiatement; (= *exactly*) juste
imminence, l'imminence (*f.*); **imminent,** imminent
impersonal, impersonnel
important, important; **importance,** l'importance (*f.*)
impression, une impression; **impressive,** impressionnant
incident, un incident
incline, la pente; **to incline to,** pencher pour
to increase, augmenter
incredulous, incrédule
indecision, l'irrésolution (*f.*)
indeed, à vrai dire
independence, l'indépendance (*f.*)
indeterminable, indécis, sans bornes
to indicate, indiquer
indignant, indigné
individual, un individu
industrial, industriel
infinite, infini; **infinitely,** infiniment
inflamed, enflammé
influence, l'influence (*f.*); **to influence,** influencer
to inform, informer; **information,** l'information (*f.*), les renseignements (*m.*)
inheritance, un héritage, un legs
to injure, blesser
inn, une auberge
inner, intérieur
inoffensive, inoffensif
insane, insensé, fou
inside, l'intérieur (*m.*); (*adv.*) à l'intérieur
to insist, insister; **to insist on (doing),** insister pour (faire)
instantly, aussitôt, à l'instant

instead of, au lieu de; **instead** (= *in its place*), à sa place
instinct, l'instinct (*m.*); **instinctively,** instinctivement, par instinct, par nature
instrument (*telephone*), l'appareil (*m.*)
to insult, insulter
intellect, l'intelligence (*f.*); l'esprit (*m.*)
intelligent, intelligent
to intend to (do), avoir l'intention de (faire); **intending to,** dans l'intention de
intently, attentivement
interest, l'intérêt; **interesting,** intéressant
interminable, interminable
interpreter, un(e) interprète
interval, un intervalle; (*cinema*) l'entr'acte; **at intervals,** de temps en temps
to intervene, intervenir
intolerable, insupportable
to introduce (*socially*), présenter
intruder, un intrus; **intrusion,** une intrusion
invisible, invisible
to invite, inviter; **invitation,** une invitation
Ireland, l'Irlande (*f.*); **Irishman,** un Irlandais
ironical, ironique
irresolute, irrésolu, indécis
to irritate, irriter, agacer; **irritating,** agaçant; **irritated,** irrité; **irritation,** l'irritation (*f.*)
isolated, isolé, solitaire
Italian (*language*), l'italien
item (*added*), le supplément

j

jacket, le veston
jauntily, d'un air désinvolte
jealous, jaloux
jewel, le bijou; **jewellery,** les bijoux

job, le métier

to join, rejoindre (*like* craindre); se joindre à

journalist, le(la) journaliste

journey, le voyage

judge, le juge

to jump, sauter; (*in surprise*) sursauter; **to jump up,** se lever d'un bond

junction (*railway*), la gare d'embranchement (de bifurcation)

just, juste; (= *merely*) tout simplement; **just as,** juste au moment où; **just now** (= *for the time being*), pour le moment; **I have (had) just arrived,** je viens (venais) d'arriver

k

keen, vif, vive

to keep, garder; (= *remain*) rester; (= *maintain*) maintenir; **to keep waiting,** faire attendre; **to keep one's eye on,** surveiller

kerb, le bord du trottoir

key, la clef, la clé

to kick one's heels, battre la semelle; faire le pied de grue

to kill, tuer

kilometre, le kilomètre

kind, la sorte; **nothing of the kind,** rien de semblable; **kind** (*adj.*), bon, aimable, gentil; complaisant; **kind to,** bon pour

to kiss, embrasser; (*hand*) baiser

knee, le genou, les genoux; **on one's knees,** à genoux; **to kneel (down),** s'agenouiller, se mettre à genoux; **kneeling,** agenouillé, à genoux

knife, le couteau

to knock, frapper; **there is a knock on the door,** on frappe à la porte

to know, savoir; (= *be acquainted with*) connaître; **not to know,** ne pas savoir, ignorer; **to know of,** entendre parler de; **to get to know,** apprendre

knowledge, le savoir

l

lack, le manque; **to lack,** manquer de

lagoon, la lagune

lake, le lac

lamp, la lampe

land, la terre; le pays, le terrain

landing, le palier

landlord (*of inn*), l'aubergiste

landscape, le paysage

lane, une allée; (*in town*) la ruelle

language, la langue; (= *kind of language*) le langage

lantern, la lanterne

to lap over, couvrir par instants

lash, le cil

last, dernier; **last night** (= *yesterday evening*), hier soir; **at last,** enfin

to last, durer

late, tard; (= *after time*) en retard; **later,** plus tard; **it is late,** il est tard; **it is getting late,** il se fait tard

latter; the latter, celui-ci, celle-ci

to laugh, rire; **laugh, laughter,** le rire

lavatory, les cabinets, les toilettes

lavender; sea lavender, le statice

law, la loi; **lawful,** légitime; **lawyer,** un avocat; (*solicitor*) un avoué; **law student,** un étudiant en droit

lawn, la pelouse

lay-out (*of house*), la disposition des pièces

lazy, paresseux

to lead, mener, conduire; **to lead away,** entraîner

leaf, la feuille

lean, maigre

to lean, se pencher; (*for support*) s'appuyer

to leap, bondir (*like* finir)

to learn, apprendre

least (*adj.*), le(la) moindre; **at least** (*minimum*), au moins; (*reservation*) du moins

leave, le congé; **to take leave,** prendre congé

to leave (*person or place*), quitter; (= *depart*) partir; (= *abandon*) abandonner; (= *bequeath*) léguer; (= *entrust*) confier

left, gauche; **to the left,** à gauche

left; there are three left, il en reste trois; **what is left?** qu'est-ce qui reste?

leg, la jambe

legacy, un héritage

legally, légalement; **to do something legally,** avoir le droit de (faire)

leisure, les loisirs

to lend, prêter

leopard, le léopard

lest, de peur que+ne *with subj.*

to let (= *allow*), laisser; (= *hire*) louer; **to let go** (= *loose*), lâcher; **to let down** (*sails*), amener

to level (*road*), s'aplatir, atteindre le plat

liberty, la liberté

library, la bibliothèque

licence, le permis

lid, le couvercle

to lie down, se coucher, s'étendre, s'allonger; **to lie** (= *be placed*) se poser; **to lie** (= *rest*), reposer

life, la vie; **to start to life,** s'animer, reprendre ses esprits

to lift, lever; soulever; (= *elevate*) élever

light, la lumière; la clarté; (= *lamp*) la lampe; **street light,** le réverbère; **to light,** allumer; **to light up,** éclairer, illuminer; **light** (*adj.*), léger; (*colour*) clair

lightning, les éclairs (*m.*); **flash of lightning,** un éclair

to like, aimer, **I like her,** elle me plaît

like; to be (look) like, ressembler à; **like that,** comme ça; **what is he like?** comment est-il?

likely, probable; (*adv.*) probablement

limb, le membre

limitless, sans bornes

line, la ligne; (= *row*) la rangée; (*on face*) la ride

to linger (*suspiciously*), traîner, rôder

lintel, le linteau

lip, la lèvre; **on the lip of,** au bord de

to listen, écouter; prêter l'oreille

litre, le litre

to live, vivre; (= *dwell*) habiter; **living-room,** la salle de séjour; **living, live,** vivant; **lively,** vif, vive; (*mind*) fin

loaded, chargé

lock, la serrure; **to lock,** fermer à clef

to lodge, loger, héberger; **lodging,** le logement

lofty, haut

Loire, la Loire

London, Londres

loneliness, la solitude

long, long, longue; (*time*) longtemps; **longer** (*time*), plus longtemps; **as long as,** tant que

look (= *appearance*), un aspect; **looks,** l'aspect, l'apparence (*f.*); **to look (at),** regarder; (= *appear*) paraître, avoir l'air; **to look for,** chercher; **to look back,** se retourner; **to look up,** lever la tête, lever les yeux; **to look down,** baisser les yeux; **to look after,** soigner, s'occuper de; **I look around,** je regarde autout de moi; **on the look-out,** en alerte, aux aguets

to **loom (up),** surgir (*like* finir)
loose (*soil, sand*), meuble
lord, seigneur
lorry, le camion
to **lose,** perdre
loud, fort; bruyant; (*adv.*) fort
love, l'amour (*m.*); **to fall in love,** tomber amoureux; **lovely,** beau; splendide
low, bas, basse; **lower,** inférieur; **to lower,** baisser
luck, la chance; **to wish someone luck,** souhaiter bonne chance (à); **luckily,** heureusement, par bonheur
luggage, les bagages (*m.*)
luminous, lumineux
lunch, le déjeuner; **to (have) lunch,** déjeuner
to **lurk,** se cacher, être tapi
lying, couché, étendu, allongé

m

machine, la machine
mackintosh, un imperméable
mad, fou, folle
made up (*with cosmetics*), maquillé
mahout, le cornac
mail, le courrier
main, grand
to **make,** faire; **to make out** (= *calculate*), calculer; (= *distinguish*) découvrir, apercevoir; **to make someone (do),** obliger quelqu'un à (faire)

Malay, malais
to **manage to (do),** arriver à (faire), réussir à (faire), parvenir à (faire)
manager, le directeur
mankind, l'humanité (*f.*)
manner, la manière
many a, maint(e)
map, la carte
Maquis, le maquis; **a man of the Maquis,** un maquisard
mark (= *stain*), la tache
marl, la marne
marriage, le mariage; **to marry,** épouser, se marier avec
to **marvel,** s'émerveiller
massive, massif
mat, le paillasson
match, une allumette; (*sport*) le match
material, matériel
matter, la question, la chose; **it doesn't matter,** cela n'a aucune importance; **as a matter of fact,** à vrai dire
mattress, le matelas
maybe, peut-être
mayor, le maire
meadow, la prairie; (*small*) le pré
meagre (*appearance*), chétif
mean, avare; (= *poor*) misérable, miteux
to **mean,** vouloir dire; signifier; (= *indicate*) indiquer; (= *intend*), avoir l'intention (de), entendre
means, le moyen; **by means of,** au moyen de
medical school, l'École de Médecine
Mediterranean, la Méditerranée
to **meet,** rencontrer; (= *assemble*) se réunir (*like* finir); (= *welcome*) accueillir; **she comes to meet him,** elle vient à sa rencontre, elle vient au devant de lui
member, le membre

to **mention,** parler de
merely, tout simplement; **I merely wait,** je ne fais qu'attendre; je me contente d'attendre, il me suffit d'attendre
metal, le métal; (*of metal*) métallique
mild, doux; **mildly,** doucement
mile, le mille
military, militaire
milk, le lait; **milk-jug,** le pot à lait; **milk goat,** la chèvre laitière; **milky,** laiteux; **to milk,** traire (*imp.* il trayait), tirer
mill (= *factory*), une usine
mind, l'esprit (*m.*); **to make up one's mind to (do),** se décider à (faire); **to change one's mind,** se raviser; **I don't mind,** cela m'est égal; **he doesn't mind if,** cela ne lui fait rien si; **mind out!** attention! prends garde!
mine, la mine
minute, la minute
miracle, le miracle
miserable, malheureux, triste
misery, la souffrance
to **miss,** manquer
mist, le brouillard; (= *haze*) la brume; **misty,** voilé
mistake, la faute, une erreur; **to make a mistake,** se tromper; **to mistake (the number),** se tromper de (numéro)
mistral, le mistral
mistress, la maîtresse; **she is her own mistress,** elle est indépendante
mixed with, mêlé à
mocking, moqueur
modest, modeste
money; to make money, s'enrichir, faire fortune
monotonous, monotone
mood, l'humeur (*f.*)

moon, la lune; **moonlight,** le clair de lune
more, plus; davantage; **more and more,** de plus en plus; **more or less,** plus ou moins
morning, le matin; la matinée; **next morning,** le lendemain matin; (*of the*) **early morning,** matinal
mortal, mortel, mortelle
mosquito, le moustique
motor-bike, la moto; **on a motor-bike,** en moto
to **mount,** monter
moustache, la moustache
to **move,** bouger; se déplacer; remuer; (= *advance*) s'avancer; **to move about** (*thing*), promener; **to move aside,** s'écarter; **to move off,** se mettre en route; **to move towards,** se diriger vers; **moving** (*vehicles*), en marche; **moving** (*emotionally*), émouvant; **movement,** le mouvement
much, beaucoup; **he didn't say much,** il n'a pas dit grand'chose
mud, la boue
to **murder,** assassiner; **murder,** le meurtre
to **murmur,** murmurer, marmonner
music, la musique; **musician,** le musicien
musty, qui sent le moisi
to **mutter,** murmurer; grommeler, bougonner
my! (*exclam.*), ah, par exemple! ma foi!
mysterious, mystérieux

n

naked, nu
name, le nom; **what is his name?** comment s'appelle-t-il?
nap, le somme
narrow, étroit

nasty, mauvais
native, un(e) indigène;
  native (*of one's birth*), natal
nature, la nature; **natural,**
  naturel; **naturally,**
  naturellement
near, près de; (*adj.*) proche;
  to get near, approcher de;
  nearby, tout près; **nearly**
  (= *almost*), presque;
  pretty nearly, à peu près;
  nearly to (do), faillir (faire)
necessary, nécessaire; **it is**
  necessary that, il est
  nécessaire que + *subj.*;
  necessity, la nécessité
to need, avoir besoin de; **there**
  is no need, il n'est pas besoin
neglect; I neglect him, je
  ne m'occupe pas de lui, je
  ne me soucie pas de lui
neighbour, le voisin;
  neighbourhood, le voisinage
nervous, nerveux; **nervous**
  breakdown, une dépression
  nerveuse
net, le filet; **butterfly net,** le
  filet à papillon; **network,** le
  réseau
new, nouveau (nouvel),
  nouvelle; (= *brand new*)
  neuf, neuve; **New Year,** le
  nouvel an
news, les nouvelles (*f.*); **piece**
  of news, la nouvelle;
  (*broadcast*) les informations;
  newspaper, le journal; (*kind*
  of paper) le papier journal
next (*adj.*), prochain;
  (= *following*) suivant; **next**
  day, le lendemain; **next**
  morning, le lendemain
  matin; **next door,** à côté;
  next to, à côté de; **what**
  next? et après?
nice, it is nice (to do), il fait
  bon (faire)
night, la nuit; **to wish**
  goodnight, dire (souhaiter)
  bonne nuit; **nightfall,** la
  tombée de la nuit

nightjar, un engoulevent, un
  corbeau de nuit
Nile, le Nil
noble, noble
nobody else, personne d'autre
to nod the head, hocher la tête;
  faire un signe de tête
noise, le bruit
nonsense! allons donc! **it's**
  nonsense, c'est absurde
  (stupide)
north, le nord
nostalgia, la nostalgie
note, un petit mot; **notebook,**
  le carnet, le calepin; **to**
  note, remarquer, constater
to notice, remarquer,
  s'apercevoir (de); **to take**
  notice, faire attention
nourishing, nourrissant;
  substantiel
novel, le roman; **crime**
  novel, le roman policier
now, maintenant; (*emphatic*) à
  présent; **by now,** à cette
  heure; **(every) now and**
  then, de temps à autre
nowhere, nulle part + ne
to nudge, pousser du coude
number, le nombre; (*in a*
  series) le numéro; (=
  telephone line) la ligne
numerous, nombreux
nursing home, la clinique

O
oak, le chêne
object, un objet; **money is no**
  object, on ne regarde pas
  au prix
objection, une objection
obliged to (do), obligé de
  (faire)
oblong, le rectangle
to observe, observer, remarquer
obsolete, démodé, désuet,
  suranné
obvious, évident; **obviously,**
  évidemment, de toute
  évidence

**occasion; on many
occasions;** bien souvent;
bien des fois; **occasionally,**
de temps en temps
to **occupy,** occuper
occur; it occurs to me,
l'idée me vient
ocean, un océan
odd, étrange
off; to take off, ôter, enlever,
retirer
offence (= *wrong-doing*), la
faute
to **offer,** offrir; **offer** (= *deal*), le
marché
office, le bureau; (= *employ-
ment*) les fonctions (*f.*)
officer, un officier
official, officiel
old, vieux (vieil), vieille;
(= *former*), ancien, ancienne;
old man, le vieillard; (*fam.*)
le vieux
once, une fois; **once more,**
encore une fois; **at once,**
tout de suite, immédiate-
ment, sur-le-champ; séance
tenante
to **open,** ouvrir; **to open again,**
rouvrir; **open(ed),** ouvert;
the door opens, la porte
s'ouvre
operator (*telephone*), la
téléphoniste, la standardiste
opinion, une opinion, un avis;
in my opinion, à mon avis
opportunity, une occasion
opposite, en face (de)
orange, orange
orator, un orateur
orchard, le verger
order, un ordre; **in order,** en
règle; **to order,** com-
mander; ordonner
ordinary, ordinaire;
(= *workaday*) de tous les
jours
ought; he ought to (do), il
devrait (faire); **he ought to
have (done),** il aurait dû
(faire)

out; to get out, sortir; (*of car*)
descendre; **out of polite-
ness,** par politesse
outline, la silhouette
outside; dehors; en dehors;
(*prep.*) en dehors de; **to be
(go) outside** (= *exceed*),
dépasser
outskirts (*of town*), les
faubourgs (*m.*)
outstretched, tendu
over (= *finished*), fini, terminé;
over there, là-bas
overcome with, accablé de,
vaincu par
overhead (*sun*), au zénith
overtaken, surpris, saisi
owl, un hibou (*plur.*-x);
screech owl, la chouette
own, propre (*before noun*)
owner, le (la) propriétaire
ox, le bœuf

p
pacifying, apaisant, calmant
to **pack one's case,** faire sa
valise
packet, le paquet; (*of papers*)
la liasse
pain, la douleur; **to be in
pain,** souffrir; **to be painful,** faire mal
pale, pâle; (*colour*) clair
pallid, blême
palm tree, le palmier
panic, la panique
panting, haletant
paper, le papier; **packet of
papers,** la liasse de papiers
paralysed, paralysé
parapet, le parapet
parlour (*of inn*), l'arrière-salle
part (= *portion*), la partie;
(*played*) le rôle; (= *region*)
la région; **to be a part of,**
faire partie de; **partly,** en
partie; **partly open,**
entr'ouvert; **to part with** (*a
thing*) se défaire de

to pass, passer; (*meeting*) croiser; (*of time*) s'écouler; **to pass through,** passer par, traverser; (*door, gate*) franchir; **as he passes,** à son passage

passage, le couloir

passenger, le voyageur

passer-by, le passant

passport, le passeport

past, le passé

patch, une étendue

pathetic, pitoyable

path, le sentier; (*of park*) une allée; (= *way*) le chemin; **raised path,** le terre-plein

patience, la patience; **patient,** patient

patriot, le patriote

patter, le bruit, le piétinement

pattern; to make a pattern, se dessiner, se découper

pause, un moment de silence; **to pause,** s'arrêter; marquer un temps (un moment) d'arrêt

pavement, le trottoir

to pay, payer; **to pay for** (= *atone for*), expier; **paying-guest,** le (la) pensionnaire; **house for paying-guests,** la pension de famille

peace, la paix

pear tree, le poirier

pebble, le caillou (*pl.* -x); **pebbly,** caillouteux

peep; to have a peep, glisser un regard

to peer into, plonger le regard dans

pen, le stylo

pencil, le crayon; (*of light*) le filet

to penetrate, pénétrer

people, les gens; **five people,** cinq personnes

perched, perché

percolator, le percolateur

peremptory, péremptoire

perfect, parfait; **to perfect,** perfectionner

performance, le jeu; le numéro

permanent wave, la permanente

peroration, la péroraison

to persist, insister

person, la personne; **personal,** personnel

petrol, l'essence (*f.*)

phenomenon, le phénomène

to phone, téléphoner

photo(graph), la photo(graphie)

phrase, une expression, un mot

physical, physique

piano, le piano

to pick, cueillir; **to pick up,** ramasser; **pickpocket,** le filou, le voleur

picture, le tableau; (= *portrait*) le portrait

pigeon, le pigeon

pile, un tas, un amas

pine, le pin; **pine-laden,** embaumé de pins

pineta, la pinède

pink, rose

pipes (*musical*), les pipeaux; **to pipe,** jouer des pipeaux

pistol, le pistolet

pit, le trou

place, un endroit, le lieu; (= *town*) la ville; (= *establishment*) un établissement; **in place,** en place; **in the first place,** d'abord, en premier lieu; **in my place,** à ma place; **to take place,** avoir lieu

plain, la plaine

plain, clair; **plainly,** clairement, distinctement; **in plain clothes,** en civil

plan, le projet

plane (= *surface*), le plan, la paroi; **plane** (*aircraft*), un avion

plastered back, courbé, couché

plate, une assiette

platform, le quai

to plead, plaider
pleasant, agréable;
  pleasantly, aimablement,
  gentiment
to please, plaire (à), faire
  plaisir (à); **pleased,** content
pleasure, le plaisir
to plough, labourer
plus, en plus
poet, le poète
point, le point; (= *place, spot*)
  un endroit; **on the point of
  (doing),** sur le point de
  (faire); **to point (to),**
  montrer (indiquer) du doigt
police, la police; **police dog,**
  le chien policier; **police
  station,** le poste de police;
  military police, la police
  militaire; **policeman,** un
  agent (de police); (*general
  term*) le policier
polite, poli; **politely,** poliment
pool, la flaque; (*in river*) le
  trou
porter, le porteur, un employé;
  (*on door*) le portier; **night
  porter,** le veilleur (de nuit)
portrait, le portrait
possessions, les biens (*m.*)
postcard, la carte postale
pot, le pot, la cruche
pound, la livre
to pound (*of heart*), battre follement; **pounding,** les coups
  sourds
to pour, verser
poverty, la pauvreté
to powder, poudrer
power, le pouvoir; **powerful,**
  puissant; **all-powerful,**
  tout-puissant
to prefer, préférer, aimer mieux;
  preferable, préférable
preoccupied, préoccupé
to prepare, préparer; **to prepare
  to,** se préparer à, se disposer
  à
present, actuel; présent;
  at present, à présent;
  presently, bientôt

to press, presser
pressure, la pression
to pretend to (do), faire
  semblant de (faire), feindre
  de (faire)
pretty nearly, à peu près
to prevent, empêcher
price, le prix; **to put a price
  on,** évaluer, fixer un prix
prickling, agaçant, picotant
priest, le prêtre; **high priest,**
  le grand prêtre, le pontife
print, une empreinte
prison, la prison; **in prison,**
  en prison
private, privé; personnel
problem, le problème
procedure, le procédé;
  ordinary procedure, la
  règle
procession, le cortège
product, le produit
prodigiously,
  prodigieusement
promise, la promesse; **to
  promise to (do),** promettre
  de (faire); (= *announce*)
  annoncer, laisser prévoir
proof, la preuve
proposition, la proposition
proprietor, le (la) propriétaire;
  (*café*) le patron
to protect, protéger, garantir
  (*like finir*)
to protest, protester
to prove, prouver
to provide (with), fournir (*like
  finir*); **provided that,**
  pourvu que + *subj.*
pub, une auberge
public, public, publique
puffy, bouffi, gonflé
to pull, tirer; **to pull aside,**
  écarter; **to pull** (= *row*),
  ramer
to punish, punir
purse, le portemonnaie
to pursue, poursuivre
to push, pousser; **to push
  aside,** écarter, repousser; **to
  push open,** pousser

to put, mettre; (= *express*) exprimer; **to put in** (*car, etc.*), rentrer; (*in speech*) interposer; **to put on** (*garment*), mettre, passer, enfiler

to puzzle the brows, froncer les sourcils

q

quality, la qualité

quavering, tremblant

question, la question; **it is a question of,** il s'agit de, il est question de; **to question,** questionner, interroger; (= *express doubt*) mettre en doute, contester; **questionable,** douteux, peu satisfaisant

quick, rapide

quiet (= *calm*), calme, tranquille; (= *silent*) silencieux; **to be quiet,** se taire; **quietly,** à voix basse; calmement, doucement; (= *silently*) silencieusement, sans bruit; **quietness,** le calme

quite, tout à fait

to quiver, palpiter

r

rack (*for ties*), le porte-cravates

radiance, un éclat

radio, la radio

railway, railroad, le chemin de fer; (*of railways*) ferroviaire; **railway line,** la voie ferrée

rain, la pluie; **to rain,** pleuvoir (il pleut, il a plu, il pleuvait); **raincoat,** un imperméable

to raise, lever; hausser; **raised path,** le terre-plein

at random, au hasard

range (*of mountains*), la chaîne

rapid, rapide

rapt, absorbé

rate; at any rate, du moins, en tout cas

rather (= *to a fair degree*), assez; (= *if anything*) plutôt; **rather than** (= *more than*), bien plus que

rattle, le cliquetis

to reach, arriver à, parvenir à; atteindre (*like* craindre); **to reach again,** regagner; **to reach up to,** atteindre

reading, la lecture

ready, prêt; (= *prepared*) préparé; **to make ready to,** se préparer à, se disposer à

real, réel, réelle; vrai, véritable; **really,** vraiment

to realize, se rendre compte, comprendre

reason, la raison; **to reason,** raisonner; **reasonable,** raisonnable

to reassure, rassurer

rebel, le rebelle

rebuke, la réprimande; **to rebuke,** réprimander, reprendre

to recall, rappeler

to recant, rétracter; désavouer (une opinion)

to recapture, reprendre

to recede, reculer

to receive, recevoir

recent, récent; **recently,** récemment; ces jours-ci

reception, la réception; **reception desk,** le bureau de réception

to recognize, reconnaître

to recover from, revenir de, se remettre de

red, rouge; vermeil, vermeille

to reduce, réduire; **reduced,** réduit

reed, le jonc

to re-enter, rentrer (dans)

to reflect, réfléchir (*like* finir); **to be reflected,** se refléter; **reflection,** le reflet

to refresh, rafraîchir; (= *cheer up*) ragaillardir
to refuse, refuser; **refusal,** le refus
to regard, considérer
regiment, le régiment; (*fig.*) les rangées (*f.*)
to regret, regretter
relapsed, relaps, relapse
relative, le parent
relaxed, détendu
to release, lâcher
relic, le vestige
relief, le soulagement; **to relieve,** soulager; (*of command*) relever
reluctance, la répugnance
to remark, remarquer
to remember, se souvenir (de), se rappeler
to remove, enlever; (= *take out*), tirer, sortir
remote, lointain, reculé
to repair, réparer
report, le rapport; (= *explosion*) la détonation
to repudiate, repousser, rejeter
request, la demande
requirement, une exigence
to rescue, sauver
resentment, le ressentiment
to reserve, réserver
to resign (*from office*), démissionner; **resignation,** la résignation; **of resignation,** résigné; **resigned,** résigné
to resist, résister (à)
resolved, résolu, décidé
resort (*sea-side*), la plage
to respect, respecter
to respond, répondre
responsible, responsable
rest (= *the others*), les autres; **rest** (= *remaining portion*) le reste
to rest, se reposer; (= *to place*) poser; **resting** (= *placed*), posé; **to come to rest,** se poser
restaurant, le restaurant

to resume, continuer, reprendre
retired, retiré
to retreat (= *move away*), s'éloigner
return, le retour; **to return** (= *come back*), revenir; (= *go back*) retourner; (= *give back*) rendre; (= *put back*) remettre
to reveal, révéler, laisser voir; **revealing,** révélateur, -trice
to revisit, revisiter, visiter de nouveau
to revive, raviver
revolver, le revolver; **to cover someone with a revolver,** braquer un revolver sur quelqu'un
Rhodesia, la Rhodésie
rhythm, le rythme
ribbon, le ruban
rice-field, la rizière
rid; to get rid of, se débarrasser de
ridge, une arête
right, le droit; **by right,** de droit; **to have a right to,** avoir droit à; **right** (*adj.*), droit; **on (to) the right,** à droite; **towards the right,** vers la droite; **to be right,** avoir raison; **all right,** très bien; **that's right,** c'est ça; **right** (= *just*), juste; **right on,** tout juste sur
rim, le bord, l'encadrement
ring, la bague
to ring, sonner; (= *call*) appeler; (= *resound*) retentir; **the telephone bell rings,** la sonnerie du téléphone retentit; **to ring up,** téléphoner à
rise, la montée; **to rise,** se lever; (*high*) s'élever; (*from sitting or lying*) se redresser
risk, le risque; **to run (take) a risk,** courir un risque
ritual, les rites (*m.*)
river, la rivière
Riviera, la Côte d'Azur

road, la route; le chemin; **side road,** le chemin de traverse

to roar, rugir (*like* finir)

to rob, voler, dévaliser; **robbery,** le vol

robe (*priest's*), la soutane

rock, le rocher

rogue, le scélérat, le coquin

roll of bread, le petit pain

room, la pièce; **bedroom,** la chambre; **living-room,** la salle

root, la racine

rotten, pourri

rough (*road*), mal nivelé

round (*adj.*), rond; (*sum*) global; **rounded,** arrondi

round (*prep.*), autour de; (= *round about*) d'alentour; **to turn round,** se retourner; **to walk round,** faire le tour de

row, le rang; la rangée; (= *dispute*) la dispute

rowlock, le tolet

to rub, frotter

ruined, délabré

to run, courir; (*of light*) filtrer; (= *extend*) s'étendre, s'allonger; (= *flow*) couler; (*lines, etc.*) se tracer; **to run away** (*water*), s'écouler; **to run up,** monter en courant

to rush, se précipiter

Russia, la Russie; **Russian,** russe

rustle, rustling, le bruissement

S

saccharine, la saccharine

sad, triste; **sadly,** tristement; **sadness,** la tristesse

saddlebag, la sacoche

safe and sound, sain et sauf; **it is safe to,** il n'y a pas de danger à; **safety catch,** le cran de sûreté

sail, la voile; **sailing boat,** le bateau à voiles, le voilier; **sailor,** le marin

sake; for his sake, par égard pour lui; **for my own sake,** pour moi-même

salon, le salon

salt, le sel; **salt bed,** la saline

to salute, saluer; faire un salut militaire

same, même; **all the same,** tout de même; **to do the same,** en faire autant; **it's all the same to me,** cela m'est égal

sand, le sable; **sandhill,** la dune

to satisfy, satisfaire, donner satisfaction; **satisfactory,** satisfaisant; **satisfied,** satisfait

saucer, la soucoupe

sausage, le saucisson

savage, farouche

to save, sauver

Saxon, saxon

I say! dites donc!

scarcely, à peine

scattered, épars, dispersé; **scattered with,** semé de

scene, la scène

to scent, flairer

science, la science

to screech (loudly), pétarader; (*of crickets*) chanter

screw, la vis; (*ship's*), l'hélice (*f.*)

scrub, la brousse; **scrubbing brush,** la brosse dure, la brosse de chiendent

sea, la mer; **seagull,** la mouette; **seaweed,** l'algue (*f.*)

to seal, sceller

to search (*person*), fouiller, **to search for,** chercher; **searchlight,** le projecteur

seat (*in train, etc.*), la place

second, la seconde; (*for duel*) le témoin

secret, le secret; **in secret,** en secret; **secret** (*adj.*), secret, secrète

security officer, l'officier de la sûreté

to see, voir; apercevoir; **to see
to it that** . . . veiller à ce
que + *subj.*
to seem, sembler; (= *appear*)
paraître
to seep, s'infiltrer
Seine, la Seine
seldom, rarement
self-confidence, l'assurance
(*f.*)
to send, envoyer; **to send for,**
envoyer chercher
sense, le sens
sentiment, la sensibilité
sentinel, le factionnaire,
la sentinelle
to separate, séparer
sergeant, le sergent
series, la série
serious, sérieux, grave
servant, le serviteur;
servant's staircase,
l'escalier de service
to serve, servir; **to serve as,**
servir de; **to serve to (do),**
servir à (faire)
service, le service
to set (= *close tightly*), serrer; **to
set afire,** mettre feu à; **to
set out** (= *arrange*), disposer; **set in,** encastré dans
to settle, régler; **to settle down,**
s'établir; **to settle oneself
into,** s'enfoncer (sombrer)
dans
to sew, coudre; **sewing basket,**
la corbeille à ouvrage
shadow, une ombre
shaggy, velu
to shake, secouer; (*the head*)
hocher; **to shake off**
(*pursuer*), semer; **to shake
out,** faire tomber; **to shake
someone's hand,** serrer la
main à quelqu'un
shame; what a shame! quel
dommage!
shape, la forme
share, la part

sharp, sec, sèche; (= *shrill*)
aigu, aiguë; (*breathing*)
haletant; (*movement*)
brusque; **sharply,**
brusquement
shawl, le châle
sheen; like a sheen, en
miroitant
shelf, le rayon
shelter, un abri
to shine, briller
shingle, les galets (*m.*)
shirt, la chemise
to shock, choquer, scandaliser;
shock of anger, un mouvement de colère
shoe, le soulier; **cleaning
shoes,** les savates (*f.*)
to shoot (= *hunt*), chasser;
(= *kill with gunshot*) tirer
(sur), abattre
shop, le magasin; (*small*) la
boutique
shore, le rivage
short, court; (= *small*) petit;
shortly, brièvement,
sommairement
shoulder, une épaule
shrewd, malin
to shriek, crier; **shriek,** le cri
(perçant)
shrub, un arbuste
to shuffle, traîner les pattes
to shut, fermer; **to shut out,**
cacher
shutter, le volet, le contrevent
side, le côté; (= *edge*) le bord;
(*of mountain*) le flanc; **on
one side,** d'un côté; **on
either side,** de chaque côté,
de part et d'autre; **by the
side of,** au bord de; **side
road,** le chemin de traverse;
sidelight, la lanterne, le feu
de position; **sidewalk,** le
trottoir
to sidle back, revenir à la
dérobée
sight, la vue; **to lose sight of,**
perdre de vue; **sight-seer,**
le touriste

sign, le signe; (= *trace*) la trace; (*on road*) le poteau; **to sign,** signer

signal, le signal

silence, le silence; **silent,** silencieux; **to become silent,** se taire; **silently,** silencieusement, en silence

silly, stupide

silvery, argenté

simile, la comparaison

simple, simple; **simply,** simplement

since, depuis que; (= *for the reason that*) puisque

sincere, sincère

to sink, sombrer; **sink** (*kitchen*), un évier

to sit, s'asseoir; **sitting,** assis; **to sit down again,** se rasseoir; **to sit up,** se redresser

sky, le ciel, **skyline,** l'horizon (*m.*)

sleep, le sommeil; **to sleep,** dormir; **to go to sleep (fall asleep),** s'endormir; **to get some sleep,** dormir un peu; **sleepy,** somnolent

slice, la tranche

to slide, glisser; **to slide away,** se dérober

slight, léger; (*incline*) doux; **slightly,** un peu; **slightest** (= *least*), le (la) moindre

to slip, glisser; **to slip away,** se dérober, s'esquiver, se sauver

slipper, la pantoufle

slope, la pente

sloppy, négligé

slow, lent; **to slow down,** ralentir (*like* finir)

slumber, le sommeil

smack (*on water*), le clapotement

smart (*dress*), élégant; (= *clever*) adroit, habile

smell, une odeur

smile, le sourire; **to smile,** sourire

to smite, frapper

smoke, la fumée; **to smoke,** fumer; **smoky,** enfumé

smothered, étouffé

to snatch, arracher

sneeze, un éternûment

to sniff at, flairer

snow, la neige; **snowy,** enneigé; **snow-line,** la limite des neiges

so, si; (= *therefore*) donc; **if so,** si oui, s'il en est ainsi; **so much,** tant; **so that** (= *with the result that*), si bien que; **so that** (= *in order that*), pour que + *subj.*

soaked (through), trempé

society, la société; (*group*) le cercle

sodden, trempé

soft (= *gentle*), doux, douce; (= *yielding*), mou, molle; (= *finely divided*) fin; (= *softened*), adouci, amolli; **softened** (*mood*), radouci, attendri; **softly,** doucement; (= *noiselessly*) sans bruit

soil, la terre

soldier, le soldat; (*military man*) le militaire

sole, la semelle

solitary, solitaire; désert; **solitude,** la solitude

solution, la solution

somebody, quelqu'un; **somehow,** en quelque sorte, je ne sais comment; **something,** quelque chose; **something else,** autre chose; **sometimes,** quelquefois; **sometimes . . . sometimes . . .,** tantôt . . . tantôt . . . ; **somewhere,** quelque part

soon, bientôt; **so soon,** si tôt; **too soon,** trop tôt; **sooner,** plus tôt; **as soon as,** dès que, aussitôt que

sopping wet, trempé

sore, la plaie

sorry (= *poor*), triste; **sorry!** pardon! **to be sorry,** regretter

sort, la sorte; **some sort of,** quelconque
to sort, trier; **sorting,** le triage
soul, une âme
sound, le bruit; (*of bells*) le son
source, la source; (= *cause*) la cause
south, le sud; **South Africa,** l'Afrique du Sud; **southern,** sud
Soviet Union, l'Union Soviétique
spacious, spacieux
Spain, l'Espagne (*f.*); **Spanish** (*language*), l'espagnol
spaniel, un épagneul
to spare, épargner
sparkle (*of light*), une étincelle; **to sparkle,** pétiller; **sparkling** (*wine*), mousseux
spectacles, specs, les lunettes (*f.*)
speech, le discours; **to make a speech,** prononcer un discours
to spend (*time*), passer
spire, la flèche
in spite of, malgré
spongy, spongieux
spoon, la cuiller
spot, un endroit; **to spot** (*a person*), apercevoir, aviser, repérer; (= *guess*) deviner
to spread (s')étendre, (s')étaler; (= *scatter*) répandre, éparpiller; **spread with** (= *covered with*), recouvert de
spring, le ressort
squalor, la crasse
square, la place
squeamish; to be squeamish, avoir peu de scrupules
to squeeze into, se glisser dans, se faufiler dans
to stab, poignarder
stable, une écurie
staff officer, l'officier d'état-major

stain, la tache; la marque; **to stain,** (se) tacher; **stained** (= *coloured*), verni, peint
stairs, staircase, un escalier; **servants' staircase,** l'escalier de service; **flight of stairs,** la volée d'escalier
stake, le pieu
stale tobacco, le tabac refroidi; **to smell stale,** sentir le moisi (le renfermé)
Stalin, Staline
stalk, la tige
stall (*in a fair*), la baraque
to stamp, piaffer
to stand, se tenir, être debout; (= *endure*) supporter; (*in a position*) se placer; (*towers, etc.*) se dresser; **to stand aside,** s'écarter; **to stand out,** se détacher; **to stand up,** se lever; **standing,** debout
star, une étoile, un astre
to stare, regarder fixement, regarder avec insistance; **staring,** le regard fixe
to start, commencer; (= *depart*) partir; (*of cars*) démarrer; **to start forward,** s'élancer; **to give a start,** sursauter, tressaillir
startled, étonné
state, un état
station, la gare; (= *stop*) la station
stay, le séjour
to steal, voler; **stealing,** le brigandage
steam, la vapeur
steel, l'acier (*m.*)
steep, raide, abrupt; **steeply,** en pente raide
step, le pas; (= *long stride*) une enjambée; (*of stairs*) la marche; **to take a step,** faire un pas; **to step aside,** s'écarter; **to step over,** enjamber
stern; in the stern, à l'arrière

stick, le bâton
sticky, poisseux
stifling, étouffant
still, encore, toujours;
(= *motionless*) immobile;
stillness, le calme
to **stimulate,** stimuler
to **stink of,** puer
to **stir,** s'agiter; remuer
stone, la pierre
to **stop,** (s')arrêter; (= *cease*)
cesser; (= *prevent*)
empêcher; (= *become silent*)
se taire
stores; general stores, le
magasin d'approvisionne-
ment général
storm (*thunder*), un orage
straight, droit; (= *in a
straight line*) en ligne droite;
straightaway, immédiatement
strange, étrange; curieux;
stranger, un étranger
streak, la bande, la ligne
stream, la rivière; (= *brook*) le
ruisseau
street light, le réverbère
strength, la force; to
strengthen, renforcer,
donner plus de force à
stretch, une étendue; (*of sand*)
le banc; to **stretch (away),**
s'étendre
strict, sévère
stride, le pas
to **strike,** frapper; (*clock*) sonner;
(*a road*) déboucher sur
string (*of camels*), la file, la
caravane
strip, la bande
stroll, la promenade, le tour
strong, fort
to **struggle,** lutter
student, un étudiant
study (*room*), le cabinet de
travail; to **study** (=
examine), examiner
studio (*artist's*), un atelier
to **stuff,** fourrer; **stuffed,**
empaillé

to **stumble,** trébucher
stumpy, trapu
stupor, la stupeur
sublime, sublime
subscriber, un abonné
to **succeed in (doing),** réussir à
(faire)
success, le succès; **without
success,** sans succès, en vain
sudden, soudain, subite;
brusque; **on a sudden,** tout
d'un coup; **suddenly,**
soudain, subitement, tout à
coup
to **suggest,** proposer, suggérer;
laisser supposer
suicide, le suicide
suit, le complet
to **suit,** convenir; aller;
s'accorder; **this suits me,**
cela fait mon affaire
suitcase, la valise
sulky, maussade
sum (= *figure*), le chiffre ·
to **summon,** appeler
sun, sunlight, le soleil; **in the
sun,** au soleil; **sunset,** le
coucher du soleil, le soleil
couchant; **to sunbathe,**
prendre un bain de soleil
supper, le souper; **to have
supper,** souper
to **support,** supporter;
s'encombrer de
to **suppose,** supposer
sure, sûr, certain; **to be sure,**
à coup sûr; **surely,** sûrement, certainement
to **surmount,** surmonter
surprise, la surprise,
l'étonnement (*m.*); **to
surprise,** surprendre,
étonner; **to be surprised,**
s'étonner, être surpris;
surprising, surprenant
to **surround,** entourer;
surrounded by, entouré de;
surroundings, les alentours,
l'ambiance (*f.*)
to **survive,** survivre; **survivor,**
la survivante

to **suspect,** se douter de; **suspicion,** le soupçon; **suspicious,** soupçonneux, méfiant; suspect
to **swallow,** avaler
to **sway** (*emotionally*), émouvoir **sweat,** la sueur; **to sweat,** transpirer, suer
to **sweep (over),** balayer, parcourir, souffler sur; **to sweep aside,** balayer, écarter; **sweep** (= *extent*), une étendue
sweet, (= *pleasant*), aimable; (*tasting*) sucré; **sweetly,** aimablement
to **swim,** nager
to **switch on the radio,** mettre la radio en marche; **to switch off,** tourner le bouton, couper le courant
Switzerland, la Suisse
symbol, le symbole
sympathy, la sympathie

t

tablet (*medical*), le comprimé
to **take,** prendre; (= *take away*) emporter; (*person*) emmener; **to take down,** enlever; **to take off,** ôter, enlever, retirer; **to take round** (= *show round*), faire les honneurs de; **to take out,** sortir; **to take up** (*shout, song*), reprendre, répéter
tall, grand; haut; (= *tall and slim*), svelte, élancé
tang, une âcre odeur
tap, un petit coup; **to tap,** taper
tar, le goudron
tarboosh, le tarbouch
target, la cible
task, la tâche
tattooed, tatoué
tauntingly, sarcastiquement, d'un ton provocateur
tax, un impôt

taxi-driver, le chauffeur de taxi; **by taxi,** en taxi
tea, le thé
to **teach,** apprendre
teak, le teck
tear, la larme
to **tear loose,** s'arracher
telephone, le téléphone; **to put down the telephone,** raccrocher; **telephone bell,** la sonnerie du téléphone
television, la télévision
temper; good (decent) temper, la bonne humeur
temptation, la tentation
tender, tendre
tennis; to play tennis, jouer au tennis
term, le terme; **terms** (*payment*), les conditions (*f.*)
terrace, la terrasse
terrifying, terrible
terror, la terreur
to **test,** mettre à l'épreuve
to **thank,** remercier
theft, le vol, le larcin
then, puis; alors; **by then,** alors
there, y; là; **over there,** là-bas; **up there,** là-haut
thick, épais, épaisse; **to thicken,** s'épaissir (*like* finir)
thigh, la cuisse
thin, mince; (*person*) maigre; (*light*) pâle, avare, chiche
thing, la chose; **to talk about one thing and another,** parler de choses et d'autres; **things** (= *belongings*), les affaires
to **think,** penser, croire; (= *reflect*) réfléchir; **to think about,** penser à; **to think of** (= *have an opinion of*), penser de
third (*part*), le tiers; **two thirds,** les deux tiers
though, bien que, quoique + *subj.*; **as though,** comme si; **as though to,** comme pour
thought, la pensée

thousand, mille; **a thousand years,** mille ans, un millénaire

thrash, le battement

thread, le fil

to **threaten,** menacer

through, par, à travers; **to go through,** traverser

to **thump** (*of waves*), s'abattre tumultueusement, s'abattre à coups sourds

thus, ainsi

ticket, le billet

tide, la marée; **ebb-tide,** la marée descendante, le reflux

tie, la cravate; **to tie,** attacher

till (*conj.*), jusqu'à ce que + *subj.*

tiller, la barre

time, le temps; (= *hour*) l'heure; (= *period*) une époque; (= *occasion*) la fois; **a long time,** longtemps; **at the same time,** en même temps; **some time,** quelque temps; **it is time to (do),** il est temps de (faire); **it is time that,** il est temps que + *subj.*; **time-table,** un horaire

tinkle, le tintement

tiny, tout petit, minuscule

tip (*of nose*), le bout

on **tiptoe,** sur la pointe des pieds

to **tire oneself,** se fatiguer; **tiring,** fatigant, éreintant

tissue of mist, une brume vaporeuse

to **toast,** faire griller

tobacco, le tabac

tombola, la tombola

tommy-gun, la mitraillette

tone, le ton

top (*people*), les plus haut placés

tool, un outil

tooth, la dent

torch, la torche, la lampe de poche

to **toss,** lancer

to **touch,** toucher; (= *skim over*) effleurer; **touched** (*with colour*), teinté, coloré

Touraine, la Touraine

towards, vers; (*attitude*) envers

towel, la serviette

tower, la tour

in **town,** en ville; **Town Hall,** l'hôtel de ville

top, le haut; le sommet; (*of tree*) la cime; **to (at) the top,** en haut; **from the top of,** du haut de; **top man,** le chef, l'homme le plus important; **to top** (= *rise above*), monter (s'élever) au-dessus de; (= *to reach the top*) arriver en haut (au sommet)

track (= *path*), le sentier; la piste; **tracks** (*of person*), la trace, la piste

to **trail** (= *drag*), traîner; (= *follow*) suivre la piste de

traitor, le traître, la traîtresse

to **transport,** transporter

to **travel,** voyager; cheminer; (*in a vehicle*) rouler; **travel(s),** les voyages; **to start someone off on his travels,** faire partir quelqu'un en voyage; **travelling** (= *trip*), la promenade, la randonnée

to **tremble,** trembler

trickle, le filet

trifles, les détails

trip, la promenade; (*long*) le voyage; **to go for a trip,** faire une promenade; **sea trip,** la promenade en mer

triumph, le triomphe

to **trot,** trotter

troubles, les soucis (*m.*), les ennuis (*m.*), les peines (*f.*); **at the end of one's troubles,** au bout de ses peines; **to trouble to (do),** se donner la peine de (faire)

trousers, le pantalon

trout, la truite

trunks; **bathing trunks,** le
    caleçon de bain
to trust, avoir confiance en
  truth, la vérité
to try to (do), essayer de (faire),
    tenter de (faire); chercher à
    (faire)
to tug at, tirailler
  tunnel, le tunnel
  turn, le tour; (*in a road*) le
    coude; **in his turn,** à son
    tour; **to turn,** tourner;
    (*person*) se tourner; **to turn
    about,** faire demi-tour; **to
    turn away,** (se) détourner;
    (= *send away*) renvoyer; **to
    turn back to,** reprendre le
    chemin de; **to turn off,**
    changer de direction; **to
    turn off from,** partir de; **to
    turn over,** retourner; **to
    turn round,** se retourner;
    to turn to, se tourner vers;
    it turns out that, il arrive
    que, il se trouve que
  tusk, la défense
  twig, la brindille
to twist round, se retourner
  typist, la dactylo(graphe)

U

  umbrella, le parapluie
  unassuming, modeste
  uncertain, incertain
  unconsciously, inconsciem-
    ment
to uncover, découvrir
to understand, comprendre;
    understandingly, d'un air
    sympathique
  undone (person), démoralisé,
    abattu, perdu
to undress, se déshabiller
  uneasiness, le malaise,
    l'inquiétude (*f.*)
  unforgettable, inoubliable
  unfortunately, malheureuse-
    ment
  unfrequented, peu fréquenté
  ungenerous; to be

ungenerous, manquer de
    générosité
unhappy, malheureux;
    unhappiness, le malheur
uniform, un uniforme
uninhabited, inhabité
United States, les États-Unis
university, l'université (*f.*)
unknown, inconnu
unless, à moins que + ne *with
    subj.*
unlike; to be unlike, ne pas
    ressembler à
unlit, sans lumière
to unlock, ouvrir
unpleasant, désagréable
unpromising, peu engageant
unreasonable, irrationnel
unsaid; to leave unsaid,
    passer sous silence, ne pas
    dire
untarnishable, internissable;
    sans tache
until, jusqu'à ce que + *subj.*;
    until his return, en
    attendant son retour;
    not . . . until, ne . . .
    que . . . , seulement
unusual, insolite
unused (*room*), inoccupé, pas
    occupé
unwise, imprudent
up; to go (come) up,
    monter; (*street*) remonter;
    to come up to (=
    approach), s'approcher de;
    to get up, se lever; **to look
    up,** lever la tête; **to walk
    up and down,** marcher de
    long en large, faire les cent
    pas; **up and about,** debout,
    levé; **up there,** là-bas
urgent, urgent, pressant
to use, employer; (= *make use of*)
    se servir de, utiliser; **to get
    used to,** s'habituer à,
    s'accoutumer à; **not in use,**
    hors de service
usual, habituel; **as usual,**
    comme d'habitude (d'ordinaire)
utterly, tout à fait

V

vague, vague
vainly, vainement
valid, valide
value (= *price*), le prix; **to value,** estimer, attacher une grande valeur à
to **vanish,** disparaître
varnished, verni; **new varnished,** fraîchement verni
to **vary,** varier
vast, vaste, immense
veal, du veau
vendetta, la vengeance, la revanche
verandah, la véranda
the **very day when,** le jour même où
Vienna, Vienne
view (= *opinion*), une opinion, un avis
vine, la vigne
violence, la violence
visa, le visa
to **visit,** visiter; **visit,** la visite; **visitor,** le visiteur
vocabulary, le vocabulaire
volume, le livre, le volume

W

to **wade,** marcher dans l'eau
to **wait,** attendre; **wait,** une attente; **waiting-room,** la salle d'attente
waiter, le garçon; **waitress,** la serveuse
to **wake (up),** se réveiller, s'éveiller
walk(ing), la marche; (*for pleasure*) la promenade; **to go for a walk,** se promener, faire un tour; **to walk,** marcher; **to walk across,** traverser; **to walk down,** descendre; **to walk forward,** s'avancer; **to walk into,** entrer dans, s'introduire dans; **to walk over** (= *go along*), parcourir; **to**
walk around, faire le tour de; **to walk up,** monter; **to walk up and down,** marcher de long en large; faire les cent pas
wallet, le portefeuille
walls (*of city*), les remparts
to **wander,** errer; **to wander about,** errer à l'aventure; **wandering,** errant, divaguant
to **want,** vouloir, désirer; avoir envie de
war, la guerre; **to wage war on,** faire la guerre à
to **warn,** avertir (*like* finir), prévenir
to **wash,** laver; **to wash up,** faire la vaisselle
to **waste,** perdre
watch, la montre
to **watch,** regarder; (= *observe*) surveiller; (*from cover*) guetter; **on the watch,** en observation; **watch-tower,** la tour de guet
wave (*of sea*), la vague; (*sign*) un signe (un geste) de la main; **wavy** (*hair*), ondulé; **to wave,** agiter la main
wavering, indécis
way (= *road*), le chemin; la route, l'itinéraire (*m.*); (= *distance*) la distance; **to feel one's way,** s'avancer à tâtons; **way** (= *manner*), la manière, la façon; **in a way,** d'une façon (manière); **in no way,** ne . . . nullement
weak, faible
weapon, une arme
to **wear,** porter; **wearing,** vêtu de; (*on the head*) coiffé de; (*on the feet*) chaussé de
weariness, la fatigue, la lassitude
wedded (*fig.*), lié
week-end, le week-end
weight, le poids; **to put on weight,** grossir, engraisser

welcome; to be welcome, être le bienvenu; to welcome, souhaiter la bienvenue; welcoming, accueillant

well, le puits

well (*adv.*), bien; (*in health*) bien portant; as well as, aussi bien que; to hear well of, entendre du bien de; well-to-do, riche

west, ouest; West Indies, les Antilles (*f.*)

wet, mouillé, humide

wheel (*steering*), le volant

whenever, chaque fois que, toutes les fois que

whereas, tandis que; alors que

wherever, partout où

while, pendant que; tandis que; alors que

to whisper, murmurer, chuchoter

white, blanc, blanche

whoever, quiconque, celui qui

whole, entier; the whole, le tout; on the whole, à tout prendre; somme toute

why, pourquoi; why! allons donc!

wide, large; vaste; wide open, grand ouvert

widow, la veuve

wild (= *unrestrained*), fou, folle; (= *rough*) sauvage, turbulent; wildly, follement, éperdument, frénétiquement

will, la volonté

willingly, volontiers

to win, gagner

winding, tournant; (*stairs*) en colimaçon

window, la fenêtre; la vitre; (= *casement*) la croisée; (*of conveyance*) la portière; (*railway coach*) la glace; circular window, un œil-de-bœuf

wing, une aile

winter, l'hiver; (= *of winter*) hivernal

wise, prudent

to wish, vouloir; (= *express a wish*) souhaiter

witch, la sorcière

to withdraw, se retirer

without (doing), sans (faire); to do without, se passer de

to wonder, se demander; wonderful, merveilleux

wood, le bois

word, le mot; la parole

work, le travail; to get to work, se mettre à l'œuvre; workman, un ouvrier; workpeople, les ouvriers; farm worker, un ouvrier agricole

worm, le ver

to worry, tourmenter, tracasser; to worry (oneself), se tourmenter, s'inquiéter

worse, pire; worst, le (la) pire; to get worse, empirer

worth; to be worth more, valoir mieux

wounded, blessé

wreckage, une épave; to be wrecked, faire naufrage

to wrench at, tirer avec violence

to wring from, arracher à

to wrinkle, se plisser

wrist, le poignet

writer, un écrivain; writings, les ouvrages (*m.*)

wrong; *often expressed by* se tromper de, *e.g.* se tromper de numéro; for the wrong reasons, pas pour les bonnes raisons

y

yard, la cour; (*measure*) le mètre (*approx.*)

to yawn, bâiller

year, un an, une année; many years, bien des années

yellow, jaune

yet, encore; and yet, (et) pourtant

By W. F. H. WHITMARSH

A First French Book
A Second French Book
A Third French Book
A Fourth French Book
A French Word List
A First French Reader
Complete French Course for First Examinations
Essential French Vocabulary
Lectures pour la Jeunesse
Cours Supérieur
A Simpler French Course
A New Simpler French Course
More Rapid French Books I, II, III
Modern Certificate French
Senior French Composition

By W. F. H. Whitmarsh and C. D. Jukes

Advanced French Course